GW00683549

The Collected Poems
of Eugenio Montale

Also by Eugenio Montale

POETRY

Ossi di seppia (Cuttlefish Bones)
Le occasioni (The Occasions)
La bufera e altro (The Storm and Other Things)
Quaderno di traduzioni (Notebook of Translations)
Satura (Miscellany)
Diario del '71 e del '72 (Diary of 1971 and 1972)
Quaderno di quattro anni (Notebook of Four Years)
Tutte le poesie (Collected Poems)
L'opera in versi (Poetical Works)
Altri versi e poesie disperse (Other and Uncollected Poems)
Diario postumo (Posthumous Diary)

PROSE

Farfalla di Dinard (Butterfly of Dinard)
Eugenio Montale/Italo Svevo: Lettere con gli scritti di Montale su Svevo
(The Montale–Svevo Letters, with Montale's Writings on Svevo)
Auto da fé: Cronache in due tempi (Act of Faith: Chronicles of Two Periods)
Fuori di casa (Away from Home)
La poesia non esiste (Poetry Doesn't Exist)
Nel nostro tempo (In Our Time)
Sulla poesia (On Poetry)
Lettere a Quasimodo (Letters to Quasimodo)
Prime alla Scala (Openings at la Scala)
Quaderno genovese (Genoa Notebook)
Lettere a Clizia (Letters to Clizia)

Also by the translator, William Arrowsmith

TRANSLATIONS

The Bacchae; Cyclops; Orestes; Hercuba; and *Heracles* by Euripides
Satyricon by Petronious
Birds by Aristophanes
Clouds by Aristophanes
Dialogues with Leucò by Cesare Pavese
(translated with D. S. Carne-Ross)
Alcestis by Euripides
Hard Labor by Cesare Pavese
That Bowling Alley on the Tiber by Michelangelo Antonioni
The Storm and Other Things by Eugenio Montale
The Occasions by Eugenio Montale
Cuttlefish Bones by Eugenio Montale
Satura by Eugenio Montale

EDITORSHIPS

The Craft and Context of Translation (edited with Roger Shattuck)
Image of Italy
Six Modern Italian Novellas
The Greek Tragedies in New Translations
(in thirty-three volumes, in process of appearance)

The Collected Poems
of Eugenio Montale
1925–1977

Translated by William Arrowsmith

Edited by Rosanna Warren

W. W. NORTON & COMPANY
New York   London

Copyright © 2012 by Beth Arrowsmith, Nancy Arrowsmith, and Rosanna Warren

Since this page cannot legibly accommodate all the copyright notices, pages 769–70 constitute an extension of the copyright page.

All rights reserved
Printed in the United States of America
First Edition

For information about permission to reproduce selections from this book, write to Permissions, W. W. Norton & Company, Inc., 500 Fifth Avenue, New York, NY 10110

For information about special discounts for bulk purchases, please contact W. W. Norton Special Sales at specialsales@wwnorton.com or 800-233-4830

Manufacturing by RRD Harrisonburg
Book design by Helene Berinsky
Production manager: Julia Druskin

Library of Congress Cataloging-in-Publication Data

Montale, Eugenio, 1896–1981.
[Poems. English. Selections]
The collected poems of Eugenio Montale 1925/1977 / translated by William Arrowsmith ; edited by Rosanna Warren. — 1st ed.
    p. cm.
Includes bibliographical references and index.
ISBN 978-0-393-08063-6 (hardcover)
1. Montale, Eugenio, 1896–1981—Translations into English.
I. Arrowsmith, William, 1924–1992. II. Warren, Rosanna. III. Title.
PQ4829.O565A2 2012
851'.912—dc23

                            2011034993

W. W. Norton & Company, Inc., 500 Fifth Avenue, New York, N.Y. 10110
                www.wwnorton.com

W. W. Norton & Company Ltd.
Castle House, 75/76 Wells Street, London W1T 3QT

1 2 3 4 5 6 7 8 9 0

Contents

II Motets

III

IV

Poetic Diary: 1971   431

Poetic Diary: 1972   481

Poetic Notebook (1974–77)   537

Introduction

By the time he received the Nobel Prize in 1975, Eugenio Montale was widely recognized as a poet who had revolutionized the art in his native Italy, and whose voice reverberated among the great international moderns: Eliot, Pound, and Valéry, along with Yeats and Cavafy. With his first book, *Ossi di seppia* (*Cuttlefish Bones*) in 1925, Montale both extended the lyric tradition he had inherited from Dante, Petrarch, and Leopardi, and roughened the more recent, nineteenth-century conventions of Italian magniloquence. Each new collection revised the poet's earlier practice, sometimes savagely, the most dramatic revision occurring with his fourth book, *Satura*, published in 1971 when he was seventy-five. In each phase, he invented new ways of putting poetic language under stress and of realigning poetry with prose. Montale had also established himself as a voice of conscience, keeping steady vigil throughout the horrors of Fascism and the Nazi Occupation, and the disappointments of postwar corruption and cultural decadence in Italy.

Eugenio Montale was born in Genoa in 1896, the fifth and last child of a well-to-do business family. His father helped to run G. G. Montale & C., a firm that imported turpentine, resins, marine paint, and other chemical products, in 1905 building a villa for family vacations on the Ligurian coast in Monterosso, one of the "Cinque Terre," five fishing villages all but inaccessible by road. It was a landscape of cliffs, ravines, pelting mountain streams, and the fig trees, cactuses, and small vineyards that wrenched a living from poor soil. Until he was thirty, Montale spent almost every summer here, and this elemental land of rock, sun, and gnashing sea gave him his primary mythology and the imagery of his first book, *Ossi di seppia*: "To gaze at the cracked earth, the leaves / of vetch, to spy the red ants filing past, / breaking, then twining, massing / at the tips of tiny sheaves" (from "Meriggiare pallido e assorto," "To laze at noon, pale and thoughtful").

Montale recreated the harsh Ligurian scenes in a correspondingly harsh language. In his Imaginary Interview from 1946, he links his discovery of poetic voice to his imaginative possession of the landscape in his first fully realized poem, "Meriggiare." He also associates the discovery of voice with an assault on poetic diction. Alluding to Verlaine's famous poem "Art poétique"—"Prends l'Éloquence et tords-lui son cou," "Take eloquence and wring its neck"—Montale asserted, "I wanted to wring the neck of eloquence of our old aulic language, even at the risk of a counter-eloquence."* "I limoni" ("The Lemon Trees"), the poem that opens the main body of *Ossi*, starts by declaring war on "the laureled poets," the hyper-literary, classicizing bards (D'Annunzio most of all): "Listen: the laureled poets / stroll only among shrubs / with learned names: ligustrum, acanthus, box. / What I like are streets that end in grassy / ditches where boys snatch / a few famished eels from drying puddles...." Montale's verbal textures reproduce these famished scenes: his rhymes are dissonant, his metrics irregular, and he goes against the grain of Italian lyricism by clotting his lines with rough, doubled consonants: "mezzo seccate agguantano i ragazzi...." One has to go back to Dante to find such choking sounds in Italian poetry.

"Naturally, the great seedbed of any poetic renewal is in the field of prose," Montale wrote in the Imaginary Interview. Despite ruptures of style from book to book, the poet remained faithful to this insight throughout his life, and a major challenge in appreciating his last five collections (*Satura* through *Diario postumo*) lies in having to discern in each new volume the artistic rationale in poems that seem more and more radically conceived as prose. But he had grafted prose elements into verse right from the beginning.

Another feature of the earliest poems that persists throughout the oeuvre is the sense of metaphysical entrapment. Unlike the other Ligurian poets of the period—Ceccardo Roccatagliata-Ceccardi, Giovanni Boine, and Montale's friend Camillo Sbarbaro—Montale was never only a regional poet. His Liguria gave him not only gods of sun and sea, but a feeling of imprisonment, of isolation, of being separated from others by a "glass bell," as he said in the Imaginary Interview, of being deprived of transcendental meanings that the Catholic faith, or any other faith, might have afforded. "Meriggiare" concludes:

And then, walking out, dazed with light,
to sense with sad wonder
how all of life and its hard travail

---

* Marco Forti, *Per conoscere Montale* (Milan: Mondadori, 1976), 81. Translation mine, RW.

> is in this trudging along a wall spiked
> with jagged shards of broken bottles.

Through the poems reflecting the suffocation of Fascism and war, and the later poems haunted by images of birds trapped in nets and of human prisoners, Montale tests the prison walls of consciousness with his only instruments, poetic language and a rigorous skepticism.

Life itself granted him, or thrust upon him, wider horizons than Liguria. In 1917 he was drafted into officer training, and in 1918 he went to the front as a second lieutenant in the region of Trentino. The close of the war sent him back to his family houses in Genoa and Monterosso, where he pursued his literary education on his own with passionate self-discipline, and wrote the poems that would appear in *Ossi* in 1925. In the same year, as Fascism increasingly threatened Italy, Montale signed the Manifesto of Antifascist Intellectuals composed by the philosopher Benedetto Croce. It was an act of no small courage: Piero Gobetti, the publisher of the first edition of the *Ossi* and the editor of the journal *Il Baretti* for which Montale wrote, died the following year, an exile in Paris, from wounds suffered in a beating by Mussolini's thugs.

The publication of the *Ossi* brought Montale considerable attention, and he began to make literary friends beyond Genoa, including Italo Svevo and Umberto Saba, and to write for a variety of literary and cultural journals. In 1927 he moved to Florence, first to work for a publishing house, but in 1929 to direct the highly respected library, the Gabinetto Scientifico Letterario G. P. Vieusseux, a post he retained until 1938 when he was forced out for refusing to join the Fascist Party.

Montale's second book of poems, *Le occasioni* (*The Occasions*), appeared in 1939 as the world plunged into war. More elliptical, more concentrated than the poems of *Ossi*, the new work opens up broader physical and metaphysical landscapes, and at the same time has an air of mystery, with information and discursive links suppressed. Such suppression had its origins partly in the need to evade Fascist censorship, but a purely poetic evolution also drove Montale toward a more objective poetry, to "a fruit that would contain its own motives without revealing them or rather, without blurting them out," as he wrote in his Imaginary Interview.* Striving for this new, objective art, Montale contrasted his title, "occasions," with the ideally realized poem: "Since in art there's always a

---

*Ibid., 82.

balance between the exterior and the interior, between the occasion and the art-object, we must express the object and mask the occasion-source." The book title is a tease: far from being "occasional," these poems shape experience and vision into refined and highly symbolic essences. Montale's struggle with literary Italian also gained in intensity; in *Le occasioni*, he said, he continued his "fight to dig another dimension out of our heavy, polysyllabic Italian."*

At the heart of *Le occasioni* stands a new figure in the poet's imagination, a Dantesque, Beatrice-like woman he called Clizia. She had as her "occasion" and source the American Dante scholar Irma Brandeis, who was pursuing research at the Gabinetto Vieusseux and to whom, in discreet initials, Montale dedicated the book. But as Montale himself, and Joseph Cary, among others, have pointed out, the real, individual woman, however passionately Montale felt about her, was absorbed into the poetic object, the sequence of erotic poems, *Mottetti*, and longer poems later in the book. Cary quotes Montale's remark about Dante's "lady of stone" in regard to Clizia: "Perhaps the stony lady really existed; but insofar as she is a product of style (*avventura stilistica*) she can never coincide with a real donna."† The name Clizia comes from Ovid's nymph transformed into a sunflower in her love of the sun god, Apollo, and Montale's Clizia is everywhere associated with flashes of light, epiphany, desire, absence, and the search for signs: "Here's the sign brightening / on the wall, the wall gone golden: / jagged edges of the palm / scorched by the sun's blazing..." ("Here's the sign . . ."). In this quest for signs, Montale allies himself not only with Dante, but with the circle of *dolce stil novo* poets from whose conventions of courtly love Dante fashioned Beatrice, and Petrarch later fashioned Laura. Doomed as an affair in reality, the romance with Clizia gave the poet a vision of idealized beauty, nobility, and transfiguring love that stand out against totalitarianism.Clizia extends her reign into Montale's third collection with its Dantesque title, *La bufera e altro* (*The Storm and Other Things*), published after the war in 1956. If *Le occasioni* foresaw the hell to come, the poems of *La bufera* were written in the thick of it and in its immediate aftermath. The storm of the title refers both to the hurricane of passion in Canto V of Dante's *Inferno*, the canto of the lustful, but also to the world war, and beyond that, as Montale explained in a letter, "cosmic

---

* Ibid.

† Joseph Cary, *Three Modern Italian Poets: Saba, Ungaretti, Montale* (New York: New York University Press, 1969; 2nd ed., Chicago: University of Chicago Press, 1993), 303.

war, the perpetual war of all."* Clizia stands out, illuminated, against the background of infernal filth, darkness, and agitation:

> then the hard crack, the castanets, the shaking
> of tambourines over the thieving ditch,
> the stamp of the fandango, and overhead,
> some gesture groping . . .
> As when you turned around and, with your hand, the cloud of hair
> clearing from your forehead,
>
> you waved to me—and stepped into darkness.
> ("The Storm")

The first section of *La bufera*, *Finisterre*, meditates on the absent lady, whose imagined presence turns the pain of separation into a blessing, a redemption conjured through and in poetry. Irma Brandeis, as a Jew and an American, couldn't stay in occupied Italy and had returned to the United States where she would eventually publish a significant book on Dante's spiritual poetics, *The Ladder of Vision*; Montale places the poem "Finisterre" and the section of that title at the farthest western tip of Europe, as if reaching out to her across the Atlantic.† In keeping with his Dantesque and Petrarchan precedents, Montale wrote seven of these poems in honor of Clizia as sonnets, the only ones in his entire oeuvre. In his private, erotic cult of the lady, Montale insists on the union of the "immanent" and the "transcendent," to use his philosophical vocabulary from the Imaginary Interview, and sees himself as a Nestorian, a follower of the fifth-century heretical patriarch who proclaimed the humanity of Christ. ". . . I flee / the disembodied goddess; until melted / by your lightings, my longings last," he declares in "The Earrings." That is, he wants Clizia in flesh as well as spirit, and even in her absence she represents to him an incarnate love.

With their depiction of "the human forest" "too mutilated and torn" ("Personae Separatae"), the poems of *Finisterre* couldn't be published in Italy in 1943, but were smuggled to Switzerland where they appeared that July. Montale would publish the whole book, *La bufera*, only in 1956, by which time another powerful female figure, the Vixen, a more sensuous

---

* See note to "The Storm," p. 716.
† See the note to "On an Unwritten Letter," p. 717.

presence than Clizia, dominates the later poems and offers her version of redemptive love, especially in the section named *Flashes and Dedications*: "The velvet bud unclosing / over a mandolin glissade is bread for me, / my water the flowing rustle, your deep / breathing wine" ("On the Greve"). Since 1939, however, Montale had been living with Drusilla Tanzi Marangoni, nicknamed Mosca (the Fly), neither a Beatrice-intercessor nor a vixen, but a down-to-earth, ironic woman with whom he endured the war, whom he would eventually marry, and for whom he would mourn, memorably, in the great elegiac sequence *Xenia* in *Satura*.

Montale is known as a supreme love poet of the twentieth century, but he also made a name for himself, early on, as a philosophical objector, the writer whose refusal to compromise in 1925 heartened readers already repelled by the blare of nationalist and post-Romantic rhetorics. "All I have are gnarled syllables, / branch-dry," the poet warned in "Don't ask me for words," in *Ossi di seppia*. "All I can tell you now is this: / what we are *not*, what we do *not* want." His stance remained scrupulous throughout and after the war, and in *La bufera* it crystallizes in Montale's tribute to his friend the dead poet Sergio Fadin: "Always to be among the first, and to *know*, even if the *why* of the performance escapes us. The man who has had from you this high teaching of *daily decency* (the hardest of the virtues) can wait patiently for the book of your relics" ("Visit to Fadin").

While Clizia ruled *Le occasioni*, and Clizia and the Vixen together inspired *La bufera*, Mosca came into her own after her death as the Muse of *Satura*. Unlike the erotic figures of Clizia, the Vixen, and their minor avatars, Mosca is the Muse of Conscience, Irony, and Daily Life, and her critical spirit sustains the poet in his contemplation of the gross materialism and corruption to which his country had been betrayed after the war. Montale had moved to Milan in 1948 to become an editor of and frequent contributor to the *Corriere della Sera*. He traveled widely, began to receive honors national and international, and published several volumes of prose. Mosca died in 1963, and in mourning her, with Thomas Hardy's magnificent sequence of elegies for his wife from 1912 to 1913 much in mind, Montale composed the *Xenia* poems in *Satura*, though many other poems in that book and in his later books are equally concerned with Mosca.

Appearing in 1971, *Satura* stunned its readers. It dismantled Montale's own earlier poetics as severely as the young Montale had assaulted the "laureled" poets who preceded him. In an interview with the critic Maria Corti he described his aim: "the dimension of a poetry that seems to incline toward prose and at the same time refuses it."* The Latin title, *satura*, has its roots in "satire," but also means "a medley, a miscellany, a mixed-dish, a stew, a mélange of attitudes and speech-styles."† In place of the rich tonalities and figuration of the earlier poems, Montale served up a poetry of (apparently) flat statements, built on juxtaposition and anecdote rather than metaphor, in a language colloquial, bitter, and diaristic. From these unpromising materials, at the age of seventy-five, he renewed Italian poetry, yet again.

Everything in *Satura* and in the volumes that follow bespeaks reduction. In an opening salvo, "Thrust and Parry I," Montale sweeps aside the dual myths of Clizia and of his earlier poet-self as the inspired, alienated seer Arsenio (from the famous poem of that name from *Ossi*, translated by Mario Praz and published by T. S. Eliot in *The Criterion* in 1928). To the "thrust" of a letter criticizing Arsenio's "torpor" and negativity, the speaker replies with a fecal autobiography: he describes the years of Fascism and the war as the Augean stables of Greek myth, but the postwar years as immersed in their own Dantesque filth: "And the different but no less sickening / stench exhaled? And the wild gyring of shit / over the barges?" The fundamental situation—and given the context, "fundamental" means anal as well as foundational—of imprisonment hasn't changed since the jagged walls of *Ossi*, but the landscape has, and so have the tone and self-presentation of the speaker: "now you know the eagle isn't sired / by the mouse."

In this sewer world, the poet's guide is the near-sighted but clairvoyant Mosca, whose speech, "so halting and tactless," is the only one that now consoles the grieving poet. His humiliated language can be seen now as resembling hers. In the concluding poem of *Xenia II*, the flood that rampaged through Florence in 1966 assumes allegorical proportions as a form of ruthless Modernity engulfing the works of intellect and spirit:

> Maybe they fought back blindly—the books
> in red morocco, Du Bos's endless dedications,
> the wax seal with Ezra's beard, Alain's
> Valéry, the manuscript
> of the Orphic Songs, as well as a couple
> of shaving brushes, a thousand knickknacks, and all
> your brother Silvio's compositions.

---

* Forti, 85.
† Cary, 360.

> Ten, twelve days in that savage maw
> of fuel oil and shit . . .

And it is Mosca's memory that helps the poet survive the loss:

> My courage in facing it was the first
> of your loans, and perhaps you never knew.

Even in this landscape of choked possibilities, Montale allows other-worldly messengers. In the absence of the solar myths of Clizia and the sunflowers, a smaller, darker angel must suffice, and the marvelous Black Angel more than suffices. One of Montale's masterpieces, "The Black Angel" displays the paradoxical grandeur of this new art of reduction: he is both a "great ebony angel" and "o small dark angel." The earlier Montalean fires have burned down to soot, and the poem's short lines compress their revelation:

> . . . and the charred residue, the grime
> left on the fingertips
> is less than the dust
> of your last feather, great angel
> of ash and smoke, mini-angel
> chimney sweep.

The last two books of Montale that Arrowsmith translated, *Diario del '71 e del '72* (1973) and *Quaderno di quattro anni* (1977), pursue the poetics of reduction still more grimly. More and more, the poet meditates on the very conditions of his art, as in "Poor Art," evoking (yet again) bird traps, and the poet's makeshift paintings composed with "wine, coffee, and flecks / of toothpaste." Or "My Muse," in which the Muse has become a scarecrow: "She still has / one sleeve, with which she conducts her scrannel / straw quartet. It's the only music I can stand."

Language itself, both private and public, is seen in these late poems as madness, darkness, delusion. Reputation is a latrine. The Muse in *Quaderno*, in "Fire and Darkness," can't even click a flame out of a pocket lighter:

> She's lied too often, now let darkness,
> void, nothingness fall on her page.

Rely on this, my scribbling friend:
trust the darkness when the light lies.

And yet, Beckett-like, in these palinodes and snarls, Montale attains time and again a contrarian grandeur, and by a *via negativa* renews faith in the art he punishes, the logos he outrages and from which he demands so much. Language and art appear in late Montale as broken promises. But they are still promises. Once again, as in "The Eel" of *La bufera*, out of death springs life, and out of darkness leaps light:

> . . . the green soul seeking
> life where there's nothing but stinging
> drought, desolation;
> spark that says
> everything begins when everything seems
> dead ashes, buried stump. . .

Rosanna Warren

Editor's Note

The classicist William Arrowsmith spent the fiercest energy of his last years translating the poetry of Eugenio Montale. His translations of Montale are poetic re-creations of a high order, reflecting Arrowsmith's lifelong devotion to the art and his particular devotion to the art of Montale. He elucidated the poems not only in his idiomatic, surging versions, ever alert to the pull and swerve of the original, but also in his monumental notes, which by themselves constitute a generous body of criticism and a profound engagement with Montale's aesthetics. Arrowsmith received the International Eugenio Montale Prize in Parma in 1990.

When Arrowsmith died in 1992, he left in manuscript his translations of every volume of poetry by Eugenio Montale arranged by the poet himself, except for *The Storm and Other Things* (*La bufera e altro*) and *The Occasions* (*Le occasioni*), which had already appeared from Norton in W.A.'s translation. *Altri versi*, put together for Montale by Giorgio Zampa and published a few months before the poet's death in 1981, was not included; nor, for obvious reasons, was *Diario postumo*, edited by Annalisa Cima and not published in toto until 1996. Jonathan Galassi, the author of revealing versions of Montale's first three books of poems, has also beautifully translated both *Altri versi* (*Otherwise*) and *Diario postumo* (*Posthumous Diary*). In 1992, Norton brought out, in a posthumous publication, W.A.'s translation of Montale's *Cuttlefish Bones* (*Ossi di seppia*), and in 1998 his translation of *Satura*.

This new volume presents the full sweep of Arrowsmith's Montale, from *Cuttlefish Bones* in 1925 to *Poetic Notebook (1974–77)* (*Quaderno di quattro anni*). W.A. had no time to compose notes for the last volumes, *Poetic Diary: 1971, Poetic Diary: 1972,* and *Poetic Notebook (1974–77).* I have added minimal notes to aid comprehension, but have made no attempt to supply the full interpretative context W.A. would have provided had he lived. Given the magnitude of this book, I decided to sacrifice W.A.'s prefaces to the individual volumes and Claire de C. L. Huffman's preface to W. A.'s *Satura* but have retained some of his notes, where he abbreviates

Montale to E.M., his *Sulla poesia* (Milan: Mondadori, 1976) to SP, and Giulio Nascimbeni's *Montale: Biografia di un poeta* (Milan: Longanesi, 1986) to Nascimbeni. Notes signed R.W. are by Rosanna Warren, who wrote all the notes for *Poetic Diary: 1971*, *Poetic Diary: 1972*, and *Poetic Notebook (1974–77)*, as well as the introduction. I abbreviate Marco Forti, *Per conoscere Montale* (Milan: Mondadori, 1976) to Forti. Francesca Ricci's *Guida alla lettura di Montale: Diario del '71 e del '72* (Rome: Carocci, 2005) has been especially helpful; I abbreviate it to Ricci. *Lettere a Clizia*, edited by Rosanna Bettarini, Gloria Manghetti, and Franco Zabagli (Milan: Mondadori, 2006), documents E.M.'s affair with Irma Brandeis/Clizia; I abbreviate it to *Lettere*.

In preparing this book for publication, I have relied on the invaluable assistance of Alex Effgen of the Boston University Editorial Institute and Liza Katz, who exercised great ingenuity in transforming paper manuscript pages into digital text. I am also grateful to Jill Bialosky for her faith in Montale and in William Arrowsmith and her determination to produce this book; to Lucio Mariani, Michael Putnam, Peter Schwartz, Alan Smith, and Rebecca West for help with the notes; and to Beth and Nancy Arrowsmith, William Arrowsmith's daughters, for their gracious support at every step along the way.

Variously, in the individual volumes, W.A. thanks the following people for criticism: Stephen Berg, Stanley Burnshaw, Glauco Cambon, D. S. Carne-Ross, Joseph Cary, Ralph Chandler, Diskin Clay, Simone Di Piero, Jonathan Galassi, Herbert Golder, Gertrude Hooker, Claire Huffman, Kendra Kopelke, W. S. Merwin, Marianne Meyer, Massimo Piatelli-Palmarini, Luciano Rebay, Mack Rosenthal, Mark Rudman, and Rosanna Warren.

R.W.

Cuttlefish Bones

In limine

Godi se il vento ch'entra nel pomario
vi rimena l'ondata della vita:
qui dove affonda un morto
viluppo di memorie,
orto non era, ma reliquiario.

Il frullo che tu senti non è un volo,
ma il commuoversi dell'eterno grembo;
vedi che si trasforma questo lembo
di terra solitario in un crogiuolo.

Un rovello è di qua dall'erto muro.
Se procedi t'imbatti
tu forse nel fantasma che ti salva:
si compongono qui le storie, gli atti
scancellati pel giuoco del futuro.

Cerca una maglia rotta nella rete
che ci stringe, tu balza fuori, fuggi!
Va, per te l'ho pregato,—ora la sete
mi sarà lieve, meno acre la ruggine . . .

In limine

Rejoice when the breeze that enters the orchard
brings you back the tidal rush of life:
here, where dead memories
mesh and founder,
was no garden, but a reliquary.

That surge you hear is no whir of wings,
but the stirring of the eternal womb.
Look how this strip of lonely coast
has been transformed: a crucible.

All is furor within the sheer wall.
Advance, and you may chance upon
the phantasm who might save you:
here are tales composed and deeds
annulled, for the future to enact.

Find a break in the meshes of the net
that tightens around us, leap out, flee!
Go, I have prayed for your escape—now my thirst
will be slaked, my rancor less bitter . . .

Movimenti

I limoni

Ascoltami, i poeti laureati
si muovono soltanto fra le piante
dai nomi poco usati: bossi ligustri o acanti.
Io, per me, amo le strade che riescono agli erbosi
fossi dove in pozzanghere
mezzo seccate agguantano i ragazzi
qualche sparuta anguilla:
le viuzze che seguono i ciglioni,
discendono tra i ciuffi delle canne
e mettono negli orti, tra gli alberi dei limoni.

Meglio se le gazzarre degli uccelli
si spengono inghiottite dall'azzurro:
più chiaro si ascolta il susurro
dei rami amici nell'aria che quasi non si muove,
e i sensi di quest'odore
che non sa staccarsi da terra
e piove in petto una dolcezza inquieta.
Qui delle divertite passioni
per miracolo tace la guerra,
qui tocca anche a noi poveri la nostra parte di ricchezza
ed è l'odore dei limoni.

Vedi, in questi silenzi in cui le cose
s'abbandonano e sembrano vicine
a tradire il loro ultimo segreto,
talora ci si aspetta
di scoprire uno sbaglio di Natura,
il punto morto del mondo, l'anello che non tiene,
il filo da disbrogliare che finalmente ci metta
nel mezzo di una verità.
Lo sguardo fruga d'intorno,
la mente indaga accorda disunisce

Movements

The Lemon Trees

Listen: the laureled poets
stroll only among shrubs
with learned names: ligustrum, acanthus, box.
What I like are streets that end in grassy
ditches where boys snatch
a few famished eels from drying puddles:
paths that struggle along the banks,
then dip among the tufted canes,
into the orchards, among the lemon trees.

Better, if the gay palaver of the birds
is stilled, swallowed by the blue:
more clearly now, you hear the whisper
of genial branches in that air barely astir,
the sense of that smell
inseparable from earth,
that rains its restless sweetness in the heart.
Here, by some miracle, the war
of conflicted passions is stilled,
here even we the poor share the riches of the world—
the smell of the lemon trees.

See, in these silences when things
let themselves go and seem almost
to reveal their final secret,
we sometimes expect
to discover a flaw in Nature,
the world's dead point, the link that doesn't hold,
the thread that, disentangled, might at last lead us
to the center of a truth.
The eye rummages,
the mind pokes about, unifies, disjoins

nel profumo che dilaga
quando il giorno più languisce.
Sono i silenzi in cui si vede
in ogni ombra umana che si allontana
qualche disturbata Divinità.

Ma l'illusione manca e ci riporta il tempo
nelle città rumorose dove l'azzurro si mostra
soltanto a pezzi, in alto, tra le cimase.
La pioggia stanca la terra, di poi; s'affolta
il tedio dell'inverno sulle case,
la luce si fa avara—amara l'anima.
Quando un giorno da un malchiuso portone
tra gli alberi di una corte
ci si mostrano i gialli dei limoni;
e il gelo del cuore si sfa,
e in petto ci scrosciano
le loro canzoni
le trombe d'oro della solarità.

Corno inglese

Il vento che stasera suona attento
—ricorda un forte scotere di lame—
gli strumenti dei fitti alberi e spazza
l'orizzonte di rame
dove strisce di luce si protendono
come aquiloni al cielo che rimbomba
(Nuvole in viaggio, chiari
reami di lassù! D'alti Eldoradi
malchiuse porte!)
e il mare che scaglia a scaglia,
livido, muta colore,
lancia a terra una tromba
di schiume intorte;
il vento che nasce e muore

in the fragrance that grows
as the day closes, languishing.
These are the silences where we see
in each departing human shade
some disturbed Divinity.

But the illusion dies, time returns us
to noisy cities where the sky is only
patches of blue, high up, between the cornices.
Rain wearies the ground; over the buildings
winter's tedium thickens.
Light grows niggardly, the soul bitter.
And, one day, through a gate ajar,
among the trees in a courtyard,
we see the yellows of the lemon trees;
and the heart's ice thaws,
and songs pelt
into the breast
and trumpets of gold pour forth
epiphanies of Light!

English Horn

Tonight this wind intently playing
(a wild clangor of blades comes to mind)
instruments of serried trees, that sweep
the copper horizon
where stripes of light reach up
like kites, and the sky rings the clamor back
(Clouds in transit, shining kingdoms
aloft! High Eldorados,
portals ajar!),
and the sea, scale upon scale,
ashen, changes color,
and hurls to earth a trumpet spout
of twisted spume;
this wind that lifts and dies

nell'ora che lenta s'annera
suonasse te pure stasera
scordato strumento,
cuore.

Falsetto

Esterina, i vent'anni ti minacciano,
grigiorosea nube
che a poco a poco in sé ti chiude.
Ciò intendi e non paventi.
Sommersa ti vedremo
nella fumea che il vento
lacera o addensa, violento.
Poi dal fiotto di cenere uscirai
adusta più che mai,
proteso a un'avventura più lontana
l'intento viso che assembra
l'arciera Diana.
Salgono i venti autunni,
t'avviluppano andate primavere;
ecco per te rintocca
un presagio nell'elisie sfere.
Un suono non ti renda
qual d'incrinata brocca
percossa!; io prego sia
per te concerto ineffabile
di sonagliere.

La dubbia dimane non t'impaura.
Leggiadra ti distendi
sullo scoglio lucente di sale
e al sole bruci le membra.
Ricordi la lucertola
ferma sul masso brullo;
te insidia giovinezza,
quella il lacciòlo d'erba del fanciullo.

8

in the slowly darkening hour—
if only it could play on you
this night, O discordant
heart!

Falsetto

Esterina, your twentieth year now threatens,
a cloud of grayish pink
that day by day enswathes you.
You know, and you're not afraid.
We'll see you in the waves, swallowed
by smoky haze torn
or thickened by the raging wind.
Later you'll rise from ashen breakers,
more sunburnt than ever,
stretching toward some new adventure,
your face so intense you might be
the huntress Diana.
Your twenty autumns mount,
springtimes past enfold you;
and now for you a presage rings
in Elysian spheres.
May it never be a cracked urn struck
you hear; my prayer for you
is a peal of bells
ineffable.

Anxious tomorrows leave you unafraid.
All grace, you stretch
on the rock ledge shining with salt
and burn your body in the sun.
I think of a lizard
stock-still on the bare rock.
Youth lies in wait for you, like a boy's
grass noose waiting for the lizard.

L'acqua è la forza che ti tempra,
nell'acqua ti ritrovi e ti rinnovi:
noi ti pensiamo come un'alga, un ciottolo,
come un'equorea creatura
che la salsedine non intacca
ma torna al lito più pura.

Hai ben ragione tu! Non turbare
di ubbie il sorridente presente.
La tua gaiezza impegna già il futuro
ed un crollar di spalle
dirocca i fortilizî
del tuo domani oscuro.
T'alzi e t'avanzi sul ponticello
esiguo, sopra il gorgo che stride:
il tuo profilo s'incide
contro uno sfondo di perla.
Esiti a sommo del tremulo asse,
poi ridi, e come spiccata da un vento
t'abbatti fra le braccia
del tuo divino amico che t'afferra.

Ti guardiamo noi, della razza
di chi rimane a terra.

Minstrels

da C. Debussy

Ritornello, rimbalzi
tra le vetrate d'afa dell'estate.

Acre groppo di note soffocate,
riso che non esplode
ma trapunge le ore vuote
e lo suonano tre avanzi di baccanale
vestiti di ritagli di giornali,
con istrumenti mai veduti,

The power that tempers you is water,
in water you find and renew yourself.
I think of you as seaweed, a pebble,
an ocean creature
uncorrupted by salt,
homing to the beach, purer than before.

How right you are! This happy moment
is yours! Live now, unafraid!
Already your gaiety engages the future;
a shrug of your shoulders
topples the bastion
of your unknown tomorrow.
You rise, step out on that small
thin plank above the screeching abyss,
profile incised
against a background of pearl.
At the tip of the trembling board you hesitate,
laugh, and then, as though ravished by a wind,
plunge to the welcoming arms
of your divine lover.

We watch you—we, of the race of those
who cling to the shore.

Minstrels

after Debussy

Refrain rebounding
from panes of muggy summer heat:

acrid knot of suffocated notes,
baffled laughter that strains to break free,
stabbing through empty hours,
and three remnants from some Bacchanalian rout
draped in newspaper clippings
with instruments no man has ever seen,

simili a strani imbuti
che si gonfiano a volte e poi s'afflosciano.

Musica senza rumore
che nasce dalle strade,
s'innalza a stento e ricade,
e si colora di tinte
ora scarlatte ora biade,
e inumidisce gli occhi, così che il mondo
si vede come socchiudendo gli occhi
nuotar nel biondo.

Scatta ripiomba sfuma,
poi riappare
soffocata e lontana: si consuma.
Non s'ode quasi, si respira.
                              Bruci
tu pure tra le lastre dell'estate,
cuore che ti smarrisci! Ed ora incauto
provi le ignote note sul tuo flauto.

weird funnels that sporadically
bulge, then collapse.

Soundless music
lifting from the streets
struggles to climb, falls back,
takes on color,
now scarlet, now bright blue,
so moistening the eyes it seems
the lids are closed, the world
aswim with gold.

Leaps, plunges, fades,
then resumes,
strangled, remote: consumed.
Almost unheard, a breath.
                        You burn too,
faint heart, baffled between the summer's
windowpanes! And now, impulsive,
your flute fumbles the unknown notes.

Poesie per Camillo Sbarbaro

1

Caffè a Rapallo

Natale nel tepidario
lustrante, truccato dai fumi
che svolgono tazze, velato
tremore di lumi oltre i chiusi
cristalli, profili di femmine
nel grigio, tra lampi di gemme
e screzi di sete . . .
              Son giunte
a queste native tue spiagge,
le nuove Sirene!; e qui manchi
Camillo, amico, tu storico
di cupidige e di brividi.

S'ode grande frastuono nella via.

È passata di fuori
l'indicibile musica
delle trombe di lama
e dei piattini arguti dei fanciulli:
è passata la musica innocente.

Un mondo gnomo ne andava
con strepere di muletti e di carriole,
tra un lagno di montoni
di cartapesta e un bagliare
di sciabole fasciate di stagnole.
Passarono i Generali
con le feluche di cartone
e impugnavano aste di torroni;
poi furono i gregari
con moccoli e lampioni,
e le tinnanti scatole
ch'ànno il suono più trito,

Poems for Camillo Sbarbaro

1

Café at Rapallo

Christmas in the gleaming
tepidarium, cosmetic
fumes coiling from cups, curtained
shimmer of lights from beyond closed
panes, women profiled
in soft light among blazing jewels
and shot silk. . . .
                    They've arrived,
the new Sirens, on your native
shores! And now we need you, here,
old friend, Camillo, chronicler
of thrills and desires.

From the street a wild racket.

Outside the café
an indescribable music paraded by—
a blare of tin bugles, a silvery
tinkle of children's baptismal saucers:
the music of innocence passed us by.

With it marched a goblin world
in a clatter of tiny donkeys and carts,
and a bleat of *papier-mâché*
rams, and a gleam
of sabers sheathed in foil.
The generals, cocked hats
of cardboard, brandishing nougat
lances, passed by;
and then the rank and file
with candles and lanterns,
and little boxes
that rattled with the tinniest sounds,

tenue rivo che incanta
l'animo dubitoso:
(meraviglioso udivo).

L'orda passò col rumore
d'una zampante greggia
che il tuono recente impaura.
L'accolse la pastura
che per noi più non verdeggia.

2

Epigramma

Sbarbaro, estroso fanciullo, piega versicolori
carte e ne trae navicelle che affida alla fanghiglia
mobile d'un rigagno; vedile andarsene fuori.
Sii preveggente per lui, tu galantuomo che passi:
col tuo bastone raggiungi la delicata flottiglia,
che non si perda; guidala a un porticello di sassi.

Quasi una fantasia

Raggiorna, lo presento
da un albore di frusto
argento alle pareti:
lista un barlume le finestre chiuse.
Torna l'avvenimento
del sole e le diffuse
voci, i consueti strepiti non porta.

Perché? Penso ad un giorno d'incantesimo
e delle giostre d'ore troppo uguali
mi ripago. Traboccherà la forza
che mi turgeva, incosciente mago,
da grande tempo. Ora m'affaccerò,
subisserò alte case, spogli viali.

a stream of children to enthrall
the skeptical soul:
(I listened and marveled).

The horde passed with the roar
of a frightened herd stampeding
from a sudden burst of thunder.
It found shelter in that greening pasture
where you and I will never graze again.

2

Epigram

Sbarbaro, whimsical lad, maker of varicolored
paper boats, launches them in the flowing mud
of the gutter: look at them sail away!
Kind sir, take forethought for the boy:
hook that flotilla with your cane
before it founders; nudge it to its cove of pebbles.

Almost a Fantasia

Daylight again, I sense it
in the dawning of old
silver on the walls:
a glimmer edges the shut windows.
The sun comes back
again, but brings
no diffused voices, no customary din.

Why? I think of a day of enchantment,
my reward for the pageant of hours
too much alike. In me the power
welling, unconscious wizard,
will overflow. Yes, I'll be standing at the window,
I'll overwhelm tall houses, treeless streets.

Avrò di contro un paese d'intatte nevi
ma lievi come viste in un arazzo.
Scivolerà dal cielo bioccoso un tardo raggio.
Gremite d'invisibile luce selve e colline
mi diranno l'elogio degl'ilari ritorni.

Lieto leggerò i neri
segni dei rami sul bianco
come un essenziale alfabeto.
Tutto il passato in un punto
dinanzi mi sarà comparso.
Non turberà suono alcuno
quest'allegrezza solitaria.
Filerà nell'aria
o scenderà s'un paletto
qualche galletto di marzo.

Before me will be a land of virgin snow,
but powdered, as in a tapestry.
From a fleecy sky a slow radiance will slide.
Flooded with invisible light, forests and hills
will sing in praise of joyous returnings.

Elated, I'll read the black
signs of branches on the white,
like an alphabet of being.
In an instant, and the whole past
will open out before me.
No sound will jar
this solitary joy.
Easing through the air
or gliding to a perch,
a hoopoe or two will come
to usher in the spring.

Sarcofaghi

Dove se ne vanno le ricciute donzelle
che recano le colme anfore su le spalle
ed hanno il fermo passo sì leggero;
e in fondo uno sbocco di valle
invano attende le belle
cui adombra una pergola di vigna
e i grappoli ne pendono oscillando.
Il sole che va in alto,
le intraviste pendici
non han tinte: nel blando
minuto la natura fulminata
atteggia le felici
sue creature, madre non matrigna,
in levità di forme.
Mondo che dorme o mondo che si gloria
d'immutata esistenza, chi può dire?,
uomo che passi, e tu dagli
il meglio ramicello del tuo orto.
Poi segui: in questa valle
non è vicenda di buio e di luce.
Lungi di qui la tua via ti conduce,
non c'è asilo per te, sei troppo morto:
seguita il giro delle tue stelle.
E dunque addio, infanti ricciutelle,
portate le colme anfore su le spalle.

Ora sia il tuo passo
più cauto: a un tiro di sasso
di qui ti si prepara
una più rara scena.
La porta corrosa d'un tempietto
è rinchiusa per sempre.
Una grande luce è diffusa

Sarcophagi

Where girls with wavy hair pass by,
jars of wine brimming on their shoulders,
firm of foot, stepping softly;
and down below a valley opens out,
waiting in vain for the lovely girls
shaded by a trellis of vines
heavy with swaying clusters.
The sun that mounts the sky,
the half-seen slopes, all
are colorless: in this mild
moment, Nature, in a lightning flash—
mother, no stepmother—
poses her creatures
in such grace of form.
World asleep or world that boasts
life unchanging, who can say?
O passerby, grace it,
give it your garden's loveliest bough.
Then go your way: this valley knows
no alternation of dark and light.
Your journey takes you far from here.
No refuge here for one so dead as you:
go, follow the orbit of your stars.
And so farewell, girls with wavy hair,
jars of wine brimming on your shoulders.

Walk more warily now,
passerby: a stone's throw
from here a scene
more strange awaits you.
The rusting door of a small shrine
has been sealed, forever.
Above the grassy threshold

sull'erbosa soglia.
E qui dove peste umane
non suoneranno, o fittizia doglia,
vigila steso al suolo un magro cane.
Mai più si muoverà
in quest'ora che s'indovina afosa.
Sopra il tetto s'affaccia
una nuvola grandiosa.

Il fuoco che scoppietta
nel caminetto verdeggia
e un'aria oscura grava
sopra un mondo indeciso. Un vecchio stanco
dorme accanto a un alare
il sonno dell'abbandonato.
In questa luce abissale
che finge il bronzo, non ti svegliare
addormentato! E tu camminante
procedi piano; ma prima
un ramo aggiungi alla fiamma
del focolare e una pigna
matura alla cesta gettata
nel canto: ne cadono a terra
le provvigioni serbate
pel viaggio finale.

Ma dove cercare la tomba
dell'amico fedele e dell'amante;
quella del mendicante e del fanciullo;
dove trovare un asilo
per codesti che accolgono la brace
dell'originale fiammata;
oh da un segnale di pace lieve come un trastullo

a great light pours.
And here where no human step,
no feigned grief, will ever sound,
a scrawny dog sprawled on the ground
keeps watch. He will never stir again,
not at this hour—sultry, one assumes.
Above the roof a cloud looms,
majestic.

The fire crackling
on the hearth flares green,
the dusky air presses down
on a world undecided. Beside the andiron
an old man sleeps the dead
sleep of the derelict.
In this abysmal light limned
in bronze, may you never waken
from your sleep! And you, passerby,
walk softly; but before you leave,
add your branch to the fire
blazing on the hearth, place
one ripe pinecone in that hamper chiseled
at the corner—out of which
provisions packed for the last journey spill
to the ground.

But where is the lover's tomb
and the faithful friend's;
the beggar's grave, the little boy's;
where do they repose,
those who welcome the embers
of the original flame?
Oh, carve their urns with some sign of peace

l'urna ne sia effigiata!
Lascia la taciturna folla di pietra
per le derelitte lastre
ch'ànno talora inciso
il simbolo che più turba
poiché il pianto ed il riso
parimenti ne sgorgano, gemelli.
Lo guarda il triste artiere che al lavoro si reca
e già gli batte ai polsi una volontà cieca.
Tra quelle cerca un fregio primordiale
che sappia pel ricordo che ne avanza
trarre l'anima rude
per vie di dolci esigli:
un nulla, un girasole che si schiude
ed intorno una danza di conigli . . .

light as a toy!
Turn from the speechless crowd of stone
toward the abandoned slabs
here and there incised
with the symbol that most disturbs
since in it grief and laughter
are equal, twinned.
The sculptor, sadly gazing, goes back to work,
a blind will throbbing at his pulse,
searching among the slabs for a frieze so primal
it knows, remembering, what entices
the rough soul
on its road to gracious exile—
some trifle, a sunflower unfolding
and rabbits dancing around it. . . .

Altri Versi

Vento e bandiere

La folata che alzò l'amaro aroma
del mare alle spirali delle valli,
e t'investì, ti scompigliò la chioma,
groviglio breve contro il cielo pallido;

la raffica che t'incollò la veste
e ti modulò rapida a sua imagine,
com'è tornata, te lontana, a queste
pietre che sporge il monte alla voragine;

e come spenta la furia briaca
ritrova ora il giardino il sommesso alito
che ti cullò, riversa sull'amaca,
tra gli alberi, ne' tuoi voli senz'ali.

Ahimè, non mai due volte configura
il tempo in egual modo i grani! E scampo
n'è: ché, se accada, insieme alla natura
la nostra fiaba brucerà in un lampo.

Sgorgo che non s'addoppia,—ed or fa vivo
un gruppo di abitati che distesi
allo sguardo sul fianco d'un declivo
si parano di gale e di palvesi.

Il mondo esiste . . . Uno stupore arresta
il cuore che ai vaganti incubi cede,
messaggeri del vespero: e non crede
che gli uomini affamati hanno una festa.

Other Verses

Wind and Banners

The gust that lofted the brackish saltwater
smell to the looping valleys;
that assailed you, tousling your hair,
an instant's tangle against the pale sky;

the squall that wrapped you in your dress,
molding your body to its likeness—
and that now, unlike you, returns
to these cliffs fronting the sea's fury;

and how, that drunken rage once spent,
the garden finds again the gentle breeze
that lulled your wingless flights
in the hammock there between the trees.

Ah, but time never shapes its sands
the same way twice. And this sets us free:
otherwise our tale and Nature's too
would vanish in a flash.

Uprush never to be repeated—and now
a cluster of villages springs to view,
staggered along a hillside, each
festooned with bunting and banners.

The world *is*. . . . The heart, prey
to roving nightmares, messengers of evening,
stops in disbelief, amazed
that starving men should keep such holiday.

Fuscello teso dal muro . . .

Fuscello teso dal muro
sì come l'indice d'una
meridiana che scande la carriera
del sole e la mia, breve;
in una additi i crepuscoli
e alleghi sul tonaco
che imbeve la luce d'accesi
riflessi—e t'attedia la ruota
che in ombra sul piano dispieghi,
t'è noja infinita la volta
che stacca da te una smarrita
sembianza come di fumo
e grava con l'infittita
sua cupola mai dissolta.

Ma tu non adombri stamane
più il tuo sostegno ed un velo
che nella notte hai strappato
a un'orda invisibile pende
dalla tua cima e risplende
ai primi raggi. Laggiù,
dove la piana si scopre
del mare, un trealberi carico
di ciurma e di preda reclina
il bordo a uno spiro, e via scivola.
Chi è in alto e s'affaccia s'avvede
che brilla la tolda e il timone
nell'acqua non scava una traccia.

Shoot stretching from the wall . . .

Shoot stretching from the wall
so like the pointer on the dial
that tracks the sun's course
and my brief transit too:
While you mark the coming on of dusk,
your roots dig into plaster
soaked with the late light's ruddy
reflections—and the wheel your shadow
makes on the dial's face
wears you out, and your boredom
is boundless beneath that vault
of sky that severs from you
a stray, smokelike double
that presses down with its dense
indissoluble dome.

But this morning your shadow no longer falls
on the supporting wall, and a gauze
you plucked at night
from an unseen horde
dangles from your tip and shimmers
in the dawn light. Far below,
in the wide expanse of sea, a trawler,
three-masted, heaves into view,
ballasted with crew and catch,
heels with the wind and sheers away.
A man watching from the lookout sees
the deck that shines, and a rudder
that cuts the water and leaves no trace.

Ossi di seppia

Non chiederci la parola che squadri da ogni lato
l'animo nostro informe, e a lettere di fuoco
lo dichiari e risplenda come un croco
perduto in mezzo a un polveroso prato.

Ah l'uomo che se ne va sicuro,
agli altri ed a se stesso amico,
e l'ombra sua non cura che la canicola
stampa sopra uno scalcinato muro!

Non domandarci la formula che mondi possa aprirti,
sì qualche storta sillaba e secca come un ramo.
Codesto solo oggi possiamo dirti,
ciò che *non* siamo, ciò che *non* vogliamo.

Meriggiare pallido e assorto
presso un rovente muro d'orto,
ascoltare tra i pruni e gli sterpi
schiocchi di merli, frusci di serpi.

Nelle crepe del suolo o su la veccia
spiar le file di rosse formiche
ch'ora si rompono ed ora s'intrecciano
a sommo di minuscole biche.

Osservare tra frondi il palpitare
lontano di scaglie di mare
mentre si levano tremuli scricchi
di cicale dai calvi picchi.

Cuttlefish Bones

Don't ask me for words that might define
our formless soul, publish it
in letters of fire, and set it shining,
lost crocus in a dusty field.

Ah, that man so confidently striding,
friend to others and himself, careless
that the dog days' sun might stamp
his shadow on a crumbling wall!

Don't ask me for formulas to open worlds
for you: all I have are gnarled syllables,
branch-dry. All I can tell you now is this:
what we are *not*, what we do *not* want.

To laze at noon, pale and thoughtful,
by a blazing garden wall; to listen,
in brambles and brake, to blackbirds
scolding, the snake's rustle.

To gaze at the cracked earth, the leaves
of vetch, to spy the red ants filing past,
breaking, then twining, massing
at the tips of the tiny sheaves.

To peer through leaves at the sea,
scale on scale, pulsing in the distance,
while the cicada's quavering cry
shrills from naked peaks.

E andando nel sole che abbaglia
sentire con triste meraviglia
com'è tutta la vita e il suo travaglio
in questo seguitare una muraglia
che ha in cima cocci aguzzi di bottiglia.

Non rifugiarti nell'ombra
di quel fólto di verzura
come il falchetto che strapiomba
fulmineo nella caldura.

È ora di lasciare il canneto
stento che pare s'addorma
e di guardare le forme
della vita che si sgretola.

Ci muoviamo in un pulviscolo
madreperlaceo che vibra,
in un barbaglio che invischia
gli occhi e un poco ci sfibra.

Pure, lo senti, nel gioco d'aride onde
che impigra in quest'ora di disagio
non buttiamo già in un gorgo senza fondo
le nostre vite randage.

Come quella chiostra di rupi
che sembra sfilaccicarsi
in ragnatele di nubi;
tali i nostri animi arsi

in cui l'illusione brucia
un fuoco pieno di cenere
si perdono nel sereno
di una certezza: la luce.

And then, walking out, dazed with light,
to sense with sad wonder
how all of life and its hard travail
is in this trudging along a wall spiked
with jagged shards of broken bottles.

Don't take shelter in the shade
of that green thicket,
like the windhover swooping, streak
of lightning in summer heat.

Time now to quit the canebrake
stricken as though with sleep
and gaze at the forms of a life
that powders away.

We pass in a shimmer of dust,
mother-of-pearl, a glare
that ensnares the eyes,
undoing us nearly.

Still, you sense it, in these dry waves
lazing in this hour of distress
let's not throw our strayed lives
to a bottomless abyss.

Like those enclosing cliffs
that seem to fray
in a webbing of haze,
so our charred souls

where illusion burns
in a flare of ash
vanish in the bright air
of one certainty: light.

a K.

Ripenso il tuo sorriso, ed è per me un'acqua limpida
scorta per avventura tra le petraie d'un greto,
esiguo specchio in cui guardi un'ellera i suoi corimbi;
e su tutto l'abbraccio d'un bianco cielo quieto.

Codesto è il mio ricordo; non saprei dire, o lontano,
se dal tuo volto s'esprime libera un'anima ingenua,
o vero tu sei dei raminghi che il male del mondo estenua
e recano il loro soffrire con sé come un talismano.

Ma questo posso dirti, che la tua pensata effigie
sommerge i crucci estrosi in un'ondata di calma,
e che il tuo aspetto s'insinua nella mia memoria grigia
schietto come la cima d'una giovinetta palma . . .

Mia vita, a te non chiedo lineamenti
fissi, volti plausibili o possessi.
Nel tuo giro inquieto ormai lo stesso
sapore han miele e assenzio.

Il cuore che ogni moto tiene a vile
raro è squassato da trasalimenti.
Così suona talvolta nel silenzio
della campagna un colpo di fucile.

I think again of your smile, a pool of limpid water
glimpsed by chance in the torrent's gravel bed,
a tiny mirror where ivy sees its clusters reflected,
embraced by a peaceful white sky overhead.

That I remember. O, distant one, I could not say
whether your face freely reveals a simple soul
or you are one of those restless ones wearied by the world's
evil, who wear their sufferings like an amulet.

But this I can say: the thought of your likeness
drowns my spasm of pain in tidal calm;
the candor of your image needles my dull memory
like the spear of a young palm. . . .

What I ask, my life, is not firm
outlines, plausible looks, possessions.
Now, in your restless running, wormwood
and honey taste the same.

The heart that loathes all motion
is seldom jolted by shocks.
So, at times, the country hush
is shattered by a shot.

Portami il girasole ch'io lo trapianti
nel mio terreno bruciato dal salino,
e mostri tutto il giorno agli azzurri specchianti
del cielo l'ansietà del suo volto giallino.

Tendono alla chiarità le cose oscure,
si esauriscono i corpi in un fluire
di tinte: queste in musiche. Svanire
è dunque la ventura delle venture.

Portami tu la pianta che conduce
dove sorgono bionde trasparenze
e vapora la vita quale essenza;
portami il girasole impazzito di luce.

Spesso il male di vivere ho incontrato:
era il rivo strozzato che gorgoglia,
era l'incartocciarsi della foglia
riarsa, era il cavallo stramazzato.

Bene non seppi, fuori del prodigio
che schiude la divina Indifferenza:
era la statua nella sonnolenza
del meriggio, e la nuvola, e il falco alto levato.

Ciò che di me sapeste
non fu che la scialbatura,
la tonaca che riveste
la nostra umana ventura.

Bring me the sunflower, I'll plant it here
in my patch of ground scorched by salt spume,
where all day long it will lift the craving
of its golden face to the mirroring blue.

Dark things are drawn to brighter,
bodies languish in a flowing
of colors, colors in musics. To vanish,
then, is the venture of ventures.

Bring me the flower that leads us out
where blond transparencies rise
and life evaporates as essence.
Bring me the sunflower crazed with light.

I have often met the evil of living:
the gurgle of the strangled brook,
the papering of the parched leaf,
the fallen horse, dying.

Of good I found little more than the omen
disclosed by the divine Indifference:
the statue in the drowsing
noon, and the cloud, and the hawk soaring.

What you knew of me
was only a whitened skin,
the cowl that cloaks
our human destiny.

Ed era forse oltre il telo
l'azzurro tranquillo;
vietava il limpido cielo
solo un sigillo.

O vero c'era il falòtico
mutarsi della mia vita,
lo schiudersi d'un'ignita
zolla che mai vedrò.

Restò così questa scorza
la vera mia sostanza;
il fuoco che non si smorza
per me si chiamò: l'ignoranza.

Se un'ombra scorgete, non è
un'ombra—ma quella io sono.
Potessi spiccarla da me,
offrirvela in dono.

Portovenere

Là fuoresce il Tritone
dai flutti che lambiscono
le soglie d'un cristiano
tempio, ed ogni ora prossima
è antica. Ogni dubbiezza
si conduce per mano
come una fanciulletta amica.

Là non è chi si guardi
o stia di sé in ascolto.
Quivi sei alle origini
e decidere è stolto:
ripartirai più tardi
per assumere un volto.

And perhaps behind the veil
the air was blue and still;
between me and the clear sky
lay a simple seal.

Or else it was that wildfire
changing of my life,
the disclosure of the kindled clod
I'll never see.

So then this husk remained
my true substance;
the name of unquenched fire
for me was—ignorance.

If you glimpse a shade,
it's not a shade—it's me.
If I could strip that shade away,
I'd give it to you, gladly.

Portovenere

There Triton surges
from waves that lap
the sills of a Christian
shrine, and every future hour
is old. All hesitation
is taken by the hand
like a friendly little girl.

There no one regards himself
or heeds his own words.
Here you are at the sources,
decision is folly:
later you go home
and assume a face.

So l'ora in cui la faccia più impassibile
è traversata da una cruda smorfia:
s'è svelata per poco una pena invisibile.
Ciò non vede la gente nell'affollato corso.

Voi, mie parole, tradite invano il morso
secreto, il vento che nel cuore soffia.
La più vera ragione è di chi tace.
Il canto che singhiozza è un canto di pace.

Gloria del disteso mezzogiorno
quand'ombra non rendono gli alberi,
e più e più si mostrano d'attorno
per troppa luce, le parvenze, falbe.

Il sole, in alto,—e un secco greto.
Il mio giorno non è dunque passato:
l'ora più bella è di là dal muretto
che rinchiude in un occaso scialbato.

L'arsura, in giro; un martin pescatore
volteggia s'una reliquia di vita.
La buona pioggia è di là dallo squallore,
ma in attendere è gioia più compita.

Felicità raggiunta, si cammina
per te su fil di lama.
Agli occhi sei barlume che vacilla,

I know that moment when a grimace of pain
crosses the most impassive face, briefly
revealing an anguish unseen
by people in the crowded street.

In vain, my words, you reveal the hidden
suffering, the wind gusting in the heart.
The real tale belongs to men of silence.
A song that weeps is a song of peace.

Splendor of noon outspread,
when trees cast no shadow, and more and more
excess of light gives to everything around
a tawny shimmer.

Above, the sun—and the dry shingle.
My day, then, isn't done. Not yet:
the loveliest hour lies beyond the wall
enclosing us in a wan sunset.

Drought all around: over a relic
of life a kingfisher hovering.
Beyond dejection lies the bliss of rain,
but happiness won is in the waiting.

Happiness won: for you we walk
the knife's edge.
The eyes see a flickering glow.

41

al piede, teso ghiaccio che s'incrina;
e dunque non ti tocchi chi più t'ama.

Se giungi sulle anime invase
di tristezza e le schiari, il tuo mattino
è dolce e turbatore come i nidi delle cimase.
Ma nulla paga il pianto del bambino
a cui fugge il pallone tra le case.

Il canneto rispunta i suoi cimelli
nella serenità che non si ragna:
l'orto assetato sporge irti ramelli
oltre i chiusi ripari, all'afa stagna.

Sale un'ora d'attesa in cielo, vacua,
dal mare che s'ingrigia.
Un albero di nuvole sull'acqua
cresce, poi crolla come di cinigia.

Assente, come manchi in questa plaga
che ti presente e senza te consuma:
sei lontana e però tutto divaga
dal suo solco, dirupa, spare in bruma.

Forse un mattino andando in un'aria di vetro,
arida, rivolgendomi, vedrò compirsi il miracolo:
il nulla alle mie spalle, il vuoto dietro
di me, con un terrore di ubriaco.

Poi come s'uno schermo, s'accamperanno di gitto
alberi case colli per l'inganno consueto.
Ma sarà troppo tardi; ed io me n'andrò zitto
tra gli uomini che non si voltano, col mio segreto.

Underfoot thin ice cracks.
May he who loves you most never make you his.

If your brightness shines
on souls in sorrow, your mornings
are a joy, a fluttering like nests among the chimneys.
But what can console the crying child
whose balloon vanishes between the buildings?

Again the canebrake pokes its spears,
unimpeded, to bright blue sky:
the thirsty orchard pushes shaggy twigs
across confining walls, in sultry air.

An hour of expectation rises skyward,
frustrated, from the sea that darkens.
Over the water a tree of clouds
branches up, then crumbles in ashes.

How this coast yearns for you in your absence,
intuits your coming, and wastes without it!
Lacking you, the world strays
from its course, plunges, vanishes in haze.

Maybe one morning, walking in air
of dry glass, I'll turn and see the miracle occur—
nothingness at my shoulders, the void
behind me—with a drunkard's terror.

Then, as on a screen, the usual illusion:
hills houses trees will suddenly reassemble,
but too late, and I'll quietly go my way,
with my secret, among men who don't look back.

Valmorbia, discorrevano il tuo fondo
fioriti nuvoli di piante agli àsoli.
Nasceva in noi, volti dal cieco caso,
oblio del mondo.

Tacevano gli spari, nel grembo solitario
non dava suono che il Leno roco.
Sbocciava un razzo su lo stelo, fioco
lacrimava nell'aria.

Le notti chiare erano tutte un'alba
e portavano volpi alla mia grotta.
Valmorbia, un nome—e ora nella scialba
memoria, terra dove non annotta.

Tentava la vostra mano la tastiera,
i vostri occhi leggevano sul foglio
gl'impossibili segni; e franto era
ogni accordo come una voce di cordoglio.

Compresi che tutto, intorno, s'inteneriva
in vedervi inceppata inerme ignara
del linguaggio più vostro: ne bruiva
oltre i vetri socchiusi la marina chiara.

Passò nel riquadro azzurro una fugace danza
di farfalle; una fronda si scrollò nel sole.
Nessuna cosa prossima trovava le sue parole,
ed era mia, era *nostra,* la vostra dolce ignoranza.

Valmorbia, across your glens cloud-blossoms
scurried, wildflowers in the breezes.
In us, whirled by blind chance, oblivion
of the world was born.

The barrage stopped, in the lonely
vale no sound but the husky Leno.
A rocket sprouted on its stem, wailed
faintly through the air.

The bright nights, all one dawn,
led foxes to my cave.
Valmorbia, a name—and now, in my dim
memory, land that lightens.

Your hand was trying the keyboard,
your eyes were reading the impossible
signs on the score; and every chord
was suspended, like a voice grieving.

I felt everything around you go tender,
seeing you stop, helpless, ignorant
of the language most your own: beyond,
window ajar, bright water murmured back.

Butterflies danced, framed in blue, then
vanished; a bough shook in the sun.
Nothing, nothing around us, found words,
and your winsome ignorance was mine, was *ours*.

La farandola dei fanciulli sul greto
era la vita che scoppia dall'arsura.
Cresceva tra rare canne e uno sterpeto
il cespo umano nell'aria pura.

Il passante sentiva come un supplizio
il suo distacco dalle antiche radici.
Nell'età d'oro florida sulle sponde felici
anche un nome, una veste, erano un vizio.

Debole sistro al vento
d'una persa cicala,
toccato appena e spento
nel torpore ch'esala.

Dirama dal profondo
in noi la vena
segreta: il nostro mondo
si regge appena.

Se tu l'accenni, all'aria
bigia treman corrotte
le vestigia
che il vuoto non ringhiotte.

Il gesto indi s'annulla,
tace ogni voce,
discende alla sua foce
la vita brulla.

The children's farandole along the shore
was life itself, exploding from drought.
Among a scattering of reeds and brush
the human plant leafed in the pure air.

Far from his ancient roots,
the passerby felt the torment of division.
In the golden age, on the shores of the blest,
even names, even clothes, were sin.

Faint wind-borne sistrum
of a lost cicada, no sooner
shaken than spent,
in the breathing torpor.

The vein deep
inside us surges,
branching; our world
holds out, barely.

Make a gesture
and the gray air quivers
with decaying vestiges
the void rejects.

Then the gesture dies;
the voices fade; a waste
of debris, the torrent of life
plunges to the sea.

Cigola la carrucola del pozzo,
l'acqua sale alla luce e vi si fonde.
Trema un ricordo nel ricolmo secchio,
nel puro cerchio un'immagine ride.
Accosto il volto a evanescenti labbri:
si deforma il passato, si fa vecchio,
appartiene ad un altro . . .
                Ah che già stride
la ruota, ti ridona all'atro fondo,
visione, una distanza ci divide.

Arremba su la strinata proda
le navi di cartone, e dormi,
fanciulletto padrone: che non oda
tu i malevoli spiriti che veleggiano a stormi.

Nel chiuso dell'ortino svolacchia il gufo
e i fumacchi dei tetti sono pesi.
L'attimo che rovina l'opera lenta di mesi
giunge: ora incrina segreto, ora divelge in un buffo.

Viene lo spacco; forse senza strepito.
Chi ha edificato sente la sua condanna.
È l'ora che si salva solo la barca in panna.
Amarra la tua flotta tra le siepi.

Upupa, ilare uccello calunniato
dai poeti, che roti la tua cresta
sopra l'aereo stollo del pollaio

The windlass creaks in the well,
the water rises, dissolves in light.
A memory quivers in the brimming pail;
in the pure circle an image laughs.
I bend my face to fleeting lips:
the past grows twisted, wrinkles with age,
belongs to someone else. . . .
                              Ah, but then a screech,
O vision, and the wheel slides you back to darkness,
riving you from me.

Haul your paper boats
to the parched shore, and then to sleep,
little commodore: may you never hear
swarms of evil spirits putting in.

The owl flits in the walled orchard,
a pall of smoke lies heavy on the roof.
The moment that spoils months of labor is here:
now the secret crack, now the ravaging gust.

The crack widens, unheard perhaps.
The builder hears his sentence passed.
Now only the sheltered boat is safe.
Beach your fleet, secure it in the brush.

Hoopoe, merry bird, slandered
by poets, your crest twisting
above the haystack in the chicken yard,

e come un finto gallo giri al vento;
nunzio primaverile, upupa, come
per te il tempo s'arresta,
non muore più il Febbraio,
come tutto di fuori si protende
al muover del tuo capo,
aligero folletto, e tu lo ignori.

Sul muro grafito
che adombra i sedili rari
l'arco del cielo appare
finito.

Chi si ricorda più del fuoco ch'arse
impetuoso
nelle vene del mondo;—in un riposo
freddo le forme, opache, sono sparse.

Rivedrò domani le banchine
e la muraglia e l'usata strada.
Nel futuro che s'apre le mattine
sono ancorate come barche in rada.

turning like a weathercock in the wind!
Hoopoe, herald of spring, for whom
time stops still
and February never dies!
How everything around you bows
before the wagging of your head,
O wingèd imp, and you don't know it.

Above the graffiti-covered wall
shading a few benches
the vault of heaven seems
ended.

Who still remembers the fire that blazed
with such ardor
in the world's veins? Now, in cold repose,
opaque, the forms are scattered.

Tomorrow I'll see the wharves again,
and the long wall and the traveled way.
In the future that begins, mornings
ride at anchor like boats in the bay.

Mediterraneo

A vortice s'abbatte
sul mio capo reclinato
un suono d'agri lazzi.
Scotta la terra percorsa
da sghembe ombre di pinastri,
e al mare là in fondo fa velo
più che i rami, allo sguardo, l'afa che a tratti erompe
dal suolo che si avvena.
Quando più sordo o meno il ribollio dell'acque
che s'ingorgano
accanto a lunghe secche mi raggiunge:
o è un bombo talvolta ed un ripiovere
di schiume sulle rocce.
Come rialzo il viso, ecco cessare
i ragli sul mio capo; e via scoccare
verso le strepeanti acque,
frecciate biancazzurre, due ghiandaie.

Antico, sono ubriacato dalla voce
ch'esce dalle tue bocche quando si schiudono
come verdi campane e si ributtano
indietro e si disciolgono.
La casa delle mie estati lontane
t'era accanto, lo sai,
là nel paese dove il sole cuoce
e annuvolano l'aria le zanzare.
Come allora oggi in tua presenza impietro,
mare, ma non più degno
mi credo del solenne ammonimento
del tuo respiro. Tu m'hai detto primo

Mediterranean

A squall
of antic fleering swoops
above my bent head.
The ground, crisscrossed
by twisted shadows of wild pines, scorches.
Far below, the sea is hidden
by trees, but more by the veil of haze
fitfully vented by the cracking soil.
Louder, then muffled, the sound of seething
breakers strangled
by a long line of shoals reaches my ears:
or at times, a cloudburst of spume, exploding,
crashes on the cliffs.
I lift my gaze, suddenly the scolding stops; and down
to the boisterous waves streaks a flash
of blue-white arrows—
two jays.

O Ancient, I am drunk on the voice
that breaks from your mouths when they unfold
like green bells, then collapse,
dissolving.
The house where I spent my summers long ago
stood, you know, at your side,
there in that land of searing sun where the air
goes hazy with mosquitoes.
O sea,
petrified by your presence then as now,
I think myself not worth the grave admonition
of your breath. You told me as a child

che il piccino fermento
del mio cuore non era che un momento
del tuo; che mi era in fondo
la tua legge rischiosa: esser vasto e diverso
e insieme fisso:
e svuotarmi così d'ogni lordura
come tu fai che sbatti sulle sponde
tra sugheri alghe asterie
le inutili macerie del tuo abisso.

Scendendo qualche volta
gli aridi greppi ormai
divisi dall'umoroso
Autunno che li gonfiava,
non m'era più in cuore la ruota
delle stagioni e il gocciare
del tempo inesorabile;
ma bene il presentimento
di te m'empiva l'anima,
sorpreso nell'ansimare
dell'aria, prima immota,
sulle rocce che orlavano il cammino.
Or, m'avvisavo, la pietra
voleva strapparsi, protesa
a un invisibile abbraccio;
la dura materia sentiva
il prossimo gorgo, e pulsava;
e i ciuffi delle avide canne
dicevano all'acque nascoste,
scrollando, un assentimento.
Tu vastità riscattavi
anche il patire dei sassi:
pel tuo tripudio era giusta
l'immobilità dei finiti.
Chinavo tra le petraie,
giungevano buffi salmastri

the petty ferment
of my heart was merely a moment
of yours; that your perilous law
lay deep within me: to be vast and various,
but unchanging too,
and so cleanse myself of every foulness.
You showed me how, hurling onto the beaches
sea-wrack starfish cork, all
the waste of your abyss.

At times, climbing down
barren cliffs eroded
now and gorged
with autumn rains,
my heart no longer felt
the rhythm of the circling seasons,
the trickle of relentless time;
but the presentiment of you,
surprised in that heavy breathing
of air, before so still,
among the boulders bordering the path,
filled my soul.
Now, I thought, the very stone
was yearning to be free, to stretch
toward some invisible embrace;
hard matter intuited
the approaching gorge and quivered;
and the tufts of the reeds, eagerly
swaying, spoke assent
to the unseen waters.
O immensity, it was you, redeeming
even the stones in their suffering:
in your jubilation the fixity
of finite things was justified.
I was climbing down the scree.
Brackish winds came gusting

al cuore; era la tesa
del mare un giuoco di anella.
Con questa gioia precipita
dal chiuso vallotto alla spiaggia
la spersa pavoncella.

Ho sostato talvolta nelle grotte
che t'assecondano, vaste
o anguste, ombrose e amare.
Guardati dal fondo gli sbocchi
segnavano architetture
possenti campite di cielo.
Sorgevano dal tuo petto
rombante aerei templi,
guglie scoccanti luci:
una città di vetro dentro l'azzurro netto
via via si discopriva da ogni caduco velo
e il suo rombo non era che un susurro.
Nasceva dal fiotto la patria sognata.
Dal subbuglio emergeva l'evidenza.
L'esiliato rientrava nel paese incorrotto.
Così, padre, dal tuo disfrenamento
si afferma, chi ti guardi, una legge severa.
Ed è vano sfuggirla: mi condanna
s'io lo tento anche un ciottolo
róso sul mio cammino,
impietrato soffrire senza nome,
o l'informe rottame
che gittò fuor del corso la fiumara
del vivere in un fitto di ramure e di strame.
Nel destino che si prepara
c'è forse per me sosta,
niun'altra mai minaccia.
Questo ripete il flutto in sua furia incomposta,
e questo ridice il filo della bonaccia.

into my heart, the taut sea
was a game of quoits,
all gaiety, the joy
of the vagrant plover
mewed in the valley when she plummets
for the shore.

I have lingered at times
in grottoes at your side, vast
or cramped, dark, oppressive.
Viewed from within, their entrances
revealed imposing structures
against an expanse of sky.
From your thundering chest rose
ethereal temples,
spires darting lights:
in that bright blue a city of glass
slowly surfaced from the shrouding mist,
and its roar was merely a whisper.
Out of the sea rose the country I dreamed,
from turbulence the evidence arose.
The exile returned to his uncorrupted home.
So, father, your unchained fury
imposes a harsh command on your observer.
Evasion is hopeless; if I try,
even the salt-pocked stone
on my path condemns me—
a nameless, petrified patience,
or that chaos of debris
hurled aside by the torrent of life
in a litter of jumbled branches and straw.
In the destiny now forming
I may linger;
no other threat exists.
This, the restless rage of the surf keeps saying,
this, the whispering calm repeats.

Giunge a volte, repente,
un'ora che il tuo cuore disumano
ci spaura e dal nostro si divide.
Dalla mia la tua musica sconcorda,
allora, ed è nemico ogni tuo moto.
In me ripiego, vuoto
di forze, la tua voce pare sorda.
M'affisso nel pietrisco
che verso te digrada
fino alla ripa acclive che ti sovrasta,
franosa, gialla, solcata
da strosce d'acqua piovana.
Mia vita è questo secco pendio,
mezzo non fine, strada aperta a sbocchi
di rigagnoli, lento franamento.
È dessa, ancora, questa pianta
che nasce dalla devastazione
e in faccia ha i colpi del mare ed è sospesa
fra erratiche forze di venti.
Questo pezzo di suolo non erbato
s'è spaccato perché nascesse una margherita.
In lei tìtubo al mare che mi offende,
manca ancora il silenzio nella mia vita.
Guardo la terra che scintilla,
l'aria è tanto serena che s'oscura.
E questa che in me cresce
è forse la rancura
che ogni figliuolo, mare, ha per il padre.

Noi non sappiamo quale sortiremo
domani, oscuro o lieto;
forse il nostro cammino

Suddenly, at times, there comes
a moment when your inhuman heart,
estranged from ours, terrifies.
Then your music clashes with mine,
your every movement is hostile.
I withdraw into myself, drained
of strength, your voice is stifled.
I stare at the stony scree
spilling downhill toward you
to the bluff that slopes above you—
yellow, eroded, rutted
by rain-gouged torrents.
My life is this dry slope—
middle, not end—a road open to converging
runnels, one long, crumbling landslide.
It is this life, again, this flower,
devastation-born,
that dares the sea's hammering, sways
with the wind's capricious gusting.
In this patch of earth devoid of growing things,
a crack widens to let a daisy sprout.
In this flower I tremble toward the sea that lashes me;
silence is still an absence in my life.
I look at the earth, which glitters,
air so still it darkens.
And what grows in me
may be the rancor,
O sea, that every son feels for his father.

What tomorrow will bring, joyful
or somber, no one knows.
Our road may take us

a non tócche radure ci addurrà
dove mormori eterna l'acqua di giovinezza;
o sarà forse un discendere
fino al vallo estremo,
nel buio, perso il ricordo del mattino.
Ancora terre straniere
forse ci accoglieranno: smarriremo
la memoria del sole, dalla mente
ci cadrà il tintinnare delle rime.
Oh la favola onde s'esprime
la nostra vita, repente
si cangerà nella cupa storia che non si racconta!
Pur di una cosa ci affidi,
padre, e questa è: che un poco del tuo dono
sia passato per sempre nelle sillabe
che rechiamo con noi, api ronzanti.
Lontani andremo e serberemo un'eco
della tua voce, come si ricorda
del sole l'erba grigia
nelle corti scurite, tra le case.
E un giorno queste parole senza rumore
che teco educammo nutrite
di stanchezze e di silenzi,
parranno a un fraterno cuore
sapide di sale greco.

Avrei voluto sentirmi scabro ed essenziale
siccome i ciottoli che tu volvi,
mangiati dalla salsedine;
scheggia fuori del tempo, testimone
di una volontà fredda che non passa.
Altro fui: uomo intento che riguarda
in sé, in altrui, il bollore
della vita fugace—uomo che tarda
all'atto, che nessuno, poi, distrugge.
Volli cercare il male

to clearings untrodden by human foot,
to whispering streams of eternal youth;
or perhaps a last descent
into that final valley,
all darkness, memory of light quite lost.
Foreign lands perhaps
will welcome us once more: we will lose
the memory of our sun, our lilting rhymes
will be forgotten.
And the fable
that expresses our lives will suddenly become
that grim tale no man will ever tell.
Still, O father, one legacy
you leave us: some small part of your genius
lives on in these syllables we bear with us,
humming bees.
However far our journey, we will always keep
an echo of your voice, like the brown grass
in dark courtyards between the houses,
which never forgets the light.
And a day will come when these unvoiced words,
seeded in us by you, nourished
on silence and fatigue,
will, to some brotherly soul, seem seasoned
with salt-sea brine.

I would have liked to feel rough, elemental
as the pebbles you tumble about,
pocked by salt,
a timeless shard, witness
to a cold, persistent will. I was
anything but: a man intent
on observing, in himself, and others, the furor
of fleeting life; a man who defers
doing, which therefore can never be undone.
I chose to search out the evil

che tarla il mondo, la piccola stortura
d'una leva che arresta
l'ordegno universale; e tutti vidi
gli eventi del minuto
come pronti a disgiungersi in un crollo.
Seguìto il solco d'un sentiero m'ebbi
l'opposto in cuore, col suo invito; e forse
m'occorreva il coltello che recide,
la mente che decide e si determina.
Altri libri occorrevano
a me, non la tua pagina rombante.
Ma nulla so rimpiangere: tu sciogli
ancora i groppi interni col tuo canto.
Il tuo delirio sale agli astri ormai.

Potessi almeno costringere
in questo mio ritmo stento
qualche poco del tuo vaneggiamento;
dato mi fosse accordare
alle tue voci il mio balbo parlare:—
io che sognava rapirti
le salmastre parole
in cui natura ed arte si confondono,
per gridar meglio la mia malinconia
di fanciullo invecchiato che non doveva pensare.
Ed invece non ho che le lettere fruste
dei dizionari, e l'oscura
voce che amore detta s'affioca,
si fa lamentosa letteratura.
Non ho che queste parole
che come donne pubblicate
s'offrono a chi le richiede;
non ho che queste frasi stancate
che potranno rubarmi anche domani
gli studenti canaglie in versi veri.
Ed il tuo rombo cresce, e si dilata

gnawing at the world, the little warp
in the lever that locks
the universal gears; and I saw
all the events of the instant
as though poised to collapse and crumble.
I walked the road in one direction, while my heart
yearned for the other; and maybe
I needed the knife that slices through,
the mind that decides and determines.
I needed other
texts, not your thundering page.
But I have no regrets: once more
your song undoes my inward knots.
And now your frenzy rises to the stars.

If only I could force
some fragment of your ecstasy
into this clumsy music of mine;
had I the talent to match your voices
with my stammering speech—
I who once dreamed of acquiring
those salt-sea words of yours
where nature fuses with art—
and with your vast language proclaim the sadness
of an aging boy who shouldn't have learned to think.
But moldy dictionary words
are all I have, and that voice of mystery
dictated by love grows faint,
turns literary, elegiac.
All I have are these words
that, like public women,
offer themselves to any takers;
all I have are these clichés
which student rabble might tomorrow steal
in real poetry.
And your booming grows, and the blue

azzurra l'ombra nuova.
M'abbandonano a prova i miei pensieri.
Sensi non ho; né senso. Non ho limite.

Dissipa tu se lo vuoi
questa debole vita che si lagna,
come la spugna il frego
effimero di una lavagna.
M'attendo di ritornare nel tuo circolo,
s'adempia lo sbandato mio passare.
La mia venuta era testimonianza
di un ordine che in viaggio mi scordai,
giurano fede queste mie parole
a un evento impossibile, e lo ignorano.
Ma sempre che traudii
la tua dolce risacca su le prode
sbigottimento mi prese
quale d'uno scemato di memoria
quando si risovviene del suo paese.
Presa la mia lezione
più che dalla tua gloria
aperta, dall'ansare
che quasi non dà suono
di qualche tuo meriggio desolato,
a te mi rendo in umiltà. Non sono
che favilla d'un tirso. Bene lo so: bruciare,
questo, non altro, è il mio significato.

of the fresh shadow widens.
My thoughts fail, they leave me.
I have no sense, no senses. No limit.

Squander, if you want,
this feeble, self-pitying life,
like a sponge wiping
a fleeting scrawl from the slate.
My lost bearings corrected,
I expect to reenter your orbit;
there let my wandering course
find consummation.
My coming was witness to an order
I forgot while on my way:
these words of mine swear allegiance
to an impossible event
of which they are ignorant.
But whenever I half-heard
your soft backwash on the shore,
I was shaken
like a man with failing memory
who remembers his native land.
From your manifest splendor
I have learned my lesson,
but that deep, almost inaudible
breathing of your desolate noons
taught me more. Humbly
I commit myself to you. I am nothing
but the spark of a thyrsus. I know it well: burning—
this, and only this, is my meaning.

Meriggi e ombre

I

Fine dell'infanzia

Rombando s'ingolfava
dentro l'arcuata ripa
un mare pulsante, sbarrato da solchi,
cresputo e fioccoso di spume.
Di contro alla foce
d'un torrente che straboccava
il flutto ingialliva.
Giravano al largo i grovigli dell'alighe
e tronchi d'alberi alla deriva.

Nella conca ospitale
della spiaggia
non erano che poche case
di annosi mattoni, scarlatte,
e scarse capellature
di tamerici pallide
più d'ora in ora; stente creature
perdute in un orrore di visioni.
Non era lieve guardarle
per chi leggeva in quelle
apparenze malfide
la musica dell'anima inquieta
che non si decide.

Pure colline chiudevano d'intorno
marina e case; ulivi le vestivano
qua e là disseminati come greggi,
o tenui come il fumo di un casale
che veleggi
la faccia candente del cielo.
Tra macchie di vigneti e di pinete,

Noons and Shadows

I

End of Childhood

Roaring, a throbbing sea
ploughed by giant furrows
and flaked with seething foam
flooded the half-moon of the bay.
Where it met the mouth
of a mountain torrent in spate,
the tide turned yellowish,
tangles of seaweed and trees grinding
wildly on the waves.

The genial shell
of the beach
held only a cluster of houses,
scarlet, built of old brick,
and a thin chevelure
of tamarisks growing paler
by the hour; stunted creatures
lost in a horror of visions.
No friendly sight,
not to a boy who reads in those
diffident shapes
the music of a restless,
undecided soul.

But houses and coast nestled
in hills dressed with olive trees
scattered here and there like flocks
or wisps of smoke from a farmhouse
drifting across
the shining face of the sky.
Amid splotches of vineyards, pines,

petraie si scorgevano
calve e gibbosi dorsi
di collinette: un uomo
che là passasse ritto s'un muletto
nell'azzurro lavato era stampato
per sempre—e nel ricordo.

Poco s'andava oltre i crinali prossimi
di quei monti; varcarli pur non osa
la memoria stancata.
So che strade correvano su fossi
incassati, tra garbugli di spini;
mettevano a radure, poi tra botri,
e ancora dilungavano
verso recessi madidi di muffe,
d'ombre coperti e di silenzi.
Uno ne penso ancora con meraviglia
dove ogni umano impulso
appare seppellito
in aura millenaria.
Rara diroccia qualche bava d'aria
sino a quell'orlo di mondo che ne strabilia.

Ma dalle vie del monte si tornava.
Riuscivano queste a un'instabile
vicenda d'ignoti aspetti
ma il ritmo che li governa ci sfuggiva.
Ogni attimo bruciava
negl'istanti futuri senza tracce.
Vivere era ventura troppo nuova
ora per ora, e ne batteva il cuore.
Norma non v'era,
solco fisso, confronto,
a sceverare gioia da tristezza.
Ma riaddotti dai viottoli
alla casa sul mare, al chiuso asilo
della nostra stupita fanciullezza,

and outcropping ledge,
loomed bald, hunchbacked
hills; a man
passing on a mule
was stamped forever on that laundered
blue—and etched in memory too.

We rarely crossed the nearest ridges
of those peaks; even now our memory, exhausted,
lacks the courage to cross them.
I know there were paths that cut along steep
slopes, through thickets of briars,
then opened onto clearings, skirted ravines
and lengthened out
toward yawning caverns dank with mold,
sealed in silence and shadow.
Awed, I still remember one cleft
where every human impulse
seems buried
in stale millennia. Now and then
a few breaths of fresh air
trickled down, astounding
that rim of the world.

But we came back home from those mountain paths.
For us they became a flickering
alternation of strange realities,
but governed by an elusive rhythm.
Each instant, burning
into future instants, left no trace.
Just being alive was adventure, fresh, too fresh,
hour by hour, and the heart racing, always faster.
There were no rules,
no measure, no sure way
of dividing joy from sadness.
But when those country paths brought us home
to the house by the sea, to the cozy shelter
of our wide-eyed childhood,
a consensus beyond us

rapido rispondeva
a ogni moto dell'anima un consenso
esterno, si vestivano di nomi
le cose, il nostro mondo aveva un centro.

Eravamo nell'età verginale
in cui le nubi non sono cifre o sigle
ma le belle sorelle che si guardano viaggiare.
D'altra semenza uscita
d'altra linfa nutrita
che non la nostra, debole, pareva la natura.
In lei l'asilo, in lei
l'estatico affisare; ella il portento
cui non sognava, o a pena, di raggiungere
l'anima nostra confusa.
Eravamo nell'età illusa.

Volarono anni corti come giorni,
sommerse ogni certezza un mare florido
e vorace che dava ormai l'aspetto
dubbioso dei tremanti tamarischi.
Un'alba dové sorgere che un rigo
di luce su la soglia
forbita ci annunziava come un'acqua;
e noi certo corremmo
ad aprire la porta
stridula sulla ghiaia del giardino.
L'inganno ci fu palese.
Pesanti nubi sul torbato mare
che ci bolliva in faccia, tosto apparvero.
Era in aria l'attesa
di un procelloso evento.
Strania anch'essa la plaga
dell'infanzia che esplora
un segnato cortile come un mondo!
Giungeva anche per noi l'ora che indaga.
La fanciullezza era morta in un giro a tondo.

instantly responded
to every stirring of the soul,
things were clothed with names,
our world was centered.

Ours was that virginal age
when clouds are neither ciphers nor symbols
but beautiful sisters, you watched them going by.
Nature seemed sprung
from a different seed, nourished
by a different lymph, far stronger than our own.
She was our refuge, we gazcd at her in ecstasy;
she was the miracle our troubled soul dreamed,
or almost dreamed, of touching.
Such was our innocence.

Years, like days, went racing by,
all certainty swallowed by a sea
so vivid and ravenous it seemed tentative
as the trembling tamarisks.
Dawn was bound to come, heralded
by a sunburst on the shining
lintel. It broke like a great wave.
And we of course ran to open
the door that creaked on the gravel
leading to the garden.
The illusion stood revealed.
Suddenly over the wild water seething
at our feet, thick cloudpack appeared.
Expectation of a storm
filled the air.
All so strange—even that parish of childhood
which explored the homey courtyard
as though it were the world, receded!
For us too the time had come for asking questions.
Our childhood died in a roundelay.

Ah il giuoco dei cannibali nel canneto,
i mustacchi di palma, la raccolta
deliziosa dei bossoli sparati!
Volava la bella età come i barchetti sul filo
del mare a vele colme.
Certo guardammo muti nell'attesa
del minuto violento;
poi nella finta calma
sopra l'acque scavate
dové mettersi un vento.

Ah, playing at cannibals in the canebrake,
palm-leaf mustachios, sweet
harvesting of cartridge shells!
Like sailboats running free along the horizon
of the sea, the happy years slid away.
Naturally we watched, silent, waiting for the violence
to strike;
now, in that deceptive calm
on the yawning swells,
a wind no doubt
was kicking up.

L'agave su lo Scoglio

Scirocco

O rabido ventare di scirocco
che l'arsiccio terreno gialloverde
bruci;
e su nel cielo pieno
di smorte luci
trapassa qualche biocco
di nuvola, e si perde.
Ore perplesse, brividi
d'una vita che fugge
come acqua tra le dita;
inafferrati eventi,
luci-ombre, commovimenti
delle cose malferme della terra;
oh alide ali dell'aria
ora son io
l'agave che s'abbarbica al crepaccio
dello scoglio
e sfugge al mare da le braccia d'alghe
che spalanca ampie gole e abbranca rocce;
e nel fermento
d'ogni essenza, coi miei racchiusi bocci
che non sanno più esplodere oggi sento
la mia immobilità come un tormento.

Tramontana

Ed ora sono spariti i circoli d'ansia
che discorrevano il lago del cuore
e quel friggere vasto della materia
che discolora e muore.
Oggi una volontà di ferro spazza l'aria,
divelle gli arbusti, strapazza i palmizi
e nel mare compresso scava
grandi solchi crestati di bava.
Ogni forma si squassa nel subbuglio
degli elementi; è un urlo solo, un muglio

Agave on the Cliff

Scirocco

O scirocco, rabid gale
that parches
the cracked green-yellow ground;
and high above, thick
with livid flashes,
a few wisps of cloud
scud past and vanish.
Baffled hours, tremors
of a life that slips away,
water through fingers;
unapprehended events,
shadow-lights, quakings
of earth's unstable things;
O stifling wings of air
now I am
the agave that hugs the crevice
in the cliff,
flinches from seaweed arms groping
from the surf, jaws agape, clawing at the rocks;
and in that seething
of every essence, my buds clenched tight,
incapable of breaking into bloom, today I feel
this rootedness of mine
is torture.

Tramontana

And now they're gone, those anxious
circles that pattered across the lake of my heart,
and with them went that huge sputtering of matter
whose colors leach and die.
Today a will of iron flails the skies,
uproots the shrubs, batters the palms,
and scoops huge foaming furrows
from the savaged sea.
In elemental chaos all forms
pitch and reel—one huge howl, a clamor

di scerpate esistenze: tutto schianta
l'ora che passa: viaggiano la cupola del cielo
non sai se foglie o uccelli—e non son più.

E tu che tutta ti scrolli fra i tonfi
dei venti disfrenati
e stringi a te i bracci gonfi
di fiori non ancora nati;
come senti nemici
gli spiriti che la convulsa terra
sorvolano a sciami,
mia vita sottile, e come ami
oggi le tue radici.

Maestrale

S'è rifatta la calma
nell'aria: tra gli scogli parlotta la maretta.
Sulla costa quietata, nei broli, qualche palma
a pena svetta.

Una carezza disfiora
la linea del mare e la scompiglia
un attimo, soffio lieve che vi s'infrange e ancora
il cammino ripiglia.

Lameggia nella chiaria
la vasta distesa, s'increspa, indi si spiana beata
e specchia nel suo cuore vasto codesta povera mia
vita turbata.

O mio tronco che additi,
in questa ebrietudine tarda,
ogni rinato aspetto coi germogli fioriti
sulle tue mani, guarda:

sotto l'azzurro fitto
del cielo qualche uccello di mare se ne va;
né sosta mai: perché tutte le immagini portano scritto:
'più in là!'.

of blasted lives. All things are shaken
by the passing hour. Birds—leaves?—
streak across the vault of the sky and vanish.
And you, all asway in that buffeting
of winds unbridled,
hug those branches
great with blossoms almost born. O my slim-stalked
life, how alien they seem, these ghosts
that flash past, swarming
over earth's agony,
how dearly you love these roots of yours
today.

Mistral

Now the calm returns, the air
is still; waves chatter with the reefs.
In gardens on the quiet coast, palm leaves
barely quiver.

A caress skims
the line of the sea, briefly
ruffling, a soft breath that breaks off, then
slides away.

The vast expanse
billows in the brightness, wrinkles, subsides—
serene, a giant heart that reflects my life,
petty, unsatisfied.

O my stalk, you
whose arms, all bursting blossoms
now reveal rebirth
in everything, look:

beneath the dense blue
sky, seabirds flash by, never
pausing, driven by images below:
"Farther, farther!"

Vasca

Passò sul tremulo vetro
un riso di belladonna fiorita,
di tra le rame urgevano le nuvole,
dal fondo ne riassommava
la vista fioccosa e sbiadita.
Alcuno di noi tirò un ciottolo
che ruppe la tesa lucente:
le molli parvenze s'infransero.

Ma ecco, c'è altro che striscia
a fior della spera rifatta liscia:
di erompere non ha virtù,
vuol vivere e non sa come;
se lo guardi si stacca, torna in giù:
è nato e morto, e non ha avuto un nome.

Egloga

Perdersi nel bigio ondoso
dei miei ulivi era buono
nel tempo andato—loquaci
di riottanti uccelli
e di cantanti rivi.
Come affondava il tallone
nel suolo screpolato,
tra le lamelle d'argento
dell'esili foglie. Sconnessi
nascevano in mente i pensieri
nell'aria di troppa quiete.

Ora è finito il cerulo marezzo.
Si getta il pino domestico
a romper la grigiura;
brucia una toppa di cielo

Pool

A smile of belladonna in bloom
brushed the quivering glass,
clouds were prying between the branches,
a pale, tufted reflection
rose from below.
One of us tossed a pebble, tearing
the taut film of bright water:
the soft apparitions shattered.

But look, there: something else, a slither
skimming the recomposèd mirror:
it lacks the strength to emerge:
it wants to live and doesn't know how;
it shrinks from your gaze, and drowns:
it was born, and died, it had no name.

Eclogue

Losing myself in the swaying gray
of my olives garrulous
with quarreling birds
and freshets singing—
how good it used to be!
How the heel sank
in the cracked earth
among tiny blades of thin-leaved
silver! Random
thoughts came springing to mind
in that air too still.

Now the watered blue is gone.
The family pine leaps out,
breaking the grisaille;
overhead a patch of sky

in alto, un ragnatelo
si squarcia al passo: si svincola
d'attorno un'ora fallita.
È uscito un rombo di treno,
non lunge, ingrossa. Uno sparo
si schiaccia nell'etra vetrino.
Strepita un volo come un acquazzone,
venta e vanisce bruciata
una bracciata di amara
tua scorza, istante: discosta
esplode furibonda una canea.

Tosto potrà rinascere l'idillio.
S'è ricomposta la fase che pende
dal cielo, riescono bende
leggere fuori . . . ;
           il fitto dei fagiuoli
n'è scancellato e involto.
Non serve più rapid'ale,
né giova proposito baldo;
non durano che le solenni cicale
in questi saturnali del caldo.
Va e viene un istante in un folto
una parvenza di donna.
È disparsa, non era una Baccante.

Sul tardi corneggia la luna.
Ritornavamo dai nostri
vagabondari infruttuosi.
Non si leggeva più in faccia
al mondo la traccia
della frenesia durata
il pomeriggio. Turbati
discendevamo tra i vepri.
Nei miei paesi a quell'ora
cominciano a fischiare le lepri.

burns, a spiderweb
is torn by a passing step: all around
a lost hour sheds its chains.
Nearby, the roar of a train
begins, then swells. A shot
cracks in the glassy air.
A flock of birds, a cloudburst,
crashes past, O Instant, an armful
of your bitter bark, ashes
blow by, vanish: the distance explodes,
a furious baying.

Soon the idyll can be reborn.
The phase that depends on the sky
is recomposed; streamers
struggle free . . . ;
                  the thicket of beans
is erased, folded in haze.
Swift wings no longer serve,
boldness of purpose is no help;
only the grave cicadas endure
in these Saturnalias of heat.
For an instant in the thick scrub
a woman's apparition flickers,
then vanishes. No Maenad, she.

Later on the moon lifts her horns.
This was when we came back home
from our useless wanderings.
On the face of the world
no trace could be found
of the wild orgy that lasted
all afternoon. Troubled,
we'd walk down among the thistles.
Where I live that's the time
when the hares begin to whistle.

Flussi

I fanciulli con gli archetti
spaventano gli scriccioli nei buchi.
Cola il pigro sereno nel riale
che l'accidia sorrade,
pausa che gli astri donano ai malvivi
camminatori delle bianche strade.
Alte tremano guglie di sambuchi
e sovrastano al poggio
cui domina una statua dell'Estate
fatta camusa da lapidazioni;
e su lei cresce un roggio
di rampicanti ed un ronzio di fuchi.
Ma la dea mutilata non s'affaccia
e ogni cosa si tende alla flottiglia
di carta che discende lenta il vallo.
Brilla in aria una freccia,
si configge s'un palo, oscilla tremula.
La vita è questo scialo
di triti fatti, vano
più che crudele.
        Tornano
le tribù dei fanciulli con le fionde
se è scorsa una stagione od un minuto,
e i morti aspetti scoprono immutati
se pur tutto è diruto
e più dalla sua rama non dipende
il frutto conosciuto.
—Ritornano i fanciulli . . . ; così un giorno
il giro che governa
la nostra vita ci addurrà il passato
lontano, franto e vivido, stampato
sopra immobili tende
da un'ignota lanterna.—
E ancora si distende
un dòmo celestino ed appannato
sul fitto bulicame del fossato:

Flux

Boys with snares
scare the wrens back to their nests.
Sluggish blue sky trickles into the brook
coated with accidie—
respite granted by the stars to those poor wretches
who walk the white roads.
Spires of elders shiver
on the hilltop dominated
by a statue of goddess Summer
nose chipped away by volleys of stones,
body overgrown by a russet
of vines, a droning of bees.
But the vandalized goddess is withdrawn
and everything reaches out to the flotilla
of paper boats slowly drifting downstream.
An arrow stabs the air,
impales a post, sways and quivers.
Life is this squandered waste
of everyday events, more futile
than cruel.
　　　　　Tribes of boys
armed with slingshots keep returning,
every minute, every season,
and dead aspects are revealed unchanged,
though everything is ruined,
and familiar fruit no longer
hangs from the branch.
—The boys return. . . . So too, someday,
the cycle that controls our life
will lead us back to that distant past,
its vivid shards printed
by an unknown lantern
on curtains that do not stir.—
And the blue blur of a heavenly dome
still vaults the thick scum
coating the ditch; and only the statue knows

e soltanto la statua
sa che il tempo precipita e s'infrasca
vie più nell'accesa edera.
E tutto scorre nella gran discesa
e fiotta il fosso impetuoso tal che
s'increspano i suoi specchi:
fanno naufragio i piccoli sciabecchi
nei gorghi dell'acquiccia insaponata.
Addio!—fischiano pietre tra le fronde,
la rapace fortuna è già lontana,
cala un'ora, i suoi volti riconfonde,—
e la vita è crudele più che vana.

Clivo

Viene un suono di buccine
dal greppo che scoscende,
discende verso il mare
che tremola e si fende per accoglierlo.
Cala nella ventosa gola
con l'ombre la parola
che la terra dissolve sui frangenti;
si dismemora il mondo e può rinascere.
Con le barche dell'alba
spiega la luce le sue grandi vele
e trova stanza in cuore la speranza.
Ma ora lungi è il mattino,
sfugge il chiarore e s'aduna
sovra eminenze e frondi,
e tutto è più raccolto e più vicino
come visto a traverso di una cruna;
ora è certa la fine,
e s'anche il vento tace
senti la lima che sega
assidua la catena che ci lega.

that time is plunging past, and wreathes herself
deeper still in the scarlet blaze of the ivy.
And all things race by in the huge descent,
and the ditch seethes and surges
till its pools wrinkle:
and paper schooners founder
in riptides of lather.
Farewell!—stones go whistling through the leaves,
ravening fortune is nowhere near;
an hour sets, recomposes its features,—
and life is more cruel than futile.

Slope

A blare of trumpets breaks
from the sheer cliff that falls away,
spilling toward the sea
that shivers and splinters to take it in.
Down in the windy gorge among shadows
plummets the word
which the earth dissolves on the breakers;
the world loses all memory, the world can be
reborn. With the boats at dawn
light unfurls its great sails,
hope finds room in the heart.
But now morning is long past,
the brightness melts, to gather again
on heights and leaves,
and all things shrink, compacted,
as though viewed through the eye of a needle;
the end is certain now,
and when the wind is still,
you hear the assiduous file sawing
at the chain that binds us.

Come una musicale frana
divalla il suono, s'allontana.
Con questo si disperdono le accolte
voci dalle volute
aride dei crepacci;
il gemito delle pendìe,
là tra le viti che i lacci
delle radici stringono.
Il clivo non ha più vie,
le mani s'afferrano ai rami
dei pini nani; poi trema
e scema il bagliore del giorno;
e un ordine discende che districa
dai confini
le cose che non chiedono
ormai che di durare, di persistere
contente dell'infinita fatica;
un crollo di pietrame che dal cielo
s'inabissa alle prode . . .

Nella sera distesa appena, s'ode
un ululo di corni, uno sfacelo.

The sound cascades, a landslide
of music, then fades.
And as it dies, voices
gathered in the parched
whorls of the cliff disperse
with the groaning of the slopes
there among the vines
clenched hard by twining roots.
Paths on the cliff buckle,
hands clutch at branches
of stunted pines; the day's
splendor quivers and wanes;
and an order descends,
freeing from their limits
things that now demand
only to persist, endure,
content with their infinite toil;
a sudden rockslide from the sky
plunging to the shore. . . .

In the evening that now widens, a squalling
of horns is heard. A dissolution.

II

Arsenio

I turbini sollevano la polvere
sui tetti, a mulinelli, e sugli spiazzi
deserti, ove i cavalli incappucciati
annusano la terra, fermi innanzi
ai vetri luccicanti degli alberghi.
Sul corso, in faccia al mare, tu discendi
in questo giorno
or piovorno ora acceso, in cui par scatti
a sconvolgerne l'ore
uguali, strette in trama, un ritornello
di castagnette.

È il segno d'un'altra orbita: tu seguilo.
Discendi all'orizzonte che sovrasta
una tromba di piombo, alta sui gorghi,
più d'essi vagabonda: salso nembo
vorticante, soffiato dal ribelle
elemento alle nubi; fa che il passo
su la ghiaia ti scriccholi e t'inciampi
il viluppo dell'alghe: quell'istante
è forse, molto atteso, che ti scampi
dal finire il tuo viaggio, anello d'una
catena, immoto andare, oh troppo noto
delirio, Arsenio, d'immobilità . . .

Ascolta tra i palmizi il getto tremulo
dei violini, spento quando rotola
il tuono con un fremer di lamiera
percossa; la tempesta è dolce quando
sgorga bianca la stella di Canicola
nel cielo azzurro e lunge par la sera
ch'è prossima: se il fulmine la incide
dirama come un albero prezioso
entro la luce che s'arrosa: e il timpano
degli tzigani è il rombo silenzioso.

II

Arsenio

Eddying squalls raise the dust
over roofs and deserted
spaces, where blinkered horses,
stockstill, sniff the ground
before the glistening windows of hotels.
On the promenade facing the sea, you descend
on this day
of alternating sun and rain, the taut weave
of hours too much alike torn
by what seems an occasional
burst of castanets.

Sign of another orbit: follow it.
Descend to the horizon where a leaden
waterspout hangs in the sky over the whitecaps,
more restless than they: a brackish
whirlwind spumed by the rebel element
against the clouds; let your footstep
crunch on gravel and stumble
in tangled seaweed: maybe
this is the moment, so long awaited,
that frees you from your journey, link
in a chain, unmoving motion, ah, that too familiar
ecstasy, Arsenio, of inertia. . . .

Listen, among the palms, to the tremolo spurt
of violins, quenched by the rolling
thunder, like sheet metal
clanging; the storm is sweet
when the Dog Star shows, white
in the blue sky and the nearing night
seems so far away: lightning-splintered,
it branches out like some jeweled tree
in the light that reddens: and the gypsy
tambour is the rumble of silence.

Discendi in mezzo al buio che precipita
e muta il mezzogiorno in una notte
di globi accesi, dondolanti a riva,—
e fuori, dove un'ombra sola tiene
mare e cielo, dai gozzi sparsi palpita
l'acetilene—

          finché goccia trepido
il cielo, fuma il suolo che s'abbevera,
tutto d'accanto ti sciaborda, sbattono
le tende molli, un frùscio immenso rade
la terra, giù s'afflosciano stridendo
le lanterne di carta sulle strade.

Così sperso tra i vimini e le stuoie
grondanti, giunco tu che le radici
con sé trascina, viscide, non mai
svelte, tremi di vita e ti protendi
a un vuoto risonante di lamenti
soffocati, la tesa ti ringhiotte
dell'onda antica che ti volge; e ancora
tutto che ti riprende, strada portico
mura specchi ti figge in una sola
ghiacciata moltitudine di morti,
e se un gesto ti sfiora, una parola
ti cade accanto, quello è forse, Arsenio,
nell'ora che si scioglie, il cenno d'una
vita strozzata per te sorta, e il vento
la porta con la cenere degli astri.

Descend into that sheer darkness rushing down
that changes midday into a night
of blazing globes swaying on the bank,—
and beyond, there where a single shadow
holds sea and sky, from scattered fishing boats
acetylene torches throb—
                                        until the sky
shivers into drops, and the dank earth steams,
everything around you spills over, the drooping
awnings flap, a huge flurry
brushes the earth; hissing,
the paper lanterns fall soggy to the streets.

So, lost among wicker and drenched
mats, a reed dragging its roots, all slime,
never torn up, quivering with life,
you lean out toward an emptiness loud
with stifled grief, the crest
of the ancient wave in which you tumble
swallows you again; and once again
all things seize you, street, arcades,
mirrors, walls, fixing you in a single
frozen multitude of the dead,
and should one gesture graze you, one word
fall at your side, perhaps, Arsenio,
in the hour dissolving, this is the call
of some strangled life that emerged on your behalf,
and the wind whirls it away with the ashes of the stars.

III

Crisalide

L'albero verdecupo
si stria di giallo tenero e s'ingromma.
Vibra nell'aria una pietà per l'avide
radici, per le tumide cortecce.
Son vostre queste piante
scarse che si rinnovano
all'alito d'Aprile, umide e liete.
Per me che vi contemplo da quest'ombra,
altro cespo riverdica, e voi siete.

Ogni attimo vi porta nuove fronde
e il suo sbigottimento avanza ogni altra
gioia fugace; viene a impetuose onde
la vita a questo estremo angolo d'orto.
Lo sguardo ora vi cade su le zolle;
una risacca di memorie giunge
al vostro cuore e quasi lo sommerge.
Lunge risuona un grido: ecco precipita
il tempo, spare con risucchi rapidi
tra i sassi, ogni ricordo è spento; ed io
dall'oscuro mio canto mi protendo
a codesto solare avvenimento.

Voi non pensate ciò che vi rapiva
come oggi, allora, il tacito compagno
che un meriggio lontano vi portava.
Siete voi la mia preda, che m'offrite
un'ora breve di tremore umano.
Perderne non vorrei neppure un attimo:
è questa la mia parte, ogni altra è vana.
La mia ricchezza è questo sbattimento
che vi trapassa e il viso
in alto vi rivolge; questo lento
giro d'occhi che ormai sanno vedere.

III

Chrysalis

The dark green tree is streaked
with tender yellow and crusted with sap.
The air trembles, all pity for the thirsty
roots, the swelling bark.
These are yours, these scattered
trees, moist, joyous,
revived by April's breath.
For me in this shadow observing you,
another shoot greens again—and you *are*.

Each instant fetches you fresh leaves
and each new tremor of joy is overwhelmed
by your surprise: life in surging waves
whelms this farthest garden corner.
Now your gaze falls to the ground;
your heart, lapped by memories
washing back, almost drowns.
From long ago there comes a cry: and suddenly
years plunge past, disappear, sucked down
among the stones, every memory is snuffed;
and from my dark corner I reach out
toward this advent of light.

You cannot think what it was, then as now,
that ravished your mute companion,
borne here by a noon you never knew.
You are my prey: you offer me
one brief hour of trembling human life.
Not one instant would I lose:
this is my lot, only this has meaning.
My riches are this agitation
that pervades you, that tilts your face
heavenward, this slow turning
of eyes now able to see.

Così va la certezza d'un momento
con uno sventolio di tende e di alberi
tra le case; ma l'ombra non dissolve
che vi reclama, opaca. M'apparite
allora, come me, nel limbo squallido
delle monche esistenze; e anche la vostra
rinascita è uno sterile segreto,
un prodigio fallito come tutti
quelli che ci fioriscono d'accanto.

E il flutto che si scopre oltre le sbarre
come ci parla a volte di salvezza;
come può sorgere agile
l'illusione, e sciogliere i suoi fumi.
Vanno a spire sul mare, ora si fondono
sull'orizzonte in foggia di golette.
Spicca una d'esse un volo senza rombo,
l'acque di piombo come alcione profugo
rade. Il sole s'immerge nelle nubi,
l'ora di febbre, trepida, si chiude.
Un glorioso affanno senza strepiti
ci batte in gola: nel meriggio afoso
spunta la barca di salvezza, è giunta:
vedila che sciaborda tra le secche,
esprime un suo burchiello che si volge
al docile frangente—e là ci attende.

Ah crisalide, com'è amara questa
tortura senza nome che ci volve
e ci porta lontani—e poi non restano
neppure le nostre orme sulla polvere;
e noi andremo innanzi senza smuovere
un sasso solo della gran muraglia;
e forse tutto è fisso, tutto è scritto,
e non vedremo sorgere per via
la libertà, il miracolo,
il fatto che non era necessario!

And so the moment's certainty
dies with a flailing of trees and awnings
between houses; but the shadow
does not dissolve, darkness reclaims you.
And now, with me, you seem to share
this sordid limbo of crippled lives;
and even your rebirth is a barren secret,
a failed miracle like all the others
who flourish at our side.

How clearly the sea beyond the wall
at times speaks of our salvation;
how readily the illusion mounts
the sky, setting its mirages free.
Coiling across the sea, they fuse,
schoonerlike, coasting the horizon.
One soars soundless, skimming
leaden waters like a halcyon
astray. The sun sinks in haze,
the storming hour trembles to a close.
Glorious anticipation throbs breathless
in our throats: in the sultry noon
the sloop of our salvation appears, heaves to
(see the water churning in the shoals!)
then sprouts a boat that rocks
in the gentle swell—and awaits us there.

Ah, chrysalis, this nameless, bitter torrent
overwhelms us and bears us
far away—and in the end leaves nothing,
not even our footprints in the dust;
and we will go doggedly on, never moving
one stone in the great wall;
and perhaps everything is fixed, the script written,
and we will never see, rising on our way,
freedom, the miracle,
the unnecessitated act.

Nell'onda e nell'azzurro non è scia.
Sono mutati i segni della proda
dianzi raccolta come un dolce grembo.
Il silenzio ci chiude nel suo lembo
e le labbra non s'aprono per dire
il patto ch'io vorrei
stringere col destino: di scontare
la vostra gioia con la mia condanna.
È il voto che mi nasce ancora in petto,
poi finirà ogni moto. Penso allora
alle tacite offerte che sostengono
le case dei viventi; al cuore che abdica
perché rida un fanciullo inconsapevole;
al taglio netto che recide, al rogo
morente che s'avviva
d'un arido paletto, e ferve trepido.

Marezzo

Aggotti, e già la barca si sbilancia
e il cristallo dell'acque si smeriglia.
S'è usciti da una grotta a questa rancia
marina che uno zefiro scompiglia.

Non ci turba, come anzi, nell'oscuro,
lo sciame che il crepuscolo sparpaglia,
dei pipistrelli; e il remo che scandaglia
l'ombra non urta più il roccioso muro.

Fuori è il sole: s'arresta
nel suo giro e fiammeggia.
Il cavo cielo se ne illustra ed estua,
vetro che non si scheggia.

Un pescatore da un canotto fila
la sua lenza nella corrente.

No trace of breakthrough in sea or sky.
Along the beach that once sheltered us
in her kindly womb, the signs are changed.
Silence mews us in its shroud
and lips unparted fail to speak
that pact with destiny I would like
to seal: to redeem your joy
with my condemnation.
This is the vow that is born again in me
and afterwards will stir no more. I think then
of those silent sacrifices that sustain
the homes of the living; of the heart that renounces
so a child may laugh, unconscious of the cost;
of the clean cut that slashes through, of the dying
fire that quickens in a withered stalk
and shudders into flame.

Moiré

You bail, the boat already lists,
and the sea's crystal loses its sheen.
Grotto behind us, we made for this sheet
of bronzed water ruffled by the breeze.

In the half-light the swarming bats
that troubled our arrival have all
gone; oars probing the darkness
no longer strike the rock wall.

Outside, the sun, arrested
in full course, shimmers.
The domed sky shines and burns,
one unbreakable mirror.

A fisherman throws his line
to the current, then

Guarda il mondo del fondo che si profila
come sformato da una lente.

Nel guscio esiguo che sciaborda,
abbandonati i remi agli scalmi,
fa che ricordo non ti rimorda
che torbi questi meriggi calmi.

Ci chiudono d'attorno sciami e svoli,
è l'aria un'ala morbida.
Dispaiono: la troppa luce intorbida.
Si struggono i pensieri troppo soli.

Tutto fra poco si farà più ruvido,
fiorirà l'onda di più cupe strisce.
Ora resta così, sotto il diluvio
del sole che finisce.

Un ondulamento sovverte
forme confini resi astratti:
ogni forza decisa già diverte
dal cammino. La vita cresce a scatti.

È come un falò senza fuoco
che si preparava per chiari segni:
in questo lume il nostro si fa fioco,
in questa vampa ardono volti e impegni.

Disciogli il cuore gonfio
nell'aprirsi dell'onda;
come una pietra di zavorra affonda
il tuo nome nell'acque con un tonfo!

Un astrale delirio si disfrena,
un male calmo e lucente.
Forse vedremo l'ora che rasserena
venirci incontro sulla spera ardente.

sees the underwater world
deformed, as through a lens.

Water laps the frail shell, oars
trail loose in the oarlocks. Let
memory be still, no remorse
jar this noontime quiet.

Swarms and soarings enfold us,
the air is one soft wing.
They vanish: too much light confounds.
Thoughts too lonely melt away.

Everything will roughen soon,
the waves whiten with darker stripes.
Now let everything now stop in place
beneath this flood of fading sun.

A wavering subverts
all forms, contours turn abstract:
all resolve is diverted.
Life grows by fits and starts.

A bonfire without fire, it seems,
a beacon bright with meaning;
in its light our light pales; faces,
commitments burn in its blaze.

Let your brimming heart dissolve
in these waves yawning wider;
let your name splash, sink
like ballast in water.

A solar frenzy mounts,
a malaise, quietly shining.
Now perhaps we'll see the clearing hour
draw near on that burning sphere.

Digradano su noi pendici
di basse vigne, a piane.
Quivi stornellano spigolatrici
con voci disumane.

Oh la vendemmia estiva,
la stortura nel corso
delle stelle!—e da queste in noi deriva
uno stupore tinto di rimorso.

Parli e non riconosci i tuoi accenti.
La memoria ti appare dilavata.
Sei passata e pur senti
la tua vita consumata.

Ora, che avviene?, tu riprovi il peso
di te, improvvise gravano
sui cardini le cose che oscillavano,
e l'incanto è sospeso.

Ah qui restiamo, non siamo diversi.
Immobili così. Nessuno ascolta
la nostra voce più. Così sommersi
in un gorgo d'azzurro che s'infolta.

Casa sul mare

Il viaggio finisce qui:
nelle cure meschine che dividono
l'anima che non sa più dare un grido.
Ora i minuti sono eguali e fissi
come i giri di ruota della pompa.
Un giro: un salir d'acqua che rimbomba.
Un altro, altr'acqua, a tratti un cigolio.

Il viaggio finisce a questa spiaggia
che tentano gli assidui e lenti flussi.

Slopes of lower vineyards
descend upon us, terrace on terrace.
There the gleaners go, singing
with unearthly voices.

Oh, summer harvesting,
a swerve in the courses
of the stars!—and to us
wonder tinted with remorse!

You speak, your own voice is strange.
Memory seems washed away.
You disappear, yet feel your life
absorbed, consumed.

What happens now? You feel your weight
once more, objects that once spun
lie heavy on their pivots
and the spell is broken.

Ah, let's stay here, we're no different.
Motionless, so. Now no one hears
our words. Immersed, like this,
in a blue abyss, that thickens.

House by the Sea

Here the journey ends:
in these petty cares dividing
a soul no longer able to protest.
Now minutes are implacable, regular
as the flywheel on a pump.
One turn: a rumble of water rushing.
Second turn: more water, occasional creakings.

Here the journey ends, on this shore
probed by slow, assiduous tides.

Nulla disvela se non pigri fumi
la marina che tramano di conche
i soffi leni: ed è raro che appaia
nella bonaccia muta
tra l'isole dell'aria migrabonde
la Corsica dorsuta o la Capraia.

Tu chiedi se così tutto vanisce
in questa poca nebbia di memorie;
se nell'ora che torpe o nel sospiro
del frangente si compie ogni destino.
Vorrei dirti che no, che ti s'appressa
l'ora che passerai di là dal tempo;
forse solo chi vuole s'infinita,
e questo tu potrai, chissà, non io.
Penso che per i più non sia salvezza,
ma taluno sovverta ogni disegno,
passi il varco, qual volle si ritrovi.
Vorrei prima di cedere segnarti
codesta via di fuga
labile come nei sommossi campi
del mare spuma o ruga.
Ti dono anche l'avara mia speranza.
A' nuovi giorni, stanco, non so crescerla:
l'offro in pegno al tuo fato, che ti scampi.

Il cammino finisce a queste prode
che rode la marea col moto alterno.
Il tuo cuore vicino che non m'ode
salpa già forse per l'eterno.

Only a sluggish haze reveals
the sea woven with troughs
by the mild breezes: hardly ever
in that dead calm
does spiny Corsica or Capraia loom
through islands of migratory air.

You ask: Is this how everything vanishes,
in this thin haze of memories?
Is every destiny fulfilled
in the torpid hour or the breaker's sigh?
I would like to tell you: No. For you
the moment for your passage out of time is near:
transcendence may perhaps be theirs who want it,
and you, who knows, could be one of those. Not I.
There is no salvation, I think, for most,
but every system is subverted by someone, someone
breaks through, becomes what he wanted to be.
Before I yield, let me help you find
such a passage out, a path
fragile as ridge or foam
in the furrowed sea.
And I leave you my hope, too meager
for my failing strength to foster
in days to come. I offer it
to you, my pledge to your fate, that you
break free.

My journey ends on these shores
eroded by the to-and-fro of the tides.
Your heedless heart, so near, may even now
be lifting sail for the eternities.

I morti

Il mare che si frange sull'opposta
riva vi leva un nembo che spumeggia
finché la piana lo riassorbe. Quivi
gettammo un dì su la ferrigna costa,
ansante più del pelago la nostra
speranza!—e il gorgo sterile verdeggia
come ai dì che ci videro fra i vivi.

Or che aquilone spiana il groppo torbido
delle salse correnti e le rivolge
d'onde trassero, attorno alcuno appende
ai rami cedui reti dilunganti
sul viale che discende
oltre lo sguardo;
reti stinte che asciuga il tocco tardo
e freddo della luce; e sopra queste
denso il cristallo dell'azzurro palpebra
e precipita a un arco d'orizzonte
flagellato.
       Più d'alga che trascini
il ribollio che a noi si scopre, muove
tale sosta la nostra vita: turbina
quanto in noi rassegnato a' suoi confini
risté un giorno; tra i fili che congiungono
un ramo all'altro si dibatte il cuore
come la gallinella
di mare che s'insacca tra le maglie;
e immobili e vaganti ci ritiene
una fissità gelida.
          Così
forse anche ai morti è tolto ogni riposo
nelle zolle: una forza indi li tragge
spietata più del vivere, ed attorno,
larve rimorse dai ricordi umani,
li volge fino a queste spiagge, fiati
senza materia o voce

The Dead

The sea crashing against the opposing
shore lifts a cloud that spumes
till reabsorbed by the shoals. Here one day,
against this iron coast, we hurled our hope
higher than the heaving sea,
and the barren abyss turns green again
as once in days that saw us
still here among the living.

Now that the north wind smooths the raging knot
of brackish currents, driving them back
where they began, someone has hung his nets
on the slashed boughs, draping
the path that sinks down
out of sight—
bleached nets drying in the late cold
touch of the light, while overhead
the blue crystal of the sky blinks
and plunges to an arc of storm-lashed
horizon.
               More than seaweed dragged
by the boiling now revealed, our life stirs
against such torpor: whatever in us
was resigned to limit, by one day stilled,
now seethes; between the strands weaving
branch to branch, the heart thrashes
like the gallinule
trapped in the meshes
where an icy stasis holds us fast,
motionless, migratory.
                         So too perhaps
even the dead in the ground may be denied
all repose: a force more pitiless
than life pulls them thence, from all around
driving them toward this coast—ghosts
tortured by human memories, breaths
without voice or substance, betrayed

traditi dalla tenebra; ed i mozzi
loro voli ci sfiorano pur ora
da noi divisi appena e nel crivello
del mare si sommergono ...

Delta

La vita che si rompe nei travasi
secreti a te ho legata:
quella che si dibatte in sé e par quasi
non ti sappia, presenza soffocata.

Quando il tempo s'ingorga alle sue dighe
la tua vicenda accordi alla sua immensa,
ed affiori, memoria, più palese
dall'oscura regione ove scendevi,
come ora, al dopopioggia, si riaddensa
il verde ai rami, ai muri il cinabrese.

Tutto ignoro di te fuor del messaggio
muto che mi sostenta sulla via:
se forma esisti o ubbia nella fumea
d'un sogno t'alimenta
la riviera che infebbra, torba, e scroscia
incontro alla marea.

Nulla di te nel vacillar dell'ore
bige o squarciate da un vampo di solfo
fuori che il fischio del rimorchiatore
che dalle brume approda al golfo.

by darkness; and even now their thwarted flights,
so close to us still, brush by,
then drift down in the sea
that sifts them. . . .

Delta

That life breaking off, secretly transfusing
mine, I have bound to you: of you,
your stifled presence, that conflicted life
seems almost unaware.

When Time backs up behind its weir,
you adjust your days to that vast flood;
and, brighter than before, memory manifest,
you rise from that dark world where you descended,
as now, after rain, the green of the trees
intensifies, on walls the cinnabar.

I know nothing of you, only your speechless
message that sustains me on my way. Whatever
you are, phantasma or vision in the blur
of a dream, the force that feeds you
is the seething of this feverish torrent
crashing against the tide.

No sign of you in the flickering hours
of gray fog cleft by flares of sulphur.
Only the whistle of the tug looming
from the fog, making for shore.

Incontro

Tu non m'abbandonare mia tristezza
sulla strada
che urta il vento forano
co' suoi vortici caldi, e spare; cara
tristezza al soffio che si estenua: e a questo,
sospinta sulla rada
dove l'ultime voci il giorno esala
viaggia una nebbia, alta si flette un'ala
di cormorano.

La foce è allato del torrente, sterile
d'acque, vivo di pietre e di calcine;
ma più foce di umani atti consunti,
d'impallidite vite tramontanti
oltre il confine
che a cerchio ci rinchiude: visi emunti,
mani scarne, cavalli in fila, ruote
stridule: vite no: vegetazioni
dell'altro mare che sovrasta il flutto.

Si va sulla carraia di rappresa
mota senza uno scarto,
simili ad incappati di corteo,
sotto la volta infranta ch'è discesa
quasi a specchio delle vetrine,
in un'aura che avvolge i nostri passi
fitta e uguaglia i sargassi
umani fluttuanti alle cortine
dei bambù mormoranti.

Se mi lasci anche tu, tristezza, solo
presagio vivo in questo nembo, sembra
che attorno mi si effonda
un ronzio qual di sfere quando un'ora
sta per scoccare;
e cado inerte nell'attesa spenta

Encounter

Stay, my sorrow, do not
desert me on this road lashed by eddying
scirocco winds, flailing, then
dying; sorrow, dear
to the dying breeze
on which, lifting over the anchorage
where day now breathes its final voices,
floats a cloud, tilting skyward
a cormorant wing.

Where the river meets the sea, its mouth
is arid waste, alive with limewash and stony rubbish—
but more a sluice for the trash
of human acts, of wan, twilit lives setting
beyond the horizon
whose circle walls us in: emaciated faces,
bony hands, horses filing past, screeching
wheels—not lives, no, but vegetation
of the other sea that straddles this.

We move along a rutted road, caked
mud, grooved, undeviating,
like a hooded cortège crawling
under a weary sky lowering now
almost to window level, in air
so dense it tangles our steps,
and this human seaweed writhes
and sways in the breeze like curtains
of whispering bamboo.

If you leave me, my sorrow,
sole living portent in this swarm,
a sound seems to diffuse
around me like the chirr of the hands
before the striking of the clock,
and I slump, unmoving, in the hopeless

di chi non sa temere
su questa proda che ha sorpresa l'onda
lenta, che non appare.

Forse riavrò un aspetto: nella luce
radente un moto mi conduce accanto
a una misera fronda che in un vaso
s'alleva s'una porta di osteria.
A lei tendo la mano, e farsi mia
un'altra vita sento, ingombro d'una
forma che mi fu tolta; e quasi anelli
alle dita non foglie mi si attorcono
ma capelli.

Poi più nulla. Oh sommersa!: tu dispari
qual sei venuta, e nulla so di te.
La tua vita è ancor tua: tra i guizzi rari
dal giorno sparsa già. Prega per me
allora ch'io discenda altro cammino
che una via di città,
nell'aria persa, innanzi al brulichio
dei vivi; ch'io ti senta accanto; ch'io
scenda senza viltà.

wait for someone ignorant of fear
here on this shore surprised by the sluggish
tide—who does not appear.

I may regain a face: in the glancing
light, impulse draws me
to a spindly plant raised
in a pot by a tavern door.
Toward it I reach a hand and feel, fusing
with mine, another life that bears the one form
torn from me; and, like rings
on my fingers, not leaves, but hair
curls around me.

Then nothing more. O drowned presence, you disappear
as you came, and I know nothing of you.
Your life is yours still, dispersed now
in the fitful glintings of day. Pray for me then,
pray that I descend by some other road
than a city street,
in the violet air, against the teeming tide
of the living, that I sense you at my side,
that I go down,
unflinching.

Riviere

Riviere,
bastano pochi stocchi d'erbaspada
penduli da un ciglione
sul delirio del mare;
o due camelie pallide
nei giardini deserti,
e un eucalipto biondo che si tuffi
tra sfrusci e pazzi voli
nella luce;
ed ecco che in un attimo
invisibili fili a me si asserpano,
farfalla in una ragna
di fremiti d'olivi, di sguardi di girasoli.

Dolce cattività, oggi, riviere
di chi s'arrende per poco
come a rivivere un antico giuoco
non mai dimenticato.
Rammento l'acre filtro che porgeste
allo smarrito adolescente, o rive:
nelle chiare mattine si fondevano
dorsi di colli e cielo; sulla rena
dei lidi era un risucchio ampio, un eguale
fremer di vite,
una febbre del mondo; ed ogni cosa
in se stessa pareva consumarsi.

Oh allora sballottati
come l'osso di seppia dalle ondate
svanire a poco a poco;
diventare
un albero rugoso od una pietra
levigata dal mare; nei colori

Seacoasts

Seacoasts,
a few spears of sawgrass
waving from a cliff
above the frenzy of the sea will do;
or two faded camellias
in deserted gardens,
and a golden eucalyptus plunging
among rustlings and birds crazily bursting
toward the light:
and instantly
unseen threads entwine me, butterfly
netted in a web
of quivering olives, sunflower eyes.

Sweet captivity, today, of these coasts
for the man who yields, briefly succumbing,
as though reliving an old
never to be forgotten game.
O seacoasts, what a tang was in that drink
you gave to one bewildered adolescent boy:
humpbacked hills fusing with the sky
of bright blue mornings; in sand
along the beaches, the undertow ran strong
but no stronger than that shiver of being alive
in a world on fire; and everything seemed consumed
by its own inward blazing.

Days of tumbling and tossing
like cuttlefish bones in the breakers,
vanishing bit by bit;
becoming
gnarled tree or sea-polished
pebble; melting away

fondersi dei tramonti; sparir carne
per spicciare sorgente ebbra di sole,
dal sole divorata . . .

               Erano questi,
riviere, i voti del fanciullo antico
che accanto ad una rósa balaustrata
lentamente moriva sorridendo.

Quanto, marine, queste fredde luci
parlano a chi straziato vi fuggiva.
Lame d'acqua scoprentisi tra varchi
di labili ramure; rocce brune
tra spumeggi; frecciare di rondoni
vagabondi . . .

             Ah, potevo
credervi un giorno o terre,
bellezze funerarie, auree cornici
all'agonia d'ogni essere.

              Oggi torno
a voi più forte, o è inganno, ben che il cuore
par sciogliersi in ricordi lieti—e atroci.
Triste anima passata
e tu volontà nuova che mi chiami,
tempo è forse d'unirvi
in un porto sereno di saggezza.
Ed un giorno sarà ancora l'invito
di voci d'oro, di lusinghe audaci,
anima mia non più divisa. Pensa:
cangiare in inno l'elegia; rifarsi;
non mancar più.

             Potere
simili a questi rami
ieri scarniti e nudi ed oggi pieni
di fremiti e di linfe,
sentire
noi pur domani tra i profumi e i venti
un riaffluir di sogni, un urger folle
di voci verso un esito; e nel sole
che v'investe, riviere,
rifiorire!

in sunset colors, to dissolve as flesh
and flow back, a spring drunk on sunlight,
devoured by sunlight. . . .
                        O seacoasts,
this was his prayer, that boy I used to be,
standing by a rusty balustrade,
who died slowly, smiling.

How much, O seas, these cold lights
speak to that tormented soul who fled you!
Broadswords of water disclosed through fissures
in swaying branches; brown rocks
in the spume; arrow-flash of roving
martins. . . .
                    Ah, seacoasts, if only someday
I could believe in you again,
funereal beauties, framing in gold
the agony of every being.
                            Today I come home to you
a stronger man (or I deceive myself), although
my heart almost melts in memories, happy
but also bitter. Sad soul of my past,
and you, fresh purpose summoning me now,
perhaps the time has come to moor you
in some harbor, more calm, more wise.
And someday, once again, golden voices, bold
illusions will summon me forth
a soul no longer divided. Think:
change elegy to hymn; make yourself new;
lack no more—
                        If only,
like these branches
yesterday bare and sere, bursting now
with sap and quiverings,
I could feel—
even I, tomorrow, among fragrances and winds—
fresh-running dreams, a wild rush of voices
surging toward an outlet; and in the sunlight
that swathes you, seacoasts,
flower anew!

The Occasions

Il balcone

Pareva facile giuoco
mutare in nulla lo spazio
che m'era aperto, in un tedio
malcerto il certo tuo fuoco.

Ora a quel vuoto ho congiunto
ogni mio tardo motivo,
sull'arduo nulla si spunta
l'ansia di attenderti vivo.

La vita che dà barlumi
è quella che sola tu scorgi.
A lei ti sporgi da questa
finestra che non s'illumina.

The Balcony

It seemed child's play
to change the void yawning before me
into nothingness, your certain fire
into tedious uncertainty.

Now to that nothingness I have bound
my every sluggish motive,
that arduous void blunts my yearning
to serve you while I live.

You have no eyes for any life
but that shimmering you alone can see.
You lean out toward it
from this window, now unlit.

Vecchi versi

Ricordo la farfalla ch'era entrata
dai vetri schiusi nella sera fumida
su la costa raccolta, dilavata
dal trascorrere iroso delle spume.
Muoveva tutta l'aria del crepuscolo a un fioco
occiduo palpebrare della traccia
che divide acqua e terra; ed il punto atono
del faro che baluginava sulla
roccia del Tino, cerula, tre volte
si dilatò e si spense in un altro oro.

Mia madre stava accanto a me seduta
presso il tavolo ingombro dalle carte
da giuoco alzate a due per volta come
attendamenti nani pei soldati
dei nipoti sbandati già dal sonno.
Si schiodava dall'alto impetuoso
un nembo d'aria diaccia, diluviava
sul nido di Corniglia rugginoso.
Poi fu l'oscurità piena, e dal mare
un rombo basso e assiduo come un lungo
regolato concerto, ed il gonfiare
d'un pallore ondulante oltre la siepe
cimata dei pitòsfori. Nel breve
vano della mia stanza, ove la lampada
tremava dentro una ragnata fucsia,
penetrò la farfalla, al paralume
giunse e le conterie che l'avvolgevano
segnando i muri di riflessi ombrati
equali come fregi si sconvolsero
e sullo scialbo corse alle pareti
un fascio semovente di fili esili.

I

Old Verses

I remember the moth that squirmed inside
the open windows in the steamy night
on the strip of coast awash
with the furious surges of the flung spray.
The whole twilit air quivered in a feeble
waning flicker of that thin line
dividing land from sea; and the faint tip
of the lighthouse flashed from the Tino cliff,
sky-blue, three times fanning out,
then subsided in a different gold.

My mother was sitting beside me
at a table cluttered with playing
cards propped two by two like
dwarf barracks for the toy soldiers
of grandchildren now dispersed to sleep.
Overhead a squall of icy air flailed
violently down, flooding over
Corniglia's rusty eyrie.
Then blackness, and from the sea
a deep bass roar insistent as a slow, restrained
adagio, and the swell
of a pallor undulating beyond the hedgerow
peaked with pittosporum. In the small
space of my room where the lamp
was blinking in a fuchsia web,
the moth worked its way inside, hit
the lampshade fringed with glass beads
marking the walls with shadowed reflections
like friezes wildly shaking,
and in the faint light there raced toward the wall
a self-propelled band of tiny beads.

Era un insetto orribile dal becco
aguzzo, gli occhi avvolti come d'una
rossastra fotosfera, al dosso il teschio
umano; e attorno dava se una mano
tentava di ghermirlo un acre sibilo
che agghiacciava.

Batté più volte sordo sulla tavola,
sui vetri ribatté chiusi dal vento,
e da sé ritrovò la via dell'aria,
si perse nelle tenebre. Dal porto
di Vernazza le luci erano a tratti
scancellate dal crescere dell'onde
invisibili al fondo della notte.

Poi tornò la farfalla dentro il nicchio
che chiudeva la lampada, discese
sui giornali del tavolo, scrollò
pazza aliando le carte—
                          e fu per sempre
con le cose che chiudono in un giro
sicuro come il giorno, e la memoria
in sé le cresce, sole vive d'una
vita che disparì sotterra: insieme
coi volti familiari che oggi sperde
non più il sonno ma un'altra noia; accanto
ai muri antichi, ai lidi, alla tartana
che imbarcava
tronchi di pino a riva ad ogni mese,
al segno del torrente che discende
ancora al mare e la sua via si scava.

It was a horrible bug, pointed
beak, eyes haloed as though
in a reddish photosphere, on its back a human
skull; and if a hand tried to seize it,
it filled the air with a savage hiss
that froze the blood.

It thumped dully once or twice on the table,
then thumped against the windows closed against the wind,
made its way outside on its own
and vanished in the darkness. Lights
from the harbor at Vernazza every now and then were
blotted out by the breakers heaving
invisibly in the black of night.

Then the moth came back inside the snail shell
enclosed by the lamp, fell
to the newspapers on the table, and, thrashing
frantically, sent the cards flying—
                             and was forever one
with the things that close themselves in a secure
circle like the day, and memory makes them grow
inside itself, sole survivors of a single life
that vanished underground. And with them went
familiar faces dispersed no longer now
by sleep, but by another boredom: close
by the ancient walls, the beaches,
and the trawler that every month
shipped its cargo
of pine logs piled on the shore; close by the sign—
the torrent that still falls
seaward, carving its own way.

Buffalo

Un dolce inferno a raffiche addensava
nell'ansa risonante di megafoni
turbe d'ogni colore. Si vuotavano
a fiotti nella sera gli autocarri.
Vaporava fumosa una calura
sul golfo brulicante; in basso un arco
lucido figurava una corrente
e la folla era pronta al varco. Un negro
sonnecchiava in un fascio luminoso
che tagliava la tenebra; da un palco
attendevano donne ilari e molli
l'approdo d'una zattera. Mi dissi:
Buffalo!—e il nome agì.
                                    Precipitavo
nel limbo dove assordano le voci
del sangue e i guizzi incendiano la vista
come lampi di specchi.
Udii gli schianti secchi, vidi attorno
curve schiene striate mulinanti
nella pista.

Keepsake

Fanfan ritorna vincitore; Molly
si vende all'asta: frigge un riflettore.
Surcouf percorre a grandi passi il cassero,
Gaspard conta denari nel suo buco.
Nel pomeriggio limpido è discesa
la neve, la Cicala torna al nido.
Fatinitza agonizza in una piega
di memoria, di Tonio resta un grido.
Falsi spagnoli giocano al castello
i Briganti; ma squilla in una tasca
la sveglia spaventosa.

Buffalo

A sweet inferno, burst on burst,
in the loop of blaring megaphones, compacted
crowds of every color. Buses
spilled out, spurting into the night.
Heat steamed into smoke
over the swarming gulf; lower down an arc-
light formed a river
and the crowd was set to cross. A black man
lay dozing in a swath of light
slicing the darkness; in the stands
easy women were laughing, waiting for
a barge to land. I said to myself:
Buffalo!—and the spell worked.
                                        I plunged down
into that limbo where the voices of the blood
stun and glitterings burn away vision
like mirrors flashing. I heard
the dry cracks, all around I saw
bent striped backs pumping
down the track.

Keepsake

Fanfan's the winner; Molly auctions herself
off: a spotlight sputters.
With huge strides, Surcouf paces the poop;
Gaspard holes up and counts his cash.
On a cloudless afternoon the snow began
to fall, Cicala goes home to his nest.
Fatinitza agonizes in a fit
of amnesia; of Tonio a scream survives.
Fake Spaniards are dicing at the Brigands'
convent; but the dreadful
alarm clock goes off in a pocket.

Il Marchese del Grillo è rispedito
nella strada; infelice Zeffirino
torna commesso; s'alza lo Speziale
e i fulminanti sparano sull'impiantito.
I Moschettieri lasciano il convento,
Van Schlisch corre in arcioni, Takimini
si sventola, la Bambola è caricata.
(Imary torna nel suo appartamento.)
Larivaudière magnetico, Pitou
giacciono di traverso. Venerdì
sogna l'isole verdi e non danza più.

Lindau

La rondine vi porta
fili d'erba, non vuole che la vita passi.
Ma tra gli argini, a notte, l'acqua morta
logora i sassi.
Sotto le torce fumicose sbanda
sempre qualche ombra sulle prode vuote.
Nel cerchio della piazza una sarabanda
s'agita al mugghio dei battelli a ruote.

Bagni di Lucca

Fra il tonfo dei marroni
e il gemito del torrente
che uniscono i loro suoni
èsita il cuore.

Precoce inverno che borea
abbrividisce. M'affaccio
sul ciglio che scioglie l'albore
del giorno nel ghiaccio.

The Marchese del Grillo is packed off
to the street; the wretched Zeffirino
turns clerk; the Pharmacist rises,
the matches strike on the tile floor.
The Musketeers abandon the convent,
Van Schlisch vaults to the saddle, Takimini's
fanning himself, the Doll's wound up.
(Imary returns to his apartment.)
Larivaudière, magnetic, and Pitou
lie there, skewed. My Man Friday
dreams of green islands and dances no more.

Lindau

The swallow bringing in wisps
of grass doesn't want this life to end.
But in between the banks, at night, dead water
saps the stones.
Under smoking torches a few shadows scatter
on the deserted shores. In the circle
of the piazza, a saraband beats time
to the rumble of the paddle wheels.

Bagni di Lucca

Between the chestnuts thudding
down and the torrent's wail,
all one sound,
the heart falters.

Early winter shuddering
in the north wind. I lean over
the ledge where the day's first white
light dissolves in ice.

Marmi, rameggi—
           e ad uno scrollo giù
foglie a èlice, a freccia,
nel fossato.

Passa l'ultima greggia nella nebbia
del suo fiato.

Cave d'autunno

su cui discende la primavera lunare
e nimba di candore ogni frastaglio,
schianti di pigne, abbaglio
di reti stese e schegge,

ritornerà ritornerà sul gelo
la bontà d'una mano,
varcherà il cielo lontano
la ciurma luminosa che ci saccheggia.

Altro effetto di luna

La trama del carrubo che si profila
nuda contro l'azzurro sonnolento,
il suono delle voci, la trafila
delle dita d'argento sulle soglie,

la piuma che s'invischia, un trepestìo
sul molo che si scioglie
e la feluca già ripiega il volo
con le vele dimesse come spoglie.

Marblings, branchings—
                              and suddenly, shaken loose,
leaves spiraling, arrowing down
into the ditch.

The last herd passes in the mist
of its own breathing.

Autumn Cellars

on which the lunar spring descends,
blanching every shard with halo splendor,
chips of broken cones, sheen
of drying nets, splinters,

back to us, across the cold,
will come the bounty of a hand,
shining over the far horizon will come
the white horde, to loot and plunder.

Another Moon Effect

The carob's web in naked
profile against the drowsing blue,
voices calling, silver fingers
slipping over the sills,

the feather snagged, a trampling
on the wharf that slides away,
and the felucca, sails luffing like a dress,
comes about, on her fresh tack.

Verso Vienna

Il convento barocco
di schiuma e di biscotto
adombrava uno scorcio d'acque lente
e tavole imbandite, qua e là sparse
di foglie e zenzero.

Emerse un nuotatore, sgrondò sotto
una nube di moscerini,
chiese del nostro viaggio,
parlò a lungo del suo d'oltre confine.

Additò il ponte in faccia che si passa
(informò) con un soldo di pedaggio.
Salutò con la mano, sprofondò,
fu la corrente stessa . . .
                  Ed al suo posto,
battistrada balzò da una rimessa
un bassotto festoso che latrava,

fraterna unica voce dentro l'afa.

Carnevale di Gerti

Se la ruota s'impiglia nel groviglio
delle stelle filanti ed il cavallo
s'impenna tra la calca, se ti nevica
sui capelli e le mani un lungo brivido
d'iridi trascorrenti o alzano i bimbi
le flebili ocarine che salutano
il tuo viaggio ed i lievi echi si sfaldano
giù dal ponte sul fiume,
se si sfolla la strada e ti conduce
in un mondo soffiato entro una tremula
bolla d'aria e di luce dove il sole
saluta la tua grazia—hai ritrovato

On the Road to Vienna

The baroque convent,
all biscuit and foam,
shaded a glimpse of slow waters
and tables already set, scattered here and there
with leaves and ginger.

A swimmer emerged, dripping
under a cloud of gnats,
inquired about our journey, spoke
at length about his own, beyond the frontier.

He pointed to the bridge before us,
you cross over (he said) with a penny toll.
With a wave of his hand, he sank down,
became the river itself . . .
                      And in his place,
to announce our coming, out of a shed
bounced a dachshund, gaily barking—

sole brotherly voice in the sticky heat.

Gerti's Carnival

Should the wheel snag in a swirl
of shooting stars and the horse
rear in the crowd, should a long shudder
of fading iridescence snow your hair
and hands, or the children lift
mourning ocarinas to salute you
as you pass, and gentle echoes
flake from the bridge down to the river below,
should the road, empty of people, lead you out
to a world blown to a shimmering
bubble, all air and light, where the sun
hails your grace—maybe then you'll have found

forse la strada che tentò un istante
il piombo fuso a mezzanotte quando
finì l'anno tranquillo senza spari.

Ed ora vuoi sostare dove un filtro
fa spogli i suoni
e ne deriva i sorridenti ed acri
fumi che ti compongono il domani:
ora chiedi il paese dove gli onagri
mordano quadri di zucchero alle tue mani
e i tozzi alberi spuntino germogli
miracolosi al becco dei pavoni.

(Oh il tuo Carnevale sarà più triste
stanotte anche del mio, chiusa fra i doni
tu per gli assenti: carri dalle tinte
di rosolio, fantocci ed archibugi,
palle di gomma, arnesi da cucina
lillipuziani: l'urna li segnava
a ognuno dei lontani amici l'ora
che il Gennaio si schiuse e nel silenzio
si compì il sortilegio. È Carnevale
o il Dicembre s'indugia ancora? Penso
che se tu muovi la lancetta al piccolo.
orologio che rechi al polso, tutto
arretrerà dentro un disfatto prisma
babelico di forme e di colori . . .)

E il Natale verrà e il giorno dell'Anno
che sfolla le caserme e ti riporta
gli amici spersi, e questo Carnevale
pur esso tornerà che ora ci sfugge
tra i muri che si fendono già. Chiedi
tu di fermare il tempo sul paese
che attorno si dilata? Le grandi ali
screziate ti sfiorano, le logge
sospingono all'aperto esili bambole
bionde, vive, le pale dei mulini
rotano fisse sulle pozze garrule.

the road the molten lead had hinted at
for one minute, at midnight, when the tranquil year
ended, without a shot.

And now you'd rather be where a filter
sifts the sounds,
sucking from them the fumes, sweet
and bitter, of which your future's made:
now you seek that land where onagers
nibble lumps of sugar from your hands,
where stunted trees sprout miraculous
buds for the peacock's beak.

(Ah, your Carnival tonight will be even sadder
than mine—you shut in among your gifts
for those who aren't there: rosolio-colored
carts, Raggedy Anns, arquebuses,
rubber balls, and Lilliputian
pots and pans: one assigned
to each of your distant friends the instant
January was revealed, the lots
silently cast. Is it Carnival yet,
or December lingering on? Merely turn
the stem of that little watch
on your wrist, and everything, I think,
will crumble into a shattered Babel
prism of forms and colors . . .)

And Christmas will come and New Year's Day
that empties the barracks and once again brings back
your scattered friends, and even this Carnival
which now, behind walls beginning to crack, eludes us,
will someday come again. Do you want
time to stop still over the country opening up
around you? The great mottled wings
graze you, loggias thrust
blond, slim, flesh-and-blood dolls
out into the open, the shafts of mill wheels
turning steadily over chattering ponds.

Chiedi di trattenere le campane
d'argento sopra il borgo e il suono rauco
delle colombe? Chiedi tu i mattini
trepidi delle tue prode lontane?

Come tutto si fa strano e difficile,
come tutto è impossibile, tu dici.
La tua vita è quaggiù dove rimbombano
le ruote dei carriaggi senza posa
e nulla torna se non forse in questi
disguidi del possibile. Ritorna
là fra i morti balocchi ove è negato
pur morire; e col tempo che ti batte
al polso e all'esistenza ti ridona,
tra le mura pesanti che non s'aprono
al gorgo degli umani affaticato,
torna alla via dove con te intristisco,
quella che additò un piombo raggelato
alle mie, alle tue sere:
torna alle primavere che non fioriscono.

Verso Capua

. . . rotto il colmo sull'ansa, con un salto,
il Volturno calò, giallo, la sua
piena tra gli scopeti, la disperse
nelle crete. Laggiù si profilava
mobile sulle siepi un postiglione,
e apparì su cavalli,
in una scia di polvere e sonagli.
Si arrestò pochi istanti, l'equipaggio
dava scosse, d'attorno volitavano
farfalle minutissime. Un furtivo
raggio incendiò di colpo il sughereto
scotennato, a fatica ripartiva
la vettura: e tu in fondo che agitavi
lungamente una sciarpa, la bandiera
stellata!, e il fiume ingordo s'insabbiava.

Do you want the silver bells
atop the village to stop, and the throaty cooing
of the doves? Do you seek the shivering
mornings of your distant shores?

How strange, you say, how difficult everything
becomes, how impossible it all is!
Your life is here, down here where the carriage wheels
go rumbling by, never stopping,
where nothing returns except in these
misdirections of the possible. Return, come back
here among these dead toys where even dying's
denied; come back within the time that ticks
on your wrist, that returns you to existence
behind thick walls that won't open
to the weary maelstrom of men,
come back, here where I sadden at your side, to the road
at which the molten lead, hardening, hinted,
to our evenings, yours, mine,
come back to these unblossoming springs.

Toward Capua

. . . its crest broken at the bend, plunging,
the Volturno, yellowish, dropped its torrent
across the heath, dispersing
in clay. Down below, above
the hedgerows a coachman in profile moved
as though riding on horseback
in a wake of dust and jingling bells.
An instant, the carriage stopped, shook,
lurched, and tiny butterflies were
fluttering all about. Suddenly a sly shaft
of sunlight kindled, flaming the cork oaks
in the barked grove; the carriage struggled,
then drove away: and you, inside, you were waving,
waving your scarf, the starry
banner! and the glutton river sank in sand.

A Liuba che parte

Non il grillo ma il gatto
del focolare
or ti consiglia, splendido
lare della dispersa tua famiglia.
La casa che tu rechi
con te ravvolta, gabbia o cappelliera?,
sovrasta i ciechi tempi come il flutto
arca leggera—e basta al tuo riscatto.

Bibe a Ponte all'Asse

Bibe, ospite lieve, la bruna tua reginetta di Saba
mesce sorrisi e Rùfina di quattordici gradi.

Si vede in basso rilucere la terra fra gli àceri radi
e un bimbo curva la canna sul gomito della Greve.

Dora Markus

I

Fu dove il ponte di legno
mette a Porto Corsini sul mare alto
e rari uomini, quasi immoti, affondano
o salpano le reti. Con un segno
della mano additavi all'altra sponda
invisibile la tua patria vera.
Poi seguimmo il canale fino alla darsena
della città, lucida di fuliggine,
nella bassura dove s'affondava
una primavera inerte, senza memoria.

To Liuba, Leaving

Not the cricket, but the cat
on the hearth, shining
household god of your scattered clan,
is now your oracle.
The house you carry
snugly around you—bird cage, bandbox?—
rides these blind days, light as an ark
on the tide—enough for your salvation.

Bibe at Ponte all'Asse

Bibe, merry guest, your little brunette queen of Sheba
mingles smiles with Rùfina wine, fourteen percent.

Below, through the scattered maples, the earth shimmers,
and a kid's fishing pole arches at the bend of the Greve.

Dora Markus

I

It was where the wooden bridge
runs to Porto Corsini over open water
and a few men, moving slowly, sink their nets
or haul them in. With a wave
of your hand you pointed toward the invisible
shore beyond, your true fatherland.
Then we followed the canal back to the city's
inner harbor, shining with soot,
in the wet flats where a sluggish springtime
was settling down, unremembering.

E qui dove un'antica vita
si screzia in una dolce
ansietà d'Oriente,
le tue parole iridavano come le scaglie
della triglia moribonda.

La tua irrequietudine mi fa pensare
agli uccelli di passo che urtano ai fari
nelle sere tempestose:
è una tempesta anche la tua dolcezza,
turbina e non appare,
e i suoi riposi sono anche più rari.
Non so come stremata tu resisti
in questo lago
d'indifferenza ch'è il tuo cuore; forse
ti salva un amuleto che tu tieni
vicino alla matita delle labbra,
al piumino, alla lima: un topo bianco,
d'avorio; e così esisti!

II

Ormai nella tua Carinzia
di mirti fioriti e di stagni,
china sul bordo sorvegli
la carpa che timida abbocca
o segui sui tigli, tra gl'irti
pinnacoli le accensioni
del vespro e nell'acque un avvampo
di tende da scali e pensioni.

La sera che si protende
sull'umida conca non porta
col palpito dei motori
che gemiti d'oche e un interno
di nivee maioliche dice
allo specchio annerito che ti vide
diversa una storia di errori

And here where an ancient life
is mottled with a sweet
Oriental yearning,
your words shimmered like the scales
of a dying mullet.

Your restlessness reminds me
of those migratory birds that thump against the lighthouse
on stormy nights:
even your sweetness is a storm
whose raging's unseen,
whose lulls are even rarer.
I don't know how, *in extremis,* you resist
in that lake of indifference that is your heart; perhaps
some amulet preserves you,
some keepsake beside your lipstick,
powder puff, or file: a white mouse,
of ivory. And so you persist.

II

Now in your Carinthia
of flowering myrtles and ponds,
leaning over the edge, you look down
at the shy carp gaping,
or under the lime trees follow the evening
star kindling among the jagged
peaks, and the water aflame with awnings
on lodging houses and piers.

The night that reaches out
over the damp inlet brings,
mingled with throbbing motors,
only the honking of geese; and an interior
of snow-white tiles tells
the blackened mirror that sees the change
in you a tale of errors calmly

imperturbati e la incide
dove la spugna non giunge.

La tua leggenda, Dora!
Ma è scritta già in quegli sguardi
di uomini che hanno fedine
altere e deboli in grandi
ritratti d'oro e ritorna
ad ogni accordo che esprime
l'armonica guasta nell'ora
che abbuia, sempre più tardi.

È scritta là. Il sempreverde
alloro per la cucina
resiste, la voce non muta,
Ravenna è lontana, distilla
veleno una fede feroce.
Che vuole da te? Non si cede
voce, leggenda o destino . . .
Ma è tardi, sempre più tardi.

Alla maniera di Filippo De Pisis nell'inviargli questo libro

. . . l'Arno balsamo fino
LAPO GIANNI

Una botta di stocco nel zig zag
del beccaccino—
e si librano piume su uno scrìmolo.

(Poi discendono là, fra sgorbiature
di rami, al freddo balsamo del fiume.)

accepted, etching it in
where the sponge won't reach.

Your legend, Dora!
But it's written already in the stares
of men with scraggly whiskers, dignified,
in great gilded portraits, returning
in every chord sounded
by the broken street-organ in the darkening
hour, always later.

It's written there. The evergreen
bays for the kitchen
resist, the voice doesn't change.
Ravenna's far away, a brutal
faith distills its venom. What
does it want from you? Voice,
legend, or fate can't be surrendered . . .
But it's getting late, always later.

In the Manner of Filippo De Pisis, On Sending Him This Book

> . . . *l'Arno balsamo fino*
> LAPO GIANNI

A rapier thrust in the zigzag
of the snipe—
and feathers teeter on a rim.

(Then drift down, among blotches
of boughs, there, in the cold solace of the stream.)

Nel Parco di Caserta

Dove il cigno crudele
si liscia e si contorce,
sul pelo dello stagno, tra il fogliame,
si risveglia una sfera, dieci sfere,
una torcia dal fondo, dieci torce,

—e un sole si bilancia
a stento nella prim'aria,
su domi verdicupi e globi a sghembo
d'araucaria,

che scioglie come liane
braccia di pietra, allaccia
senza tregua chi passa
e ne sfila dal punto più remoto
radici e stame.

Le nòcche delle Madri s'inaspriscono,
cercano il vuoto.

Accelerato

Fu così, com'è il brivido
pungente che trascorre
i sobborghi e solleva
alle aste delle torri
la cenere del giorno,
com'è il soffio
piovorno che ripete
tra le sbarre l'assalto
ai salici reclini—
fu così e fu tumulto nella dura
oscurità che rompe
qualche foro d'azzurro finchè lenta

In the Park at Caserta

Where the cruel swan,
contorting, preens himself
on the pond's slick, among the leaves,
a sphere revives, ten spheres,
a torch from the depths, ten torches,

—and a sun teeters,
struggling in the early air, over
green domes and twisted globes
of the monkey-puzzle tree,

which looses stone arms
like creepers, clutching
persistently at every passerby,
from the farthest point unraveling
stamens and roots.

The knuckles of the Mothers roughen,
grope for the void.

Local Train

That's how it was, like the piercing
shudder that slips through
the suburbs, that hoists
the dawn's ashes to the flagstaffs
of the towers,
like the wet wind
gusting through the gratings,
assaulting
the bent willows—
that's how it was, turmoil in the bitter
darkness broken by
a few slits of blue until the apparition slowly

appaia la ninfale
Entella che sommessa
rifluisce dai cieli dell'infanzia
oltre il futuro—
poi vennero altri liti, mutò il vento,
crebbe il bucato ai fili, uomini ancora
uscirono all'aperto, nuovi nidi
turbarono le gronde—
fu così,
rispondi?

rose, the nymph Entella, flowing softly
from childhood horizons lying
beyond the future—
then other coasts slid by, the wind changed,
more laundry on the lines, men ventured out
once more, new nests
agitated the gutters—
and that's how it was,
you answer?

Mottetti

Lo sai: debbo riperderti e non posso

Lo sai: debbo riperderti e non posso.
Come un tiro aggiustato mi sommuove
ogni opera, ogni grido e anche lo spiro
salino che straripa
dai moli e fa l'oscura primavera
di Sottoripa.

Paese di ferrame e alberature
a selva nella polvere del vespro.
Un ronzìo lungo viene dall'aperto,
strazia com'unghia ai vetri. Cerco il segno
smarrito, il pegno solo ch'ebbi in grazia
da te.
      E l'inferno è certo.

Molti anni, e uno più duro sopra il lago

Molti anni, e uno più duro sopra il lago
straniero su cui ardono i tramonti.
Poi scendesti dai monti a riportarmi
San Giorgio e il Drago.

Imprimerli potessi sul palvese
che s'agita alla frusta del grecale
in cuore . . . E per te scendere in un gorgo
di fedeltà, immortale.

II

Motets

Sobre el volcán la flor.

G. A. BÉCQUER

You know: I must leave you again . . .

You know: I must leave you again and I can't.
Like a well-targeted shot, every effort,
every cry, unsettles me, even the salt
breeze overflowing
from the quays that makes Sottoripa's
springtime so dark.

Land of iron and masts
forested in the evening dust.
A long droning comes from open space,
screeches like a fingernail on glass. I look for the lost
sign, the only pledge I had of your
grace.
        And hell is certain.

Many years, and one year harder still . . .

Many years, and one year harder still on the foreign
lake aflame with the setting sun. Then
you came down from the hills, you brought me back
my native Saint George and the Dragon.

If only I could print them on this blazon
thrashing under the lash of the northeaster
in my heart . . . And then, for your sake, sink
in a whirlpool of fidelity, undying.

147

Brina sui vetri; uniti

Brina sui vetri; uniti
sempre e sempre in disparte
gl'infermi; e sopra i tavoli
i lunghi soliloqui sulle carte.

Fu il tuo esilio. Ripenso
anche al mio, alla mattina
quando udii tra gli scogli crepitare
la bomba ballerina.

E durarono a lungo i notturni giuochi
di Bengala: come in una festa.

È scorsa un'ala rude, t'ha sfiorato le mani,
ma invano: la tua carta non è questa.

Lontano, ero con te quando tuo padre

Lontano, ero con te quando tuo padre
entrò nell'ombra e ti lasciò il suo addio.
Che seppi fino allora? Il logorìo
di *prima* mi salvò solo per questo:

che t'ignoravo e non dovevo: ai colpi
d'oggi lo so, se di laggiù s'inflette
un'ora e mi riporta Cumerlotti
o Anghébeni—tra scoppi di spolette
e i lamenti e l'accorrer delle squadre.

Frost on the panes . . .

Frost on the panes, the sick
always together and always kept
apart; and over the tables long
soliloquies about cards.

That was your exile. I think again
of mine, of the morning
among the cliffs when I heard the crackle
of the ballerina bomb.

And the fireworks went on
and on: as though it were a holiday.

A brutal wing slid past, it grazed your hands,
but nothing more. That card isn't yours.

Though far away, I was with you . . .

Though far away, I was with you when your father
passed into shadow and left you his farewell.
What did I know till then? The wear and tear
of *before* preserved me only for this:

that I didn't know you, and that I should have. This
I know from today's barrage, when one hour of hell
forces me back in time, brings back Cumerlotti
or Anghébeni again—the mines exploding,
the moaning, and the bomb squads scrambling up.

Addii, fischi nel buio, cenni, tosse

Addii, fischi nel buio, cenni, tosse
e sportelli abbassati. È l'ora. Forse
gli automi hanno ragione. Come appaiono
dai corridoi, murati!

* * *

—Presti anche tu alla fioca
litania del tuo rapido quest'orrida
e fedele cadenza di carioca?—

La speranza di pure rivederti

La speranza di pure rivederti
m'abbandonava;

e mi chiesi se questo che mi chiude
ogni senso di te, schermo d'immagini,
ha i segni della morte o dal passato
è in esso, ma distorto e fatto labile,
un *tuo* barbaglio:

(a Modena, tra i portici,
un servo gallonato trascinava
due sciacalli al guinzaglio.)

Il saliscendi bianco e nero dei

Il saliscendi bianco e nero dei
balestrucci dal palo
del telegrafo al mare
non conforta i tuoi crucci su lo scalo
né ti riporta dove più non sei.

Goodbyes, whistles in the dark . . .

Goodbyes, whistles in the dark, hands waving, coughing,
train windows lowered. All aboard! Maybe
the robots are right. From the corridors
how incarcerated they seem!

* * *

—Is there even something of you in your train's
hoarse litany, this horrible,
faithful carioca beat?—

The hope of even seeing you . . .

The hope of even seeing you again
was slipping from me;

and I asked myself if what sunders me
from any sense of you, this scrim of images,
bears the signs of death, or if, out of the past,
it still preserves, elusive, blurred,
some brightness of *you*:

(At Modena, among the porticoes,
a flunky in gold braid was tugging
two jackals on a leash.)

The soaring-dipping white and black . . .

The soaring-dipping white and black
of the martins flying from the telegraph
pole seaward
doesn't soothe your distress on the pier
or bring you back where you no longer are.

Già profuma il sambuco fitto su
lo sterrato; il piovasco si dilegua.
Se il chiarore è una tregua,
la tua cara minaccia la consuma.

Ecco il segno; s'innerva

Ecco il segno; s'innerva
sul muro che s'indora:
un frastaglio di palma
bruciato dai barbagli dell'aurora.

Il passo che proviene
dalla serra sì lieve,
non è felpato dalla neve, è ancora
tua vita, sangue tuo nelle mie vene.

Il ramarro, se scocca

Il ramarro, se scocca
sotto la grande fersa
dalle stoppie—

la vela, quando fiotta
e s'inabissa al salto
della rocca—

il cannone di mezzodì
più fioco del tuo cuore
e il cronometro se
scatta senza rumore—

* * *

e poi? Luce di lampo
invano può mutarvi in alcunché
di ricco e strano. Altro era il tuo stampo.

Already the elder's heavy perfume hovers
over the dirt road; the shower relents.
If this brightness is a truce,
your beloved menace consumes it.

Here's the sign . . .

Here's the sign brightening
on the wall, the wall gone golden:
jagged edges of the palm
scorched by the sun's blazing.

The step moving
so lightly from the greenhouse
isn't muffled by snow, it's still
your life, your blood in my veins.

The green lizard if it darts . . .

The green lizard if it darts
under the great flail
from the stubble—

the sail, when it flaps
and founders on the up-
towering rock—

the noon cannon
fainter than your heart,
and the clock, if it strikes
without a sound—

          * * *

what then? In vain can the lightning
change you into something rich
and strange. You were stamped from another mold.

Perché tardi? Nel pino lo scoiattolo

Perché tardi? Nel pino lo scoiattolo
batte la coda a torcia sulla scorza.
La mezzaluna scende col suo picco
nel sole che la smorza. È giorno fatto.

A un soffio il pigro fumo trasalisce,
si difende nel punto che ti chiude.
Nulla finisce, o tutto, se tu fólgore
lasci la nube.

L'anima che dispensa

L'anima che dispensa
furlana e rigodone ad ogni nuova
stagione della stranda, s'alimenta
della chiusa passione, la ritrova
a ogni angolo più intensa.

La tua voce è quest'anima diffusa.
Su fili, su ali, al vento, a caso, col
favore della musa o d'un ordegno,
ritorna lieta o triste. Parlo d'altro,
ad altri che t'ignora e il suo disegno
è là che insiste *do re la sol sol* . . .

Ti libero la fronte dai ghiaccioli

Ti libero la fronte dai ghiaccioli
che raccogliesti traversando l'alte
nebulose; hai le penne lacerate
dai cicloni, ti desti a soprassalti.

Why do you delay? . . .

Why do you delay? The squirrel in the pine
flicks his torch-tail against the bark.
The half-moon with her horns sinks, paling
into the sun. The day is done.

At a puff the sluggish smoke leaps up,
sheltering the point enclosing you.
Nothing—or everything—is over,
O lightning, if you leave your cloud.

The soul dispensing reels . . .

The soul dispensing
reels and rigadoons at each fresh
season of the journey feeds on
secret passion, finds it again
at every turn, more intense.

Your voice is this soul diffusing.
On wires, on wings, in the wind, by chance,
by the Muses' grace or some contrivance,
sad or gay, it keeps returning. I speak of other things
to those who don't know you, and its design
is there, insisting: *do re la sol sol* . . .

I free your forehead . . .

I free your forehead from the icicles
you gathered crossing the milky
heights; your wings were shattered
by cyclones; you wake with a start.

Mezzodì: allunga nel riquadro il nespolo
l'ombra nera, s'ostina in cielo un sole
freddoloso; e l'altre ombre che scantonano
nel vicolo non sanno che sei qui.

La gondola che scivola in un forte

La gondola che scivola in un forte
bagliore di catrame e di papaveri,
la subdola canzone che s'alzava
da masse di cordame, l'alte porte
rinchiuse su di te e risa di maschere
che fuggivano a frotte—

una sera tra mille e la mia notte
è più profonda! S'agita laggiù
uno smorto groviglio che m'avviva
a stratti e mi fa eguale a quell'assorto
pescatore d'anguille dalla riva.

Infuria sale o grandine? Fa strage

Infuria sale o grandine? Fa strage
di campanule, svelle la cedrina.
Un rintocco subacqueo s'avvicina,
quale tu lo destavi, e s'allontana.

La pianola degl'inferi da sé
accelera i registri, sale nelle
sfere del gelo . . . —brilla come te
quando fingevi col tuo trillo d'aria
Lakmé nell'Aria delle Campanelle.

Noon: the black shadow of the medlar
lengthens in the court; overhead a chilling sun
persists; and the other shades rounding the corner
of the alley don't know you're here.

The gondola gliding . . .

The gondola gliding in a bright
blaze of tar oil and poppies, the sly song
that rose from piles of coiled
rope, the great high doors shut
against you, laughter of maskers
running off in hordes—

one evening out of thousands, and my night
is deeper still. Below, there stirs
a blurred tangle that startles me awake,
making me one with the man on the bank
intently angling for eels.

Is it salt or hail that rages? . . .

Is it salt or hail that rages? It batters
the bellflowers down, tears up the verbena.
An underwater knell, aroused by you,
draws closer, then dies in the distance.

On its own, the pianola of the underworld
quickens, changes pitch, soars into
spheres of ice . . . glitters like you,
when, all airy trilling, you sang
Lakmé in the "Bell Song."

Al primo chiaro, quando

Al primo chiaro, quando
subitaneo un rumore
di ferrovia mi parla
di chiusi uomini in corsa
nel traforo del sasso
illuminato a tagli
da cieli ed acque misti;

al primo buio, quando
il bulino che tarla
la scrivanìa rafforza
il suo fervore e il passo
del guardiano s'accosta:
al chiaro e al buio, soste ancora umane
se tu a intrecciarle col tuo refe insisti.

Il fiore che ripete

Il fiore che ripete
dall'orlo del burrato
non scordarti di me,
non ha tinte più liete né più chiare
dello spazio gettato tra me e te.

Un cigolìo si sferra, ci discosta,
l'azzurro pervicace non ricompare.
Nell'afa quasi visibile mi riporta all'opposta
tappa, già buia, la funicolare.

At first light . . .

At first light, when
suddenly the sound
of a train speaks to me
of men shut in, in transit
through stone tunnels
lighted by slits
of sky and water meeting;

at first dark, when
the burin gnawing
at the desk doubles
its zeal and the guard's
steps draw closer:
at dawn, at dusk, pauses still human
if you persist, weaving in your thread.

The flower on the cliff's edge . . .

The flower on the cliff's
edge with its refrain
forget-me-not
has no colors brighter, more gay,
than the space flung down between you and me.

A sound of cranking, we're wrenched apart,
the stubborn-seeming sky begins to fade.
In almost visible heat, the cable car lowers me
down to the bottom, where it's dark.

La rana, prima a ritentar la corda

La rana, prima a ritentar la corda
dallo stagno che affossa
giunchi e nubi, stormire dei carrubi
conserti dove spenge le sue fiaccole
un sole senza caldo, tardo ai fiori
ronzìo di coleotteri che suggono
ancora linfe, ultimi suoni, avara
vita della campagna. Con un soffio
l'ora s'estingue: un cielo di lavagna
si prepara a un irrompere di scarni
cavalli, alle scintille degli zoccoli.

Non recidere, forbice, quel volto

Non recidere, forbice, quel volto,
solo nella memoria che si sfolla,
non far del grande suo viso in ascolto
la mia nebbia di sempre.

Un freddo cala . . . Duro il colpo svetta.
E l'acacia ferita da sé scrolla
il guscio di cicala
nella prima belletta di Novembre.

La canna che dispiuma

La canna che dispiuma
mollemente il suo rosso
flabello a primavera;
la rèdola nel fosso, su la nera
correntìa sorvolata di libellule;
e il cane trafelato che rincasa
col suo fardello in bocca,

First the frog . . .

First the frog, testing a chord
out of the marsh where haze and bulrushes
ditch together, rustle of plaited
carobs where a sun almost cold quenches
its last flickering light, late droning
of coleopters at the flowers, still
sucking sap, last sounds, the country's greedy
life. A puff, and the hour's
out: a slate sky
braces against the charge of famished
horses, the sparking of their hooves.

Scissors, don't cut that face . . .

Scissors, don't cut that face,
all that's left in my thinning memory.
Don't change her great listening look
into my everlasting blur.

A chill strikes . . . The harsh blow slices.
And the acacia, wounded, peels off
the cicada's husk
in the first November mud.

The reed that softly sheds . . .

The reed that softly
sheds its red feather-fan
in spring;
the grassy path along the ditch above the black
stream where dragonflies hover
and the dog that comes panting home,
its bundle in its teeth,

oggi qui non mi tocca riconoscere;
ma là dove il riverbero più cuoce
e il nuvolo s'abbassa, oltre le sue
pupille ormai remote, solo due
fasci di luce in croce.

            E il tempo passa.

. . . ma così sia. Un suono di cornetta

. . . ma così sia. Un suono di cornetta
dialoga con gli sciami del querceto.
Nella valva che il vespero riflette
un vulcano dipinto fuma lieto.

La moneta incassata nella lava
brilla anch'essa sul tavolo e trattiene
pochi fogli. La vita che sembrava
vasta è più breve del tuo fazzoletto.

here, today, I needn't recognize;
but there where the glare burns hottest
and the cloud descends, beyond
her eyes now far away, nothing but two
beams of light, crossing.

                    And time goes on.

. . . but let it be. . . .

. . . but let it be. A blowing bugle
converses with the swarms among the oaks.
In the shell where the evening star is mirrored
a painted volcano happily smokes.

The coin imbedded in lava
also shines on the tabletop, weighting a few scraps
of paper. Life, which once seemed so vast,
is smaller than your handkerchief.

Tempi di Bellosguardo

Oh come là nella corusca
distesa che s'inarca verso i colli,
il brusìo della sera s'assottiglia
e gli alberi discorrono col trito
mormorio della rena; come limpida
s'inalvea là in decoro
di colonne e di salci ai lati e grandi salti
di lupi nei giardini, tra le vasche ricolme
che traboccano,
questa vita di tutti non più posseduta
del nostro respiro;
e come si ricrea una luce di zàffiro
per gli uomini
che vivono laggiù: è troppo triste
che tanta pace illumini a spiragli
e tutto ruoti poi con rari guizzi
su l'anse vaporanti, con incroci
di camini, con grida dai giardini
pensili, con sgomenti e lunghe risa
sui tetti ritagliati, tra le quinte
dei frondami ammassati ed una coda
fulgida che trascorra in cielo prima
che il desiderio trovi le parole!

* * *

Derelitte sul poggio
fronde della magnolia
verdibrune se il vento
porta dai frigidari
dei pianterreni un travolto
concitamento d'accordi
ed ogni foglia che oscilla

III

Bellosguardo Times

Ah, down there in the shining
expanse that arches toward the hills,
how the hum of evening thins away
and the trees converse with the weary chatter
of the sandbanks; how limpidly
the life of everything, no longer possessed
by our breathing, carves its channel through
stateliness of columns, aisles of willows, the wolves'
giant leaping in the gardens, brimming urns
spilling over; and
how a sapphire light shines afresh
for all men living
down there. Sad, so sad
that a peace like this should lighten only by glints
and everything, with a few shimmerings, turn back
across the misting loops, intersected
by chimneys, and cries from terraced
gardens, by alarms and loud laughter
from hard-edged roofs, between wings
of massing branches and a tail of light
that crosses over to heaven before
desire finds words!

* * *

Derelict on the slope
green-brown magnolia leaves
when the wind from icy
ground-floor rooms
carries up a jumbled
concitation of chords
and every leaf shaking

o rilampeggia nel folto
in ogni fibra s'imbeve
di quel saluto, e più ancora
derelitte le fronde
dei vivi che si smarriscono
nel prisma del minuto,
le membra di febbre votate
al moto che si ripete
in circolo breve: sudore
che pulsa, sudore di morte,
atti minuti specchiati,
sempre gli stessi, rifranti
echi del batter che in alto
sfaccetta il sole e la pioggia,
fugace altalena tra vita
che passa e vita che sta,
quassù non c'è scampo: si muore
sapendo o si sceglie la vita
che muta ed ignora: altra morte.
E scende la cuna tra logge
ed erme: l'accordo commuove
le lapidi che hanno veduto
le immagini grandi, l'onore,
l'amore inflessibile, il giuoco,
la fedeltà che non muta.
E il gesto rimane: misura
il vuoto, ne sonda il confine:
il gesto ignoto che esprime
se stesso e non altro: passione
di sempre in un sangue e un cervello
irripetuti; e fors'entra
nel chiuso e lo forza con l'esile
sua punta di grimaldello.

* * *

Il rumore degli émbrici distrutti
dalla bufera
nell'aria dilatata che non s'incrina,
l'inclinarsi del pioppo

or shining in the dense thicket
drinks that greeting in
at every fiber; and still more
derelict the leaves
of the living, lost
in the prism of the instant,
limbs of fever dedicated
to that movement which, in brief
cycle, repeats itself: sweat
throbbing, death sweat,
acts moments mirrored,
always the same, echoes refracted
from the buffeting above that makes
facets of sun and rain, swing
that sways between life
passing and life persisting,
up here there's no escape: we die
and know it or we choose the life that changes
and doesn't know: a different death.
And the cradle falls among balconies
and herms: the harmony stirs
stones that have seen
the great images, honor,
unbending love, the rules of the game,
fidelity unaltering.
And the gesture holds: it measures out
the void, sounds its boundaries:
the unknown gesture expressive
of itself and nothing else: passion
of forever in a blood and brain
never to be repeated; and maybe it works its way
into the closure with fine picklock point
and pries it open.

* * *

Sound of roof tiles being ripped apart
by the gusting storm
that taut air that widens out, uncracking,
the slanting of the garden's

del Canadà, tricuspide, che vibra
nel giardino a ogni strappo—
e il segno di una vita che assecondi
il marmo a ogni scalino come l'edera
diffida dello slancio solitario
dei ponti che discopro da quest'altura;
d'una clessidra che non sabbia ma opere
misuri e volti umani, piante umane;
d'acque composte sotto padiglioni
e non più irose a ritentar fondali
di pomice, è sparito? Un suono lungo
dànno le terrecotte, i pali appena
difendono le ellissi dei convolvoli,
e le locuste arrancano piovute
sui libri dalle pergole; dura opera,
tessitrici celesti, ch'è interrotta
sul telaio degli uomini. E domani . . .

Canada poplar, three-pointed, shaking
at every wrench—
and the sign of a life that accommodates
the marble at every step like the ivy
flinching from the solitary thrust of the bridges
I descry from this high outlook here:
sign of an hourglass that measures not sand
but human works and faces, human plants;
sign of waters under summerhouses, composed,
no longer raging to plumb the depths
of pumice, has the sign vanished? The terracotta tiles
give a long screech, the stakes barely hold
the bindweed's clutching tendrils
and the locusts that pelted down
on the books in the arbor hobble about: hard work,
heavenly weavers, interrupted
on the looms of men. And tomorrow . . .

La casa dei doganieri

Tu non ricordi la casa dei doganieri
sul rialzo a strapiombo sulla scogliera:
desolata t'attende dalla sera
in cui v'entrò lo sciame dei tuoi pensieri
e vi sostò irrequieto.

Libeccio sferza da anni le vecchie mura
e il suono del tuo riso non è più lieto:
la bussola va impazzita all'avventura
e il calcolo dei dadi più non torna.
Tu non ricordi; altro tempo frastorna
la tua memoria; un filo s'addipana.

Ne tengo ancora un capo; ma s'allontana
la casa e in cima al tetto la banderuola
affumicata gira senza pietà.
Ne tengo un capo; ma tu resti sola
né qui respiri nell'oscurità.

Oh l'orizzonte in fuga, dove s'accende
rara la luce della petroliera!
Il varco è qui? (Ripullula il frangente
ancora sulla balza che scoscende . . .)
Tu non ricordi la casa di questa
mia sera. Ed io non so chi va e chi resta.

IV

Sap check'd with frost, and lusty leaves quite gone,
Beauty o'ersnow'd and bareness every where.

SHAKESPEARE, *Sonnets,* V

The Coastguard Station

You don't remember the coastguard house
perched at the top of the jutting height,
awaiting you still, abandoned since that night
when your thoughts came swarming in
and paused there, hovering.

Southwesters have lashed the old walls for years,
the gaiety has vanished from your laugh:
the compass swings at random, crazy,
odds can no longer be laid on the dice.
You don't remember: other days trouble
your memory: a thread pays out.

I hold one end still; but the house
keeps receding, above the roof the soot-
blackened weathervane whirls, pitiless.
I hold one end: but you stay on, alone, not
here, breathing in my darkness.

Oh, the horizon keeps on receding, there, far out
where a rare tanker's light blinks in the blackness!
Is the crossing here? (The furious breakers
climb the cliff that falls off, sheer . . .)
You don't remember the house of this, my evening.
And I don't know who's staying, who's leaving.

Bassa marea

Sere di gridi, quando l'altalena
oscilla nella pergola d'allora
e un oscuro vapore vela appena
la fissità del mare.

Non più quel tempo. Varcano ora il muro
rapidi voli obliqui, la discesa
di tutto non s'arresta e si confonde
sulla proda scoscesa anche lo scoglio
che ti portò primo sull'onde.

Viene col soffio della primavera
un lugubre risucchio
d'assorbite esistenze; e nella sera,
negro vilucchio, solo il tuo ricordo
s'attorce e si difende.

S'alza sulle spallette, sul tunnel più lunge
dove il treno lentissimo s'imbuca.
Una mandria lunare sopraggiunge
poi sui colli, invisibile, e li bruca.

Stanze

Ricerco invano il punto onde si mosse
il sangue che ti nutre, interminato
respingersi di cerchi oltre lo spazio
breve dei giorni umani,
che ti rese presente in uno strazio
d'agonie che non sai, viva in un putre
padule d'astro inabissato; ed ora
è linfa che disegna le tue mani,
ti batte ai polsi inavvertita e il volto
t'infiamma o discolora.

Low Tide

Evenings of cries, when the swing
rocks in the summerhouse of other days
and a dark vapor barely veils
the sea's fixity.

Those days are gone. Now swift flights
slant across the wall, the plummeting
of everything goes on and on, the steep coast
swallows even the reef that first lifted you
above the waves.

With the breath of spring comes
a mournful undertow of lives
engulfed; and in the evening,
black bindweed, only your memory
writhes and resists.

Rises over the embankments, the distant tunnel
where the train, slowly crawling, enters.
Then, unseen, a lunar flock comes drifting in
to browse on the hills.

Stanzas

I seek in vain that point from which
the blood you're nourished by began, circles pushing
each other on into infinite space, on
beyond the tiny span
of human days, that made of you a presence
in a rending agony you never knew, living
in this rotting swamp of foundered star. And now
lymph, not blood, invisibly
traces your hands, pounds at your pulses,
flames or blanches your face.

Pur la rete minuta dei tuoi nervi
rammenta un poco questo suo viaggio
e se gli occhi ti scopro li consuma
un fervore coperto da un passaggio
turbinoso di spuma ch'or s'infitta
ora si frange, e tu lo senti ai rombi
delle tempie vanir nella tua vita
come si rompe a volte nel silenzio
d'una piazza assopita
un volo strepitoso di colombi.

In te converge, ignara, una raggèra
di fili; e certo alcuno d'essi apparve
ad altri: e fu chi abbrividì la sera
percosso da una candida ala in fuga,
e fu chi vide vagabonde larve
dove altri scorse fanciullette a sciami,
o scoperse, qual lampo che dirami,
nel sereno una ruga e l'urto delle
leve del mondo apparse da uno strappo
dell'azzurro l'avvolse, lamentoso.

In te m'appare un'ultima corolla
di cenere leggera che non dura
ma sfioccata precipita. Voluta,
disvoluta è così la tua natura.
Tocchi il segno, travàlichi. Oh il ronzìo
dell'arco ch'è scoccato, il solco che ara
il flutto e si rinchiude! Ed ora sale
l'ultima bolla in su. La dannazione
è forse questa vaneggiante amara
oscurità che scende su chi resta.

And yet, that subtle network of your nerves
remembers something of its journey,
and if I open your eyes, a blaze
concealed by a surge of angry foam,
curdling, then breaking, consumes them,
and you sense its passage in the pulsing
of your temples, feel it vanishing into your life,
as when the silence of a drowsing
piazza is sometimes shattered
by an explosion of doves.

In you, unaware, an aureole
of rays converges; and surely some of these were seen
by others. And there was one who shuddered
at night, clipped by a white wing brushing by,
and another who saw ghosts wandering
where others saw swarms of young girls,
or discerned, like lightning branching,
the clear sky wrinkle, and the shock
of the world's gears, glimpsed through a crack
in the blue, pulled him in, grieving.

In you I seem to see a last
corolla of fine ash crumble into falling
flakes. Willed,
unwilled, this is your nature. You hit
the mark, you overshoot it. Ah, that twang
of the taut bow shot, furrow that plows
the waves, then closes over! And now
the last bubble rises. Maybe damnation
is this wild, bitter blindness descending
on the one who's left behind.

Sotto la pioggia

Un murmure; e la tua casa s'appanna
come nella bruma del ricordo—
e lacrima la palma ora che sordo
preme il disfacimento che ritiene
nell'afa delle serre anche le nude
speranze ed il pensiero che rimorde.

"Por amor de la fiebre" . . . mi conduce
un vortice con te. Raggia vermiglia
una tenda, una finestra si rinchiude.
Sulla rampa materna ora cammina,
guscio d'uovo che va tra la fanghiglia,
poca vita tra sbatter d'ombra e luce.

Strideva Adiós muchachos, compañeros
de mi vida, il tuo disco dalla corte:
e m'è cara la maschera se ancora
di là dal mulinello della sorte
mi rimane il sobbalzo che riporta
al tuo sentiero.

Seguo i lucidi strosci e in fondo, a nembi,
il fumo strascicato d'una nave.
Si punteggia uno squarcio . . .
                                    Per te intendo
ciò che osa la cicogna quando alzato
il volo dalla cuspide nebbiosa
rèmiga verso la Città del Capo.

Punta del Mesco

Nel cielo della cava rigato
all'alba dal volo dritto delle pernici
il fumo delle mine s'inteneriva,

In the Rain

A murmur: and your apartment blurs
and fades as in the haze of memory—
and tears drip from the palms while the grim
obliteration presses down, sealing hope
stripped bare and the torturing thought
in sultry greenhouse heat.

"Por amor de la fiebre" . . . I'm whirled
about at your side. A curtain flares
vermilion, a window slides shut.
Now, along the maternal slope, a white
eggshell on the ooze, in flickering
light and shadow, goes a hint of life.

Your record screeched in the courtyard,
Adiós muchachos, compañeros de mi vida:
and I accept my role provided,
once beyond the whirlpool of my fate,
I'm free to make the leap that brings me
back to your path once more.

I track the shining storms and, far below,
in cloud, a ship and its trail of vapor.
A patchy rift appears . . .
                                Through you I know
the courage of the stork as he lifts wing,
soaring from a pinnacle in cloud,
and strokes for Capetown.

Cape Mesco

In the sky over the quarry streaked
at dawn by the partridges' undeviating flight,
the smoke from the blasting thinned,

saliva lento le pendici a piombo.
Dal rostro del palabotto si capovolsero
le ondine trombettiere silenziose
e affondarono rapide tra le spume
che il tuo passo sfiorava.

Vedo il sentiero che percorsi un giorno
come un cane inquieto; lambe il fiotto,
s'inerpica tra i massi e rado strame
a tratti lo scancella. E tutto è uguale.
Nella ghiaia bagnata s'arrovella
un'eco degli scrosci. Umido brilla
il sole sulle membra affaticate
dei curvi spaccapietre che martellano.

Polene che risalgono e mi portano
qualche cosa di te. Un tràpano incide
il cuore sulla roccia—schianta attorno
più forte un rombo. Brancolo nel fumo,
ma rivedo: ritornano i tuoi rari
gesti e il viso che aggiorna al davanzale,—
mi torna la tua infanzia dilaniata
dagli spari!

Costa San Giorgio

Un fuoco fatuo impolvera la strada.
Il gasista si cala giù e pedala
rapido con la scala su la spalla.
Risponde un'altra luce e l'ombra attorno
sfarfalla, poi ricade.

Lo so, non s'apre il cerchio
e tutto scende o rapido s'inerpica
tra gli archi. I lunghi mesi
son fuggiti così: ci resta un gelo

climbing slowly up the sheer stone face.
From the platform of the piledriver
naiad ripples somersaulted, silent
trumpeters, and sank, melting in the foam
grazed by your step.

I see the path I took one day
like a worried dog; it follows the coast,
clambers among boulders, sometimes disappears
in the stubble. And nothing is changed.
In the damp gravel roils
an echo of thunder. The sodden
sun shines down on the stonecutters' weary bodies
hunching over their hammers.

Figureheads rising, they bring me
something of you. A drill incises
the heart on the stone—a louder blast
crashes all around. I grope in smoke
but once again I see: rare gestures of yours
return, and the face dawning at the window—
and your childhood comes back, tortured
by explosions.

Costa San Giorgio

A will-o'-the-wisp powders the road with dust.
The lamplighter coasts downhill, then pedals
hard, ladder on his shoulder.
A second light responds, the surrounding shadow
flickers, then falls again.

I know, the circle can't be broken,
and between the arcs everything sinks
or suddenly flares up. That's how the long
months raced by, leaving a phosphorescent

fosforico d'insetto nei cunicoli
e un velo scialbo sulla luna.   Un dì
brillava sui cammini del prodigio
El Dorado, e fu lutto fra i tuoi padri.
Ora l'Idolo è qui, sbarrato. Tende
le sue braccia fra i càrpini: l'oscuro
ne scancella lo sguardo. Senza voce,
disfatto dall'arsura, quasi esanime,
l'Idolo è in croce.

La sua presenza si diffonde grave.
Nulla ritorna, tutto non veduto
si riforma nel magico falò.
Non c'è respiro; nulla vale: più
non distacca per noi dall'architrave
della stalla il suo lume, Maritornes.

Tutto è uguale; non ridere: lo so,
lo stridere degli anni fin dal primo,
lamentoso, sui cardini, il mattino
un limbo sulla stupida discesa—
e in fondo il torchio del nemico muto
che preme . . .   Se una pendola rintocca
dal chiuso porta il tonfo del fantoccio
ch'è abbattuto.

L'estate

L'ombra crociata del gheppio pare ignota
ai giovinetti arbusti quando rade fugace.
E la nube che vede? Ha tante facce
la polla schiusa.

Forse nel guizzo argenteo della trota
controcorrente

ice of insects in the shafts of the mine,
a pale gauze over the moon.
                              Once
it shone on the path of the prodigious
El Dorado, and there was mourning among your forebears.
Now the Idol's here, barred from us. He reaches out
his arms among the hornbeams: darkness
annuls his gaze. Dumb,
decomposed by heat, lifeless almost,
the Idol's on the cross.

His grave presence is everywhere.
Nothing returns, each unseen thing
is transformed in the magic fire.
No relief; nothing avails: for us
Maritornes no longer unhooks her lantern
from the stable's architrave.

It's all the same; don't laugh: I know it,
from the outset the screak of the years
whining on their hinges, the morning
a limbo on the stupid downward slope—
and at the bottom the screw press of the silent
enemy, turning . . .
                      If a pendulum strikes
from within, it brings the thud of a puppet
felled.

Summer

The kestrel's cruciform seems unfamiliar
to the greening bushes grazed by its passing.
And the watching cloud? The welling spring
has so many faces.

Maybe in the silver flash of the trout
swimming upstream, you too

torni anche tu al mio piede fanciulla morta
Aretusa.

Ecco l'òmero acceso, la pepita
travolta al sole,
la cavolaia folle, il filo teso
del ragno su la spuma che ribolle—

e qualcosa che va e tropp'altro che
non passerà la cruna . . .

Occorrono troppe vite per farne una.

Eastbourne

"Dio salvi il Re" intonano le trombe
da un padiglione erto su palafitte
che aprono il varco al mare quando sale
a distruggere peste
umide di cavalli nella sabbia
del litorale.

Freddo un vento m'investe
ma un guizzo accende i vetri
e il candore di mica delle rupi
ne risplende.

Bank Holiday . . . Riporta l'onda lunga
della mia vita
a striscio, troppo dolce sulla china.
Si fa tardi. I fragori si distendono,
si chiudono in sordina.

Vanno su sedie a ruote i mutilati,
li accompagnano cani dagli orecchi
lunghi, bimbi in silenzio o vecchi. (Forse
domani tutto parrà un sogno.)

return to my foot, dead maiden
Arethusa.

There's the burnt shoulder, the nugget
upturned to the sun,
the cabbage moth frantic, the spider's thread
taut over the boiling spume—

and something else going by and so much
that won't pass the eye of the needle . . .

Too many lives are needed to make just one.

Eastbourne

"God save the king!" the trumpets' fanfare
blares from a pavilion perched on stilts
which the rising tide breaks through
to destroy damp
horse tracks printed in the sand
along the shore.

Cold, a wind assails me
but a gleam kindles the windowpanes
and the cliff's white mica
glitters back.

Bank Holiday . . . It brings back the long
inching sea tide
of my life, too good on the rise.
Getting late. The blaring thins away,
closes in silence.

The invalids in wheelchairs leave,
accompanied by dogs with floppy
ears, silent children, or the old. (Maybe
tomorrow all this will seem a dream.)

              E vieni
tu pure voce prigioniera, sciolta
anima ch'è smarrita,
voce di sangue, persa e restituita
alla mia sera.

Come lucente muove sui suoi spicchi
la porta di un albergo
—risponde un'altra e le rivolge un raggio—
m'agita un carosello che travolge
tutto dentro il suo giro; ed io in ascolto
("mia patria!") riconosco il tuo respiro,
anch'io mi levo e il giorno è troppo folto.

Tutto apparirà vano: anche la forza
che nella sua tenace ganga aggrega
i vivi e i morti, gli alberi e gli scogli
e si svolge da te, per te. La festa
non ha pietà. Rimanda
il suo scroscio la banda, si dispiega
nel primo buio una bontà senz'armi.

Vince il male . . . La ruota non s'arresta.

Anche tu lo sapevi, luce-in-tenebra.

Nella plaga che brucia, dove sei
scomparsa al primo tocco delle campane, solo
rimane l'acre tizzo che già fu
Bank Holiday.

Corrispondenze

Or che in fondo un miraggio
di vapori vacilla e si disperde,
altro annunzia, tra gli alberi, la squilla
del picchio verde.

                    And you come,
even you, imprisoned voice, liberated
soul, gone astray,
voice of blood, lost and restored
to my twilight.

Like the door of a hotel, shining
as it spins on its pivot—
panel to panel, reflecting the gleam—
so a carousel that pulls everything inside its circle
pulls at me; and as I listen
("My country!"), I recognize your breathing,
I rise too, and the day is too thick around me.

It will all seem pointless—even the power
that bonds living and dead tightly together,
fusing trees with cliffs,
and unfolds from you, for you. The holiday
is pitiless. The band
resumes its din, diffusing
in the early dusk a goodness without defense.

Evil wins . . . The wheel doesn't stop.

You knew it, even you, light-in-darkness.

On the burning sand, where you
vanished at the first pealing of the bells, nothing
but embers of the bitter brand that was
Bank Holiday.

Correspondences

Now that a mirage of vapors,
far away, wavers, then disperses,
the green woodpecker's bell-note
announces a new thing.

La mano che raggiunge il sottobosco
e trapunge la trama
del cuore con le punte dello strame,
è quella che matura incubi d'oro
a specchio delle gore
quando il carro sonoro
di Bassareo riporta folli mùgoli
di arieti sulle toppe arse dei colli.

Torni anche tu, pastora senza greggi,
e siedi sul mio sasso?
Ti riconosco; ma non so che leggi
oltre i voli che svariano sul passo.
Lo chiedo invano al piano dove una bruma
èsita tra baleni e spari su sparsi tetti,
alla febbre nascosta dei diretti
nella costa che fuma.

Barche sulla Marna

Felicità del sùghero abbandonato
alla corrente
che stempra attorno i ponti rovesciati
e il plenilunio pallido nel sole:
barche sul fiume, agili nell'estate
e un murmure stagnante di città.
Segui coi remi il prato se il cacciatore
di farfalle vi giunge con la sua rete,
l'alberaia sul muro dove il sangue
del drago si ripete nel cinabro.

Voci sul fiume, scoppi dalle rive,
o ritmico scandire di piroghe
nel vespero che cola
tra le chiome dei noci, ma dov'è
la lenta processione di stagioni
che fu un'alba infinita e senza strade,

The hand reaching through the underbrush
to pierce with sharp tips of straw
the master pattern woven in the heart
is the same hand that ripens nightmares of gold
mirrored by the ponds
when Bassareus' chariot rumbles up
to bring the frantic bleating of the rams
back to burnt stubble on the hills.

Do you come with him too, shepherdess
without flocks, to sit on this stone of mine?
You I recognize, but what you read beyond
the flights diverging over the pass, I do not know.
I ask in vain. No answer from the pastures where,
among bursts of light and boomings on the scattered roofs,
a mist shimmers. Nothing from the latent fever
of the train crawling down the smoky coast.

Boats on the Marne

Bliss of cork bark abandoned
to the current
that melts around bridges upside down,
and the full moon pale in sunlight:
boats on the river, nimble, in summer
and a lazy murmur of city.
You row along the field where the butterfly
catcher comes with his net,
the thicket across the wall where the dragon's
blood repeats itself in cinnabar.

Voices from the river, cries from the banks,
or the rhythmic stroking of canoes
in the twilight filtering through
the walnut leaves, but where
is the slow parade of the seasons
which was a dawn that never ended, with no roads,

dov'è la lunga attesa e qual è il nome
del vuoto che ci invade.

Il sogno è questo: un vasto,
interminato giorno che rifonde
tra gli argini, quasi immobile, il suo bagliore
e ad ogni svolta il buon lavoro dell'uomo,
il domani velato che non fa orrore.
E altro ancora era il sogno, ma il suo riflesso
fermo sull'acqua in fuga, sotto il nido
del pendolino, aereo e inaccessibile,
era silenzio altissimo nel grido
concorde del meriggio ed un mattino
più lungo era la sera, il gran fermento
era grande riposo.
                              Qui . . . il colore
che resiste è del topo che ha saltato
tra i giunchi o col suo spruzzo di metallo
velenoso, lo storno che sparisce
tra i fumi della riva.
                              Un altro giorno,
ripeti—o che ripeti? E dove porta
questa bocca che brùlica in un getto
solo?
        La sera è questa. Ora possiamo
scendere fino a che s'accenda l'Orsa.

(Barche sulla Marna, domenicali, in corsa
nel dì della tua festa.)

where is the long expectation, and what is the name
of the void that invades us?

The dream is this: a vast
unending day, almost motionless,
that suffuses its splendor between the banks
and at every bend the good works of man,
the veiled tomorrow that holds no horror.
And the dream was more, more, but its reflection
stilled on the racing water, under
the oriole's nest, airy, out of reach,
was one high silence in the noontime's
rhyming cry, and the evening
was a long morning, the great turmoil
great repose.
                    Here . . . the color that endures
is the gray of the mouse that leapt
through the rushes or the starling, a spurt
of poison metal disappearing
in mists along the bank.
                    Another day,
you were saying—what were you saying? And where
does it take us, this river mouth gathering in a single
rush?
        This is the evening. Now we can descend
downstream where the Great Bear is shining.

(Boats on the Marne, on a Sunday outing
on your birthday, floating.)

Elegia di Pico Farnese

Le pellegrine in sosta che hanno durato
tutta la notte la loro litania
s'aggiustano gli zendadi sulla testa,
spengono i fuochi, risalgono sui carri.
Nell'alba triste s'affacciano dai loro
sportelli tagliati negli usci i molli soriani
e un cane lionato s'allunga nell'umido orto
tra i frutti caduti all'ombra del melangolo.
Ieri tutto pareva un macero ma stamane
pietre di spugna ritornano alla vita
e il cupo sonno si desta nella cucina,
dal grande camino giungono lieti rumori.
Torna la salmodia appena in volute più lievi,
vento e distanza ne rompono le voci, le ricompongono.

    "Isole del santuario,
    viaggi di vascelli sospesi,
    alza il sudario,
    numera i giorni e i mesi
    che restano per finire."

Strade e scale che salgono a piramide, fitte
d'intagli, ragnateli di sasso dove s'aprono
oscurità animate dagli occhi confidenti
dei maiali, archivolti tinti di verderame,
si svolge a stento il canto dalle ombrelle dei pini,
e indugia affievolito nell'indaco che stilla
su anfratti, tagli, spicchi di muraglie.

    "Grotte dove scalfito
    luccica il Pesce, chi sa
    quale altro segno si perde,
    perché non tutta la vita
    è in questo sepolcro verde."

Oh la pigra illusione. Perché attardarsi qui
a questo amore di donne barbute, a un vano farnetico

Elegy of Pico Farnese

The women on pilgrimage, stopping over,
who chanted their litany all night long,
now adjust their sendals on their heads,
snuff their torches and climb onto the carts.
In the dawn murk the soft tabbies
poke through their little wickets cut in the doors
and a lion-colored dog sprawls in the dank orchard
among the fruitfall in the cumquat's shade.
Yesterday it all seemed compost, but this morning
spongy stones return to life,
the dark sleep wakens in the kitchen
and cheerful sounds come from the great hearth.
Barely audible, the psalmody returns in subtler spirals,
wind and distance disjoin its voices, recombine them.

    "Islands of sanctuary,
    sailings of ships suspended,
    raise the shroud,
    count the days and months
    till penance is ended."

Streets and stairs peaking in a pyramid, busy
with incisions, spiderwebs of stone
where darknesses open up, animated by the trusting eyes
of pigs, archivolts verdigris-tinted;
the song of the umbrella pines struggles to unfold,
lingers, softened by indigo dripping
over gorges, fissures, indented walls.

    "Grottoes lit by the gleam
    of the Fish carved in stone,
    who knows what other dream
    is lost here? There's more to life
    than this sepulcher of green."

Sluggish illusion! Why loiter here
in this passion of bearded women, in a raving void

che il ferraio picano quando batte l'incudine
curvo sul calor bianco da sé scaccia? Ben altro
è l'Amore—e fra gli alberi balena col tuo cruccio
e la tua frangia d'ali, messaggera accigliata!
Se urgi fino al midollo i diòsperi e nell'acque
specchi il piumaggio della tua fronte senza errore
o distruggi le nere cantafavole e vegli
al trapasso dei pochi tra orde d'uomini-capre,

    ("collane di nocciuole,
    zucchero filato a mano
    sullo spacco del masso
    miracolato che porta
    le preci in basso, parole
    di cera che stilla, parole
    che il seme del girasole
    se brilla disperde")

il tuo splendore è aperto. Ma più discreto allora
che dall'androne gelido, il teatro dell'infanzia
da anni abbandonato, dalla soffitta tetra
di vetri e di astrolabi, dopo una lunga attesa
ai balconi dell'edera, un segno ci conduce
alla radura brulla dove per noi qualcuno
tenta una festa di spari. E qui, se appare inudibile
il tuo soccorso, nell'aria prilla il piattello, si rompe
ai nostri colpi! Il giorno non chiede più di una chiave.
È mite il tempo. Il lampo delle tue vesti è sciolto
entro l'umore dell'occhio che rifrange nel suo
cristallo altri colori. Dietro di noi, calmo, ignaro
del mutamento, da lemure ormai rifatto celeste,
il fanciulletto Anacleto ricarica i fucili.

which the Pico blacksmith, hunched over the white heat,
hammering his anvil, exorcises from himself? Love
is nothing like this, it blazes with your wrath in the trees,
with the long fringe of your wings, frowning messenger!
If you swell the persimmons to ripeness, and mirror
your flawless plumage in the water, or dissolve
the fabled world of witches and wolves, if you watch over
your chosen few among the hordes of goat-men,

> ("chokers of hazel nuts,
> cotton candy hand-spun
> in the cleft of the miraculous
> rock that carries down
> the prayers, words
> of wax dripping, words
> seed-scattered by the sun-
> flower, should it shine")

your full splendor stands revealed. But less manifest now when,
out of the icy foyer, the childhood theater
abandoned for years, with its somber arch
of glass and astrolabes, after the long wait
on the ivied balconies, a sign leads us
to the barren clearing where a trapshoot
stands prepared. And here, should your soundless
succour come, the whirling disk dances in the air, then shatters
at our shots. The day demands only a key.
The weather is mild. The lightning of your robe melts
in the moisture of an eye whose crystal refracts
other colors. Behind us, calm, unaware
of his transformation, a lemur become divine,
the boy Anacletus reloads the guns.

Nuove stanze

Poi che gli ultimi fili di tabacco
al tuo gesto si spengono nel piatto
di cristallo, al soffitto lenta sale
la spirale del fumo
che gli alfieri e i cavalli degli scacchi
guardano stupefatti; e nuovi anelli
la seguono, più mobili di quelli
delle tue dita.

La morgana che in cielo liberava
torri e ponti è sparita
al primo soffio; s'apre la finestra
non vista e il fumo s'agita. Là in fondo,
altro stormo si muove: una tregenda
d'uomini che non sa questo tuo incenso,
nella scacchiera di cui puoi tu sola
comporre il senso.

Il mio dubbio d'un tempo era se forse
tu stessa ignori il giuoco che si svolge
sul quadrato e ora è nembo alle tue porte:
follìa di morte non si placa a poco
prezzo, se poco è il lampo del tuo sguardo,
ma domanda altri fuochi, oltre le fitte
cortine che per te fomenta il dio
del caso, quando assiste.

Oggi so ciò che vuoi; batte il suo fioco
tocco la Martinella ed impaura
le sagome d'avorio in una luce
spettrale di nevaio. Ma resiste
e vince il premio della solitaria
veglia chi può con te allo specchio ustorio
che accieca le pedine opporre i tuoi
occhi d'acciaio.

New Stanzas

Now, at your touch, as the last shreds
of tobacco are stubbed in the crystal
tray, a spiral of smoke
drifts idly toward the ceiling
while knights and bishops on the board
look on, amazed; and fresh rings
follow it up, more mobile than those
on your fingers.

The fata morgana that released towers
and bridges in the sky melted
with the first breeze; the unseen window
opens, the smoke stirs. There in the distance
another army's on the move—a hellish horde
of men who've never breathed that incense of yours,
on that board whose meaning can be composed
only by you.

Once I wondered whether you yourself
were unaware of the game being played
on those squares and that now lours at your door:
the frenzy of death is not so inexpensively appeased,
(is the lightning of your eyes of such small worth?),
it demands other fires, behind the thick
curtains with which the god of chance through you foments,
when he attends the scene.

Today I know what you want: the Martinella bell
tolls faintly, terrifying
the ivory shapes in their spectral light
of snow. But the man with you at his side—
he resists and wins the trophy of the solitary
vigil, his is the power to oppose
to the burning-glass that blinds the pawns
your gaze of steel.

Il ritorno

Bocca di Magra

Ecco bruma e libeccio sulle dune
sabbiose che lingueggiano
e là celato dall'incerto lembo
o alzato dal va-e-vieni delle spume
il barcaiolo Duilio che traversa
in lotta sui suoi remi; ecco il pimento
dei pini che più terso
si dilata tra pioppi e saliceti,
e pompe a vento battere le pale
e il viottolo che segue l'onde dentro
la fiumana terrosa
funghire velenoso d'ovuli; ecco
ancora quelle scale
a chiocciola, slabbrate, che s'avvitano
fin oltre la veranda
in un gelo policromo d'ogive,
eccole che t'ascoltano, le nostre vecchie scale,
e vibrano al ronzìo
allora che dal cofano tu ridésti leggera
voce di sarabanda
o quando Erinni fredde ventano angui
d'inferno e sulle rive una bufera
di strida s'allontana; ed ecco il sole
che chiude la sua corsa, che s'offusca
ai margini del canto—ecco il tuo morso
oscuro di tarantola: son pronto.

Palio

La tua fuga non s'è dunque perduta
in un giro di trottola
al margine della strada:
la corsa che dirada
le sue spire fin qui,

The Return

Bocca di Magra

Here are the mist and the southwester
that whisper over the dunes
and there, concealed by the ragged edge
or lofted by the to-and-fro of the breakers,
Duilio the boatman crosses,
straining at the oars; here's the sharper
allspice of the pines
diffused among poplars and willows,
and windmills flailing their arms
and the footpath that follows the waves
into the muddy creek,
moldy with amanitas; here,
still here, is the spiral
stairway, chipped rock, winding
beyond the veranda
in an icy polychrome of arches.
There it is, our old stairway, listening to you,
vibrating to the murmur
when you waken from the phonograph
a light saraband voice,
or when icy Furies blow hellish
snakes, and over the shores a storm
of screaming recedes; and here's the sun
completing his course, darkening
at the song's edges—here's your dark
tarantula bite: I'm ready.

Palio

So your flight was not for nothing after all,
like a top spinning
to the street edge:
this racetrack whose spirals
here coil in,

nella purpurea buca
dove un tumulto d'anime saluta
le insegne di Liocorno e di Tartuca.

Il lancio dei vessilli non ti muta
nel volto; troppa vampa ha consumati
gl'indizi che scorgesti; ultimi annunzi
quest'odore di ragia e di tempesta
imminente e quel tiepido stillare
delle nubi strappate,
tardo saluto in gloria di una sorte
che sfugge anche al destino. Dalla torre
cade un suono di bronzo: la sfilata
prosegue fra tamburi che ribattono
a gloria di contrade.
                         È strano: tu
che guardi la sommossa vastità,
i mattoni incupiti, la malcerta
mongolfiera di carta che si spicca
dai fantasmi animati sul quadrante
dell'immenso orologio, l'arpeggiante
volteggio degli sciami e lo stupore
che invade la conchiglia
del Campo, tu ritieni
tra le dita il sigillo imperioso
ch'io credevo smarrito
e la luce di prima si diffonde
sulle teste e le sbianca dei suoi gigli.

Torna un'eco di là: "c'era una volta . . ."
(rammenta la preghiera che dal buio
ti giunse una mattina)

    "non un reame, ma l'esile
    traccia di filigrana
    che senza lasciarvi segno
    i nostri passi sfioravano.

this purple pit
where a tumult of souls salutes
the banners of Unicorn and Tortoise.

Your features don't change at the hurling
of the banners; too much flame has seared away
the signs that you discerned; last omens,
this reek of turpentine and menacing
storm, and that tepid drizzle
out of savaged clouds,
a late salute to the glory of a fate
even destiny cannot contain. From the tower falls
a clangor of brass: the procession
makes its way while the drums boom out
the glory of the districts.
       Strange: you
who contemplate this agitated vastness,
the blackened bricks, the trembling
mongolfier of paper showered down
by moving phantoms on the huge clock's
quadrant, the arpeggio flurry
of the swarming crowd and the stupor
that invades the snail shell
of the Campo—your fingers hold
the imperious seal
I had thought lost
and the light that used to be now strews
its lilies over the blanched heads.

An echo of those days: "Once upon a time . . ."
(brings back the prayer that out of a morning's darkness
ascended to you)

  "no kingdom but the fine
  trace of filigree
  which our footsteps brushed
  and left no sign.

Sotto la volta diaccia
grava ora un sonno di sasso,
la voce dalla cantina
nessuno ascolta, o sei te.

La sbarra in croce non scande
la luce per chi s'è smarrito,
la morte non ha altra voce
di quella che spande la vita,"

ma un'altra voce qui fuga l'orrore
del prigione e per lei quel ritornello
non vale il ghirigoro d'aste avvolte
(Oca e Giraffa) che s'incrociano alte
e ricadono in fiamme. Geme il palco
al passaggio dei brocchi salutati
da un urlo solo. È un volo! E tu dimentica!
Dimentica la morte
toto caelo raggiunta e l'ergotante
balbuzie dei dannati! C'era *il* giorno
dei viventi, lo vedi, e pare immobile
nell'acqua del rubino che si popola
di immagini. Il presente s'allontana
ed il traguardo è là: fuor della selva
dei gonfaloni, su lo scampanìo
del cielo irrefrenato, oltre lo sguardo
dell'uomo—e tu lo fissi. Così alzati,
finché spunti la trottola il suo perno
ma il solco resti inciso. Poi, nient'altro.

Notizie dall'Amiata

Il fuoco d'artifizio del maltempo
sarà murmure d'arnie a tarda sera.
La stanza ha travature
tarlate ed un sentore di meloni
penetra dall'assito. Le fumate

Under the icy vault
a sleep of stone weighs down,
no one hears the voice
from the cellar—or only you.

The crossbar says nothing
to the man who's lost the light.
Death's only voice
is the voice diffused by life,"

but, fleeing the prison horror, there comes
another voice, for which that refrain cannot compare
with the flourish of furled banners
(Goose and Giraffe) crossing overhead,
then falling back in flames. The grandstand groans
as the nags trot by, hailed
by a single shout. They're off, flying! And you're oblivious!
Oblivious to the death
toto caelo consummated and the quibbling
stutter of the damned! For living men
it was *the* day, you see it, and it seems stilled
in the water of this ruby
peopled by images. The present recedes,
and there's the finish line: there, beyond the forest
of gonfalons, high over the bells pealing
in the unbridled sky, beyond the eyesight
of man—and *you* set that line. So up, on your feet,
until the pivot of the top is blunted
but the track it cut remains. Then nothing more.

News from Amiata

The bad weather's fireworks
will be a murmur of beehives late tonight.
Worms have gnawed the rafters of the room,
and a smell of melons
pushes up from the floorboards. The soft

morbide che risalgono una valle
d'elfi e di funghi fino al cono diafano
della cima m'intorbidano i vetri,
e ti scrivo di qui, da questo tavolo
remoto, dalla cellula di miele
di una sfera lanciata nello spazio—
e le gabbie coperte, il focolare
dove i marroni esplodono, le vene
di salnitro e di muffa sono il quadro
dove tra poco romperai. La vita
che t'affàbula è ancora troppo breve
se ti contiene! Schiude la tua icona
il fondo luminoso. Fuori piove.

          * * *

E tu seguissi le fragili architetture
annerite dal tempo e dal carbone,
i cortili quadrati che hanno nel mezzo
il pozzo profondissimo; tu seguissi
il volo infagottato degli uccelli
notturni e in fondo al borro l'alluccioliò
della Galassia, la fascia d'ogni tormento.
Ma il passo che risuona a lungo nell'oscuro
è di chi va solitario e altro non vede
che questo cadere di archi, di ombre e di pieghe.
Le stelle hanno trapunti troppo sottili,
l'occhio del campanile è fermo sulle due ore,
i rampicanti anch'essi sono un'ascesa
di tenebre ed il loro profumo duole amaro.
Ritorna domani più freddo, vento del nord,
spezza le antiche mani dell'arenaria,
sconvolgi i libri d'ore nei solai,
e tutto sia lente tranquilla, dominio, prigione
del senso che non dispera! Ritorna più forte
vento di settentrione che rendi care
le catene e suggelli le spore del possibile!
Son troppo strette le strade, gli asini neri
che zoccolano in fila dànno scintille,
dal picco nascosto rispondono vampate di magnesio.

puffs of smoke that climb a valley
of elves and mushrooms up to the peak's transparent
cone cloud my windowpanes,
and yet I write to you from this place, this faraway
table, from the honeycomb cell
of a globe launched in space—
and the covered cages, this hearth
where chestnuts explode, these veins
of saltpeter and mold are the frame through which
you soon will break. The life
that fables you is still too brief
if it contains you! Your icon reveals
the luminous background. Outside, the rain.

* * *

And should you follow the fragile architectures
blackened by time and soot,
the courtyards at whose center stands
the deepest well; should you follow
the shrouded flight of the nocturnal
birds and, at the bottom of the ravine the flickering light
of the galaxy, the swaddling bands of every anguish . . .
But the footstep that echoes so long in the darkness
is that of the solitary walker who sees nothing
but this falling of arches, shadows, folds.
The stars are much too subtly woven,
the belltower's eye has stopped at two,
even the climbing vines are a mounting
of shadows, their fragrance a bitterness that hurts.
Come back, north wind, come colder tomorrow,
break the sandstone's ancient hands,
scatter the books of hours in the attic,
and let all be a quiet lens, dominion, a prison cell
of sense that doesn't despair! Come back stronger,
wind from the north, wind that makes us love
our chains and seals the spores of the possible!
The alleys are too narrow, the file of black asses,
whose heels clatter, strike sparks;
from the unseen peak magnesium flashes answer.

Oh il gocciolìo che scende a rilento
dalle casipole buie, il tempo fatto acqua,
il lungo colloquio coi poveri morti, la cenere, il vento,
il vento che tarda, la morte, la morte che vive!

* * *

Questa rissa cristiana che non ha
se non parole d'ombra e di lamento
che ti porta di me? Meno di quanto
t'ha rapito la gora che s'interra
dolce nella sua chiusa di cemento.
Una ruota di mola, un vecchio tronco,
confini ultimi al mondo. Si disfà
un cumulo di strame: e tardi usciti
a unire la mia veglia al tuo profondo
sonno che li riceve, i porcospini
s'abbeverano a un filo di pietà.

Oh, the trickling that cautiously drips down
from the dark huts, time turned to water,
the long colloquy with the wretched dead, ashes, wind,
wind that holds back, death, the death that lives!

* * *

This Christian wrangle which has nothing
but words of shadow and grief—
what of me does it bring you? Less
than the marsh, softly silting
behind its dam of cement, has stolen from you.
A mill wheel, the trunk of a tree,
the world's last frontiers. A tangled pile
of straw falls apart: poking out at night
to bind my vigil with that deep sleep of yours
that takes them in, porcupines
slake their thirst at a trickle of compassion.

The Storm and
Other Things

Finisterre

La bufera

Les princes n'ont point d'yeux pour voir ces grand's merveilles,
Leurs mains ne servent plus qu'à nous persécuter . . .
AGRIPPA D'AUBIGNÉ: *À Dieu*

La bufera che sgronda sulle foglie
dure della magnolia i lunghi tuoni
marzolini e la grandine,

(i suoni di cristallo nel tuo nido
notturno ti sorprendono, dell'oro
che s'è spento sui mogani, sul taglio
dei libri rilegati, brucia ancora
una grana di zucchero nel guscio
delle tue palpebre)

il lampo che candisce
alberi e muri e li sorprende in quella
eternità d'istante—marmo manna
e distruzione—ch'entro te scolpita
porti per tua condanna e che ti lega
più che l'amore a me, strana sorella,—

e poi lo schianto rude, i sistri, il fremere
dei tamburelli sulla fossa fuia,
lo scalpicciare del fandango, e sopra
qualche gesto che annaspa . . .
                                Come quando
ti rivolgesti e con la mano, sgombra
la fronte dalla nube dei capelli,

mi salutasti—per entrar nel buio.

Finisterre

The Storm

Les princes n'ont point d'yeux pour voir ces grand's merveilles,
Leurs mains ne servent plus qu'à nous persécuter . . .

AGRIPPA D'AUBIGNÉ: *À Dieu*

The storm splattering the tough magnolia
leaves, with the long rolling March thunder
and hail,

(tinklings of crystal in your nocturnal
nest startle you, out of gold gone
from the mahoganies, on the edging
of bound books, a grain of sugar
still burns in the shell
of your eyelids)

the lightning blanching
walls and trees, freezing them in that
forever of an instant—marble manna
and destruction—which you carry sculpted
inside you for your damnation, and that binds you
to me, strange sister, more than love—

then the hard crack, the castanets, the shaking
of tambourines over the thieving ditch,
the stamp of the fandango, and overhead,
some gesture, groping . . .
As when you turned around and, with your hand, the cloud of hair
clearing from your forehead,

you waved to me—and stepped into darkness.

Lungomare

Il soffio cresce, il buio è rotto a squarci,
e l'ombra che tu mandi sulla fragile
palizzata s'arriccia. Troppo tardi

se vuoi esser te stessa! Dalla palma
tonfa il sorcio, il baleno è sulla miccia,
sui lunghissimi cigli del tuo sguardo.

Su una lettera non scritta

Per un formicolìo d'albe, per pochi
fili su cui s'impigli
il fiocco della vita e s'incollani
in ore e in anni, oggi i delfini a coppie
capriolano coi figli? Oh ch'io non oda
nulla di te, ch'io fugga dal bagliore
dei tuoi cigli. Ben altro è sulla terra.

Sparir non so né riaffacciarmi; tarda
la fucina vermiglia
della notte, la sera si fa lunga,
la preghiera è supplizio e non ancora
tra le rocce che sorgono t'è giunta
la bottiglia dal mare. L'onda, vuota,
si rompe sulla punta, a Finisterre.

Nel sonno

Il canto delle strigi, quando un'iride
con intermessi palpiti si stinge,
i gemiti e i sospiri
di gioventù, l'errore che recinge
le tempie e il vago orror dei cedri smossi

Lungomare

The air quickens, the darkness is shreds,
and your shadow falling on the frail
fence curls. Too late

if you want to be yourself! The fieldmouse
plops from the palm, lightning's at the fuse,
on the long, long lashes of your gaze.

On an Unwritten Letter

For a swarming of dawns, for a few
threads on which life's fleece
may catch, twisting into a string
of hours and years—is this why the paired dolphins
frolic with their young today? Oh, never to hear
of you again, to flee the lightning of your
lashes! There's much more on earth than this.

I can't vanish, can't reappear; night's
vermilion forge is
late, the long evening drags,
prayer is torture, and the bottle from the ocean
hasn't reached you yet. Only the breakers
crash on the point, empty, at Finisterre.

In Sleep

The screeching of owls when a rainbow,
intermittently pulsing, fades,
the groans and sighs
of youth, the error that tightens
round the temples, and the dim horror of cedars stirred

dall'urto della notte—tutto questo
può ritornarmi, traboccar dai fossi,
rompere dai condotti, farmi desto
alla tua voce. Punge il suono d'una
giga crudele, l'avversario chiude
la celata sul viso. Entra la luna
d'amaranto nei chiusi occhi, è una nube
che gonfia; e quando il sonno la trasporta
più in fondo, è ancora sangue oltre la morte.

Serenata indiana

È pur nostro il disfarsi delle sere.
E per noi è la stria che dal mare
sale al parco e ferisce gli aloè.

Puoi condurmi per mano, se tu fingi
di crederti con me, se ho la follia
di seguirti lontano e ciò che stringi,

ciò che dici, m'appare in tuo potere.

* * *

Fosse tua vita quella che mi tiene
sulle soglie—e potrei prestarti un volto,
vaneggiarti figura. Ma non è,

non è così. Il polipo che insinua
tentacoli d'inchiostro tra gli scogli
può servirsi di te. Tu gli appartieni

e non lo sai. Sei lui, ti credi te.

by the clash of night—all this
can still come back to me, flooding from culverts,
bursting from sewers, to wake me
to your voice. The sound of a savage jig
stings, the adversary clamps
his visor shut. The amaranthine moon
enters closed eyes, becomes a cloud
swelling; and when sleep carries it away,
deeper down, it is still, beyond death, blood.

Indian Serenade

This dissolving of the evenings is still ours.
And that streak lifting from the sea
into the park, wounding the aloes, is ours also.

You can lead me by the hand, if you make believe
you're with me, if I'm fool enough
to follow after, and if what holds me,

if what you say, seems to lie in your power.

* * *

I wish what held me here at the threshold
were your life—I wish I could lend you a face,
conjure up your form. But it's not,

it's not like that. The octopus sliding
his inky tentacles between the rocks
knows how to use you. You belong to him

but don't know it. You're him, you think you're you.

Gli orecchini

Non serba ombra di voli il nerofumo
della spera. (E del tuo non è più traccia.)
È passata la spugna che i barlumi
indifesi dal cerchio d'oro scaccia.
Le tue pietre, i coralli, il forte imperio
che ti rapisce vi cercavo; fuggo
l'iddia che non s'incarna, i desiderî
porto fin che al tuo lampo non si struggono.
Ronzano èlitre fuori, ronza il folle
mortorio e sa che due vite non contano.
Nella cornice tornano le molli
meduse della sera. La tua impronta
verrà di giù: dove ai tuoi lobi squallide
mani, travolte, fermano i coralli.

La frangia dei capelli . . .

La frangia dei capelli che ti vela
la fronte puerile, tu distrarla
con la mano non devi. Anch'essa parla
di te, sulla mia strada è tutto il cielo,
la sola luce con le giade ch'ài
accerchiate sul polso, nel tumulto
del sonno la cortina che gl'indulti
tuoi distendono, l'ala onde tu vai,
trasmigratrice Artemide ed illesa,
tra le guerre dei nati-morti; e s'ora
d'aeree lanugini s'infiora
quel fondo, a marezzarlo sei tu, scesa
d'un balzo, e irrequieta la tua fronte
si confonde con l'alba, la nasconde.

The Earrings

The mirror's lamp-black holds no
shadow of soarings. (And of yours there's no trace.)
Under the passing sponge, helpless glintings
have flaked from the golden oval. It was there
I went looking for your jewels, the corals, the great
imperium that ravished you away. I flee
the disembodied goddess; until melted
by your lightnings, my longings last.
Outside, wing-casings droning: the mad funeral
drones on, it knows two lives don't matter.
Within the mirror's frame the evening's soft
medusas come floating back. Your imprint
will rise from below: where, at your lobes, squalid
hands, upturned, clutch the corals.

The Bangs

Don't let your hand brush back
the bang of hair that veils
your cherub brow. It too speaks
of you; on my road, it's my whole horizon,
my only light, it and the jades
circling your wrist; the curtain your dispensations
spread in the tumult of sleep; the wing on which you move
unharmed, transmigratory Artemis
among the wars of the stillborn. And if, now,
the background blooms with airy down, it's you, suddenly
descending, you're there to marble it, your restless brow
fuses with the dawn, darkens it.

Finestra fiesolana

Qui dove il grillo insidioso buca
i vestiti di seta vegetale
e l'odor della canfora non fuga
le tarme che sfarinano nei libri,
l'uccellino s'arrampica a spirale
su per l'olmo ed il sole tra le frappe
cupo invischia. Altra luce che non colma,
altre vampe, o mie edere scarlatte.

Il giglio rosso

Il giglio rosso, se un dì
mise radici nel tuo cuor di vent'anni
(brillava la pescaia tra gli stacci
dei renaioli, a tuffo s'inforravano
lucide talpe nelle canne, torri,
gonfaloni vincevano la pioggia,
e il trapianto felice al nuovo sole,
te inconscia si compì);

il giglio rosso già sacrificato
sulle lontane crode
ai vischi che la sciarpa ti tempestano
d'un gelo incorruttibile e le mani,—
fiore di fosso che ti s'aprirà
sugli argini solenni ove il brusìo
del tempo più non affatica . . . : a scuotere
l'arpa celeste, a far la morte amica.

Window in Fiesole

Here, where the insidious cricket eats holes
in garments of vegetal silk
and the smell of camphor fails to rout
the moths that turn to powder in the books,
the small bird spirals
up the elm, and the trapped sun darkens
in the leafage. Another light, unbrimming,
other blazings, O my scarlet ivies!

The Red Lily

If someday the red lily
took root in your twenty-year-old heart
(the weir was shining through the sand-digger's
sieves—glistening moles, burrowing
in the tall rushes, towers,
banners were routing the rain;
and the transplant, joyful in the new sun,
unknown to you, took hold);

the red lily on faraway cliffs
already sacrificed
to the mistletoe whose incorruptible chill
rages at your scarf and hands—
ditch-flower that will open for you
on solemn shores where the droning of time
no longer wearies . . . : to strike
the harp of heaven, make of death a friend.

Il ventaglio

Ut pictura . . . Le labbra che confondono,
gli sguardi, i segni, i giorni ormai caduti
provo a figgerli là come in un tondo
di cannocchiale arrovesciato, muti
e immoti, ma più vivi. Era una giostra
d'uomini e ordegni in fuga tra quel fumo
ch'Euro batteva, e già l'alba l'inostra
con un sussulto e rompe quelle brume.
Luce la madreperla, la calanca
vertiginosa inghiotte ancora vittime,
ma le tue piume sulle guance sbiancano
e il giorno è forse salvo. O colpi fitti,
quando ti schiudi, o crudi lampi, o scrosci
sull'orde! (Muore chi ti riconosce?).

Personae separatae

Come la scaglia d'oro che si spicca
dal fondo oscuro e liquefatta cola
nel corridoio dei carrubi ormai
ischeletriti, così pure noi
persone separate per lo sguardo
d'un altro? È poca cosa la parola,
poca cosa lo spazio in questi crudi
noviluni annebbiati: ciò che manca,
e che ci torce il cuore e qui m'attarda
tra gli alberi, ad attenderti, è un perduto
senso, o il fuoco, se vuoi, che a terra stampi,
figure parallele, ombre concordi,
aste di un sol quadrante i nuovi tronchi
delle radure e colmi anche le cave
ceppaie, nido alle formiche. Troppo
straziato è il bosco umano, troppo sorda
quella voce perenne, troppo ansioso
lo squarcio che si sbiocca sui nevati

The Fan

Ut pictura . . . The disconcerting lips,
the glances, signals, the days now gone—
I try to fix them as through a telescopic lens
inverted, mute, unchanging, but more
alive. It was a tournament
of men and armor routed in that smoke
battered by the east wind, and now dawn, a tremor,
crimsons the smoke, shatters the haze.
The mother-of-pearl light, the dizzily plunging
ravine, swallow their victims still,
but all at once the plumes upon your cheek begin to whiten,
perhaps the day is saved! Oh hammerblows
of your revelation, raw lightnings, thunderings
on the hordes! (Is he who knows you doomed to die?)

Personae Separatae

Like the golden scale that emerges
from the somber background, then melts away
in the corridor of skeletal
carob trees, are even we "separated persons"
in the eyes of others? Speech is a little thing;
in these raw and clouded new moons, space
is little too; what's missing,
what wrenches the heart and makes me linger here
among the trees, waiting for you, is a lost
sense, or fire, if you prefer, to print the ground
with parallel figures, reconciled shadows,
shafts of sunlight framing the fresh-cut trunks
in the clearings, and fill the hollow stumps
where the ants nest. The human forest
is too mutilated and torn, that everlasting
voice too deaf, too fretful
the gash melting over the snowy

gioghi di Lunigiana. La tua forma
passò di qui, si riposò sul riano
tra le nasse atterrate, poi si sciolse
come un sospiro, intorno—e ivi non era
l'orror che fiotta, in te la luce ancora
trovava luce, oggi non più che al giorno
primo già annotta.

L'arca

La tempesta di primavera ha sconvolto
l'ombrello del salice,
al turbine d'aprile
s'è impigliato nell'orto il vello d'oro
che nasconde i miei morti,
i miei cani fidati, le mie vecchie
serve—quanti da allora
(quando il salce era biondo e io ne stroncavo
le anella con la fionda) son calati,
vivi, nel trabocchetto. La tempesta
certo li riunirà sotto quel tetto
di prima, ma lontano, più lontano
di questa terra folgorata dove
bollono calce e sangue nell'impronta
del piede umano. Fuma il ramaiolo
in cucina, un suo tondo di riflessi
accentra i volti ossuti, i musi aguzzi
e li protegge in fondo la magnolia
se un soffio ve la getta. La tempesta
primaverile scuote d'un latrato
di fedeltà la mia arca, o perduti.

peaks of Lunigiana. Your form
passed this way, paused by the ditch
among the eel-pots piled on the ground, then dissolved
like a sigh, all around—no gurgling horror
was in it, in you light still found
light, today no longer, now that at day-
break, it's already almost night.

The Ark

The spring storm has turned the willow's
great umbrella inside out,
in the garden, snagged in the April
wind, is the golden fleece
concealing my dead—
my faithful dogs, my old
nannies—since then (when the willow
was blond and I sliced off its curls with my sling),
how many have fallen, still alive,
into the pit below! Surely the storm
will gather them back together, under the old
roof, but far away, farther
than this lightninged earth where
blood and lime seethe in the print
of the human foot. The ladle steams
in the kitchen, the round bowl of its reflections
centers bony faces, pointed muzzles,
which the great magnolia shelters at its foot
when the gusting hurls them there. The spring storm
batters my ark with a loyal
howling, O my lost ones!

Giorno e notte

Anche una piuma che vola può disegnare
la tua figura, o il raggio che gioca a rimpiattino
tra i mobile, il rimando dello specchio
di un bambino, dai tetti. Sul giro delle mura
strascichi di vapore prolungano le guglie
dei pioppi e giù sul trespolo s'arruffa il pappagallo
dell'arrotino. Poi la notte afosa
sulla piazzola, e i passi, e sempre questa dura
fatica di affondare per risorgere eguali
da secoli, o da istanti, d'incubi che non possono
ritrovare la luce dei tuoi occhi nell'antro
incandescente—e ancora le stesse grida e i lunghi
pianti sulla veranda
se rimbomba improvviso il colpo che t'arrossa
la gola e schianta l'ali, o perigliosa
annunziatrice dell'alba,
e si destano i chiostri e gli ospedali
a un lacerìo di trombe . . .

Il tuo volo

Se appari al fuoco (pendono
sul tuo ciuffo e ti stellano
gli amuleti)
due luci ti contendono
al borro ch'entra sotto
la volta degli spini.

La veste è in brani, i frùtici
calpesti rifavillano
e la gonfia peschiera dei girini
umani s'apre ai solchi della notte.

Day and Night

Even a feather in flight can sketch
your form, or the sunbeam playing hide-and-seek
among the furniture, rebounding from the roofs,
from a child's mirror. Around the walls
trailing wisps of steam lengthen the poplars'
spires, while the knife-grinder's parrot on his trestle
ruffles his feathers. Then the hot, stifling night
over the little square, and the footsteps, and always this bitter
exhaustion of sinking only to rise the same,
from centuries, from seconds; of nightmares that can't
recover the light of your eyes in the incandescent
cave—and still the same proclamations and the long wail
of grief on the veranda
if suddenly the shot rings out, your throat
reddens, your wings shatter, O parlous
harbinger of dawn,
and cloisters and clinics waken
to a rending blare of trumpets . . .

Your Flight

If you appear in the fire (the amulets
dangling from your topknot,
spangling you),
two lights contend for you
in the deep ditch running down
beneath the vault of thorns.

Your dress is shredded, the trampled
shrubs sparkle back,
and the great bog teeming with its human
tadpoles opens to the furrowing night.

Oh non turbar l'immondo
vivagno, lascia intorno
le cataste brucianti, il fumo forte
sui superstiti!

Se rompi il fuoco (biondo
cinerei i capelli
sulla ruga che tenera
ha abbandonato il cielo)
come potrà la mano delle sete
e delle gemme ritrovar tra i morti
il suo fedele?

A mia madre

Ora che il coro delle coturnici
ti blandisce nel sonno eterno, rotta
felice schiera in fuga verso i clivi
vendemmiati del Mesco, or che la lotta
dei viventi più infuria, se tu cedi
come un'ombra la spoglia
                              (e non è un'ombra,
o gentile, non è ciò che tu credi)

chi ti proteggerà? La strada sgombra
non è una via, solo due mani, un volto,
quelle mani, *quel* volto, il gesto d'una
vita che non è un'altra ma se stessa,
solo questo ti pone nell'eliso
folto d'anime e voci in cui tu vivi;

e la domanda che tu lasci è anch'essa
un gesto tuo, all'ombra delle croci.

Oh, don't churn up the slimy
selvage, let them be—
the burning pyres, the smoke bitter
over the survivors!

If you break the fire (your hair
ash blond
over the tender frown
abandoned by heaven),
how can your hand, out of its silks
and jewels ever, among the dead, discover
your true believer?

To My Mother

Now that the chorus of the rock partridge
lulls you in everlasting sleep, and the gay, broken
column makes its flight toward the harvested
hills of the Mesco; now that the struggle
of the living rages more wildly still; if like a shade
you yield your remains
                         (and it's not a shade,
kind one, it's not what you think)

who will shelter you? The road ahead
is not a way; only two hands, a face,
those hands, *that* face, the gestures of one
life that's nothing but itself,
only this sets you down in that Elysium
crowded with souls and voices, in which you live;

and the question you leave behind, that too
is one of your gestures, in the shadow of the crosses.

Dopo

Madrigali fiorentini

I

11 settembre 1943

Suggella, Herma, con nastri e ceralacca
la speranza che vana
si svela, appena schiusa ai tuoi mattini.
Sul muro dove si leggeva MORTE
A BAFFO BUCO passano una mano
di biacca. Un vagabondo di lassù
scioglie manifestini sulla corte
annuvolata. E il rombo s'allontana.

II

11 agosto 1944

Un Bedlington s'affaccia, pecorella
azzurra, al tremolio di quei tronconi
—*Trinity Bridge*—nell'acqua. Se s'infognano
come topi di chiavica i padroni
d'ieri (di sempre?), i colpi che martellano
le tue tempie fin lì, nella corsia
del paradiso, sono il gong che ancora
ti rivuole fra noi, sorella mia.

Afterward

Florentine Madrigals

I

September 11, 1943

Herma, seal up with tape and wax
the hope that, barely budding
to your mornings, now reveals itself
vain. Over the wall where we read DEATH
TO MUSTACHE BUGGER they slap a coat
of whitewash. Overhead a vagrant
showers handbills on the clouding
court. And the rumbling moves away.

II

August 11, 1944

A Bedlington shows up—a small
blue lamb beside the trembling of those huge stumps—
Santissima Trinità—in the water. If yesterday's
(forever's?) bosses sink like sewer rats
in the slime, the blows hammering
your temples, even there, in the aisle
of Paradise, are the gong that still
tolls you back among us, O my sister.

Da una torre

Ho visto il merlo acquaiolo
spiccarsi dal parafulmine:
al volo orgoglioso, a un gruppetto
di flauto l'ho conosciuto.

Ho visto il festoso e orecchiuto
Piquillo scattar dalla tomba
e a stratti, da un'umida tromba
di scale, raggiungere il tetto.

Ho visto nei vetri a colori
filtrare un paese di scheletri
da fiori di bifore—e un labbro
di sangue farsi più muto.

Ballata scritta in una clinica

Nel solco dell'emergenza:

quando si sciolse oltremonte
la folle cometa agostana
nell'aria ancora serena

—ma buio, per noi, e terrore
e crolli di altane e di ponti
su noi come Giona sepolti
nel ventre della balena—

ed io mi volsi e lo specchio
di me più non era lo stesso
perché la gola ed il petto
t'avevano chiuso di colpo
in un manichino di gesso.

From a Tower

I saw the water-dipper
lift from the lightning rod:
by his gliding pride, by the trilling
of his flute, I knew him.

I saw the merry, flop-eared
Piquillo leap from the tomb,
bound up the spiral
stairwell, and reach the roof.

I saw, filtering through stained-
glass windows and mullioned flowers,
a world of skeletons—and a blood-
red lip go dumb.

Ballad Written in a Clinic

In the wake of the emergency:

when the mad August comet
melted over the mountains
in the still peaceful air

—but for us, darkness, and terror,
loggias and bridges collapsing
upon us, buried like Jonah
in the whale's belly—

and I turned and the mirror
of myself was no longer the same:
they'd suddenly closed up
your throat, your breast
in a plaster dummy.

Nel cavo delle tue orbite
brillavano lenti di lacrime
più spesse di questi tuoi grossi
occhiali di tartaruga
che a notte ti tolgo e avvicino
alle fiale della morfina.

L'iddio taurino non era
il nostro, ma il Dio che colora
di fuoco i gigli del fosso:
Ariete invocai e la fuga
del mostro cornuto travolse
con l'ultimo orgoglio anche il cuore
schiantato dalla tua tosse.

Attendo un cenno, se è prossima
l'ora del ratto finale:
son pronto e la penitenza
s'inizia fin d'ora nel cupo
singulto di valli e dirupi
dell'*altra* Emergenza.

Hai messo sul comodino
il bulldog di legno, la sveglia
col fosforo sulle lancette
che spande un tenue lucore
sul tuo dormiveglia,

il nulla che basta a chi vuole
forzare la porta stretta;
e fuori, rossa, s'inasta,
si spiega sul bianco una croce.

Con te anch'io m'affaccio alla voce
che irrompe nell'alba, all'enorme
presenza dei morti; e poi l'ululo

del cane di legno è il mio, muto.

In the cave of your sockets
glistened lenses of tears
thicker than the huge
tortoise-shell glasses
I take from you at night and set down
beside the vials of morphine.

The bull god wasn't
ours, but the God who tinges
the lilies of the ditch with fire:
I invoked Aries and the hornèd
monster's flight swept away,
with my last shred of pride, a heart crushed
by your coughing . . .

I wait for a sign, if it's time
for the last ecstasy.
I'm ready for it now, the penitence
already beginning in the hollow
sobbing of the valleys and ravines
of the *other* Emergency.

You've put the wooden bulldog
on the nightstand, the alarm clock
with its phosphorescent hands
glowing dimly
over your fitful sleep,

the nothing that's enough for anyone
who wanted to force the narrow door;
and outside, unfolding, rises,
red on white, a cross.

I turn my face with yours to the voice
breaking into the dawn, to the enormous
presence of the dead; and the howl

of the wooden dog is mine, and dumb.

Intermezzo

Due nel crepuscolo

Fluisce fra te e me sul belvedere
un chiarore subacqueo che deforma
col profilo dei colli anche il tuo viso.
Sta in un fondo sfuggevole, reciso
da te ogni gesto tuo; entra senz'orma,
e sparisce, nel mezzo che ricolma
ogni solco e si chiude sul tuo passo:
con me tu qui, dentro quest'aria scesa
a sigillare
il torpore dei massi.

                Ed io riverso
nel potere che grava attorno, cedo
al sortilegio di non riconoscere
di me più nulla fuor di me: s'io levo
appena il braccio, mi si fa diverso
l'atto, si spezza su un cristallo, ignota
e impallidita sua memoria, e il gesto
già più non m'appartiene;
se parlo, ascolto quella voce attonito,
scendere alla sua gamma più remota
o spenta all'aria che non la sostiene.

Tale nel punto che resiste all'ultima
consunzione del giorno
dura lo smarrimento; poi un soffio
risolleva le valli in un frenetico
moto e deriva dalle fronde un tinnulo
suono che si disperde
tra rapide fumate e i primi lumi
disegnano gli scali.

             . . . le parole
tra noi leggere cadono. Ti guardo

Intermezzo

Two in Twilight

Between you and me on the overlook
an underwater brightness flows, distorting
the outline of the hills, and your face too.
Against that wavering depth, every gesture of yours
is cut away from you, appears without trace,
then disappears, in that medium that absorbs
every wake, closing over your passage:
you beside me here, within this air that settles down
and seals
the sleep of stones.
                    And I, overwhelmed
by the power weighing around us, yield
to the sorcery of no longer knowing anything
outside myself: if I raise my arm
just a little, the act becomes a different
thing, shatters on crystal, its memory
unknown and leached away, and now
the gesture is no longer mine;
if I speak, astonished I hear a voice,
descending to its lowest range
or dying in the unsustaining air.

Such is my bewilderment: lasting
to the point where it resists the wasting
consumption of the day; then a gust
lifts the valley in convulsive movement
upward, wakes from the leaves a tinkling
sound that dissipates
in rapid puffs of smoke, and the first lights
sketch in the piers.

            . . . the words fall lightly
between us. I look at you in a soft

in un molle riverbero. Non so
se ti conosco; so che mai diviso
fui da te come accade in questo tardo
ritorno. Pochi istanti hanno bruciato
tutto di noi: fuorché due volti, due
maschere che s'incidono, sforzate,
di un sorriso.

Dov'era il tennis . . .

Dov'era una volta il tennis, nel piccolo rettangolo difeso dalla massicciata su cui dominano i pini selvatici, cresce ora la gramigna e raspano i conigli nelle ore di libera uscita.

Qui vennero un giorno a giocare due sorelle, due bianche farfalle, nelle prime ore del pomeriggio. Verso levante la vista era (è ancora) libera e le umide rocce del Corone maturano sempre l'uva forte per lo "sciacchetrà." È curioso pensare che ognuno di noi ha un paese come questo, e sia pur diversissimo, che dovrà restare il *suo* paesaggio, immutabile; è curioso che l'ordine fisico sia così lento a filtrare in noi e poi così impossibile a scancellarsi. Ma quanto al resto? A conti fatti, chiedersi il come e il perché della partita interrotta è come chiederselo della nubecola di vapore che esce dal cargo arrembato, laggiù sulla linea della Palmaria. Fra poco s'accenderanno nel golfo le prime lampare.

Intorno, a distesa d'occhio, l'iniquità degli oggetti persiste intangibile. La grotta incrostata di conchiglie dev'essere rimasta la stessa nel giardino delle piante grasse, sotto il tennis; ma il parente maniaco non verrà più a fotografare al lampo di magnesio il fiore unico, irripetibile, sorto su un cacto spinoso e destinato a una vita di pochi istanti. Anche le ville dei sudamericani sembrano chiuse. Non sempre ci furono eredi pronti a dilapidare la lussuosa paccottiglia messa insieme a suon di pesos o di milreis. O forse la sarabanda dei nuovi giunti segna il passo in altre contrade: qui siamo perfettamente defilati, fuori tiro. Si direbbe che la vita non possa accendervisi che a lampi e si pasca solo di quanto s'accumula inerte e va in cancrena in queste zone abbandonate.

"Del salón en el ángulo oscuro—silenciosa y cubierta de polvo—veíase el arpa . . ." Eh sì, il museo sarebbe impressionante se si potesse scoperchiare

quivering. I don't know
whether I know you; I know that I have never
been so divided from you as in this late
returning. A few instants have scorched
everything we are: all but two faces, two
masks which, with a struggle, carve themselves
into a smile.

Where the Tennis Court Used to Be . . .

Where the tennis court used to be, in the little rectangle of ground
sheltered by the roadbed and dominated by wild pines, weeds are growing
now and rabbits come to scratch in the hours when they're free to come
out.

Here one day, in the early afternoon, two sisters—two white
butterflies—came to play. Eastward the view was (and still is) free and
open, and the damp rocks of the Corone still ripen strong grapes for the
sciacchetrà. It's odd to think that each of us has a countryside like this one,
however different, which must always remain *his* landscape, unchanging;
it's odd that the natural order of things is so slow to seep into us and
then so impossible to eradicate. But what of the other order? When all's
said and done, asking the how and why of the interrupted game is like
questioning that little puff of smoke rising from the tramp steamer taking
on cargo down there on the Palmaria line. Before long, out in the bay, the
first night-trawlers will be lighting their lamps.

All around, as far as the eye can see, the inequality of objects persists
insensibly. The grotto encrusted with conch-shells must still be there,
unchanged, in the garden with its lush plants below the tennis court; but
the eccentric relative with his magnesium flashbulbs won't come back to
photograph the unique, once-in-a-lifetime flower sprouting from a prickly
cactus and destined to bloom for only a few minutes. Even the villas of
the South Americans look closed down. They weren't there forever—the
heirs ready to squander their luxurious shoddy assembled to the jingling
of pesos or milreis. Or maybe the saraband of new arrivals indicates their
passing on to other regions: here we're out of range, completely removed
from the line of fire. You might say that life here can only be kindled by

l'ex-paradiso del Liberty. Sul conchiglione-terrazzo sostenuto da un Nettuno gigante, ora scrostato, nessuno apparve più dopo la sconfitta elettorale e il decesso del Leone del Callao; ma là, sull'esorbitante bovindo affrescato di peri meli e serpenti da paradiso terrestre, pensò invano la signora Paquita buonanima di produrre la sua serena vecchiaia confortata di truffatissimi agi e del sorriso della posterità. Vennero un giorno i mariti delle figlie, i generi brazileiri e gettata la maschera fecero man bassa su quel ben di Dio. Della dueña e degli altri non si seppe più nulla. Uno dei discendenti rispuntò poi fuori in una delle ultime guerre e fece miracoli. Ma allora si era giunti sì e no ai tempi dell'inno tripolino. Questi oggetti, queste case, erano ancora nel circolo vitale, fin ch'esso durò. Pochi sentirono dapprima che il freddo stava per giungere; e tra questi forse mio padre che anche nel più caldo giorno d'agosto, finita la cena all'aperto, piena di falene e d'altri insetti, dopo essersi buttato sulle spalle uno scialle di lana, ripetendo sempre in francese, chissà perché, "*il fait bien froid, bien froid,*" si ritirava subito in camera per finir di fumarsi a letto il suo Cavour da sette centesimi.

Visita a Fadin

Passata la Madonna dell'Orto e seguìti per pochi passi i portici del centro svoltai poi su per la rampa che conduce all'ospedale e giunsi in breve dove il malato non si attendeva di vedermi: sulla balconata degli incurabili, stesi al sole. Mi scorse subito e non parve sorpreso. Aveva sempre i capelli cortissimi, rasi da poco, il viso più scavato e rosso agli zigomi, gli occhi bellissimi, come prima, ma dissolti in un alone più profondo. Giungevo senza preavviso, e in giorno indebito: neppure la sua Carlina, "l'angelo musicante," poteva esser là.

Il mare, in basso, era vuoto, e sulla costa apparivano sparse le architetture di marzapane degli arricchiti.

Ultima sosta del viaggio: alcuni dei tuoi compagni occasionali (operai,

lightning and feeds only on whatever lazily accumulates and runs to rot in these deserted places.

"*Del salón en el ángulo oscuro—silenciosa y cubierta de polvo—veíase el arpa...*" Ah yes, if we could remove the lid of this ex-paradise of "Liberty," it would make a striking museum. After the electoral defeat and death of the Lion of Callao, nobody reappeared on the great conch-shell terrace supported by its gigantic Neptune; yet it was there, in the oversized bay window, frescoed with the pears, apples, and serpents of the earthly paradise that the good-hearted Signora Paquita vainly thought to secure a serene old age comforted by ingeniously cunning needles and her smiling posterity. One day the daughter's husbands, the Brazilian sons-in-law, arrived and, ripping off the mask, laid vile hands on all that bounty of God. The dueña and the others were never heard of again. Later, in the outside world, in one of the late wars one of the descendants reappeared and worked miracles. By then, however, we had more or less reached the era of the Tripoli hymn. These objects, these houses, were still in the circle of life, as long as the circle lasted. Few felt from the beginning that the freeze was coming; and one of those few may have been my own father who, even on the hottest days in August, after dining outside among the moths and other insects, would throw a wool scarf over his shoulders, saying over and over in French, who knows why, "*Il fait bien froid, bien froid,*" and then retire to his room to finish his seven-centime Cavour cigar in bed.

Visit to Fadin

On past Madonna dell'Orto, then a short walk under the porticoes in the center, and I turned up the ramp leading to the hospital, quickly making my way to the sick man taking the sun on the balcony with the other terminal cases. He wasn't expecting to see me. He recognized me immediately, showing no surprise. His hair, recently cut, was as usual extremely short, his face hollower and flushed at the cheekbones. His eyes were as beautiful as ever, but they had melted into a deeper halo. I arrived without warning, and on the wrong day; even his Carlina, "the angel musician," was unable to be with him.

Below us the sea was empty, and along the shore we could see the scattered marzipan architectures of the rich.

commessi, parrucchieri) ti avevano già preceduto alla chetichella, sparendo dai loro lettucci. T'eri portato alcuni pacchi di libri, li avevi messi al posto del tuo zaino d'un tempo: vecchi libri fuor di moda, a eccezione di un volumetto di poesie che presi e che ora resterà con me, come indovinammo tutti e due senza dirlo.

Del colloquio non ricordo più nulla. Certo non aveva bisogno di richiamarsi alle questioni supreme, agli universale, chi era sempre vissuto in modo umano, cioè semplice e silenzioso. Exit Fadin. E ora dire che non ci sei più è dire solo che sei entrato in un ordine diverso, per quanto quello in cui ci muoviamo noi ritardatari, così pazzesco com'è, sembri alla nostra ragione l'unico in cui la divinità può svolgere i propri attributi, riconoscersi e saggiarsi nei limiti di un assunto di cui ignoriamo il significato. (Anch'essa, dunque, avrebbe bisogno di noi? Se è una bestemmia, ahimè, non è neppure la nostra peggiore.)

Essere sempre tra i primi e *sapere*, ecco ciò che conta, anche se il perché della rappresentazione ci sfugge. Chi ha avuto da te quest'alta lezione di *decenza quotidiana* (la più difficile delle virtù) può attendere senza fretta il libro delle tue reliquie. La tua parola non era forse di quelle che si scrivono.

Last stop on the journey: some of your occasional companions (workingmen, clerks, hairdressers) had already preceded you, vanishing from their cots without a sound. You had brought several bundles of books with you and set them where you used to keep your knapsack: old books, old-fashioned books, except for a slender volume of poems which I took with me, and which I'll keep, as we both wordlessly surmised.

Of the conversation I remember nothing. Obviously there was no need for him to bring up the ultimate questions, the universal ones—he who had always lived in a human way, quietly and simply. Exit Fadin. And to say that you're no longer here is only to say that you've entered a different order, in that the order in which we loiterers move about, crazy as it is, seems to our way of thinking the only one in which divinity reveals its attributes, is recognized and savored, in the context of a task we don't understand. (Might even that divinity have need of us? If that's blasphemy, alas, it's by no means our worst.)

Always to be among the first, and to *know*, this is what matters, even if the *why* of the performance escapes us. The man who has had from you this high teaching of *daily decency* (the hardest of the virtues) can wait patiently for the book of your relics. Your word was not perhaps of the written kind.

"Flashes" e dediche

Verso Siena

Ohimè che la memoria sulla vetta
non ha chi la trattenga!

(La fuga dei porcelli sull'Ambretta
notturna al sobbalzare della macchina
che guada, il carillon di San Gusmè
e una luna maggenga, tutta macchie . . .)

La scatola a sorpresa ha fatto scatto
sul punto in cui il mio Dio gittò la maschera
e fulminò il ribelle.

Sulla Greve

Ora non ceno solo con lo sguardo
come quando al mio fischio ti sporgevi
e ti vedevo appena. Un masso, un solco
a imbuto, il volo nero d'una rondine,
un coperchio sul mondo . . .

E m'è pane quel boccio di velluto
che s'apre su un glissato di mandolino,
acqua il frùscio scorrente, il tuo profondo
respiro vino.

Flashes and Dedications

Toward Siena

Oh, if only memory at its peak
had someone to restrain it!

(The young pigs stampeding on the Ambretta
at night while the car went bouncing over
the ford, the carillon of San Gusmè
and a Maytime moon, all stains . . .)

The jack-in-the-box clicked
the very instant when my God tore off the mask
and lightninged at the rebel.

On the Greve

I no longer feed on looking only,
as once, at my whistle, you leaned out
and I could hardly see you. A rock, a funneling
furrow, the black flight of a swallow,
a lid on the world . . .

That velvet bud unclosing
over a mandolin glissade is bread for me,
my water the flowing rustle, your deep
breathing wine.

La trota nera

Curvi sull'acqua serale
graduati in Economia,
Dottori in Divinità,
la trota annusa e va via,
il suo balenio di carbonchio
è un ricciolo tuo che si sfa
nel bagno, un sospiro che sale
dagli ipogei del tuo ufficio.

Di un natale metropolitano

Londra

Un vischio, fin dall'infanzia sospeso grappolo
di fede e di pruina sul tuo lavandino
e sullo specchio ovale ch'ora adombrano
i tuoi ricci bergère fra santini e ritratti
di ragazzi infilati un po' alla svelta
nella cornice, una caraffa vuota,
bicchierini di cenere e di bucce,
le luci di Mayfair, poi a un crocicchio
le anime, le bottiglie che non seppero aprirsi,
non più guerra né pace, il tardo frullo
di un piccione incapace di seguirti
sui gradini automatici che ti slittano in giù . . .

Lasciando un "Dove"

Cattedrale di Ely

Una colomba bianca m'ha disceso
fra stele, sotto cuspidi dove il cielo s'annida.
Albe e luci, sospese; ho amato il sole,
il colore del miele, or chiedo il bruno,
chiedo il fuoco che cova, questa tomba
che non vola, il tuo sguardo che la sfida.

242

The Black Trout

Reading

Graduates in Economics,
Doctors of Divinity, hunched over
the evening water—
the trout sniffs and moves away,
its carbuncle blaze is a curl
of yours uncoiling in the water
of your bath, a sigh rising
from the catacombs of your office.

A Metropolitan Christmas

London

From childhood on, mistletoe, a clump of faith
and hoarfrost over your washstand suspended,
and the oval mirror, shaded by your *bergère*
curls, among cards of saints and snapshots
of boys stuck hastily here and there
in the frame, an empty decanter,
little glasses of ash and rinds,
the lights of Mayfair, and then, at a street crossing,
souls, bottles that wouldn't open,
no longer war or peace, the slow whirring
of a pigeon unable to follow your lead
on the escalator sliding you down . . .

Leaving a "Dove"

Ely Cathedral

A white dove descending dropped me here
among memorial stones, under spires where the sky nests.
Dawns and lights, adjourned. I've loved the sun,
color of honey; now I want the dark,
I want the brooding fire, this unsoaring
grave, your gaze of defiance.

Argyll Tour

Glasgow

I bimbi sotto il cedro, funghi o muffe
vivi dopo l'acquata,
il puledrino in gabbia
con la scritta "mordace,"
nafta a nubi, sospese
sui canali murati,
fumate di gabbiani, odor di sego
e di datteri, il mugghio del barcone,
catene che s'allentano
—ma le tue le ignoravo—,
                              sulla scia
salti di tonni, sonno, lunghe strida
di sorci, oscene risa, anzi che tu
apparissi al tuo schiavo . . .

Vento sulla Mezzaluna

Edimburgo

Il grande ponte non portava a te.
T'avrei raggiunta anche navigando
nelle chiaviche, a un tuo comando. Ma
già le forze, col sole sui cristalli
delle verande, andavano stremandosi.

L'uomo che predicava sul Crescente
mi chiese "Sai dov'è Dio?" Lo sapevo
e glielo dissi. Scosse il capo. Sparve
nel turbine che prese uomini e case
e li sollevò in alto, sulla pece.

Argyll Tour

Glasgow

Kids under the cedar, mushrooms or mildew
sprouting after the squall,
the unbroken colt in a cage
marked, "He bites!",
diesel fumes rising, hovering
over brick-walled canals,
smoky clouds of gulls, smell of tallow
and piddocks, the bellow of the barge,
chains easing off
          —but I wasn't aware of yours—
and in the wake,
skipjack breaking water, sleep, insistent screaking
of mice, obscene laughter—and suddenly you, appearing
to your slave.

Wind on the Crescent

Edinburgh

The great bridge didn't take me to you.
At one command, I would have come even if it meant
sailing the sewers. But my strength,
like the last light on the veranda windows,
was already fading fast.

The man preaching on the Crescent
asked me, "Where is God?" I knew,
and told him. He shook his head. He disappeared
in the great whirlwind that snatched houses and men
and hurled them up, up, to the pitch-black sky.

Sulla colonna più alta

Moschea di Damasco

Dovrà posarsi lassù
il Cristo giustiziere
per dire la sua parola.
Tra il pietrisco dei sette greti, insieme
s'umilieranno corvi e capinere,
ortiche e girasoli.

Ma in quell crepuscolo eri tu sul vertice:
scura, l'ali ingrommate, stronche dai
geli dell'Antilibano; e ancora
il tuo lampo mutava in vischio i neri
diademi degli sterpi, la Colonna
sillabava la Legge per te sola.

Verso Finistère

Col bramire dei cervi nella piova
d'Armor l'arco del tuo ciglio s'è spento
al primo buio per filtrare poi
sull'intonaco albale dove prillano
ruote di cicli, fusi, razzi, frange
d'alberi scossi. Forse non ho altra prova
che Dio mi vede e che le tue pupille
d'acquamarina guardano per lui.

Sul Llobregat

Dal verde immarcescibile della canfora
due note, un intervallo di terza maggiore.
Il cucco, non la civetta, ti dissi; ma intanto, di scatto,
tu avevi spinto l'acceleratore.

On the Highest Column

Mosque of Damascus

Christ the Judge
will have to alight up there
to proclaim his word.
In the gravel scree of the seven arroyos,
crows and blackcaps, nettles and sunflowers
will genuflect together.

But at twilight it was you, perched at the top:
dusky, your wings crusted over, crippled
by the frosts of Antilebanon; and once again your blazing
turned to mistletoe the black
crownets of the thorns, and the Column
spelled out the Law for you alone.

Toward Finistère

With the belling of the stags in the rain at Armor,
the arching of your eye faded
in the early light to filter later
onto the whitewashed dawn where bicycle wheels,
spindles, rockets, fringes of agitated trees
are whirling. Maybe I have no other proof
that God sees me, that your sea-green
eyes look at me, for Him.

On the Llobregat

From the undecaying green of the camphor tree
two notes: interval of a major third.
The cuckoo, not the owl, I said: but you'd already, abruptly,
jammed down the accelerator.

Dal treno

Le tortore colore solferino
sono a Sesto Calende per la prima
volta a memoria d'uomo. Così annunziano
i giornali. Affacciato al finestrino,
invano le ho cercate. Un tuo collare,
ma d'altra tinta, sì, piegava in vetta
un giunco e si sgranava. Per me solo
balenò, cadde in uno stagno. E il suo
volo di fuoco m'accecò sull'altro.

Siria

Dicevano gli antichi che la poesia
è scala a Dio. Forse non è così
se mi leggi. Ma il giorno io lo seppi
che ritrovai per te la voce, sciolto
in un gregge di nuvoli e di capre
dirompenti da un greppo a brucar bave
di pruno e di falasco, e i volti scarni
della luna e del sole si fondevano,
il motore era guasto ed una freccia
di sangue su un macigno segnalava
la via di Aleppo.

Luce d'inverno

Quando scesi dal cielo di Palmira
su palme nane e propilei canditi
e un'unghiata alla gola m'avvertì
che mi avresti rapito,

quando scesi dal cielo dell'Acropoli
e incontrai, a chilometri, cavagni

From the Train

The ring-necked solferino doves
have come to Sesto Calende for the first time
in human memory. So the newspapers
say. Peering out the window,
I haven't spotted one. A necklace of yours,
but of another shade, snagged a reed at the top,
and its beads crumbled. Only for me it flashed,
then fell in a pond. And that fiery
flight blinded me to the other.

Syria

The ancients said that poetry
is a ladder to God. Reading mine, you may
not think so. But I knew it the day
you helped me find my voice again—a day dissolved
in a flock of clouds and goats stampeding from the bank
to browse, slobbering, on marshgrass and thorn, and the lean faces
of sun and moon fused into one,
the motor had gone dead, and an arrow
of blood on a stone pointed
the way to Aleppo.

Winter Light

When I came down from Palmyra's sky
over palmettos and candied gateways
and a fingernail at my throat warned me
I was about to be rapt away,

When I came down from the heaven of the Acropolis
and found, mile after mile, hampers

di polpi e di murene
(la sega di quei denti
sul cuore rattrappito!),

quando lasciai le cime delle aurore
disumane pel gelido museo
di mummie e scarabei (tu stavi male,
unica vita) e confrontai la pomice
e il diaspro, la sabbia e il sole, il fango
e l'argilla divina—
                    alla scintilla
che si levò fui nuovo e incenerito.

Per un "Omaggio a Rimbaud"

Tardi uscita dal bozzolo, mirabile
farfalla che disfiori da una cattedra
l'esule di Charleville,
oh non seguirlo nel suo rapinoso
volo di starna, non lasciar cadere
piume stroncate, foglie di gardenia
sul nero ghiaccio dell'asfalto! Il volo
tuo sarà più terribile se alzato
da quest'ali di polline e di seta
nell'alone scarlatto in cui tu credi,
figlia del sole, serva del suo primo
pensiero e ormai padrona sua lassù . . .

Incantesimo

Oh resta chiusa e libera nell'isole
del tuo pensiero e del mio,
nella fiamma leggera che t'avvolge
e che non seppi prima
d'incontrare Diotima,

of octopus and eel
(oh, the hard sawing of those fangs
on my shrinking heart!),

when I left the summits of inhuman
dawns for the icy museum
stuffed with mummies and scarabs (how you suffered,
my dearest life!) and compared pumice
with jasper, sand with sun, mud
with the Maker's clay—
                              in the upward
flaring spark, I was made new, burnt to ashes.

For a "Homage to Rimbaud"

Just emerged from your cocoon, prodigious
butterfly, from your lectern soaring, who almost
touch the exile poet of Charleville,
oh, let him go, don't follow his rapacious
partridge flight, don't let your shattered
feathers fall, gardenia petals
on the pavement's black ice! Your flight
will be more frightening carried aloft
on these wings of pollen and silk, lifting
into the scarlet halo of your faith,
daughter of the sun, servant of his first
thought and now his mistress on high . . .

Incantation

O stay, enclosed and free in the islands
of your thought and mine,
in the delicate flame that enfolds you
and which I never felt until
I met Diotima—

colei che tanto ti rassomigliava!
In lei vibra più forte l'amorosa cicala
sul ciliegio del tuo giardino.
Intorno il mondo stinge; incandescente,
nella lava che porta in Galilea
il tuo amore profano, attendi l'ora
di scoprire quel velo che t'ha un giorno
fidanzata al tuo Dio.

she who so resembled you!
In her the amorous cicada trills louder
in the cherry of your garden.
On every side the world fades, blazing
in the lava that bears to Galilee
your earthly love, you wait the hour
to lift the veil that once
betrothed you to your God.

Silvae

Iride

Quando di colpo San Martino smotta
le sue braci e le attizza in fondo al cupo
fornello dell'Ontario,
schiocchi di pigne verdi fra la cenere
o il fumo d'un infuso di papaveri
e il Volto insanguinato sul sudario
che mi divide da te;

questo e poco altro (se poco
è un tuo segno, un ammicco, nella lotta
che me sospinge in un ossario, spalle
al muro, dove zàffiri celesti
e palmizi e cicogne su una zampa non chiudono
l'atroce vista al povero
Nestoriano smarrito);

è quanto di te giunge dal naufragio
delle mie genti, delle tue, or che un fuoco
di gelo porta alla memoria il suolo
ch'è tuo e che non vedesti; e altro rosario
fra le dita non ho, non altra vampa
se non questa, di resina e di bacche,
t'ha investito.

* * *

Cuore d'altri non è simile al tuo,
la lince non somiglia al bel soriano
che apposta l'uccello mosca sull'alloro;
ma li credi tu eguali se t'avventuri
fuor dell'ombra del sicomoro
o è forse quella maschera sul drappo bianco,
quell'effigie di porpora che t'ha guidata?

Silvae

Rainbow

When, out of the blue, Saint Martin shakes
his embers down, stirring the fire in the bottom pit
of Ontario's black furnace—
crackle of green cones in the ashes
or the fumes of steeping poppies
and the bloodied Face on the shroud
separating me from you—

This and not much more—(if any sign or nod from you
could be "not much" in this struggle
shoving me into the charnel world, back
to the wall, where sapphires of heavenly blue,
palm branches, and one-legged storks don't quite blot out
this poor lost Nestorian's
excruciating vision)

       —it's all of you that washes up from the shipwreck
of my people, of yours, now that a fire
of ice brings back to mind the land that's yours
and which you have not seen; I have no other
rosary to finger, no other blaze
but this blazing of resin and berries
has invested you.

     * * *

Another's heart is not like yours,
the lynx is nothing like the pretty tabby
stalking the hummingbird in the laurel;
but when you venture out beyond the shadow of the sycamore,
to your eyes, they're all the same
or could it be that mask on the white cloth,
the crimson effigy that led you forth?

Perché l'opera tua (che della Sua
è una forma) fiorisse in altre luci
Iri del Canaan ti dileguasti
in quel nimbo di vischi e pugnitopi
che il tuo cuore conduce
nella notte del mondo, oltre il miraggio
dei fiori del deserto, tuoi germani.

Se appari, qui mi riporti, sotto la pergola
di viti spoglie, accanto all'imbarcadero
del nostro fiume—e il burchio non torna indietro,
il sole di San Martino si stempera, nero.
Ma se ritorni non sei tu, è mutata
la tua storia terrena, non attendi
al traghetto la prua,

non hai sguardi, né ieri né domani;

perché l'opera Sua (che nella tua
si trasforma) *dev'esser continuata.*

Nella serra

S'empì d'uno zampettìo
di talpe la limonaia,
brillò in un rosario di caute
gocce la falce fienaia.

S'accese sui pomi cotogni,
un punto, una cocciniglia,
si udì inalberarsi alla striglia
il poney—e poi vinse il sogno.

Rapito e leggero ero intriso
di te, la tua forma era il mio
respiro nascosto, il tuo viso
nel mio si fondeva, e l'oscuro

So that your work (which is a form
of His) might blossom under other skies,
Iris of Canaan, you dissolved
into that halo of mistletoe and dwarf holly
that leads your heart out
into the world's night, on past the mirage
of desert flowers, your blood brothers.

Appear, and you bring me back, here, beneath the arbor
of bare vines, alongside the landing
on our river—and the ferry makes no return,
St. Martin's summer sunlight fades, goes black.
But when you return, it isn't you, your earthly
story has been transformed, you don't wait
for the prow at the pier, your eyes

see nothing, no yesterdays, no tomorrows;

because His work (that is transformed
in yours) *must go on.*

In the Greenhouse

Filling the lemon tree,
a skittering of mole paws.
The sickle glistened, a rosary
of cautious waterbeads.

Blazing among the quinces,
a red dot, cochineal; the pony
whinnied, reared against
the comb—and the dream took over.

Rapt, buoyant, I was
drenched with you, your form
my hidden breathing, your face
fusing with mine, and the dark

pensiero di Dio discendeva
sui pochi viventi, tra suoni
celesti e infantili tamburi
e globi sospesi di fulmini

su me, su te, sui limoni . . .

Nel parco

Nell'ombra della magnolia
che sempre più si restringe,
a un soffio di cerbottana
la freccia mi sfiora e si perde.

Pareva una foglia caduta
dal pioppo che a un colpo di vento
si stinge—e fors'era una mano
scorrente da lungi tra il verde.

Un riso che non m'appartiene
trapassa da fronde canute
fino al mio petto, lo scuote
un trillo che punge le vene,

e rido con te sulla ruota
deforme dell'ombra, mi allungo
disfatto di me sulle ossute
radici che sporgono e pungo

con fili di paglia il tuo viso . . .

idea of God descended
on the living few, sounds of heaven
all around, cherubic drummings,
globes of lightning hovering

over me, over you, over the lemons . . .

In the Park

In the ever shrinking
shade of the magnolia,
a puff from the peashooter—
the dart grazes me, is gone.

It seemed a leaf fallen
from the poplar, dwindling
at one gust of wind—maybe a distant
hand riffling through the green.

A laugh that isn't mine
strikes through the frosted leaves,
pierces me, a trilling shakes
my chest, pricks my veins,

and I laugh with you on the warped
wheel of the shade, I lie full length
dissolved of self on the bony
roots protruding, and I prick

your face with wisps of straw . . .

L'orto

Io non so, messaggera
che scendi, prediletta
del mio Dio (del tuo forse), se nel chiuso
dei meli lazzeruoli ove si lagnano
i luì nidaci, estenuanti a sera,
io non so se nell'orto
dove le ghiande piovono e oltre il muro
si sfioccano, aerine, le ghirlande
dei carpini che accennano
lo spumoso confine dei marosi, una vela
tra corone di scogli
sommersi e nerocupi o più lucenti
della prima stella che trapela—

io non so se il tuo piede
attutito, il cieco incubo onde cresco
alla morte dal giorno che ti vidi,
io non so se il tuo passo che fa pulsar le vene
se s'avvicina in questo intrico,
è quello che mi colse un'altra estate
prima che una folata
radente contro il picco irto del Mesco
infrangesse il mio specchio,—
io non so se la mano che mi sfiora la spalla
è la stessa che un tempo
sulla celesta rispondeva a gemiti
d'altri nidi, da un fólto ormai bruciato.

L'ora della tortura e dei lamenti
che s'abbatté sul mondo,
l'ora che tu leggevi chiara come in un libro
figgendo il duro sguardo di cristallo
bene in fondo, la dove acri tendìne
di fuliggine alzandosi su lampi
di officine celavano alla vista
l'opera di Vulcano,

The Garden

I don't know, messenger
descending, darling
of my God (or maybe yours) whether in the medlar
orchard where the fledgling warblers
cry, fading toward evening—
I don't know whether in the garden
where the acorns patter down and beyond the wall, airily
floating, the catkin tassels curl
from the hornbeams lining
the breakers' foaming edge, a sail
cutting that diadem of underwater
reefs either black on black or shining brighter
than the first trickling star—

I don't know whether your muffled step
passing by, the blind nightmare from which I've grown
toward death since the day I first saw you;
I don't know whether your step, that makes my blood pound,
as it draws near this tangle
is the same that in some vanished summer snatched me up
before a gusting wind
grazing the Mesco's bristled peak
shattered my mirror—
I don't know whether the hand brushing my shoulder
is the same hand that once touched the celesta's
keys and answered the anguished cries
from other nests, from a thicket long burnt out.

The hour of torture and lamentation
that fell upon the world,
that hour whose coming you read as clearly as in a book,
your crystal-hard gaze piercing
down to the depth of things, where draperies of bitter
soot, rising on fire flaring
from the forge, once hid from sight
the work of Vulcan—

il dì dell'Ira che più volte il gallo
annunciò agli spergiuri,
non ti divise, anima indivisa,
dal supplizio inumano, non ti fuse
nella caldana, cuore d'ametista.

O labbri muti, aridi dal lungo
viaggio per il sentiero fatto d'aria
che vi sostenne, o membra che distinguo
a stento dalle mie, o diti che smorzano
la sete dei morenti e i vivi infocano,
o intento che hai creato fuor della tua misura
le sfere del quadrante e che ti espandi
in tempo d'uomo, in spazio d'uomo, in furie
di dèmoni incarnati, in fronti d'angiole
precipitate a volo . . . Se la forza
che guida il disco *di già inciso* fosse
un'altra, certo il tuo destino al mio
congiunto mostrerebbe un solco solo.

Proda di Versilia

I miei morti che prego perché preghino
per me, per i miei vivi com'io invoco
per essi non resurrezione ma
il compiersi di quella vita ch'ebbero
inesplicata e inesplicabile, oggi
più di rado discendono dagli orizzonti aperti
quando una mischia d'acque e cielo schiude
finestre ai raggi della sera,—sempre
più raro, astore celestiale, un cutter
bianco-alato li posa sulla rena.

Broli di zinnie tinte ad artificio
(nonne dal duro sòggolo le annaffiano,
chiuse lo sguardo a chi di fuorivia
non cede alle impietose loro mani

the day of Wrath, which more than once the cock
proclaimed to men foresworn,
did not divide you, undivided soul,
from the inhuman suffering, did not fuse you
in the awful fire, heart of amethyst!

O dumb lips, parched from your long
journeying down the pathway shaped of air
sustaining you; O limbs I can hardly tell
from my own; fingers that slake
the thirst of the dying and inflame the living,
O purpose who created, beyond your measure,
the hands of the clock; who diffuse yourself
into human time, into human space, in rages
of demons made flesh, in angel brows
swooping downward . . . If the power
that moves the record *already cut* were some other
power, your destiny fused with mine would show
a single groove.

Coast at Versilia

My dead—to whom I pray that they may pray
for me and for my living, as I in turn
for them, not for resurrection
but fulfillment of the life once theirs,
inexplicable and unexplained—nowadays
my dead descend less often from the unconfined horizon
when scuffling water and sky throw windows
wide to the shafts of early evening—almost never now
a goshawk from heaven, a white-wingèd
sloop sets them on the sand.

Beds of zinnias artificially dyed
(sprinkled by ancient hard-wimpled old women,
their gaze closed against any outsider
unwilling to surrender his troubles to their

il suo male), cortili di sterpaglie
incanutite dove se entra un gatto
color frate gli vietano i rifiuti
voci irose; macerie e piatte altane
su case basse lungo un ondulato
declinare di dune e ombrelle aperte
al sole grigio, sabbia che non nutre
gli alberi sacri alla mia infanzia, il pino
selvatico, il fico e l'eucalipto.

A quell'ombre i primi anni erano folti,
gravi di miele, pur se abbandonati;
a quel rezzo anche se disteso sotto
due brandelli di crespo punteggiati
di zanzare dormivo nella stanza
d'angolo, accanto alla cucina, ancora
nottetempo o nel cuore d'una siesta
di cicale, abbagliante nel mio sonno,
travedevo oltre il muro, al lavandino,
care ombre massaggiare le murene
per respingerne in coda, e poi reciderle,
le spine; a quel perenne alto stormire
altri perduti con rastrelli e forbici
lasciavano il vivaio
dei fusti nani per i sempreverdi
bruciati e le cavane avide d'acqua.

Anni di scogli e di orizzonti stretti
a custodire vite ancora umane
e gesti conoscibili, respiro
o anelito finale di sommersi
simili all'uomo o a lui vicini pure
nel nome: il pesce prete, il pesce rondine,
l'àstice—il lupo della nassa—che
dimentica le pinze quando Alice
gli si avvicina . . . e il volo da trapezio
dei topi familiari da una palma
all'altra; tempo che fu misurabile

pitiless hands); courtyards filled with withered
weeds prowled by a friar-colored
cat begging for scraps refused
by angry voices; mortar rubble; low-lying,
flat-roofed houses perched along a downward
undulating slope of dunes and beach umbrellas open
to the leaden sun; sand that won't sustain
the trees sacred to my childhood, wild
pine, eucalyptus, fig.

Shaded by them, my early years, however
lonely, were lush, heavy with honey;
in their cool, lying in bed
beneath two tatters of netting speckled
with mosquitoes, in the cozy corner
room beside the kitchen, when it was already
dark, or deep in an afternoon's siesta, all
cicadas, dazzling in my sleep, I caught
glimpses on the other side of the wall, dear
shadows at the sink massaging eels, working
the spine backward toward the tail, then chopping through
the bone; in that everlasting high rustling,
other lost ones too, with rake and shears,
left the nursery with its bonsai
trunks for the scorched evergreens
and sinkholes gasping for water.

Years of craggy cliffs and cramped horizons
sheltering lives still human,
recognizable gestures, the breathing
or last gasping breath of underwater creatures
resembling man or something like him in their
names: the stargazer, the flying gurnard,
the lobster—wolf of the octopus-pots—
who forgets his great claws whenever Alice
comes near . . . and the homey mice
on their flying trapeze, swinging from one palmtree
to the next; years of scale and measure,

fino a che non s'aperse questo mare
infinito, di creta e di mondiglia.

"Ezekiel saw the Wheel . . ."

Ghermito m'hai dall'intrico
dell'edera, mano straniera?
M'ero appoggiato alla vasca
viscida, l'aria era nera,
solo una vena d'onice tremava
nel fondo, quale stelo alla burrasca.
Ma la mano non si distolse,
nel buio si fece più diaccia
e la pioggia che si disciolse
sui miei capelli, sui tuoi
d'allora, troppo tenui, troppo lisci,
frugava tenace la traccia
in me seppellita da un cumulo,
da un monte di sabbia che avevo
in cuore ammassato per giungere
a soffocar la tua voce,
a spingerla in giù, dentro il breve
cerchio che tutto trasforma,
raspava, portava all'aperto
con l'orma delle pianelle
sul fango indurito, la scheggia,
la fibra della tua croce
in polpa marcita di vecchie
putrelle schiantate, il sorriso
di teschio che a noi si frappose
quando la Ruota minacciosa apparve
tra riflessi d'aurora, e fatti sangue
i petali del pesco su me scesero
e con essi
il tuo artiglio, come ora.

until this ocean opened out, all horizon
gone, disclosing, as far as the eye could see,
chalk, clay, pollution.

Ezekiel Saw the Wheel

Was it you, strange hand, that snatched me
from the ivy's tangle?
I was leaning over the slimy
cistern, the air was black, only
a vein of onyx shivered in the depths
below, like a reed in the gale.
But the clenched hand held me hard, its grip
in the darkness tightened, icier still,
and the rain pouring down
in my hair, in yours as it once
was, too soft, too fine,
went desperately groping for a vestige
buried inside me by a mountain,
a barrow of sand I'd heaped
in my heart on purpose, trying
to suffocate your voice, push it back
down, deeper, into that little
circle that changes everything—
the rain kept eroding the sand, exposing
the print of bedroom slippers
on the hardpan mud, the splinter,
your cross's fiber
in the rotten flesh of shattered
beams, the grinning
skull interposed between us
when the great Wheel appeared, its menace
mirrored in the dawn, and peach petals
turned to blood came raining down on me,
and with them came, as now,
your claw.

La primavera hitleriana

Né quella ch'a veder lo sol si gira . . .
—DANTE (?) a Giovanni Quirini

Folta la nuvola bianca delle falene impazzite
turbina intorno agli scialbi fanali e sulle spallette,
stende a terra una coltre su cui scriccia
come su zucchero il piede; l'estate imminente sprigiona
ora il gelo notturno che capiva
nelle cave segrete della stagione morta,
negli orti che da Maiano scavalcano a questi renai.

Da poco sul corso è passato a volo un messo infernale
tra un alalà di scherani, un golfo mistico acceso
e pavesato di croci a uncino l'ha preso e inghiottito,
si sono chiuse le vetrine, povere
e inoffensive benché armate anch'esse
di cannoni e giocattoli di guerra,
ha sprangato il beccaio che infiorava
di bacche il muso dei capretti uccisi,
la sagra dei miti carnefici che ancora ignorano il sangue
s'è tramutata in un sozzo trescone d'ali schiantate,
di larve sulle golene, e l'acqua séguita a rodere
le sponde e più nessuno è incolpevole.

Tutto per nulla, dunque?—e le candele
romane, a San Giovanni, che sbiancavano lente
l'orizzonte, ed i pegni e i lunghi addii
forti come un battesimo nella lugubre attesa
dell'orda (ma una gemma rigò l'aria stillando
sui ghiacci e le riviere dei tuoi lidi
gli angeli di Tobia, i sette, la semina
dell'avvenire) e gli eliotropi nati
dalle tue mani—tutto arso e succhiato
da un polline che stride come il fuoco
e ha punte di sinibbio . . .
                              Oh la piagata

Hitler Spring

Né quella ch'a veder lo sol si gira . . .
—DANTE (?) to Giovanni Quirini

Dense, the white cloud of moths whirling
crazily around the feeble streetlights and parapets
strews on the pavement a shroud that crunches like sugar
underfoot; now the looming summer frees
the night frost held
in the dead season's dungeon caves
among the gardens stepping from Maiano down to these sandbanks here.

Minutes past a demon angel zoomed down the street
through aisles of heiling assassins; suddenly a Hellmouth yawned, lurid,
draped with hooked crosses, seized him, gulped him down;
the shops are bolted shut, humble
inoffensive windows, but armed, even they,
with howitzers and wargame toys;
the shop is shuttered now where the butcher stood
wreathing muzzles of slaughtered goats with berries and flowers,
the holiday of gentle killers ignorant of blood
becomes a loathsome shindy of shattered wings,
ghosts on the wet mud, water gnawing
at the banks, and no one's guiltless anymore.

All for nothing then?—and the Roman
candles in San Giovanni slowly blanching
the horizon, and the vows, and the long farewells
strong as any christening in the sad, sullen waiting
for the horde (but a jewel furrowed the air, dropping
Tobias's angels, all seven, on the icefloes and rivers
of your shores, sowing them
with the future), and the sun-seeking flowers sprouting
from your hands—all scorched, sucked dry
by pollen hissing like fire, stinging
like wind-whipped snow . . .
                    O this wounded

primavera è pur festa se raggela
in morte questa morte! Guarda ancora
in alto, Clizia, è la tua sorte, tu
che il non mutato amor mutata serbi,
fino a che il cieco sole che in te porti
si abbàcini nell'Altro e si distrugga
in Lui, per tutti. Forse le sirene, i rintocchi
che salutano i mostri nella sera
della loro tregenda, si confondono già
col suono che slegato dal cielo, scende, vince—
col respiro di un'alba che domani per tutti
si riaffacci, bianca ma senz'ali
di raccapriccio, ai greti arsi del sud . . .

Voce giunta con le folaghe

Poiché la via percorsa, se mi volgo, è più lunga
del sentiero da capre che mi porta
dove ci scioglieremo come cera,
ed i giunchi fioriti non leniscono il cuore
ma le vermene, il sangue dei cimiteri,
eccoti fuor dal buio
che ti teneva, padre, erto ai barbagli,
senza scialle e berretto, al sordo fremito
che annunciava nell'alba
chiatte di minatori dal gran carico
semisommerse, nere sull'onde alte.

L'ombra che mi accompagna
alla tua tomba, vigile,
e posa sopra un'erma ed ha uno scarto
altero della fronte che le schiara
gli occhi ardenti ed i duri sopraccigli
da un suo biocco infantile,
l'ombra non ha più peso della tua
da tanto seppellita, i primi raggi
del giorno la trafiggono, farfalle

Spring is still a day of feasting, if only its frost could kill
this death at last! Look, Clizia, look up,
on high, it's your fate, you
who preserve through change unchanging love,
until the blind sunlight you bear within you
goes dark in the Other, consuming itself
in Him, for all men. Perhaps even now the sirens,
the bells pealing their salute to the monsters in the night
of their hellish Halloween, are blending
with the sound that, heaven-loosed, comes down to conquer—
and with it comes the breathing of a dawn that will shine
tomorrow for us all, white light but no wings
of terror, on the burnt-out wadis of the south.

Voice That Came with the Coots

Since, if I look back, the road already traveled is longer
than this goat-track taking me now
where we'll melt like wax,
and the rushes in flower don't console the heart
as do the young shoots, the graveyard's blood,
here you are, Father, free of the darkness
that held you, springing up in that dazzling light,
without shawl or beret, in the rumbling tremor
that, at dawn, announced
miners' barges half hull-down
with their great cargo, black on the heaving waves.

The shade who goes beside me as companion
to your grave, waits, watchful;
resting on a graveyard herm, she haughtily
throws back her head, revealing
beneath a childish curl of wayward hair
burning eyes and scowling brows—
her shade weighs no more than yours, Father,
buried so many years ago; and the first dawn
light cuts through it, butterflies flit

vivaci l'attraversano, la sfiora
la sensitiva e non si rattrapisce.

L'ombra fidata e il muto che risorge,
quella che scorporò l'interno fuoco
e colui che lunghi anni d'oltretempo
(anni per me pesante) disincarnano,
si scambiano parole che interito
sul margine io non odo; l'una forse
ritroverà la forma in cui bruciava
amor di Chi la mosse e non di sé,
ma l'altro sbigottisce e teme che
la larva di memoria in cui si scalda
ai suoi figli si spenga al nuovo balzo.

—Ho pensato per te, ho ricordato
per tutti. Ora ritorni al cielo libero
che ti tramuta. Ancora questa rupe
ti tenta? Sì, la bàttima è la stessa
di sempre, il mare che ti univa ai miei
lidi da prima che io avessi l'ali,
non si dissolve. Io le rammento quelle
mie prode e pur son giunta con le folaghe
a distaccarti dalle tue. Memoria
non è peccato fin che giova. Dopo
è letargo di talpe, abiezione

che funghisce su sé . . . —
                      Il vento del giorno
confonde l'ombra viva e l'altra ancora
riluttante in un mezzo che respinge
le mie mani, e il respiro mi si rompe
nel punto dilatato, nella fossa
che circonda lo scatto del ricordo.
Così si svela prima di legarsi
a immagini, a parole, oscuro senso
reminiscente, il vuoto inabitato
che occupammo e che attende fin ch'è tempo
di colmarsi di noi, di ritrovarci . . .

brightly through, the sensitive
mimosa, unflinching, grazes her ghost.

The faithful shade and the mute one rising once more—
she whom the inward fire disembodied,
he whom long years of time beyond time
(dispirited years for me) have now unfleshed—
converse, exchanging words which I, numb
at the grave's edge, cannot hear. She perhaps
will someday find the form in which love
burned for Him who moved her, not for herself;
but the other one's discouraged, afraid
that ghost of memory in which his sons still feel him
warm will disappear in his new upward leap.

—I have thought for you, I have remembered
for all. Now you return to the unbounded heaven
that transmutes all. Does this craggy cliff
still tempt you? Yes, the high-water mark is still where
it always was, the sea that made you one
with these shores of mine before I sprouted wings
doesn't dissolve. I recall my
coasts, and yet my voice has come with the coots
to take you away from yours. Memory's
no sin, so long as it serves some purpose. After that,
it's the laziness of moles, degradation

moldering on itself . . .
                In the wind of day
the living shade dissolves into the other ghost
still struggling in a medium that rejects
my hands, and my breath catches
at the widest point, there in the grave ditch
around the sudden start of memory.
So too, a dark remembering sense,
even before it fastens onto images and words,
reveals the uninhabited void
we once occupied, the emptiness biding its time
to fill itself with us, and find us out again . . .

L'ombra della magnolia . . .

L'ombra della magnolia giapponese
si sfoltisce or che i bocci paonazzi
sono caduti. Vibra intermittente
in vetta una cicala. Non è più
il tempo dell'unìsono vocale,
Clizia, il tempo del nume illimitato
che divora e rinsangua i suoi fedeli.
Spendersi era più facile, morire
al primo batter d'ale, al primo incontro
col nemico, un trastullo. Comincia ora
la via più dura: ma non te consunta
dal sole e radicata, e pure morbida
cesena che sorvoli alta le fredde
banchine del tuo fiume,—non te fragile
fuggitiva cui zenit nadir cancro
capricorno rimasero indistinti
perché la guerra fosse in te e in chi adora
su te le stimme del tuo Sposo, flette
il brivido del gelo . . . Gli altri arretrano
e piegano. La lima che sottile
incide tacerà, la vuota scorza
di chi cantava sarà presto polvere
di vetro sotto i piedi, l'ombra è livida,—
è l'autunno, è l'inverno, è l'oltrecielo
che ti conduce e in cui mi getto, cèfalo
saltato in secco al novilunio.
                  Addio.

Il gallo cedrone

Dove t'abbatti dopo il breve sparo
(la tua voce ribolle, rossonero
salmì di cielo e terra a lento fuoco)
anch'io riparo, brucio anch'io nel fosso.

The Shade of the Magnolia

The shade of the Japanese magnolia
is thinner now that its blossoms of peacock blue
have fallen. At the top, off and on,
a cicada trills. It's no longer the season
for singing together, Clizia, no longer
the time of the limitless god
who devours his own believers and revives
their blood. Exertion
was easier, to die at the wing's
first flutter, at the first encounter
with the enemy, was child's play. From now on
the going's harder. But not for you,
deep-rooted, consumed by sun, yet delicate
fieldfare soaring high over your river's icy
landing—not for you, fragile creature,
fugitive to whom zenith, nadir, Cancer,
Capricorn were all one blur,
because the war was fought in you and him who worshiped
in you the stigmata of your Spouse—no shuddering cold
makes you cringe. Others fall back,
droop. The subtly biting file
will soon be still, the late singer's hollow husk
will turn to powdered glass, grit
underfoot, the shade is ashen,
—it's autumn, it's winter, it's what lies beyond the horizon
that lures you on, and there I hurl myself, a mullet
leaping up, up, out of water, at the new moon.

Addio.

The Capercaillie

Where you went down after the shot was fired
(your voice comes boiling back up, black-red
salmi of earth and heaven, simmering),
there I too take shelter, I too burn in that ditch.

Chiede aiuto il singulto. Era più dolce
vivere che affondare in questo magma,
più facile disfarsi al vento che
qui nel limo, incrostati sulla fiamma.

Sento nel petto la tua piaga, sotto
un grumo d'ala; il mio pesante volo
tenta un muro e di noi solo rimane
qualche piuma sull'ilice brinata.

Zuffe di rostri, amori, nidi d'uova
marmorate, divine! Ora la gemma
delle piante perenni, come il bruco,
luccica al buio, Giove è sotterrato.

L'anguilla

L'anguilla, la sirena
dei mari freddi che lascia il Baltico
per giungere ai nostri mari,
ai nostri estuarî, ai fiumi
che risale in profondo, sotto la piena avversa,
di ramo in ramo e poi
di capello in capello, assottigliati,
sempre più addentro, sempre più nel cuore
del macigno, filtrando
tra gorielli di melma finché un giorno
una luce scoccata dai castagni
ne accende il guizzo in pozze d'acquamorta,
nei fossi che declinano
dai balzi d'Appennino alla Romagna;
l'anguilla, torcia, frusta,
freccia d'Amore in terra
che solo i nostri botri o i disseccati
ruscelli pirenaici riconducono

Pain cries for help. Living was sweeter
than sinking down in this magma,
simpler to dissolve in the wind than here
in this mud, scabbing over flame.

I feel your wound in my breast, beneath
a clot of wings; my lumbering flight
attempts a wall, and all that's left of us
is a few feathers on the frosted holly.

Scuffles over nests, matings, nests
of marbled, heavenly eggs! Now,
in darkness, the perennials' budded gem glitters
like the grub. Jove is underground.

The Eel

The eel, coldwater
siren, who leaves the Baltic behind her
to reach these shores of ours,
our wetlands and marshes, our rivers,
who struggles upstream hugging the bottom, under the flood of the
    downward torrent,
from branch to branch, thinning,
narrowing in, stem by stem,
snaking deeper and deeper into the rock core
of slab ledge, squirming through
stone interstices of slime until
one day, light,
exploding, blazes from the chestnut leaves,
ignites a wriggle in deadwater sumps
and run-off ditches of Apennine
ravines spilling downhill toward the Romagna;
eel, torchlight, lash,
arrow of Love on earth,
whom only these dry gulches of ours or burned-out
Pyrenean gullies can draw back up

a paradisi di fecondazione;
l'anima verde che cerca
vita là dove solo
morde l'arsura e la desolazione,
la scintilla che dice
tutto comincia quando tutto pare
incarbonirsi, bronco seppellito;
l'iride breve, gemella
di quella che incastonano i tuoi cigli
e fai brillare intatta in mezzo ai figli
dell'uomo, immersi nel tuo fango, puoi tu
non crederla sorella?

to Edens of generation;
the green soul seeking
life where there's nothing but stinging
drought, desolation;
spark that says
everything begins when everything seems
dead ashes, buried stump;
brief rainbow, twin
of that other iris shining between your lashes,
by which your virtue blazes out, unsullied, among the sons
of men floundering in your mud, can you
deny a sister?

Madrigali privati

So che un raggio di sole . . .

So che un raggio di sole (di Dio?) ancora
può incarnarsi se ai piedi della statua
di Lucrezia (una sera ella si scosse,
palpebrò) getti il volto contro il mio.

Qui nell'androne come sui trifogli;
qui sulle scale come là nel palco;
sempre nell'ombra: perché se tu sciogli
quel buio la mia rondine sia il falco.

Hai dato il mio nome a un albero?

Hai dato il mio nome a un albero? Non è poco;
pure non mi rassegno a restar ombra, o tronco,
di un abbandono nel suburbio. Io il tuo
l'ho dato a un fiume, a un lungo incendio, al crudo
gioco della mia sorte, alla fiducia
sovrumana con cui parlasti al rospo
uscito dalla fogna, senza orrore o pietà
o tripudio, al respiro di quel forte
e morbido tuo labbro che riesce,
nominando, a creare; rospo fiore erba scoglio—
quercia pronta a spiegarsi su di noi
quando la pioggia spollina i carnosi
petali del trifoglio e il fuoco cresce.

Private Madrigals

I know a ray of sunlight . . .

I know a ray of sunlight (God's?) can still
be flesh and blood if here at the foot of Lucretia's
statue (one late afternoon she shivered
and blinked), I feel your face on mine.

Here in the aisle as on the clover;
here on the stairs as there in the tier;
in shadow, always. Since, if you dissolve
that darkness, my swallow is the hawk.

You've given my name to a tree?

You've given my name to a tree? No small gift,
though I'm not resigned to being shadow, or trunk,
abandoned in the suburb. I gave your name
to a river, a fire that wouldn't die, the rough-
and-tumble of my fate; to the more-than-human
assurance with which you spoke to the toad who hopped
from the sewer, without horror, pity
or joy; to the breathing of that gently
powerful lip of yours that, naming things,
creates them—toad, flower, grass, rock—
oak tree just unfolding over our heads,
when the rain scatters the pollen of the clover's
fleshing petals, and the flame leaps up.

Se t'hanno assomigliato . . .

Se t'hanno assomigliato
alla volpe sarà per la falcata
prodigiosa, pel volo del tuo passo
che unisce e che divide, che sconvolge
e rinfranca il selciato (il tuo terrazzo,
le strade presso il Cottolengo, il prato,
l'albero che ha il mio nome ne vibravano
felici, umidi e vinti)—o forse solo
per l'onda luminosa che diffondi
dalle mandorle tenere degli occhi,
per l'astuzia dei tuoi pronti stupori,
per lo strazio
di piume lacerate che può dare
la tua mano d'infante in una stretta;
se t'hanno assomigliato
a un carnivoro biondo, al genio perfido
delle fratte (e perché non all'immondo
pesce che dà la scossa, alla torpedine?)
è forse perché i ciechi non ti videro
sulle scapole gracili le ali,
perché i ciechi non videro il presagio
della tua fronte incandescente, il solco
che vi ho graffiato a sangue, croce cresima
incantesimo jattura voto vale
perdizione e salvezza; se non seppero
crederti più che donnola o che donna,
con chi dividerò la mia scoperta,
dove seppellirò l'oro che porto,
dove la brace che in me stride se,
lasciandomi, ti volgi dalle scale?

If they've likened you . . .

If they've likened you
to the vixen, it must have been for the miraculous loping
curve of your stride, your soaring step
that binds and divides, that kicks up
and freshens the gravel (your terrace,
the streets by the Cottolengo, the meadow,
the tree you named for me, all moist and conquered,
shudder with joy)—or maybe it was simply
for the wavering light softly spilling
from the almonds of your eyes,
or the wiliness of your easy amazement
or the havoc
of feathers mangled by a single clutch
of your cherub hand;
if they likened you to a blonde
carnivore, to the faithless genie
of the undergrowth (and—why not?—to the loathsome
fish with his shock, the stingray)—
they did it because they were blind, they couldn't see
the wings gracing your shoulders,
they were blind, they couldn't see
the sign on your shining brow, the bloody
furrow scratched there by me—cross, chrism,
incantation, disaster, vow, farewell,
damnation and salvation; if they didn't know
that you were more than weasel or woman,
with whom will I share my discovery,
where will I bury the gold I carry inside me,
that ember hissing within, if, leaving me,
you turn away from the stair?

Le processioni del 1949

Lampi d'afa sul punto del distacco,
livida ora annebbiata,
poi un alone anche peggiore, un bombito
di ruote e di querele dalle prime
rampe della collina,
un rigurgito, un tanfo acre che infetta
le zolle a noi devote,

               . . . se non fosse
per quel tuo scarto *in vitro,* sulla gora,
entro una bolla di sapone e insetti.

Chi mente più, chi geme? Fu il tuo istante
di sempre, dacché appari.
La tua virtù furiosamente angelica
ha scacciato col guanto i madonnari
pellegrini, Cibele e i Coribanti.

Nubi color magenta . . .

Nubi color magenta s'addensavano
sulla grotta di Fingal d'oltrecosta
quando dissi "pedala,
angelo mio!" e con un salto
il tandem si staccò dal fango, sciolse
il volo tra le bacche del rialto.

Nubi color di rame si piegavano
a ponte sulle spire dell'Agliena,
sulle biancane rugginose quando
ti dissi "resta!", e la tua ala d'ebano
occupò l'orizzonte
col suo fremito lungo, insostenibile.

Come Pafnuzio nel deserto, troppo
volli vincerti, io vinto.

The Processions of 1949

Heat lightning at the starting point,
ashen hour, hazy, misting,
then a halo worse still, a rumble
of wheels and grumbling cries from the first
sloping of the hill,
backwash swarming, a bitter stench that pollutes
the ground consecrated to us,

                              . . . except
for that swerve of yours *in vitro,* on the slimy
canal, among insects and a bubble of soap.

Who lies anymore, who still sobs? It was your instant
of forever, from which you make your appearance.
Your furiously angelic virtue shook
its glove and sent them packing—all the holy-Mary
pilgrims, Cybele, her Corybants.

Magenta-colored clouds . . .

Magenta-colored clouds were massing thick
over Fingal's cave across the coast,
when I cried out, "Pump hard! Harder,
angel!" and, lurching up,
the tandem bike broke free of mud
and went soaring through the berries on the bank.

Copper-colored clouds, their arches
spanning the Agliena where it coils
across the rusty heath, when I shouted
"Stop!", and your ebony wing
filled the whole horizon
with its long, unendurable shudder.

Though conquered, like Paphnutius in the desert,
I wanted, too much, to conquer you.

Volo con te, resto con te; morire,
vivere è un punto solo, un groppo tinto
del tuo colore, caldo del respiro
della caverna, fondo, appena udibile.

Per album

Ho cominciato anzi giorno
a buttar l'amo per te (lo chiamavo "il lamo").
Ma nessun guizzo di coda
scorgevo nei pozzi limosi,
nessun vento veniva col tuo indizio
dai colli monferrini.
Ho continuato il mio giorno
sempre spiando te, larva girino
frangia di rampicante francolino
gazzella zebù ocàpi
nuvola nera grandine
prima della vendemmia, ho spigolato
tra i filari inzuppati senza trovarti.
Ho proseguito fino a tardi
senza sapere che tre cassettine
—SABBIA SODA SAPONE, la piccionaia
da cui partì il tuo volo: da una cucina—
si sarebbero aperte per me solo.
Così sparisti nell'orizzonte incerto.
Non c'è pensiero che imprigioni il fulmine
ma chi ha veduto la luce non se ne priva.
Mi stesi al piede del tuo ciliegio, ero
già troppo ricco per contenerti viva.

Da un lago svizzero

Mia volpe, un giorno fui anch'io il "poeta
assassinato": là nel noccioleto
raso, dove fa grotta, da un falò;

With you I fly, with you I stay: dying
and living, a single point, a knot
stained with your color, warm with the cave's
deep, nearly inaudible breathing.

For Album

With the very first light I started
casting my lure for you (I called it your "allure").
But I could see no wriggle of fins
in the murky pools, no wind
with your spoor came gusting down to me
from the hills of Monferrato.
I spent my whole day searching, peering
for you—larva, tadpole,
tendril of creeping vine, francolin,
gazelle, zebu, okapi,
black cloud, hail
before the harvest, between the dripping vine-rows
I went gleaning, but couldn't find you.
I tracked you until dark,
unaware that three small boxes—
SAND SODA SOAP, the dovecote
kitchen from which your flight began—
would open only for me.
And so you vanished into the uncertain horizon.
There's no idea that can lock the lightning up,
but he who's seen the light can't live without it.
I lay down at the foot of your cherry tree, I was
already too rich to contain you, alive.

From a Swiss Lake

My vixen, I too was once the *poète*
assassiné. There in the hazel grove's
dark cave, in the hollow left by the blazing fire,

in quella tana un tondo di zecchino
accendeva il tuo viso, poi calava
lento per la sua via fino a toccare
un nimbo, ove stemprarsi; ed io ansioso
invocavo la fine su quel fondo
segno della tua vita aperta, amara,
atrocemente fragile e pur forte.

Sei tu che brilli al buio? Entro quel solco
pulsante, in una pista arroventata,
àlacre sulla traccia del tuo lieve
zampetto di predace (un'orma quasi
invisibile, a stella) io, straniero,
ancora piombo; e a volo alzata un'anitra
nera, dal fondolago, fino al nuovo
incendio mi fa strada, per bruciarsi.

Anniversario

Dal tempo della tua nascita
sono in ginocchio, mia volpe.
È da quel giorno che sento
vinto il male, espiate le mie colpe.

Arse a lungo una vampa; sul tuo tetto,
sul mio, vidi l'orrore traboccare.
Giovane stelo tu crescevi; e io al rezzo
delle tregue spiavo il tuo piumare.

Resto in ginocchio: il dono che sognavo
non per me ma per tutti
appartiene a me solo, Dio diviso
dagli uomini, dal sangue raggrumato
sui rami alti, sui frutti.

a sequined oval set your face aflame,
then drifted back down, slowly,
along its chosen way until it met
an aureole, dissolving there; while I prayed,
longing for the end with that downward
sign of your life, unconfined, bitter,
agonizingly frail, but strong.

Is that you, shining in the darkness? Into that deep
pulsing furrow, on a path of blazing red,
hot on the trail of your light
predatory paw (an almost invisible print,
star-like) I, a stranger,
plummet back down; and a black duck suddenly
driving upward from the lake's bottom points the way
toward the new conflagration, where she'll burn.

Anniversary

My vixen, since the day you were born,
I've been on my knees.
From that day on I've felt my war
with evil won, my sins repaid.

A flame burned and burned; on your roof,
on mine, I saw the horror spilling over.
Like a green stalk you grew; and there, in the cool
of the truces, I spied your plumage sprouting.

I'm still on my knees; the gift I dreamed of,
not for myself but for every man,
belongs only to me, God cut off
from men, from the blood clotted
on the high branches, on the fruit.

Conclusioni provvisorie

Piccolo testamento

Questo che a notte balugina
nella calotta del mio pensiero,
traccia madreperlacea di lumaca
o smeriglio di vetro calpestato,
non è lume di chiesa o d'officina
che alimenti
chierico rosso, o nero.
Solo quest'iride posso
lasciarti a testimonianza
d'una fede che fu combattuta,
d'una speranza che bruciò più lenta
di un duro ceppo nel focolare.
Conservane la cipria nello specchietto
quando spenta ogni lampada
la sardana si farà infernale
e un ombroso Lucifero scenderà su una prora
del Tamigi, del Hudson, della Senna
scuotendo l'ali di bitume semi-
mozze dalla fatica, a dirti: è l'ora.
Non è un'eredità, un portafortuna
che può reggere all'urto dei monsoni
sul fil di ragno della memoria,
ma una storia non dura che nella cenere
e persistenza è solo l'estinzione.
Giusto era il segno: chi l'ha ravvisato
non può fallire nel ritrovarti.
Ognuno riconosce i suoi: l'orgoglio
non era fuga, l'umiltà non era
vile, il tenue bagliore strofinato
laggiù non era quello di un fiammifero.

Provisional Conclusions

Little Testament

This flickering at night
in the casing of my thoughts,
mother-of-pearl tracing of snail
or glass-grit trampled underfoot,
this is no light of factory or church
fed by cleric
whether red or black.
This rainbow is all
I can leave you in witness
of a faith that was fought for,
a hope that burned more slowly
than a tough log on the grate.
Keep this powder in the mirror of your compact
when every other light's gone out
and the wild sardana turns hellish,
and a dark Lucifer swoops down on the shore
of Thames, Hudson, or Seine
flapping pitchy wings half-
shorn away from his hard toil to tell you this: It's time.
It's no inheritance, no goodluck charm
to stand against the hurricanes
battering the spiderweb of memory,
but a story only survives in ashes,
persistence is only extinction.
The sign was right: he who recognized it
can't go wrong in finding you again.
Each man knows his own: pride
was not flight, humility was not
cowardice, that faint glow catching fire
beneath was not the striking of a match.

Il sogno del prigioniero

Albe e notti qui variano per pochi segni.

Il zigzag degli storni sui battifredi
nei giorni di battaglia, mie sole ali,
un filo d'aria polare,
l'occhio del capoguardia dallo spioncino,
crac di noci schiacciate, un oleoso
sfrigolìo dalle cave, girarrosti
veri o supposti—ma la paglia è oro,
la lanterna vinosa è focolare
se dormendo mi credo ai tuoi piedi.

La purga dura da sempre, senza un perché.
Dicono che chi abiura e sottoscrive
può salvarsi da questo sterminio d'oche;
che chi obiurga se stesso, ma tradisce
e vende carne d'altri, afferra il mestolo
anzi che terminare nel *pâté*
destinato agl'Iddii pestilenziali.

Tardo di mente, piagato
dal pungente giaciglio mi sono fuso
col volo della tarma che la mia suola
sfarina sull'impiantito,
coi kimoni cangianti delle luci
sciorinate all'aurora dai torrioni,
ho annusato nel vento il bruciaticcio
dei buccellati dai forni,
mi son guardato attorno, ho suscitato
iridi su orizzonti di ragnateli
e petali sui tralicci delle inferriate,
mi sono alzato, sono ricaduto
nel fondo dove il secolo è il minuto—
e i colpi si ripetono ed i passi,
e ancora ignoro se sarò al festino
farcitore o farcito. L'attesa è lunga,
il mio sogno di te non è finito.

The Prisoner's Dream

Here, except for a few signs, you can't tell dawn from night.

The zigzag of starlings over the watchtowers
on days of fighting, my only wings,
a thread of arctic air,
the head-guard's eye at the peephole,
the crack of broken nuts, an oily
sputtering from the basements, roasting spits
imagined or real—but the straw is gold,
the winey lantern is hearth enough for me,
if I can dream I'm sleeping at your feet.

The purge never ends, no reasons given.
They say that those who recant, who make signed statements
can save themselves from this massacre of silly geese;
that by breaking down and selling out the others,
by confessing and informing, you get the spoon
instead of being dished up yourself in that stew
reserved for the gods of plague.

Slow-witted, and pricked
by this piercing mattress, I've fused
with the soaring moth whom the sole of my boot
pulverizes on the stony tiles;
with the shimmering kimonos of light
strung out to dry from the towers at daybreak;
I've sniffed on the wind the burnt fragrance
of sweet rolls from the ovens,
I've looked around, conjured up
rainbows on horizons of spiderwebs,
petals on the trellis of my bars,
I've risen only to fall back
into that gulf where a century's a second—
and the beatings go on and on, and the footsteps,
and I don't know whether I'll be at the feast
as stuffer or stuffing. It's a long wait,
and my dream of you isn't over.

Satura

Il tu

I critici ripetono,
da me depistati,
che il mio tu è un istituto.
Senza questa mia colpa avrebbero saputo
che in me i tanti sono uno anche se appaiono
moltiplicati dagli specchi. Il male
è che l'uccello preso nel paretaio
non sa se lui sia lui o uno dei troppi
suoi duplicati.

Botta e risposta I

I

«Arsenio» (lei mi scrive), «io qui 'asolante'
tra i miei tetri cipressi penso che
sia ora di sospendere la tanto
da te per me voluta sospensione
d'ogni inganno mondano; che sia tempo
di spiegare le vele e di sospendere
l'*epoché*.

Non dire che la stagione è nera ed anche le tortore
con le tremule ali sono volate al sud.
Vivere di memorie non posso più.
Meglio il morso del ghiaccio che il tuo torpore
di sonnambulo, o tardi risvegliato».

(lettera da Asolo)

II

Uscito appena dall'adolescenza
per metà della vita fui gettato
nelle stalle d'Augìa.

My you

Misled by me,
the critics keep on saying
that my you *is standard practice.*
If not for this foible of mine, they would have known
that in me the many are one, though seemingly
multiplied by mirrors. The problem
is that of the netted bird
who doesn't know whether he's trapped
or it's one of his too many doubles.

Thrust and Parry I

I

"Arsenio" (she writes me), "here, *asolando*
among my gloomy cypresses, I think
it's time to suspend
that suspension of every worldly illusion
you so much wanted for me; time
to unfurl the sails and suspend
the *epoché.*

Stop saying the weather's foul and even the doves
with shivering wings have flown south.
I can't go on living with memories.
Better the bite of ice than your sleepwalker's
torpor, or late awakening."

(letter from Asolo)

II

Barely out of adolescence
I was thrown for half my life
into the Augean stables.

Non vi trovai duemila bovi, né
mai vi scorsi animali;
pure nei corridoi, sempre più folti
di letame, si camminava male
e il respiro mancava; ma vi crescevano
di giorno in giorno i muggiti umani.

Lui non fu mai veduto.
La geldra però lo attendeva
per il presentat-arm: stracolmi imbuti,
forconi e spiedi, un'infilzata fetida
di saltimbocca. Eppure
non una volta Lui sporse
cocca di manto o punta di corona
oltre i bastioni d'ebano, fecali.

Poi d'anno in anno—e chi più contava
le stagioni in quel buio?—qualche mano
che tentava invisibili spiragli
insinuò il suo memento: un ricciolo
di Gerti, un grillo in gabbia, ultima traccia
del transito di Liuba, il microfilm
d'un sonetto eufuista scivolato
dalle dita di Clizia addormentata,
un ticchettìo di zoccoli (la serva
zoppa di Monghidoro)
                    finché dai cretti
il ventaglio di un mitra ci ributtava,
badilanti infiacchiti colti in fallo
dai bargelli del brago.

Ed infine fu il tonto: l'incredibile.

A liberarci, a chiuder gli intricati
cunicoli in un lago, bastò un attimo
allo stravolto Alfeo. Chi l'attendeva
ormai? Che senso aveva quella nuova
palta? e il respirare altre ed eguali
zaffate? e il vorticare sopra zattere

I didn't find two thousand oxen, and I never
spotted any animals there;
but it was hard going and bad breathing
even in the corridors, dung everywhere
and always more and more; there, day by day
the human bellowing grew louder.

He was never seen.
Yet the rabble kept expecting Him
for the present arms: funnels overflowing,
forks and spits, skewers of rotten
saltimbocca. And yet
not once did He extend
the hem of his robe or show a tip of His crown
outside the bastions of fecal ebony.

Then, year after year—who in that darkness
could keep count of the seasons?—a few hands
groping for invisible chinks
inserted their mementos—one of Gerti's
curls, a cricket in a cage, last trace
of Liuba's journey, the microfilm
of a euphuistic sonnet that slipped
from the fingers of Clizia sleeping,
the clatter of clogs (the limping maid
from Monghidoro)
                                    until, fanning from the slits,
a burst of machine-gun fire hurled us back,
drooping ditchdiggers accidentally caught
by the dunghill guards.

And finally came the thud: the incredible.

Liberating us, sealing the mazes
of that hellish warren in a lake, was an instant's work
for the diverted Alpheus. Who expected Him
now? What was the meaning of that new
muck? And the different but no less sickening
stench exhaled? And the wild gyring of shit

di sterco? ed era sole quella sudicia
esca di scolaticcio sui fumaioli,
erano uomini forse,
veri uomini vivi
i formiconi degli approdi?

. . . .

         (Penso
che forse non mi leggi più. Ma ora
tu sai tutto di me,
della mia prigionia e del mio dopo;
ora sai che non può nascere l'aquila
dal topo).

over the barges? And was that the sun, that sweaty
lure of slag and dregs on the smokestacks,
could those be men,
real living men,
those huge ants on the beachheads?

. . . .

                                    (I think
you may have stopped reading me. But now
you know everything about me,
about my imprisonment and the aftermath;
now you know the eagle isn't sired
by the mouse).

Xenia I

1

Caro piccolo insetto
che chiamavano mosca non so perché,
stasera quasi al buio
mentre leggevo il Deuteroisaia
sei ricomparsa accanto a me,
ma non avevi occhiali,
non potevi vedermi
né potevo io senza quel luccichìo
riconoscere te nella foschia.

2

Senza occhiali né antenne,
povero insetto che ali
avevi solo nella fantasia,
una bibbia sfasciata ed anche poco
attendibile, il nero della notte,
un lampo, un tuono e poi
neppure la tempesta. Forse che
te n'eri andata così presto senza
parlare? Ma è ridicolo
pensare che tu avessi ancora labbra.

3

Al Saint James di Parigi dovrò chiedere
una camera 'singola'. (Non amano
i clienti spaiati). E così pure
nella falsa Bisanzio del tuo albergo
veneziano; per poi cercare subito
lo sgabuzzino delle telefoniste,
le tue amiche di sempre; e ripartire,
esaurita la carica meccanica,

Xenia I

1

Dear little insect
nicknamed Mosca, I don't know why,
this evening, when it was nearly dark,
while I was reading Deutero-Isaiah,
you reappeared at my side,
but without your glasses
you couldn't see me,
and in the blur, without their glitter,
I didn't know who you were.

2

Minus glasses and antennae,
poor insect, wingèd
only in imagination,
a beaten-up Bible and none
too reliable either, black night,
a flash of lightning, thunder, and then
not even the storm. Could it be
you left so soon, without
a word? But it's crazy, my thinking
you still had lips.

3

At the St. James in Paris I'll have to ask for
a room for one. (They don't like
single guests.) Ditto
in the fake Byzantium of your Venetian
hotel; and then, right off, hunting down
the girls at the switchboard,
always your pals; and then leaving again
the minute my three minutes are up,

il desiderio di riaverti, fosse
pure in un solo gesto o un'abitudine.

4

Avevamo studiato per l'aldilà
un fischio, un segno di riconoscimento.
Mi provo a modularlo nella speranza
che tutti siamo già morti senza saperlo.

5

Non ho mai capito se io fossi
il tuo cane fedele e incimurrito
o tu lo fossi per me.
Per gli altri no, eri un insetto miope
smarrito nel blabla
dell'alta società. Erano ingenui
quei furbi e non sapevano
di essere loro il tuo zimbello:
di esser visti anche al buio e smascherati
da un tuo senso infallibile, dal tuo
radar di pipistrello.

6

Non hai pensato mai di lasciar traccia
di te scrivendo prosa o versi. E fu
il tuo incanto—e dopo la mia nausea di me.
Fu pure il mio terrore: di esser poi
ricacciato da te nel gracidante
limo dei neòteroi.

and the wanting you back,
if only in one gesture,
one habit of yours.

4

We'd worked out a whistle for the world
beyond, a token of recognition.
Now I'm trying variations, hoping
we're all dead already and don't know it.

5

I've never figured out whether I
was your faithful dog with runny eyes
or you were mine.
To others you were a myopic little bug
bewildered by the twaddle
of high society. They were naive,
those catty folk, never guessing
they were the butt of your humor:
that you could see them even in the dark,
unmasked by your infallible sixth sense,
your bat's radar.

6

You never thought of leaving your mark
by writing prose or verse. This
was your charm—and later my self-revulsion.
It was what I dreaded too: that someday
you'd shove me back into the croaking
bog of modern neoterics.

7

Pietà di sé, infinita pena e angoscia
di chi adora il *quaggiù* e spera e dispera
di un altro . . . (Chi osa dire un altro mondo?).

. . . .

'Strana pietà . . . ' (*Azucena*, atto secondo).

8

La tua parola così stenta e imprudente
resta la sola di cui mi appago.
Ma è mutato l'accento, altro il colore.
Mi abituerò a sentirti o a decifrarti
nel ticchettìo della telescrivente,
nel volubile fumo dei miei sigari
di Brissago.

9

Ascoltare era il solo tuo modo di vedere.
Il conto del telefono s'è ridotto a ben poco.

10

«Pregava?». «Sì, pregava Sant'Antonio
perché fa ritrovare
gli ombrelli smarriti e altri oggetti
del guardaroba di Sant'Ermete».
«Per questo solo?». «Anche per i suoi morti
e per me».
       «È sufficiente» disse il prete.

7

Self-pity, infinite pain and anguish
of the man who worships this world here and now,
who hopes and despairs of another . . .
(who dares speak of another world?)

. . . .

"Strana pieta . . ." (*Azucena*, Act II)

8

Your speech so halting and tactless
is the only speech that consoles me.
But the tone has changed, the color too.
I'll get used to hearing you, decoding you
in the click-clack of the teletype,
in the spirals of smoke coiling
from my Brissago cigars.

9

Listening was your only way of seeing.
The phone bill comes to almost nothing now.

10

"Did she pray?" "Yes to St. Anthony
who's in charge of finding lost
umbrellas and suchlike things
in St. Hermes' cloakroom."
"And that's it?" "She prayed for her dead too,
and for me."
                    "Quite enough," the priest replied.

11

Ricordare il tuo pianto (il mio era doppio)
non vale a spenger lo scoppio delle tue risate.
Erano come l'anticipo di un tuo privato
Giudizio Universale, mai accaduto purtroppo.

12

La primavera sbuca col suo passo di talpa.
Non ti sentirò più parlare di antibiotici
velenosi, del chiodo del tuo femore,
dei beni di fortuna che t'ha un occhiuto omissis
spennacchiati.

La primavera avanza con le sue nebbie grasse,
con le sue luci lunghe, le sue ore insopportabili.
Non ti sentirò più lottare col rigurgito
del tempo, dei fantasmi, dei problemi logistici
dell'Estate.

13

Tuo fratello morì giovane; tu eri
la bimba scarruffata che mi guarda
'in posa' nell'ovale di un ritratto.
Scrisse musiche inedite, inaudite,
oggi sepolte in un baule o andate
al màcero. Forse le riinventa
qualcuno inconsapevole, se ciò ch'è scritto è scritto.
L'amavo senza averlo conosciuto.
Fuori di te nessuno lo ricordava.
Non ho fatto ricerche: ora è inutile.
Dopo di te sono rimasto il solo
per cui egli è esistito. Ma è possibile,
lo sai, amare un'ombra, ombre noi stessi.

11

The memory of your tears (I cried twice as hard)
can't obliterate your wild peals of laughter.
They were a kind of foretaste
of a private Last Judgment of your own,
which, alas, never came to pass.

12

Spring pokes out at a snail's pace.
Never again will I hear you talking of antibiotic
poisoning, or the pin in your femur;
or the patrimony plucked from you
by that thousand-eyed
[deleted].

Spring comes on with its heavy fogs,
long daylights and unbearable hours.
Never again will I hear you struggling with the backwash
of time, or ghosts, or the logistical problems
of summer.

13

Your brother died young; that little girl
with tousled curls in the oval portrait,
looking at me, was you.
He wrote music, unpublished, unheard,
now buried away in some trunk
or trashed. If what's written is written,
maybe someone, unawares, is rewriting it now.
I loved him without ever knowing him.
Except for you no one remembered him.
I made no inquiries; it's futile now.
After you, I was the only one left
for whom he ever existed.
But we can love a shade, you know,
being shades ourselves.

Dicono che la mia
sia una poesia d'inappartenenza.
Ma s'era tua era di qualcuno:
di te che non sei più forma, ma essenza.
Dicono che la poesia al suo culmine
magnifica il Tutto in fuga,
negano che la testuggine
sia più veloce del fulmine.
Tu sola sapevi che il moto
non è diverso dalla stasi,
che il vuoto è il pieno e il sereno
è la più diffusa delle nubi.
Così meglio intendo il tuo lungo viaggio
imprigionata tra le bende e i gessi.
Eppure non mi dà riposo
sapere che in uno o in due noi siamo una sola cosa.

14

They say my poetry is one of nonbelonging.
But if it was yours, it was someone's:
it was yours who are no longer form, but essence.
They say that poetry at its peak
glorifies the All in flight,
they say the tortoise
is no swifter than lightning.
You alone knew
that movement and stasis are one,
that the void is fullness and the clear sky
cloud at its airiest. So your long journey,
imprisoned by bandages and casts,
makes better sense to me.
Still, knowing we're a single thing,
whether one or two, gives me no peace.

Xenia II

1

La morte non ti riguardava.
Anche i tuoi cani erano morti, anche
il medico dei pazzi detto lo zio demente,
anche tua madre e la sua 'specialità'
di riso e rane, trionfo meneghino;
e anche tuo padre che da una minieffigie
mi sorveglia dal muro sera e mattina.
Malgrado ciò la morte non ti riguardava.

Ai funerali dovevo andare io,
nascosto in un tassì restandone lontano
per evitare lacrime e fastidi. E neppure
t'importava la vita e le sue fiere
di vanità e ingordige e tanto meno le
cancrene universali che trasformano
gli uomini in lupi.

Una tabula rasa; se non fosse
che un punto c'era, per me incomprensibile,
e questo punto *ti riguardava*.

2

Spesso ti ricordavi (io poco) del signor Cap.
«L'ho visto nel torpedone, a Ischia, appena due volte.
È un avvocato di Klagenfurt, quello che manda gli auguri.
Doveva venirci a torvare».

E infine è venuto, gli dico tutto, resta imbambolato,
pare che sia una catastrofe anche per lui. Tace a lungo,
farfuglia, s'alza rigido e s'inchina. Conferma
che manderà gli auguri.
                              È strano che a comprenderti

Xenia II

1

For you death didn't matter.
Your dogs had died, and so had the asylum
doctor nicknamed "Uncle Bonkers,"
and your mother and her "speciality,"
risotto with frogs' legs, a Milanese triumph;
and your father looking down on me
day and night from his mini-likeness on the wall.
Despite all this, for you death didn't matter.

It was I who had to attend the funerals—
hidden in a taxi, keeping my distance
to avoid tears and fussing. Even life
with its vanity fairs and greed
was no great matter, and the universal gangrenes
that transform men into wolves
didn't much matter.

A tabula rasa; except
for one point, incomprehensible to me,
and *for you* this point *did matter.*

2

You often (I seldom) recalled Mr. Cap.
"I met him, once or twice, in the bus at Ischia.
He's a lawyer from Klagenfurt, who sends us greetings.
He was supposed to come calling."

And finally he came. I tell him the whole story, he's flabbergasted:
for him too it seems a catastrophe. For a moment he's speechless,
then mumbles, rises stiffly, and bows. He assures me
he'll send you his regards.
                              Strange that only

siano riuscite solo persone inverosimili.
Il dottor Cap! Basta il nome. E Celia? Che n'è accaduto?

3

L'abbiamo rimpianto a lungo l'infilascarpe,
il cornetto di latta arrugginito ch'era
sempre con noi. Pareva un'indecenza portare
tra i similori e gli stucchi un tale orrore.
Dev'essere al Danieli che ho scordato
di riporlo in valigia o nel sacchetto
Hedia la cameriera lo buttò certo
nel Canalazzo. E come avrei potuto
scrivere che cercassero quel pezzaccio di latta?
C'era un prestigio (il nostro) da salvare
e Hedia, la fedele, l'aveva fatto.

4

Con astuzia,
uscendo dalle fauci di Mongibello
o da dentiere di ghiaccio
rivelavi incredibili agnizioni.

Se ne avvide Mangàno, il buon cerusico,
quando, disoccultato, fu il randello
delle camicie nere e ne sorrise.

Così eri: anche sul ciglio del crepaccio
dolcezza e orrore in una sola musica.

5

Ho sceso, dandoti il braccio, almeno un milione di scale
e ora che non ci sei è il vuoto ad ogni gradino.
Anche così è stato breve il nostro lungo viaggio.
Il mio dura tuttora, né più mi occorrono
le coincidenze, le prenotazioni,
le trappole, gli scorni di chi crede
che la realtà sia quella che si vede.

quite improbable people managed to understand you.
Dr. Cap! The name's enough. And Celia? Whatever became of Celia?

3

For weeks we mourned the lost shoehorn,
the rusty tin shoehorn we took with us
everywhere. It seemed indecent, lugging
junk like that into a world of pinchbeck and stuccoes.
At the Danieli I must have forgotten
to slip it into the suitcase or satchel,
and the chambermaid, Hedia, probably tossed it
into the Grand Canal. And how could I have written
asking them to look for that hideous tin gizmo?
Prestige (ours) was at stake
and the faithful Hedia had preserved it.

4

Cunningly
emerging from Mongibello's jaws
or fangs of ice,
you arranged incredible recognition-scenes.

The good surgeon Mangàno noticed it
when you unmasked him as the billy club of the Blackshirts,
and he smiled.

Just like you: even on the edge of the precipice
sweetness and horror fused in a single music.

5

Your arm in mine, I've descended a million stairs at least,
and now that you're not here, a void yawns at every step.
Even so our long journey was brief.
I'm still en route, with no further need
of reservations, connections, ruses,
the constant contempt of those who think reality
is what one sees.

Ho sceso milioni di scale dandoti il braccio
non già perché con quattr'occhi forse si vede di più.
Con te le ho scese perché sapevo che di noi due
le sole vere pupille, sebbene tanto offuscate,
erano le tue.

6

Il vinattiere ti versava un poco
d'Inferno. E tu, atterrita: «Devo berlo? Non basta
esserci stati dentro a lento fuoco?».

7

«Non sono mai stato certo di essere al mondo».
«Bella scoperta, m'hai risposto, e io?».
«Oh il mondo tu l'hai mordicchiato, se anche
in dosi omeopatiche. Ma io . . . ».

8

«E il Paradiso? Esiste un paradiso?».
«Credo di sì, signora, ma i vini dolci
non li vuol più nessuno».

9

Le monache e le vedove, mortifere
maleodoranti prefiche,
non osavi guardarle. Lui stesso che ha mille occhi,
li distoglie da loro, n'eri certa.
L'onniveggente, lui . . . perché tu, giudiziosa,
dio non lo nominavi neppure con la minuscola.

10

Dopo lunghe ricerche
ti trovai in un bar dell'Avenida
da Liberdade; non sapevi un'acca

I've descended millions of stairs giving you my arm,
not of course because four eyes see better.
I went downstairs with you because I knew
the only real eyes, however darkened,
belonged to you.

6

The wine peddler poured you a thimble
of Inferno. And you, shrinking back: "Must I drink it?
Isn't it enough to simmer in the stuff?"

7

"I've never been certain of being in the world."
"A fine discovery," you replied, "what about me?"
"Oh, you nibbled at the world, even though
the doses were homeopathic. Whereas I . . ."

8

"And Paradise? Is there a paradise too?"
"I think so, Signora, but nobody likes
those sweet dessert wines anymore."

9

Nuns and widows, the plague
of foul-smelling hired mourners—
you didn't dare look at them. The Argus-eyed himself,
you were sure, averts his eyes.
The all-seeing one himself . . . since you were scrupulous
about not calling him god, not even lowercase.

10

After long searching
I found you in a bar on the Avenida
da Libertade; you didn't know a scrap

di portoghese o meglio una parola
sola: Madeira. E venne il bicchierino
con un contorno di aragostine.

La sera fui paragonato ai massimi
lusitani dai nomi impronunciabili
e al Carducci in aggiunta.
Per nulla impressionata io ti vedevo piangere
dal ridere nascosta in una folla
forse annoiata ma compunta.

11

Riemersa da un'infinità di tempo
Celia la filippina ha telefonato
per aver tue notizie. Credo stia bene, dico,
forse meglio di prima. «Come, crede?
Non c'è più?». Forse più di prima, ma . . .
Celia, cerchi d'intendere . . .
                                        Di là dal filo
da Manila o da altra
parola dell'atlante una balbuzie
impediva anche lei. E riagganciò di scatto.

12

I falchi
sempre troppo lontani dal tuo sguardo
raramente li hai visti davvicino.
Uno a Étretat che sorvegliava i goffi
voli dei suoi bambini.
Due altri in Grecia, sulla via di Delfi,
una zuffa di piume soffici, due becchi giovani
arditi e inoffensivi.

Ti piaceva la vita fatta a pezzi,
quella che rompe dal suo insopportabile
ordito.

of Portuguese, or rather just one
word: Madeira. And the little glass
arrived, garnished with shrimp.

That evening they compared me to the greatest
Lusitanians with unpronounceable names
and also to Carducci.
I glimpsed you hiding in the crowd,
weeping with laughter, utterly unimpressed,
bored perhaps but feigning admiration.

11

Surfacing from an infinity of time,
Celia phoned from the Philippines
for news of you. She's well, I guess,
maybe better off than before. "What do you mean, you guess?
She's not there anymore?" Maybe more than before, but . . .
Celia, try to understand . . .
                                    From the other end,
from Manila or some other placename
on the map a stammering
stopped her too. And she hung up, abruptly.

12

Hawks
always beyond your range of vision,
you almost never saw them close up.
There was one at Étretat, keeping an eye
on the gawky flights of its fledglings.
Two more in Greece, on the road to Delphi,
a scuffling of downy feathers, two young beaks,
feisty and harmless.

You liked life torn to shreds,
life breaking free of its unbearable
web.

13

Ho appeso nella mia stanza il dagherròtipo
di tuo padre bambino: ha più di un secolo.
In mancanza del mio, così confuso,
cerco di ricostruire, ma invano, il tuo pedigree.
Non siamo stati cavalli, i dati dei nostri ascendenti
non sono negli almanacchi. Coloro che hanno presunto
di saperne non erano essi stessi esistenti,
né noi per loro. E allora? Eppure resta
che qualcosa è accaduto, forse un niente
che è tutto.

14

L'alluvione ha sommerso il pack dei mobili,
delle carte, dei quadri che stipavano
un sotterraneo chiuso a doppio lucchetto.
Forse hanno ciecamente lottato i marocchini
rossi, le sterminate dediche di Du Bos,
il timbro a ceralacca con la barba di Ezra,
il Valéry di Alain, l'originale
dei Canti Orfici—e poi qualche pennello
da barba, mille cianfrusaglie e tutte
le musiche di tuo fratello Silvio.
Dieci, dodici giorni sotto un'atroce morsura
di nafta e sterco. Certo hanno sofferto
tanto prima di perdere la loro identità.
Anch'io sono incrostato fino al collo se il mio
stato civile fu dubbio fin dall'inizio.
Non torba m'ha assediato, ma gli eventi
di una realtà incredibile e mai creduta.
Di fronte ad essi il mio coraggio fu il primo
dei tuoi prestiti e forse non l'hai saputo.

13

In my room I hung the daguerreotype
of your father as a boy; it's more than a century old.
At a loss, having no pedigree of my own,
I try reconstructing yours, to no avail.
We weren't horses, there are no data on our forebears
in the studbooks. Those who presumed to know
the facts had no existence themselves,
nor we for them. And so? Still, it's a fact
that something happened, maybe a nothing
which is everything.

14

The flood has drowned the clutter
of furniture, papers, and paintings that crammed
the double-padlocked cellar.
Maybe they fought back blindly—the books
in red morocco, Du Bos's endless dedications,
the wax seal with Ezra's beard, Alain's
Valéry, the manuscript
of the Orphic Songs, as well as a couple
of shaving brushes, a thousand knickknacks, and all
your brother Silvio's compositions.
Ten, twelve days in that savage maw
of fuel oil and shit. Clearly they suffered
terribly before losing their identity.
I'm deep in crud too, up to my neck, though
my civil status was doubtful from the outset.
It's not muck that besets me, but the events
of an unbelievable, and always unbelieved, reality.
My courage in facing it was the first
of your loans, and perhaps you never knew.

Satura I

Gerarchie

La polis è più importante delle sue parti.
La parte è più importante d'ogni sua parte.
Il predicato lo è più del predicante
e l'arrestato lo è meno dell'arrestante.

Il tempo s'infutura nel totale,
il totale è il cascame del totalizzante,
l'avvento è l'improbabile nell'avvenibile,
il pulsante una pulce nel pulsabile.

Déconfiture non vuol dire che la crème caramel
uscita dallo stampo non stia in piedi.
Vuol dire altro disastro; ma per noi sconsacrati
e non mai confettati può bastare.

La storia

I

La storia non si snoda
come una catena
di anelli ininterrotta.
In ogni caso
molti anelli non tengono.
La storia non contiene
il prima e il dopo,
nulla che in lei borbotti
a lento fuoco.
La storia non è prodotta

Satura I

Hierarchies

The polis is more important than its parts.
The part is more important than the sum of its parts.
The predicate is more than the predicant,
and the arrested less than the arrester.

Time is enfutured in the total,
the total's the residue of the totalizing,
the advent the improbable in the advenient,
the button a bug in the doorbell.

Déconfiture doesn't mean the crème caramel
collapses on leaving the mold. It means
a different kind of disaster; but for folk like us,
uncomfited, unchurched, disaster enough.

History

I

History isn't flexible
like an unbroken
link chain.
In any case
many links don't hold.
History has
no before and after,
nothing in it simmers
on a slow fire.
History isn't made

da chi la pensa e neppure
da chi l'ignora. La storia
non si fa strada, si ostina,
detesta il poco a poco, non procede
né recede, si sposta di binario
e la sua direzione
non è nell'orario.
La storia non giustifica
e non deplora,
la storia non è intrinseca
perché è fuori.
La storia non somministra
carezze o colpi di frusta.
La storia non è magistra
di niente che ci riguardi.
Accorgersene non serve
a farla più vera e più giusta.

II

La storia non è poi
la devastante ruspa che si dice.
Lascia sottopassaggi, cripte, buche
e nascondigli. C'è chi sopravvive.
La storia è anche benevola: distrugge
quanto più può: se esagerasse, certo
sarebbe meglio, ma la storia è a corto
di notizie, non compie tutte le sue vendette.

La storia gratta il fondo
come una rete a strascico
con qualche strappo e più di un pesce sfugge.
Qualche volta s'incontra l'ectoplasma
d'uno scampato e non sembra particolarmente felice.
Ignora di essere fuori, nessuno glie n'ha parlato.
Gli altri, nel sacco, si credono
più liberi di lui.

by its students, not even by those
who know nothing about it. History
doesn't progress, it digs in its heels,
it loathes the gradual, neither advances
nor regresses, it changes tracks
and its course
has no timetable.
History neither justifies
nor blames;
being external,
history isn't intrinsic.
History administers
neither kind words nor whippings.
History is no teacher
of anything that concerns us.
Awareness of this doesn't make it
more true, more just.

II

So history is not
the destructive steam shovel it's said to be,
leaving tunnels, crypts, manholes,
hiding-places behind. Some survive it.
History is benevolent too, destroying
what it can: better of course
if more were destroyed, but history is short
on information and long on vendettas.

History scrapes the bottom
like a dragnet periodically
hauled in. A few fish escape,
and at times you meet the ectoplasm
of a survivor, and he doesn't seem specially happy.
He's unaware he's free, nobody's told him.
The others, those in the net, think they're
more free than he.

In vetrina

Gli uccelli di malaugurio
gufi o civette vivono soltanto
in casbe denutrite o imbalsamati
nelle bacheche dei misantropi. Ora
potrebbe anche accadere che la rondine
nidifichi in un tubo e un imprudente
muoia per asfissia. È un incidente
raro e non muta il quadro.

Il raschino

Credi che il pessimismo
sia davvero esistito? Se mi guardo
d'attorno non ne è traccia.
Dentro di noi, poi, non una voce
che si lagni. Se piango è un controcanto
per arricchire il grande
paese di cuccagna ch'è il domani.
Abbiamo ben grattato col raschino
ogni eruzione del pensiero. Ora
tutti i colori esaltano la nostra tavolozza,
escluso il nero.

La morte di Dio

Tutte le religioni del Dio unico
sono una sola: variano i cuochi e le cotture.
Così rimuginavo; e m'interruppi quando
tu scivolasti vertiginosamente
dentro la scala a chiocciola della Périgourdine
e di laggiù ridesti a crepapelle.
Fu una buona serata con un attimo appena
di spavento. Anche il papa

In the Showcase

Birds of ill-omen
owls large and small live only
in starveling slums or stuffed
in the showcases of misanthropes. Now
the swallow—maybe she
nested in a pipe and a brash male
got asphyxiated. It seldom happens
and it doesn't change the picture.

The Rasp

You think pessimism
ever really existed? I can't see
a sign of it anywhere.
Within us, then, not a single
complaining voice. If I gripe,
it's a countersong to enrich that great
Land of Cockaigne which is Tomorrow.
With our rasp we've scraped away
every eruption of thought. Now
all colors enhance our palette,
all but black.

The Death of God

All religions of the one God
are only one, cooks and cooking vary.
I was turning this thought over
when you interrupted me
by tumbling head-over-heels
down the spiral staircase of the Périgourdine
and at the bottom split your sides laughing.
A delightful evening, marred only by a moment's
fright. Even the pope

in Israele disse la stessa cosa
ma se ne pentì quando fu informato
che il sommo Emarginato, se mai fu,
era perento.

A un gesuita moderno

Paleontologo e prete, ad abundantiam
uomo di mondo, se vuoi farci credere
che un sentore di noi si stacchi dalla crosta
di quaggiù, meno crosta che paniccia,
per allogarsi poi nella noosfera
che avvolge le altre sfere o è in condominio
e sta nel tempo (!),
ti dirò che la pelle mi si aggriccia
quando ti ascolto. Il tempo non conclude
perché non è neppure incominciato.
È neonato anche Dio. A noi di farlo
vivere o farne senza; a noi di uccidere
il tempo perché in lui non è possibile
l'esistenza.

Nel fumo

Quante volte t'ho atteso alla stazione
nel freddo, nella nebbia. Passeggiavo
tossicchiando, comprando giornali innominabili,
fumando Giuba poi soppresse dal ministro
dei tabacchi, il balordo!
Forse un treno sbagliato, un doppione oppure una
sottrazione. Scrutavo le carriole
dei facchini se mai ci fosse dentro
il tuo bagaglio, e tu dietro, in ritardo.
Poi apparivi, ultima. È un ricordo
tra tanti altri. Nel sogno mi perseguita.

in Israel said the same thing
but repented when informed
that the supreme Deposed, if he ever existed,
had expired.

To a Modern Jesuit

Paleontologist and priest, man-of-the-world
ad abundantiam, if you want to persuade us
that some whiff of us separates from the crust
down below—more dough than crust—
to take up lodgings in the noosphere
that surrounds the other spheres or shares their dominion
and exists in time (!),
I'll tell you I get goose bumps
just hearing you talk. Time doesn't end
because it hasn't even begun.
God's a newborn too. It's our job
to make him live or do without him; our job to kill time
since for him existence in time
is impossible.

In Smoke

How many times in cold and fog I've waited
for you at the station. I'd pace up and down,
coughing, buying unmentionable newspapers,
smoking Giuba cigarettes (their sale later suspended
by the airhead Minister of Tobacco).
Maybe a missed or an extra train, or just plain
cancelled. I'd inspect the porters'
carts to see if maybe your suitcase
were there, and you lagging behind.
Then, last of all, you appeared. One memory
among so many. It dogs me in my dreams.

Götterdämmerung

Si legge che il crepuscolo degli Dei
stia per incominciare. È un errore.
Gli inizi sono sempre inconoscibili,
se si accerta un qualcosa, quello è già
trafitto dallo spillo.
Il crepuscolo è nato quando l'uomo
si è creduto più degno di una talpa o di un grillo.
L'inferno che si ripete è appena l'anteprova
di una 'prima assoluta' da tempo rimandata
perché il regista è occupato, è malato, imbucato
chissà dove e nessuno può sostituirlo.

Intercettazione telefonica

Credevo di essere un vescovo
in partibus
(non importa la parte
purché disabitata)
ma fui probabilmente cardinale
in pectore
senza esserne informato.
Anche il papa morendo
s'è scordato di dirlo.
Posso così vivere nella gloria
(per quel che vale) con fede o senza fede
e in qualsiasi paese
ma fuori della storia
e in abito borghese.

Götterdämmerung

We read that the twilight of the gods
is about to begin. A mistake.
Beginnings are always unrecognizable;
when an event is verified, it's been spotted before.
Twilight began when man thought
himself of greater dignity than moles or crickets.
A self-repeating hell is hardly the tryout
of a *"grande première"* long postponed
because the director's busy, sick, holed up
who knows where, and no one can sub for him.

Tapped Telephone

I thought I was a bishop
in partibus
(no matter where
so long as it's uninhabited)
but I was probably a cardinal
in pectore
without being informed.
Even the pope when dying
forgot to mention it.
So I can live in glory
(for what that's worth) with or without
faith, and in any country whatever
but outside of history
and in mufti.

La poesia

I

L'angosciante questione
se sia a freddo o a caldo l'ispirazione
non appartiene alla scienza termica.
Il raptus non produce, il vuoto non conduce,
non c'è poesia al sorbetto o al girarrosto.
Si tratterà piuttosto di parole
molto importune
che hanno fretta di uscire
dal forno o dal surgelante.
Il fatto non è importante. Appena fuori
si guardano d'attorno e hanno l'aria di dirsi:
che sto a farci?

II

Con orrore
la poesia rifiuta
le glosse degli scoliasti.
Ma non è certo che la troppo muta
basti a se stessa
o al trovarobe che in lei è inciampato
senza sapere di esserne
l'autore.

Le rime

Le rime sono più noiose delle
dame di San Vincenzo: battono alla porta
e insistono. Respingerle è impossibile
e purché stiano fuori si sopportano.
Il poeta decente le allontana
(le rime), le nasconde, bara, tenta
il contrabbando. Ma le pinzochere ardono

Poetry

I

The agonizing question
whether inspiration is hot or cold
is not a matter of thermodynamics.
Raptus doesn't produce, the void doesn't conduce,
there's no poetry à la sorbet or barbecued.
It's more a matter of very
importunate words
rushing
from oven or deep freeze.
The source doesn't matter. No sooner are they out
than they look around and seem to be saying:
What am I doing here?

II

Poetry
rejects with horror
the glosses of commentators.
But it's unclear that the excessively mute
is sufficient unto itself
or to the property man who's stumbled onto it,
unaware that he's
the author.

Rhymes

Rhymes are pests, worse
than the nuns of St. Vincent, knocking at your door
nonstop. You can't just turn them away
and they're tolerable so long as they're outside.
The polite poet stays aloof, disguising
or outwitting them (the rhymes), or trying to sneak
them by. But they're fanatical, blazing

di zelo e prima o poi (rime e vecchiarde)
bussano ancora e sono sempre quelle.

Dialogo

«Se l'uomo è nella storia non è niente.
La storia è un *marché aux puces*, non un sistema».
«Provvidenza e sistema sono tutt'uno
e il Provvidente è l'uomo».
«Dunque è provvidenziale
anche la pestilenza».
«La peste è il negativo del positivo,
è l'uomo che trasuda il suo contrario».
«Sempre avvolto però nel suo sudario».
«Il sistema ternario
secerne il male e lo espelle,
mentre il binario se lo porta dietro».
«Ma il ternario lo mette sottovetro
e se vince lo adora».
                              «Vade retro,
Satana!».

Fanfara

lo storicismo dialettico
materialista
autofago
progressivo
immanente
irreversibile
sempre dentro
mai fuori
mai fallibile

with zeal and sooner or later they're back (rhymes
and biddies), pounding at your door and poems,
same as always.

Dialogue

"If man is in history, that's something.
History's a *marché aux puces*, not a system."
"Providence and system are one and the same,
and the Provident is man."
"Then even plague
is providential."
"Plague is the negation of the positive,
it's man who sweats out his opposite."
"But always wrapped in his shroud."
"The ternary system
isolates evil and expels it,
while the binary carries it with it."
"But the ternary puts it under glass
and when it conquers it, worships it."
                              "Get thee behind me! Git,
Satan!"

Fanfare

dialectical historicism
materialistic
autophagous
progressive
immanent
irreversible
always within
never without
infallible

fatto da noi
non da estranei
propalatori
di fanfaluche credibili
solo da pazzi

la meraviglia sintetica
non idiolettica
né individuale
anzi universale
il digiuno
che nutre tutti
e nessuno

il salto quantitativo
macché qualitativo
l'empireo
la tomba
in casa senza bisogno
che di se stessi e nemmeno
perché c'è chi provvede
ed è il dispiegamento
d'una morale
senza puntelli eccetto
l'intervento
eventuale
di un capo carismatico
finché dura
o di diàdochi
non meno provvidenziali

l'eternità tascabile
economica
controllata
da scienziati
responsabili e bene
controllati

made by us
not by foreign
purveyors
of taradiddle credible
only to crazies

the synthetic marvel
not idiolectic
nor individual
but universal
the fast
that nourishes all
and none

the quantitative leap
anything but qualitative
the empyrean
the tomb
at home without need
except of themselves and not even
because there's a provider
and it's the disclosure
of a morality
unbuttressed save for
the eventual
intervention
of a boss charismatic
so long as he lasts
or of no less providential
epigonoi

pocket-sized eternity
economical
controlled
by scientists responsible and well
controlled

la morte
del buon selvaggio
delle opinioni
delle incerte certezze
delle epifanie
delle carestie
dell'individuo non funzionale
del prete dello stregone
dell'intellettuale

il trionfo
nel sistema trinitario
dell'ex primate
su se stesso su tutto
ma senza il trucco
della crosta in ammollo
nella noosfera
e delle bubbole
che spacciano i papisti
modernisti o frontisti
popolari
gli impronti!

la guerra
quando sia progressista
perché invade
violenta non violenta
secondo accade
ma sia l'ultima

e lo è sempre
per sua costituzione

tu dimmi
disingaggiato amico
a tutto questo
hai da fare obiezioni?

the death
of the noble savage
of opinions
of uncertain certainties
of epiphanies
of famines
of the nonfunctional individual
of the priest of the wizard
of the intellectual

the triumph
in the Trinitarian system
of the ex-primate
over himself over everything
but minus the fraud
of the softening crust
of the noosphere
and the whoppers
put out by modernist
or impudent popular
frontist
papists!

war
when it's progressive
because violent nonviolent
it invades
as it happens
but may be the last

and is last always
by its very nature

tell me
my disengaged friend
do you have any objections
to all this?

Satura II

Lettera

Venezia 19..

Il vecchio colonnello di cavalleria
ti offriva negroni bacardi e roederer brut
con l'etichetta rossa. Disse il suo nome ma,
aggiunse, era superfluo ricordarlo.
Non si curò del tuo: del mio meno che meno.
Gli habitués dell'albergo erano tutti amici
anche senza conoscersi: ma soltanto agli sgoccioli
di settembre. Qualcuno ci abbracciava
scambiandoci per altri senza neppure scusarsi,
anzi congratulandosi per il felice errore.
Spuntavano dall'oscuro i grandi, i dimenticati,
la vedova di Respighi, le eredi di Toscanini,
un necroforo della Tetrazzini, un omonimo
di Malpighi, Ramerrez-Martinelli,
nube d'argento, e Tullio Carminati,
una gloria per qualche superstite iniziato.
(Su tutti il Potestà delle Chiavi, un illustre, persuaso
che noi fossimo i veri e i degni avant le déluge
che poi non venne o fu
poco più di un surplus dell'Acqua Alta).
Il vecchio cavaliere ripeteva da sempre
tra un bourbon e un martini che mai steeplechase
lo vide tra i battuti. E concludeva
sui reumatismi che gli stroncarono le ali.
Si viveva tra eguali, troppo diversi
per detestarsi, ma fin troppo simili
nell'arte del galleggio. L'invitto radoteur
è morto da qualche anno, forse prima di te.
Con lui s'è spento l'ultimo tuo corteggiatore.
Ora all'albergo giungono solo le carovane.
Non più il maestro della liquirizia
al meconio. Più nulla in quello spurgo
di canale. E neppure l'orchestrina

Satura II

Letter

Venice, 19..

The old cavalry colonel
would offer you Negroni, Bacardi, and Red Label
Roederer Brut. He told you his name but added
that there was no point in remembering it.
He didn't care about yours, even less about mine.
Nobody knew anyone, but the hotel's habitués
were all friends: though only at the tag end
of September. Someone mistook us for someone else
and embraced us without even an apology
and then congratulated himself on his lucky gaffe.
From obscurity the forgotten celebrities emerged,
Respighi's widow, Toscanini's heirs,
Tetrazzini's pallbearer, a namesake
of Malpighi, Ramerrez-Martinelli,
a silvery haze, and Tullio Carminati,
pride and joy of a few surviving initiates.
(Top dog was the Keeper of the Keys, a personage
convinced we were true and proper worthies
avant le déluge, which then never arrived or was
little more than a surplus of the Acqua Alta).
The old cavalier, between a bourbon
and a martini, told us again and again
that he'd never lost in the steeplechase. And he invariably
concluded with the rheumatism that had clipped his wings.
We lived among equals, too different
to detest each other, but too much alike
in the art of staying afloat. The unvanquished *radoteur*
died a few years back, maybe before you.
With him died the last of your gallants.
Now only tourist buses come to the hotel.
The master of licorice-with-meconium
comes no more. Nothing else arrives in that enema
called a canal. And not even the little orchestra

che al mio ingresso dal ponte
mi regalava il pot-pourri dell'ospite
nascosto dietro il paravento: il conte
di Lussemburgo.

Realismo non magico

Che cos'è la realtà

il grattacielo o il formichiere
il Logo o lo sbadiglio
l'influenza febbrile
o la fabbrile o quella
del psicagogo

Che cosa resta incrostato
nel cavo della memoria

la cresima, la bocciatura,
il primo figlio (non ne ho),
le prime botte prese
o date,
il primo giorno (quale?),
le nozze, i funerali,
la prima multa, la prima
grossa impostura,
la sveglia da cinque lire
a suoneria
o l'altra col ghirigoro dell'usignolo,
la banda all'Acquasola,
la Pira (La) non accesa ma a bagnomaria
tra le dolci sorelle
dell'Istituto di Radiologia,
le visite e la morte della zia
di Pietrasanta

which regaled me as I entered from the bridge
with the potpourri of the Guest-
Concealed-Behind-the-Screen: *The Count
of Luxembourg.*

Non-Magical Realism

What's reality

the skyscraper or the anteater
the Logos or the yawn
influenza fever
or influence of *faber*
or psychagogue

What's still left encrusted
in the cave of memory

confirmation, flunking my exams,
the first-born son (I've none),
the first hard knocks taken
or given,
the first day (which?),
the wedding, the funeral,
the first fine, the first
gross prevarication,
the five-lire wake-up
alarm-clock
or the other with the nightingale trill,
the band at the Acquasola,
the Pira (The) not lit but on bain-marie
among the sweet sisters
of the Institute of Radiology,
the visits and death of the aunt
from Pietrasanta

e tanta
e tanta e troppa roba, non so quale

Che cosa di noi resta
agli altri
(nulla di nulla all'Altro)
quando avremo dimesso
noi stessi
e non penseremo ai pensieri
che abbiamo avuto perché
non lo permetterà
Chi potrà o non potrà,
questo non posso dirlo.

Ed è l'impaccio,
la sola obiezione che si fa
a chi vorrebbe abbattere il feticcio
dell'Inutilità.

Piove

Piove. È uno stillicidio
senza tonfi
di motorette o strilli
di bambini.

Piove
da un cielo che non ha
nuvole.
Piove
sul nulla che si fa
in queste ore di sciopero
generale.

Piove
sulla tua tomba
a San Felice

and so much
and so much and too much stuff, I don't know which

What of us is left
to others
(nothing of nothing to the Other)
when we've laid
ourselves aside
and won't think of thoughts
we've had because
He won't permit it
the One who can or can't,
that I can't say.

And that's the problem,
the only objection we can make
to those who'd like to smash the Idol
of Uselessness.

It's Raining

It's raining. A drizzle
without backfiring
motorcycles or babies
crying.

It's raining
from a sky without
clouds.
It's raining
on the nothing we do
in these hours of general
strike.

It's raining
on your grave
at San Felice

a Ema
e la terra non trema
perché non c'è terremoto
né guerra.

Piove
non sulla favola bella
di lontane stagioni,
ma sulla cartella
esattoriale,
piove sugli ossi di seppia
e sulla greppia nazionale.

Piove
sulla Gazzetta Ufficiale
qui dal balcone aperto,
piove sul Parlamento,
piove su via Solferino,
piove senza che il vento
smuova le carte.

Piove
in assenza di Ermione
se Dio vuole,
piove perché l'assenza
è universale
e se la terra non trema
è perché Arcetri a lei
non l'ha ordinato.

Piove sui nuovi epistèmi
del primate a due piedi,
sull'uomo indiato, sul cielo
ominizzato, sul ceffo
dei teologi in tuta
o paludati,
piove sul progresso
della contestazione,
piove sui works in regress,

at Ema
and the earth isn't shaking
because there's no earthquake
or war.

It's raining
not on the lovely tale
of seasons past,
but on the tax-collector's
briefcase,
it's raining on cuttlefish bones
and bureaucrats.

It's raining
on the Official Bulletin
here from the open balcony,
it's raining on Parliament,
it's raining on Via Solferino,
it's raining without the wind's
ruffling the cards.

It's raining
in Hermione's absence
God willing,
it's raining because absence
is universal
and if the earth isn't quaking
it's because Arcetri
didn't command it.

It's raining on the new epistemes
of the biped primate,
on deified man, on the humanized
heavens, on the snouts
of theologians in overalls
or tuxedos,
it's raining on the progress
of the lawsuit,
it's raining

piove
sui cipressi malati
del cimitero, sgocciola
sulla pubblica opinione.

Piove ma dove appari
non è acqua né atmosfera,
piove perché se non sei
è solo la mancanza
e può affogare.

Gli ultimi spari

Moscerino, moschina erano nomi
non sempre pertinenti al tuo carattere
dolcemente tenace. Soccorrendoci
l'arte di Stanislaus poi decidemmo
per hellish fly. Volavi poco quando,
catafratta di calce, affumicata
da una stufa a petrolio eri la preda
di chi non venne e ritardò l'agguato.
E niente inferno
là dentro: solo tiri che da Fiesole
sfioravano il terrazzo, batteria
da concerto, non guerra. Fu la pace
quando scattasti, burattino mosso
da una molla, a cercare in un cestino
l'ultimo fico secco.

on work-in-regress,
on the ailing cypresses
in the cemetery, drizzling
on public opinion.

It's raining but if you appear
it's not water, not atmosphere,
it's raining because when you're not here,
it's nothing but absence
and absence can drown.

Parting Shots

"Moscerino" and "Moschina" were names
not always suited to your sweetly
willful disposition. Thanks to Stanislaus's
knack with names, we later settled on
(English) "Hell-fly." You didn't do much flying
when, caparisoned cap-a-pie in lime, and smoked
by a kerosene stove, you were the victim
of those who foiled your ambush by failing
to come. And there was nothing of hell
in that ambush: just a volley from Fiesole
that grazed the terrace: orchestral
barrage, not real war. Peace arrived
when you sprang up, a puppet triggered
by a spring, and went rummaging in a basket
for the last dry fig.

Le revenant

. . . .

quattro sillabe, il nome di un ignoto
da te mai più incontrato e senza dubbio morto.
Certamente un pittore; t'ha fatto anche la corte,
lo ammettevi, ma appena: era timido.
Se n'è parlato tra noi molti anni orsono; poi tu
non c'eri più e ne ho scordato il nome.
Ed ecco una rivista clandestina con volti
e pitture di artisti 'stroncati in boccio'
ai primi del 900. E c'è un suo quadro
orrendo, ma chi può dirlo? domani sarà un capodopera.
Sei stata forse la sua Clizia senza
saperlo. La notizia non mi rallegra.
Mi chiedo perché i fili di due rocchetti
si sono tanto imbrogliati; e se non sia quel fantasma
l'autentico smarrito e il suo facsimile io.

Niente di grave

Forse l'estate ha finito di vivere.
Si sono fatte rare anche le cicale.
Sentirne ancora una che scriccia è un tuffo nel sangue.
La crosta del mondo si chiude, com'era prevedibile
se prelude a uno scoppio. Era improbabile
anche l'uomo, si afferma. Per la consolazione
di non so chi, lassù alla lotteria
è stato estratto il numero che non usciva mai.

Ma non ci sarà scoppio. Basta il peggio
che è infinito per natura mentre
il meglio dura poco. La sibilla trimurtica
esorcizza la Moira insufflando
vita nei nati-morti. È morto solo
chi pensa alle cicale. Se non se n'è avveduto
il torto è suo.

Le Revenant

. . . .

four syllables, the name of a stranger
never met again and doubtless dead.
A painter, for sure. He even courted you,
you admitted, but barely: he was shy.
We talked about it many years ago: then you
were no longer there and I forgot his name.
But here's an underground journal with faces
and drawings by artists "nipped in the bud"
in the first years of the century. And there's a hideous
painting by him. But who knows? By tomorrow it will be
a masterpiece. You may have been his Clizia
unknowingly. Not a happy thought for me.
I wonder how tapes from two reels
got so tangled together, and whether that ghost
could be the original and me the copy.

Nothing Serious

Maybe summer has given up the ghost.
Even the cicadas have all but vanished. The sound
of one, still shrilling, makes the blood leap.
Predictably, the world's crust closes over, as it would
if explosion were imminent. Man too
they said was improbable. In the lottery
overhead a number was drawn that never
turned up before, for whose benefit I don't know.

But there'll be no explosion. Indefinite
by nature, the worst lasts, the best
is brief. The trimurtic Sybil
exorcises Moira, breathing life
into the stillborn. The only dead man is the man
thinking of cicadas. And it's his own fault
if he's unaware of the fact.

Tempo e tempi

Non c'è un unico tempo: ci sono molti nastri
che paralleli slittano
spesso in senso contrario e raramente
s'intersecano. È quando si palesa
la sola verità che, disvelata,
viene subito espunta da chi sorveglia
i congegni e gli scambi. E si ripiomba
poi nell'unico tempo. Ma in quell'attimo
solo i pochi viventi si sono riconosciuti
per dirsi addio, non arrivederci.

Vedo un uccello fermo sulla grondaia,
può sembrare un piccione ma è più snello
e ha un po' di ciuffo o forse è il vento,
chi può saperlo, i vetri sono chiusi.
Se lo vedi anche tu, quando ti svegliano
i fuoribordo, questo è tutto quanto
ci è dato di sapere sulla felicità.
Ha un prezzo troppo alto, non fa per noi e chi l'ha
non sa che farsene.

La belle dame sans merci

Certo i gabbiani cantonali hanno atteso invano
le briciole di pane che io gettavo
sul tuo balcone perché tu sentissi
anche chiusa nel sonno le loro strida.

Oggi manchiamo all'appuntamento tutti e due
e il nostro breakfast gela tra cataste

Time and Times

There's no unique time, rather many tapes
running parallel,
often contradictory, and rarely
intersecting. But then the sole truth
is disclosed and, once disclosed, immediately
erased by whoever runs the recorder
and spins the dials. And then we fall back
into unique time. But in that instant
only the few people still alive
have recognized each other in time to say,
not be-seeing-you, but good-bye.

I spy a bird perched in the gutter,
a pigeon maybe but not so plump,
with a tiny crest, but who knows,
with the windows closed, could be the wind.
If the speedboats wake you up, and you
spy him too, that happiness is all
we're given to know. It costs too much,
is not for us, and those so gifted
haven't a clue what to do with it.

La Belle Dame Sans Merci

Clearly the canton's gulls have been waiting hungrily
for the crumbs of bread I once tossed
on your balcony so you could hear
their cries even in your heavy sleep.

Today we both miss the appointment
and our breakfast grows cold among piles

per me di libri inutili e per te di reliquie
che non so: calendari, astucci, fiale e creme.

Stupefacente il tuo volto s'ostina ancora, stagliato
sui fondali di calce del mattino;
ma una vita senz'ali non lo raggiunge e il suo fuoco
soffocato è il bagliore dell'accendìno.

Nell'attesa

È strano che tanto tempo sia passato
dall'annunzio del grande crac: seppure
quel tempo e quella notizia siano esistiti.
L'abbiamo letto nei libri: il fuoco non li risparmia
e anche di noi rimarrà un'eco poco attendibile.
Attendo qualche nuova di me che mi rassicuri.
Attendo che mi si dica ciò che nasconde il mio nome.
Attendo con la fiducia di non sapere
perché chi sa dimentica persino
di essere stato in vita.

Botta e risposta II

I

«Il solipsismo non è il tuo forte, come si dice.
Se fosse vero saresti qui, insabbiato
in questa Capri nordica dove il rombo
dei motoscafi impedisce il sonno
fino dalla primalba. Sono passati i tempi
di Monte Verità, dei suoi nudisti,
dei kulturali jerofanti alquanto
ambivalenti o peggio. Eppure, inorridisci,
non so che sia, ma qui qualcosa regge».

(lettera da Ascona)

of useless books for me and relics of who knows what
for you: calendars, cases, lotions, bottles.

Amazingly, your face persists, embossed
on the morning's background of chalk; a life
without wings can't touch it, and its stifled fire
is the flare of my cigarette lighter.

Waiting

Strange that so much time has passed
since the announcement of the Big Bang—supposing
that so much time and such news ever existed.
We've read about it in books: fire doesn't spare them
and even our echo will be barely audible.
I wait for some change in myself to reassure me.
I wait to be told what my name conceals.
I wait with the confidence of not knowing
since he who knows forgets even the fact
of having been alive.

Thrust and Parry II

I

"Solipsism isn't your forte, as they say.
If it were, you'd be here, buried in sand
in this Nordic Capri where the roar
of speedboats makes dozing difficult
after dawn. The days of Mt. Verità
with its nudists and hierophants of Kultur,
no less ambivalent or worse,
are over. And yet, you shudder,
something here, I don't know what, persists."

(letter from Ascona)

II

Diafana come un velo la foglia secca
che il formicone spinge sull'ammattonato
ospita viaggiatori che salgono e scendono in fretta.
Sto curvo su slabbrature e crepe del terreno
entomologo-ecologo di me stesso.
Il monte che tu rimpiangi l'ho salito
a piedi con la valigia fino a mezza strada.
Non prometteva nulla di buono, trovai alloggio
letto crauti e salsicce in riva al lago.
Vivevo allora in cerca di fandonie
da vendere. In quel caso un musicologo
ottuagenario sordo, famoso, ignoto a me
e agli indigeni, quasi irreperibile.
Lo stanai, tornai pieno di notizie,
sperai di essere accolto come un asso
della speleologia.
E ora tutto è cambiato, un formicaio
vale l'altro ma questo mi attira di più.
Un tempo, tu lo sai, dissi alla donna miope
che portava il mio nome e ancora lo porta dov'è:
noi siamo due prove,
due bozze scorrette che il Proto
non degnò d'uno sguardo. Fu anche un lapsus
madornale, suppongo, l'americana di Brünnen
di cui poi leggemmo il suicidio.
Vivente tra milioni d'incompiuti per lei
non c'era altra scelta. Diceva
che ognuno tenta a suo modo
di passare oltre: oltre che?
Ricordavo Porfirio: le anime dei saggi
possono sopravvivere. Quei pochi
pensano vedono amano senz'occhi
né corpo o forma alcuna. Fanno a meno
del tempo e dello spazio, immarcescibili
avari (questo il greco
non lo disse e non è il caso di leggerlo).
Tirchi così? Per noi non esisteva

II

Transparent as gossamer the dry leaf
nudged by the big ant across the pavement
shelters voyagers scurrying up and down.
I'm bent over the cracked and wrinkled ground
of my entomologico-ecological self.
That mountain you miss I climbed
on foot halfway to the top, suitcase in hand.
It promised me nothing worth the climb; at the lakeside
I found lodging, bed, sausages and kraut.
At the time my life was a quest for tall tales
to hawk. In particular, a deaf but famous
octogenerian musicologist, unknown to both me
and the natives, and almost impossible to trace.
I tracked him down and came back loaded with news
hoping to be welcomed
as a speleological whiz.
And now everything's changed; one anthill's
as good as another, but this one is more appealing.
Once, you know, I told my myopic wife
who bore my name, and bears it still, wherever
she is: Look, we're two drafts,
two uncorrected sketches which Number One
never thought worth a look. And that American girl
from Brünnen whose suicide we read about—
she, too, I suppose, was a huge oversight.
Living among millions of people, to her incomplete,
there was no other choice. She used to say
that everyone in his own way tries
to surpass, to transcend. Transcend what?
I kept recalling Porphyry: the souls of sages
can survive death. Those rare souls think,
see, love, all without eyes; without
body or form. They do without
time and space, incorruptible
misers (the Greek text didn't say this
and there's no chance of so construing it).
Cheapskate sages? For us

scrigno di sicurezza per difendervi
l'ultimo candelotto rimasto acceso.
Se mai fosse il lucignolo prossimo all'estinzione
dopo non era che il buio.
Non per tutti, Porfirio, ma per i dàtteri
di mare che noi siamo, incapsulati
in uno scoglio. Ora neppure attendo
che mi liberi un colpo di martello.

. . . .

Se potessi vedermi tu diresti
che nulla è di roccioso in questo butterato
sabbiume di policromi
estivanti ed io in mezzo, più arlecchino
degli altri. Ma la sera poi sorviene
e riconcilia e chiude. Si sta meglio.
A tarda notte mi sfilo dal mignolo l'anello,
nel dito abbronzato resta un cerchiolino pallido.
Non credere che io porti la penitenza a un estremo
gusto di evanescenze e dilettazioni morose.
Nel buio e nella risacca più non m'immergo, resisto
ben vivo vicino alla proda, mi basto come mai prima
m'era accaduto. È questione
d'orgoglio e temperamento. Sto attento a tutto. Se occorre,
spire di zampironi tentano di salvarmi
dalle zanzare che pinzano, tanto più sveglie di me.

Qui e là

Da tempo stiamo provando la rappresentazione
ma il guaio è che non siamo sempre gli stessi.
Molti sono già morti, altri cambiano sesso,
mutano barbe volti lingua o età.
Da anni prepariamo (da secoli) le parti,
la tirata di fondo o solamente
'il signore è servito' e nulla più.
Da millenni attendiamo che qualcuno

there was no defence, no windscreen
to shelter the last guttering candle end.
If the firefly was on the edge of extinction,
later there was only darkness.
Not for all, Porphyry, only for those poor
piddocks we are, shells
on a reef. Now I don't imagine
even a sledgehammer could set me free.

. . . .

If you could see me, you'd say
there was nothing rocklike in this pocked
sandpack of summering
polychromes with me in the middle, more of a clown
than others. But then evening comes on,
soothing, closing down. One feels better.
Late at night I slip the ring from my little finger,
leaving a small white circle on the tanned skin.
Don't suppose my remorse implies a potent
yen for transience and morbid delights.
I no longer dive into darkness and backwash.
I resist, very much alive, close to shore. I'm more
self-sufficient than before. A matter of pride
and temperament. I'm alert to everything. If needed,
I have insecticides, spirals of smoke, to stave off
the voracious mosquitoes, all livelier than me.

Here and There

For some time we've been rehearsing the show
but the problem is that we don't stay the same.
Many have died already, others change sex,
beards, faces, language, or age.
For years (centuries) we've been working on our parts,
the long, crucial tirade or merely
"Your humble servant, milord," and nothing more.
For millennia we've been waiting for someone

ci saluti al proscenio con battimani
o anche con qualche fischio, non importa,
purché ci riconforti un *nous sommes là*.
Purtroppo non pensiamo in francese e così
restiamo sempre al qui e mai al là.

Che mastice tiene insieme
questi quattro sassi.

Penso agli angeli
sparsi qua e là
inosservati
non pennuti non formati
neppure occhiuti
anzi ignari
della loro parvenza
e della nostra
anche se sono
un contrappeso più forte
del punto di Archimede
e se nessuno li vede
è perché occorrono altri occhi
che non ho
e non desidero.

La verità è sulla terra
e questa non può saperla
non può volerla
a patto di distruggersi.

Così bisogna fingere
che qualcosa sia qui
tra i piedi tra le mani
non atto né passato
né futuro

to hail us on the stage, with cheering
or even occasional boos, anything at all,
so long as there's a *nous sommes là* to console us.
Regrettably we don't think in French, which means
we're always here and never there.

What mortar bonds
these four stones.

I think of angels
scattered here and there
unobserved
without wings, without form
without even eyes
ignorant even
of their own appearance
and ours
and even if they're
a counterweight stronger
than Archimedes' point
and nobody sees them
it's because different eyes are needed
which I don't have
and don't want.

Truth is here on earth
and the earth can't know it
can't want it
except by destroying itself.

So we have to pretend
there's something here
between our feet between our hands
not about to be nor past
nor future

e meno ancora un muro
da varcare

bisogna fingere
che movimento e stasi
abbiano il senso
del nonsenso
per comprendere
che il punto fermo è un tutto
nientificato.

Provo rimorso per avere schiacciato
la zanzara sul muro, la formica
sul pavimento.
Provo rimorso ma eccomi in abito scuro
per il congresso, per il ricevimento.
Provo dolore per tutto, anche per l'ilota
che mi propina consigli di partecipazione,
dolore per il pezzente a cui non do l'elemosina,
dolore per il demente che presiede il consiglio
d'amministrazione.

Auf Wiedersehen

hasta la vista, à bientôt, I'll be seeing you, appuntamenti
ridicoli perché si sa che chi s'è visto s'è visto.
La verità è che nulla si era veduto
e che un accadimento non è mai accaduto.
Ma senza questo inganno sarebbe inesplicabile
l'ardua speculazione che mira alle riforme
essendo il *ri* pleonastico là dove
manca la forma.

and still less a wall
to cross

we have to pretend
that movement and stasis
have the sense
of nonsense
to understand
that the still point is a whole
nullified.

I feel remorse for squashing the mosquito
on the wall, the ant
on the sidewalk.
I feel remorse, but here I am formally garbed
for the conference, the reception.
I feel sorry for all, even for the slave
who proffers me advice on the stock market,
sorrow for the beggar who gets no alms from me,
sorrow for the madman who presides
at the Administrative Council.

Auf Wiedersehen

hasta la vista, à bientôt, I'll be seeing you, absurd
arrangements, since we know the seeing's over, done with, *finito.*
The fact is that nothing was ever seen,
and that an occurrence never occurred.
But lacking this illusion the lofty speculation
that aims at reforms in which the *re-* is redundant
when the *-form* is missing, couldn't
be explained.

Cielo e terra

Che il cielo scenda in terra da qualche secolo
sempre più veloce
non lo potevi credere. Ora che mi è impossibile
dirtelo a voce ti svelo che non è sceso mai
perché il cielo non è un boomerang
gettato per vederselo ritornare.
Se l'abbiamo creato non si fa rivedere,
privo del connotato dell'esistenza.
Ma se così non è può fare senza
di noi, sue scorie, e della nostra storia.

Un mese tra i bambini

I bambini giocano
nuovissimi giuochi,
noiose astruse propaggini
del giuoco dell'Oca.

I bambini tengono in mano
il nostro avvenire.
Non questi che lo palleggiano,
ma generazioni lontane.

Il fatto non ha importanza
e gli ascendenti neppure.
Quello che hanno tra i piedi
è il presente e ne avanza.

I bambini non hanno
amor di Dio e opinioni.
Se scoprono la finocchiona
sputano pappe e emulsioni.

Heaven and Earth

You couldn't believe that for centuries now
heaven has been descending to earth
ever more rapidly. Now that I can no longer tell you
myself, I'll show you it never did descend:
Heaven's not a boomerang we can throw
in order to see it returning.
If we created it, it can't be seen again
without the connotation of existence.
But if that's how things are, it can do
without us, its refuse, and our history.

A Month among Children

Children play
the latest games,
boring abstract variants
on the game of Goose.

Children hold our future
in their hands.
Not these children playing ball,
but future generations.

Facts don't matter
nor forebears either.
What lies between their feet
is the present, abounding.

Children have no love
for God and opinions.
If they discover salami,
they spurn pap and pablum.

I bambini sono teneri
e feroci. Non sanno
la differenza che c'è
tra un corpo e la sua cenere.

I bambini non amano
la natura ma la prendono.
Tra i pini innalzano tende,
sciamano come pecchie.

I bambini non pungono
ma fracassano. Spuntano
come folletti, s'infilano
negl'interstizi più stretti.

I bambini sopportano
solo le vecchie e i vecchi.
Arrampicativisi strappano
fermagli pendagli cernecchi.

I bambini sono felici
come mai prima. Con nomi
da rotocalco appaiono
nella réclame delle lavatrici.

I bambini non si chiedono
se esista un'altra Esistenza.
E hanno ragione. Quel nòcciolo
duro non è semenza.

I bambini . . .

A pianterreno

Scoprimmo che al porcospino
piaceva la pasta al ragù.
Veniva a notte alta, lasciavamo

Children are tender
and cruel. They don't know
the difference between
a body and its ashes.

Children have no love
for nature but they make it theirs,
pitching tents in the pines,
swarming like bees.

Children don't sting,
they smash. They sprout
like elves, slithering
through the tiniest chinks.

Children can't stand anyone
but old men and women,
clambering up, grabbing
at curls, pins, and pendants.

Children are happy
as never before. They appear
in glossy magazines
advertising washing machines.

Children don't ask themselves
if there's another Existence.
And they're right. That hard nut
isn't a seed.

Children . . .

On the Ground Floor

We discovered the porcupine
had a yen for pasta *al ragù*.
She came in late, we'd leave

il piatto a terra in cucina.
Teneva i figli infruscati
vicino al muro del garage.
Erano molto piccoli, gomitoli.
Che fossero poi tanti
il guardia, sempre alticcio, non n'era sicuro.
Più tardi il riccio fu visto
nell'orto dei carabinieri.
Non c'eravamo accorti
di un buco tra i rampicanti.

A tarda notte

Il colloquio con le ombre
non si fa per telefono.
Sui nostri dialoghi muti non s'affaccia
'giraffa' o altoparlante.
Anche le parole però servono
quando non ci riguardano,
captate per errore di una centralinista
e rivolte a qualcuno
che non c'è,
che non sente.
Vennero da Vancouver una volta
a tarda notte
e attendevo Milano. Fui sorpreso
dapprima, poi sperai che continuasse
l'equivoco. Una voce dal Pacifico,
l'altra dalla laguna. E quella volta
parlarono due voci libere come non mai.
Poi non accadde nulla, assicurammo
l'intrusa del servizio che tutto era perfetto,
regolare e poteva continuare,
anzi *doveva*. Né sapemmo mai
su quali spalle poi gravasse il prezzo
di quel miracolo.

the plate on the kitchen floor.
She kept her cubs all curled up
near the wall of the garage—
little balls of yarn, so small
the caretaker, always plastered,
wasn't sure of the size of the litter.
Later the porky was spotted
in the carabinieri's garden.
We hadn't spied the crawlway
cutting through the creepers.

Late at Night

There's no conversing with shades
on the telephone.
No loudspeaker or mike boom
appears in our mute dialogues.
Still, words are useful
when we're not involved, when they're
picked up accidentally by some operator
and relayed to someone else
who isn't there,
who doesn't hear.
Once, late at night, they came
from Vancouver, when I was expecting
a call from Milan.
I was surprised at first, then hoped
the confusion would continue: one voice
from the Pacific, another from the Venetian lagoon.
And on that occasion the two voices spoke
more freely than ever before.
Then total silence, and when the operator
broke in, we assured her that everything
was perfectly in order and the conversation could,
and *should,* continue. And we had no idea
who in the end would have to foot the bill
for that miracle.

Ma non ne ricordai una parola.
Il fuso orario era diverso, l'altra
voce non c'era, non c'ero io per lei,
anche le lingue erano miste, un'olla
podrida di più gerghi, di bestemmie e di risa.
Ormai dopo tanti anni l'altra voce
non lo rammenta e forse mi crede morto.
Io credo che lo sia lei. Fu viva almeno un attimo
e non se n'è mai accorta.

Incespicare

Incespicare, incepparsi
è necessario
per destare la lingua
dal suo torpore.
Ma la balbuzie non basta
e se anche fa meno rumore
è guasta lei pure. Così
bisogna rassegnarsi
a un mezzo parlare. Una volta
qualcuno parlò per intero
e fu incomprensibile. Certo
credeva di essere l'ultimo
parlante. Invece è accaduto
che tutti ancora parlano
e il mondo
da allora è muto.

But I don't remember a word of it.
The time zones were different, the other voice
wasn't there for me, and I wasn't here for her;
even the languages got jumbled, an olla
podrida of garbled slang, curses, and laughter.
By now, after so many years, the other voice
has forgotten, maybe she thinks I'm dead.
I think it's she who died. For at least a second
she was alive,
unawares.

Stuttering

Stuttering, stammering,
need must be
to rouse the language
from its torpor.
But lisping won't do,
and although less noisy,
it's ruinous too. So
we'll have to be resigned
to half-speech. Once
somebody's speech was whole,
incomprehensibly so. Clearly
he believed he was the last
speaker. Instead, it fell out
that everyone's still talking
and ever since
the world's been mute.

Botta e risposta III

I

«Ho riveduto il tetro dormitorio
dove ti rifugiasti quando l'Almanacco
di Gotha straripò dalle soffitte
del King George e fu impietoso al povero
malnato. Già la pentola bolliva
e a stento bolle ancora mentre scrivo.
Mi resta il clavicembalo arrivato
nuovo di zecca. Ha un suono dolce e quasi
attutisce (per poco) il borbottìo
di quel bollore. Meglio non rispondermi».

(lettera da Kifissia)

II

Di quel mio primo rifugio
io non ricordo che le ombre
degli eucalipti; ma le altre,
le ombre che si nascondono
tra le parole, imprendibili,
mai palesate, mai scritte,
mai dette per intero,
le sole che non temono
contravvenzioni,
persecuzioni, manette,
non hanno né un prima né un dopo
perché sono l'essenza della memoria.
Hanno una forma di sopravvivenza
che non interessa la storia,
una presenza scaltra, un'asfissia che non è
solo dolore e penitenza.

E posso dirti senza orgoglio,
ma è inutile perché
in questo mi rassomigli,
che c'è tra il martire e il coniglio,

Thrust and Parry III

I

"I went back to see the dreary flophouse
where you took refuge when the *Almanach
de Gotha* overflowed from the attics
of the King George Hotel and had no pity
for the poor wretch. The pot was already boiling
and is still simmering now as I write.
I still have the harpsichord which arrived
spanking new. The tone is lovely and (for
a while) it almost drowns out the mutter
of that boiling pot. Best not reply."

(letter from Kifissia)

II

All I remember of that first refuge
of mine are the shadows
of the eucalyptus, but the others,
the shadows concealed
between words, unseizable,
never revealed, never written,
never wholly uttered,
the only ones that have no fear
of breaking the law,
persecutions, handcuffs.
Being the essence of memory,
they have neither before nor after.
They have a form of survival
of no importance to history,
a shrewd presence, a suffocation which is not
merely penitence and pain.

And I can tell you this without pride,
but it's useless
since in this you resemble me,
and between the martyr and the rabbit,

tra la galera e l'esilio,
un luogo dove l'inerme
lubrifica le sue armi,
poche ma durature.

Resistere al vincitore
merita plausi e coccarde,
resistere ai vinti quand'essi
si destano e sono i peggiori,
resistere al peggio che simula
il meglio vuol dire essere salvi
dall'infamia, scampati (ma è un inganno)
dal solo habitat respirabile
da chi pretende che esistere
sia veramente possibile.

Ricordo ancora l'ostiere
di Xilocastron, il menu
dove lessi barbunia, indovinai
ch'erano triglie e lo furono,
anche se marce, e mi parvero
un dono degli dèi. Tutto ricordo
del tuo paese, del suo mare, delle
sue capre, dei suoi uomini,
eredi inattendibili di un mondo
che s'impara sui libri ed era forse
orrendo come il nostro.
Io ero un nume
in abito turistico, qualcosa
come il Viandante della Tetralogia,
ma disarmato, innocuo, dissotterrato,
esportabile
di contrabbando da uno specialista.

Ma ero pur sempre nel divino. Ora
vivo dentro due chiese che si spappolano,
dissacrate da sempre, mercuriali,
dove i pesci che a gara vi boccheggiano

between prison and exile,
there's a place where the defenceless man
oils his weapons,
few but permanent.

To resist the victor
deserves applause and ribbons,
resisting the defeated when they
waken and are the worst,
resisting the worst that simulates the best
means being safe
from infamy, liberated (but it's
an illusion) from the one habitat
in which those who pretend
existence is really possible
can breathe.

I still remember the inn
at Xilocastron, the menu
listing "Barbunia," which I guessed
were mullet, and they were,
even though spoiled, and to me they seemed
a gift from heaven. I remember everything
about your village, your sea, your
goats, your men,
unreliable heirs of a world
that knows itself from books and was perhaps
as awful as our own.
I was a divinity
in tourist garb, something
like the Wayfarer in the Tetralogy,
but unarmed, innocuous, disinterred,
someone to be smuggled out
by a specialist.

But the divine was always with me. Now
I live between two overripe churches,
forever deconsecrated, marketplaces
where competitively gasping fish

sono del tutto eguali. Se non fosse
che la pietà è inesauribile eppure
è un intralcio di più, direi che è usata male.
Ma la merito anch'io? Lascio irrisolto
il problema, sigillo questa lettera
e la metto da parte. La ventura
e la censura hanno in comune solo
la rima. E non è molto.

È ridicolo credere

che gli uomini di domani
possano essere uomini,
ridicolo pensare
che la scimmia sperasse
di camminare un giorno
su due zampe

è ridicolo
ipotecare il tempo
e lo è altrettanto
immaginare un tempo
suddiviso in più tempi

e più che mai
supporre che qualcosa
esista
fuori dell'esistibile,
il solo che si guarda
dall'esistere.

are all the same. Except for the fact
that mercy is inexhaustible and yet it's
one more obstacle, misused I'd say.
But do I deserve it too? I leave the problem
unresolved, seal this letter
and set it aside. Venture
and censure have nothing in common
but the rhyme. Which isn't much.

It's Absurd Believing

that the men of tomorrow
can be men,
absurd to think
the ape hoped
someday to walk
on two feet

absurd
to mortgage time
and just as absurd
to imagine a time
subdivided into more times

and still more so
to suppose that anything
exists
outside the existible,
the uniqueness that desists
from existing.

Le parole

Le parole
se si ridestano
rifiutano la sede
più propizia, la carta
di Fabriano, l'inchiostro
di china, la cartella
di cuoio o di velluto
che le tenga in segreto;

le parole
quando si svegliano
si adagiano sul retro
delle fatture, sui margini
dei bollettini del lotto,
sulle partecipazioni
matrimoniali o di lutto;

le parole
non chiedono di meglio
che l'imbroglio dei tasti
nell'Olivetti portatile,
che il buio dei taschini
del panciotto, che il fondo
del cestino, ridottevi
in pallottole;

le parole
non sono affatto felici
di esser buttate fuori
come zambracche e accolte
con furore di plausi
e disonore;

le parole
preferiscono il sonno
nella bottiglia al ludibrio

Words

Words
when wakened
reject the most propitious
setting, the Fabriano
bond, the China
ink, the binding
leather or velvet
that sets them apart;

words
when they wake
lounge on the back
of bills, on the edges
of lottery tickets,
on wedding or funeral
invitations;

words
ask nothing more
than the clatter of the keys
on the Olivetti portable,
the darkness of jacket
pockets, the bottom
of the wastebasket, crumpled
into little balls;

words
aren't the least bit happy
at being tossed out
like whores and greeted
with cheers of applause
and disgrace;

words
would prefer to sleep
in a bottle than the ignominy

di essere lette, vendute,
imbalsamate, ibernate;

le parole
sono di tutti e invano
si celano nei dizionari
perché c'è sempre il marrano
che dissotterra i tartufi
più puzzolenti e più rari;

le parole
dopo un'eterna attesa
rinunziano alla speranza
di essere pronunziate
una volta per tutte
e poi morire
con chi le ha possedute.

Fine del '68

Ho contemplato dalla luna, o quasi,
il modesto pianeta che contiene
filosofia, teologia, politica,
pornografia, letteratura, scienze
palesi o arcane. Dentro c'è anche l'uomo,
ed io tra questi. E tutto è molto strano.

Tra poche ore sarà notte e l'anno
finirà tra esplosioni di spumanti
e di petardi. Forse di bombe o peggio,
ma non qui dove sto. Se uno muore
non importa a nessuno purché sia
sconosciuto e lontano.

of being read, sold, embalmed,
forced to hibernate;

words
belong to everyone and vainly
take cover in dictionaries
since there's always some boor
who roots up the rarest
and rankest truffles;

words
after waiting an eternity
renounce the hope
of being pronounced
once and for all
and then dying
with their possessor.

Year's End: 1968

From the moon, or thereabouts,
I've studied this modest planet which contains
philosophy, theology, politics,
pornography, literature, science,
hard or occult. It also contains man,
myself included. And it's all very strange.

In a few more hours it will be night,
and the year will end with exploding champagne
and firecrackers. Maybe bombs, or worse,
but not here where I am. If someone dies,
who cares, so long as he's unknown
and from elsewhere.

Divinità in incognito

Dicono
che di terrestri divinità tra noi
se ne incontrano sempre meno.
Molte persone dubitano
della loro esistenza su questa terra.
Dicono
che in questo mondo o sopra ce n'è una sola o nessuna;
credono
che i savi antichi fossero tutti pazzi,
schiavi di sortilegi se opinavano
che qualche nume in incognito
li visitasse.

Io dico
che immortali invisibili
agli altri e forse inconsci
del loro privilegio,
deità in fustagno e tascapane,
sacerdotesse in gabardine e sandali,
pizie assorte nel fumo di un gran falò di pigne,
numinose fantasime non irreali, tangibili,
toccate mai,
io ne ho vedute più volte
ma era troppo tardi se tentavo
di smascherarle.

Dicono
che gli dèi non discendono quaggiù,
che il creatore non cala col paracadute,
che il fondatore non fonda perché nessuno
l'ha mai fondato o fonduto
e noi siamo solo disguidi
del suo nullificante magistero;
eppure
se una divinità, anche d'infimo grado,
mi ha sfiorato

Divinity in Disguise

They say
encounters between the terrestrial gods
and us happen less and less often.
Many people doubt
that gods exist on this earth.
They say
that in this world or the world above there's only
one god or none; they think
the ancient sages were all crazy,
slaves of divination, if they thought
they were visited by divinities
incognito.

I say
that immortals invisible
to others and maybe unaware
of being privileged,
gods in bluejeans and backpacks,
priestesses in raincoats and sandals,
Pythian sybils swathed in the smoke of a great bonfire
of pine cones, numinous phantoms, not unreal, tangible
but untouched—
I've glimpsed them now and then
but I wasn't fast enough
to unmask them.

They say
the gods no longer come down to earth,
that the creator doesn't come parachuting down,
that the founder doesn't found because no one
has ever founded or fondue'd him
and we're nothing but mistakes
of his nullifying power;
and yet
if a god, even of the lowest rank,
has grazed me

quel brivido m'ha detto tutto e intanto
l'agnizione mancava e il non essente
essere dileguava.

L'angelo nero

O grande angelo nero
fuligginoso riparami
sotto le tue ali,
che io possa sorradere
i pettini dei pruni, le luminarie dei forni
e inginocchiarmi
sui tizzi spenti se mai
vi resti qualche frangia
delle tue penne

o piccolo angelo buio,
non celestiale né umano,
angelo che traspari
trascolorante difforme
e multiforme, eguale
e ineguale nel rapido lampeggio
della tua incomprensibile fabulazione

o angelo nero disvélati
ma non uccidermi col tuo fulgore,
non dissipare la nebbia che ti aureola,
stàmpati nel mio pensiero
perché non c'è occhio che resista ai fari,
angelo di carbone che ti ripari
dentro lo scialle della caldarrostaia

grande angelo d'ebano
angelo fosco
o bianco, stanco di errare
se ti prendessi un'ala e la sentissi
scricchiolare

that shiver told me all, and yet
there was no recognition, and the nonbeing
being faded away.

The Black Angel

O great soot-black
angel, shelter me
under your wings,
let me scrape past
the bramble spikes, the oven's shining jets,
and fall to my knees
on the dead embers if perchance
some fringe of your feathers
remains

o small dark angel,
neither heavenly nor human,
angel who shines through,
changing colors, formless
and multiform, equal
and unequal in the swift lightning
of your incomprehensible fabulation

o black angel reveal yourself
but may your splendor not consume me,
leave unmelted the mist that haloes you,
stamp yourself in my thought,
since no eye resists your blazings
coal-black angel sheltering
under the chestnut peddler's cape

great ebony angel
angel dusky
or white
if, weary of my wandering,
I clutched your wing and felt it
crunch

non potrei riconoscerti come faccio
nel sonno, nella veglia, nel mattino
perché tra il vero e il falso non una cruna
può trattenere il bipede o il cammello,
e il bruciaticcio, il grumo
che resta sui polpastrelli
è meno dello spolvero
dell'ultima tua piuma, grande angelo
di cenere e di fumo, miniangelo
spazzacamino.

L'Eufrate

Ho visto in sogno l'Eufrate,
il suo decorso sonnolento tra
tonfi di roditori e larghi indugi in sacche
di fango orlate di ragnateli arborei.
Chissà che cosa avrai visto tu in trent'anni
(magari cento) ammesso che sia qualcosa di te.
Non ripetermi che anche uno stuzzicadenti,
anche una briciola o un niente può contenere il tutto.
È quello che pensavo quando esisteva il mondo
ma il mio pensiero svaria, si appiccica dove può
per dirsi che non s'è spento. Lui stesso non ne sa nulla,
le vie che segue sono tante e a volte
per darsi ancora un nome si cerca sull'atlante.

L'Arno a Rovezzano

I grandi fiumi sono l'immagine del tempo,
crudele e impersonale. Osservati da un ponte
dichiarano la loro nullità inesorabile.
Solo l'ansa esitante di qualche paludoso
giuncheto, qualche specchio

I could not know you as now I do,
in sleep, on waking, in the morning
since between true and false no needle
can stop biped or camel,
and the charred residue, the grime
left on the fingertips
is less than the dust
of your last feather, great angel
of ash and smoke, mini-angel
chimney sweep.

The Euphrates

I saw the Euphrates in a dream,
its slow, sleepy progress among rodents
plopping, and its wide lingering in muddy
pockets fringed by spiderwebbing trees.
Who knows what you'll have seen in thirty years
(or even a hundred), though what you see is mostly you.
Don't tell me once more that a mere toothpick,
a crumb, a nothing, can contain the all.
That's what I thought when the world was still there,
but my thought forks and twists, clings where it can
simply to let itself know it hasn't
stopped. The river knows nothing of itself,
changing courses so often that, sometimes,
just to get a name, it consults the atlas.

The Arno at Rovezzano

Great rivers are the image of time,
impersonal and cruel. Viewed from a bridge,
they declare their inexorable nothingness.
Only the hesitant curve of some marshy
canebrake, a few shining pools

che riluca tra folte sterpaglie e borraccina
può svelare che l'acqua come noi pensa se stessa
prima di farsi vortice e rapina.
Tanto tempo è passato, nulla è scorso
da quando ti cantavo al telefono 'tu
che fai l'addormentata' col triplice cachinno.
La tua casa era un lampo visto dal treno. Curva
sull'Arno come l'albero di Giuda
che voleva proteggerla. Forse c'è ancora o
non è che una rovina. Tutta piena,
mi dicevi, di insetti, inabitabile.
Altro comfort fa per noi ora, altro
sconforto.

Si andava . . .

Si andava per funghi
sui tappeti di muschio
dei castagni.

Si andava per grilli
e le lucciole
erano i nostri fanali.

Si andava per lucertole
e non ne ho mai
ucciso una.

Si andava sulle formiche
e ho sempre evitato
di pestarle.

Si andava all'abbecedario,
all'imbottimento primario,
secon-terziario, mortuario.

among dense scrub and mosses
can reveal that water, like us, reflects on itself
before turning into rapids and rapine.
So much time has passed, nothing's changed
since those days when, chortling like mad,
I sang you *"Toi qui fais l'endormie"* on the phone.
Seen from the train your house was a flash of light.
It leans over the Arno like the Judas tree
that tried to protect it. Maybe the house is still there,
maybe it's a shambles. Crawling with insects,
you told me, uninhabitable.
A different comfort suits us now, a different
discomfort.

We Went . . .

We went for mushrooms
over the mossy carpets
under the chestnuts.

We went for crickets
and fireflies
lighted our way.

We went for lizards
and I never
killed one.

We went walking over ants
and I managed not
to squash any.

We went on to our ABCs,
to the crammings, primary,
secondo-tertiary, mortuary.

Si andava su male piste
e mai ne sono stato
collezionista.

Si andava per la gavetta,
per l'occupazione,
per la disdetta, per la vigilanza,
per la mala ventura.

Si andava non più per funghi
ma per i tempi lunghi
di un'età più sicura,
anzi per nessun tempo
perché non c'era toppa
nella serratura.

Annaspando

Si arraffa un qualche niente
e si ripete
che il tangibile è quanto basta.
Basterebbe un tangente
se non fosse
ch'è lì, a due passi, guasto.

Pasqua senza week-end

Se zufolo il segnale convenuto
sulle parole 'sabato domenica
e lunedì' dove potrò trovarti
nel vuoto universale? Fu un errore conoscersi,
un errore che tento di ripetere
perché solo il farnetico è certezza.

We went bad ways
and I never
collected any.

We went for the messkit,
the occupation,
repudiation, watchful waiting,
the dreadful outcome.

We no longer went for mushrooms,
we went for the tedious times
of a securer age,
or rather for no time at all,
trapped, up shit creek
without a paddle.

Groping

You grab a few nothings
and remind yourself
that the tangible is all that counts.
Just a touch of something would do,
except that it's there, beside you,
busted.

Easter without Weekend

If I whistle our signal—we agreed
on the words, "Saturday, Sunday,
Monday,"—where will I find you
in the universal void? We met by mistake,
a mistake I'm bent on repeating,
since only madness knows for sure.

Gli uomini che si voltano

Probabilmente
non sei più chi sei stata
ed è giusto che così sia.
Ha raschiato a dovere la carta a vetro
e su noi ogni linea si assottiglia.
Pure qualcosa fu scritto
sui fogli della nostra vita.
Metterli controluce è ingigantire quel segno,
formare un geroglifico più grande del diadema
che ti abbagliava.
Non apparirai più dal portello
dell'aliscafo o da fondali d'alghe,
sommozzatrice di fangose rapide
per dare un senso al nulla. Scenderai
sulle scale automatiche dei templi di Mercurio
tra cadaveri in maschera,
tu la sola vivente,
e non ti chiederai
se fu inganno, fu scelta, fu comunicazione
e chi di noi fosse il centro
a cui si tira con l'arco dal baraccone.
Non me lo chiedo neanch'io. Sono colui
che ha veduto un istante e tanto basta
a chi cammina incolonnato come ora
avviene a noi se siamo ancora in vita
o era un inganno crederlo. Si slitta.

Ex voto

Accade
che le affinità d'anima non giungano
ai gesti e alle parole ma rimangano
effuse come un magnetismo. È raro
ma accade.

Men Who Turn Back

Probably
you're no longer what you once were
and rightly so.
The emery board has duly worn us down,
our rough edges are all rubbed smooth.
Still, something was written
on the pages of our life.
Hold them against the light and the sign
is magnified—a hieroglyph larger than the diadem
that dazzled you.
Never again will you appear from the hatch
of the hovercraft or the seaweed on the bottom,
skin diver of muddy rapids
giving meaning to nothingness. You'll descend
on the escalators of Mercury's shrines—
the one living soul
among cadavers in disguise,
never once asking yourself
whether it was illusion, choice, communication,
and which of us was the bull's-eye
targeted by archers at the fairground booth.
Even I don't ask myself. I'm a man
who's seen an instant and that's enough
for someone filing past as we do now
if we're still alive
or were deluded in thinking so.
We slide along.

Ex Voto

It happens
that spiritual affinities don't become
gestures and words but radiate
like a magnetic field. It's rare but
it happens.

Può darsi
che sia vera soltanto la lontananza,
vero l'oblio, vera la foglia secca
più del fresco germoglio. Tanto e altro
può darsi o dirsi.

Comprendo
la tua caparbia volontà di essere sempre assente
perché solo così si manifesta
la tua magia. Innumeri le astuzie
che intendo.

Insisto
nel ricercarti nel fuscello e mai
nell'albero spiegato, mai nel pieno, sempre
nel vuoto: in quello che anche al trapano
resiste.

Era o non era
la volontà dei numi che presidiano
il tuo lontano focolare, strani
multiformi multanimi animali domestici;
fors'era così come mi pareva
o non era.

Ignoro
se la mia inesistenza appaga il tuo destino,
se la tua colma il mio che ne trabocca,
se l'innocenza è una colpa oppure
si coglie sulla soglia dei tuoi lari. Di me,
di te tutto conosco, tutto
ignoro.

Maybe
only distance, only oblivion,
are real, the dry leaf more real
than the green shoot. This much, and more,
may be, or may be said to be.

I understand
your obstinate will always to be absent
since only by being so is your magic
made manifest. Your countless wiles
I intuit.

I insist
on seeking you in the shoot, never
in the unfolded tree, never at the full, always
in the void: in whatever resists even
the drill.

It was or it wasn't
the will of the powers that preside
over your distant hearth, strange
multiform multispirited household pets;
maybe that was how it seemed to me,
maybe not.

I don't know
if my nonexistence compensates your fate,
if your fate brims, overflowing mine,
if innocence is a fault or trait
acquired at the threshold of your native home.
Of me, of you, I know everything,
and nothing at all.

Sono venuto al mondo . . .

Sono venuto al mondo in una stagione calma.
Molte porte si aprivano che ora si sono chiuse.
L'Alma Mater dormiva. Chi ha deciso
di risvegliarla?

Eppure
non furono così orrendi gli uragani del poi
se ancora si poteva andare, tenersi per mano,
riconoscersi.

E se non era facile muoversi tra gli eroi
della guerra, del vizio, della jattura,
essi avevano un viso, ora non c'è neppure
il modo di evitare le trappole. Sono troppe.

Le infinite chiusure e aperture
possono avere un senso per chi è dalla parte
che sola conta, del burattinaio.
Ma quello non domanda la collaborazione
di chi ignora i suoi fini e la sua arte.

E chi è da quella parte? Se c'è, credo
che si annoi più di noi. Con altri occhi
ne vedremmo più d'uno passeggiare
tra noi con meno noia e più disgusto.

Prima del viaggio

Prima del viaggio si scrutano gli orari,
le coincidenze, le soste, le pernottazioni
e le prenotazioni (di camere con bagno
o doccia, a un letto o due o addirittura un *flat*);
si consultano
le guide Hachette e quelle dei musei,

I Came into the World . . .

I came into the world in a quiet time.
Many doors were opened which now are closed.
Alma Mater was asleep. Who decided
to rouse her?

And yet
hurricanes weren't so dreadful in those days:
we could still go strolling, hand in hand,
still recognize each other.

And though it was hard moving among heroes
of war, or vice, or misfortune, at least
they had faces; now there's no way
of avoiding the traps. There're too many.

The countless bottlenecks and loopholes
may have a meaning for those who side
with the Puppeteer, the only side that matters.
But He wants no collaboration from those
who know nothing of their ends and art.

And who sides with Him? If any, I think
they're more bored than we. Different eyes
will see a few of them strolling amongst us,
less bored and more disgusted.

Before the Trip

Before the trip we pore over timetables,
connections, stopovers, overnight stays
and reservations (rooms with bath
or shower, one bed or two, even a suite);
we consult
the Guides Hachettes and museum catalogues,

si cambiano valute, si dividono
franchi da escudos, rubli da copechi;
prima del viaggio s'informa
qualche amico o parente, si controllano
valige e passaporti, si completa
il corredo, si acquista un supplemento
di lamette da barba, eventualmente
si dà un'occhiata al testamento, pura
scaramanzia perché i disastri aerei
in percentuale sono nulla;
                    prima
del viaggio si è tranquilli ma si sospetta che
il saggio non si muova e che il piacere
di ritornare costi uno sproposito.
E poi si parte e tutto è O.K. e tutto
è per il meglio e inutile.

. . . .

                    E ora che ne sarà
del *mio* viaggio?
Troppo accuratamente l'ho studiato
senza saperne nulla. Un imprevisto
è la sola speranza. Ma mi dicono
ch'è una stoltezza dirselo.

Le stagioni

Il mio sogno non è nelle quattro stagioni.

Non nell'inverno
che spinge accanto a stanchi termosifoni
e spruzza di ghiaccioli i capelli già grigi,
e non nei falò accesi nelle periferie
dalle pandemie erranti, non nel fumo
d'averno che lambisce i cornicioni
e neppure nell'albero di Natale
che sopravvive, forse, solo nelle prigioni.

change money, sort francs
from escudos, rubles from kopecks;
before setting out we inform
friends or relatives, check
suitcases and passports,
equipment, buy extra
razor blades, and finally
glance at our wills, pure
knocking-on-wood since the percentage
of plane crashes is nil;
                   before
the trip we're calm while suspecting
that the wise don't travel and the pleasure
of returning is bought at a price.
And then we leave and everything's O.K. and everything's
for the best and pointless.

. . . .

                 And now what about
my journey?
I've arranged it too carefully
without knowing anything about it. An unexpected event
is my only hope. But they say
that's asking for trouble.

The Seasons

My dream is not in the four seasons.

Not in winter
that pulls up close to tired radiators
and sprays icicles on hair already gray,
not in bonfires in the outskirts lit
by homeless vagrants, not in the miasmal
smoke lapping cornices and eaves,
and not even in the Christmas tree
which survives, maybe, only in prisons.

Il mio sogno non è nella primavera,
l'età di cui ci parlano antichi fabulari,
e non nelle ramaglie che stentano a metter piume,
non nel tinnulo strido della marmotta
quando s'affaccia dal suo buco
e neanche nello schiudersi delle osterie e dei crotti
nell'illusione che ormai più non piova
o pioverà forse altrove, chissà dove.

Il mio sogno non è nell'estate
nevrotica di falsi miraggi e lunazioni
di malaugurio, nel fantoccio nero
dello spaventapasseri e nel reticolato
del tramaglio squarciato dai delfini,
non nei barbagli afosi dei suoi mattini
e non nelle subacquee peregrinazioni
di chi affonda con sé e col suo passato.

Il mio sogno non è nell'autunno
fumicoso, avvinato, rinvenibile
solo nei calendari o nelle fiere
del Barbanera, non nelle sue nere
fulminee sere, nelle processioni
vendemmiali o liturgiche, nel grido dei pavoni,
nel giro dei frantoi, nell'intasarsi
della larva e del ghiro.

Il mio sogno non sorge mai dal grembo
delle stagioni, ma nell'intemporaneo
che vive dove muoiono le ragioni
e Dio sa s'era tempo; o s'era inutile.

My dream is not in spring,
the fabled age of which the ancients speak,
not in pruned branches struggling to sprout,
nor the shrill chitter of the woodchuck
nosing from his burrow;
and not even in the opening of taverns and bistros
in the illusion that now the rain will stop,
or maybe go rain somewhere else, who knows where.

My dream is not in summer
neurotic with mirages and ill-omened
lunar months, nor in the scarecrow's
black puppet, nor the meshes
of the dragnet shredded by dolphins,
not in the humid glare of its mornings
and not in the underwater wanderings
of the man who drowns with himself and his past.

My dream is not in autumn
misty and musty, an autumn to be found
only in calendars and farmers'
almanacs, not in its black-
lightninged evenings, in harvest
or holy-day processions, in the screams
of peacocks, in the turning
of olive presses, in shutting out
larva and dormouse.

My dream never rises from the womb
of the seasons, but in the timeless moment
that lives where reasons die and God only knows
whether it was time; or whether useless.

Dopo una fuga

C'erano le betulle, folte, per nascondere
il sanatorio dove una malata
per troppo amore della vita, in bilico
tra il tutto e il nulla si annoiava.
Cantava un grillo perfettamente incluso
nella progettazione clinica
insieme col cucù da te già udito
in Indonesia a minore prezzo.
C'erano le betulle, un'infermiera svizzera,
tre o quattro mentecatti nel cortile,
sul tavolino un album di uccelli esotici,
il telefono e qualche cioccolatino.
E c'ero anch'io, naturalmente, e altri
seccatori per darti quel conforto
che tu potevi distribuirci a josa
solo che avessimo gli occhi. Io li avevo.

* * *

Il tuo passo non è sacerdotale,
non l'hai appreso all'estero, alla scuola
di Jacques-Dalcroze, più smorfia che rituale.
Venne dall'Oceania il tuo, con qualche
spina di pesce nel calcagno. Accorsero
i congiunti, i primari, i secondari
ignari che le prode corallifere
non sono le Focette ma la spuma
dell'aldilà, l'exit dall'aldiqua.
Tre spine nel tuo piede, non tre pinne
di squalo, commestibili. Poi venne
ad avvolgerti un sonno artificiale.
Di te qualche susurro in teleselezione
con un prefisso lungo e lagne di intermediari.
Dal filo nient'altro, neppure un lieve passo felpato
dalla moquette. Il sonno di un acquario.

* * *

After a Flight

There were birches, thick, to hide
the sanitarium where a woman, sick
from excess love of life, poised between all
and nothingness, was dying of boredom.
A cricket, included in the clinic's
ideal therapeutic plan, was chirping away
in concert with the cuckoo you'd once heard
in Indonesia at less expense.
There were birches, a Swiss nurse,
three or four crazies in the courtyard,
a volume of exotic birds on the table,
the phone, and some chocolates.
And I was there of course, and some other
bores, to provide you with that comfort
and cheer you would have lavished on us
if only we had eyes. And I did.

* * *

Your gait isn't priestlike,
you didn't acquire it abroad, at the École
Jacques-Delcroze—more affected than ceremonial.
Yours came from Oceania, along with a few
fishbones stuck in your heel. Your relatives,
your physicians, the interns all come running,
unaware that coral reefs
aren't Le Focette but the foam
of the beyond, the exit from the here-and-now.
Three fishbones in your foot, not three
quite edible shark fins. Then
you were swathed in artificial sleep.
Later there were murmurs from you on the phone
with its endless area codes, and other callers complaining.
Nothing else on the line, not even
a soft scuffing of slippers on the floor.
An aquarium sleep.

* * *

Gli Amerindi se tu
strappata via da un vortice fossi giunta laggiù
nei gangli vegetali in cui essi s'intricano
sempre più per sfuggire l'uomo bianco,
quei celesti ti avrebbero inghirlandata
di percussivi omaggi anche se non possiedi
i lunghi occhi a fessura delle mongole.
Tanto tempo durò la loro fuga: certo
molte generazioni. La tua, breve,
ti ha salvata dal buio o dall'artiglio
che ti aveva in ostaggio. E ora il telefono
non è più necessario per udirti.

* * *

La mia strada è passata
tra i demoni e gli dèi, indistinguibili.
Era tutto uno scambio di maschere, di barbe,
un volapük, un guaranì, un pungente
charabia che nessuno poteva intendere.
Ora non domandarmi perché t'ho identificata,
con quale volto e quale suono entrasti
in una testa assordita da troppi clacson.
Qualche legame o cappio è giunto fino a me
e tu evidentemente non ne sai nulla.
La prima volta il tuo cervello pareva
in evaporazione e il mio non era migliore.
Hai buttato un bicchiere dalla finestra,
poi una scarpa e quasi anche te stessa
se io non fossi stato vigile lì accanto.
Ma tu non ne sai nulla: se fu sogno
laccio tagliola è inutile domandarselo.
Anche la tua strada sicuramente
scavalcava l'inferno ed era come
dare l'addio a un eliso inabitabile.

* * *

Mentre ti penso si staccano
veloci i fogli del calendario. Brutto
stamani il tempo e anche più pestifero

If you'd been ravished by a whirlwind,
and landed down here in those vegetable ganglia
in which the Amerindians tangle themselves
ever more deeply to escape the white man,
those celestials would have wreathed you
with tom-tom homage though you lack
the long slant eyes of Mongolian women.
Their flight lasted a long, long time: certainly
many generations. Yours, though brief,
saved you from the darkness or the claw
that held you hostage. And now I don't need
the phone to hear your voice.

                    * * *

My road made its way
among demons and gods, indistinguishable.
It was all an exchange of masks, of beards,
a Volapük, a Guarani, a harsh
jabberwocky no one could understand.
Now don't ask me how I identified you,
with what face and what sound you entered
this head deafened by too many honking horns.
Some tie or loop of which you evidently
were unaware reached and touched me.
The first time your brain seemed
to volatilize, and mine was no better.
You tossed a glass from the window,
then a shoe and almost would have jumped yourself
if I hadn't been nearby, keeping watch.
But you know nothing of it: no use now
asking whether it was dream, snare, or trap.
Certainly your road also straddled
hell and it was like saying good-bye
to an uninhabitable Elysium.

                    * * *

While I think of you the pages
of the calendar fall away fast. Nasty
weather this morning and Time itself

il Tempo. Di te il meglio
esplose tra lentischi rovi rivi
gracidìo di ranocchi voli brevi
di trampolieri a me ignoti (i Cavalieri
d'Italia, figuriamoci!) e io dormivo
insonne tra le muffe dei libri e dei brogliacci.
Di me esplose anche il pessimo: la voglia
di risalire gli anni, di sconfiggere
il pièveloce Crono con mille astuzie.
Si dice ch'io non creda a nulla, se non ai miracoli.
Ignoro che cosa credi tu, se in te stessa oppure
lasci che altri ti vedano e ti creino.
Ma questo è più che umano, è il privilegio
di chi sostiene il mondo senza conoscerlo.

* * *

Quando si giunse al borgo del massacro nazista,
Sant'Anna, su cui gravita un picco abrupto,
ti vidi arrampicarti come un capriolo
fino alla cima accanto a un'esile polacca
e al ratto d'acqua, tua guida, il più stambecco di tutti.
Io fermo per cinque ore sulla piazza
enumerando i morti sulla stele, mettendomici
dentro ad honorem ridicolmente. A sera
ci trasportò a sobbalzi il fuoribordo
dentro la Burlamacca,
una chiusa di sterco su cui scarica
acqua bollente un pseudo oleificio.
Forse è l'avanspettacolo dell'inferno.
I Burlamacchi, i Caponsacchi . . . spettri
di eresie, di illeggibili poemi.
La poesia e la fogna, due problemi
mai disgiunti (ma non te ne parlai).

* * *

Tardivo ricettore di neologismi
nel primo dormiveglia ero in dubbio
tra Hovercraft e Hydrofoil,
sul nome del volatile su cui intendevo involarti

deadlier still. The best of you
exploded among mastics briars brooks
frogs croaking brief flights
of wading birds unknown to me (called, just
imagine, Italian Cavaliers!), and I was sleeping
sleepless in the mildew of books and ledgers.
The worst of me exploded too: the yearning
to retrace the years and defeat
fleet-footed Chronos with a thousand ruses.
They say I believe in nothing, only miracles.
What you believe I don't know: in yourself
or else as others see you and create you.
But this is superhuman, the prerogative
of those who unknowingly shoulder the world.

                    * * *

When we reached Sant'Anna, the small town
of the Nazi massacre, dominated by a sheer peak,
I saw you, like a mountain goat, scrambling up
to the summit at the side of a slim Polish girl,
with your guide, the water rat, the supreme ibex.
For five hours I stood there in the piazza,
counting the names of the dead on the monument, absurdly
inserting myself *ad honorem*. That evening
the speedboat carried us leapfrogging
into the Burlamacca,
a dam of dung with boiling water spouting
over it like a phoney gusher.
Maybe this is the preview of hell.
The Burlamacchi, Caponsacchi . . . spectres
of heresies, of unreadable poems.
Poetry and the sewer, two inseparable
problems (but of this I said nothing to you).

                    * * *

Slow at accepting neologisms
I couldn't tell in my early morning drowsing
whether the name of the flying object
in which I meant to take flight with you

furtivamente; e intanto tu eri fuggita
con un buon topo d'acqua di me più pronto
e ahimè tanto più giovane. Girovagai lentamente
l'intera lunga giornata e riflettevo
che tra re Lear e Cordelia non corsero tali pensieri
e che crollava così ogni lontano raffronto.
Tornai col gruppo visitando tombe
di Lucumoni, covi di aristocratici
travestiti da ladri, qualche piranesiana
e carceraria strada della vecchia Livorno.
M'infiltrai nei cunicoli del ciarpame. Stupendo
il cielo ma quasi orrifico in quel ritorno.
Anche il rapporto con la tragedia se ne andava ora in fumo
perché, per soprammercato, non sono nemmeno tuo padre.

* * *

Non posso respirare se sei lontana.
Così scriveva Keats a Fanny Brawne
da lui tolta dall'ombra. È strano che il mio caso
si parva licet sia diverso. Posso
respirare assai meglio se ti allontani.
La vicinanza ci riporta eventi
da ricordare: ma non quali accaddero,
preveduti da noi come futuri
sali da fiuto, ove occorresse, o aceto
dei sette ladri (ora nessuno sviene
per quisquilie del genere, il cuore a pezzi o simili).
È l'ammasso dei fatti su cui avviene l'impatto
e, presente cadavere, l'impalcatura non regge.
Non tento di parlartene. So che se mi leggi
pensi che mi hai fornito il propellente
necessario e che il resto (purché *non sia* silenzio)
poco importa.

in secret was Hovercraft or Hydrofoil; and meanwhile
you'd taken off with a handsome water rat,
livelier than me and, alas, a great deal younger.
All day long I wandered slowly about, musing
that Lear and Cordelia had no such thoughts as these,
and that even the most remote comparisons crumbled.
I returned with the group, after visiting
the tombs of Lucumos, dens of aristocrats
disguised as thieves, and prison streets
à la Piranesi, in old Livorno. I burrowed
my way through rabbit holes of trash. The sky
was stupendous but almost terrifying
on the way back. Even the link with tragedy
dissolved in smoke since, in any case,
I'm not even your father.

* * *

I can't breathe when you're not here.
So Keats wrote to Fanny Brawne, plucked
by him from oblivion. It's strange,
but my case is different, *si parva licet.*
I breathe rather better when you're not here.
Closeness brings back events
to remember: but not as they happened,
foreseen by us as future smelling salts,
for use as needed, or pungent herbal
restoratives (no one faints these days, not
for such trifles as broken hearts, or the like).
What makes the impact is the accumulation of facts
and, when there's a corpse, the scaffolding
collapses. I won't try telling you about it.
If you're reading me, I know you're thinking
you've provided me with the stimulus I needed,
and that everything else (providing *it's not* silence)
doesn't much matter.

Piròpo, per concludere

Meravigliose le tue braccia. Quando
morirò vieni ad abbracciarmi, ma
senza il pull over.

Due prose veneziane

I

Dalle finestre si vedevano dattilografe.
Sotto, il vicolo, tanfo di scampi fritti,
qualche zaffata di nausea dal canale.
Bell'affare a Venezia
affacciarsi su quel paesaggio e lei
venuta da lontano. Lei che amava solo
Gesualdo Bach e Mozart e io l'orrido
repertorio operistico con qualche preferenza
per il peggiore. Poi a complicare le cose
l'orologio che segna le cinque e sono le quattro,
l'uscita intempestiva, San Marco, il Florian deserto,
la riva degli Schiavoni, la trattoria Paganelli
raccomandata da qualche avaro pittore toscano,
due camere neppure comunicanti e il giorno
dopo vederti tirar dritta senza
degnare di un'occhiata il mio Ranzoni.
Mi domandavo chi fosse nell'astrazione,
io lei o tutti e due, ma seguendo un binario
non parallelo, anzi inverso. E dire che avevamo
inventato mirabili fantasmi sulle rampe
che portano dall'Oltrarno al grande piazzale.
Ma ora lì tra piccioni,
fotografi ambulanti sotto un caldo bestiale,
col peso del catalogo della biennale
mai consultato e non facile da sbarazzarsene.
Torniamo col battello scavalcando becchime,

Piròpo, in Conclusion

Your arms, so wonderful!
When I die, come embrace me,
but take off your sweater first.

Two Venetian Sequences

I

From the windows we could see typists.
Below, the alley with its reek of fried scampi,
the sickening stench from the canal.
A superspecial treat, the sight of that landscape,
especially for her who had come to Venice
from a great distance—she who loved only Gesualdo,
Bach, and Mozart, and me with my horrible
operatic repertory and my penchant for music
even worse. Then, to complicate matters,
the clock that showed five when it was only four,
and our rushing out: St. Mark's, Florian's deserted,
Riva degli Schiavoni, the Trattoria Paganelli,
recommended by some mingy Tuscan painter,
two rooms, not even adjoining, and then the next day
when I saw you keep right on walking
without deigning even a glance at my Ranzoni.
I wondered who was the more distrait—
I, she, or both of us, each following paths
less parallel than opposed. And talk about
the glorious fantasies we'd had on the ramp
leading from the Oltrarno to the great piazza!
But there we were, in beastly heat, among pigeons
and strolling photographers,
burdened by the Biennale catalogue we never inspected
and which we disposed of only with difficulty.
We took the vaporetto back, crunching birdseed, buying

comprando keepsakes cartoline e occhiali scuri sulle bancarelle.
Era, mi pare, il '34, troppo giovani o troppo strani
per una città che domanda turisti e amanti anziani.

II

Il Farfarella garrulo portiere ligio agli ordini
disse ch'era vietato disturbare
l'uomo delle corride e dei safari.
Lo supplico di tentare, sono un amico di Pound
(esageravo alquanto) e merito un trattamento
particolare. Chissà che . . . L'altro alza la cornetta,
parla ascolta straparla ed ecco che
l'orso Hemingway ha abboccato all'amo.
È ancora a letto, dal pelame bucano
solo gli occhi e gli eczemi.
Due o tre bottiglie vuote di Merlot,
avanguardia del grosso che verrà.
Giù al ristorante tutti sono a tavola.
Parliamo non di lui ma della nostra
Adrienne Monnier carissima, di rue de l'Odéon,
di Sylvia Beach, di Larbaud, dei ruggenti anni trenta
e dei raglianti cinquanta. Parigi Londra un porcaio,
New York stinking, pestifera. Niente cacce in palude,
niente anatre selvatiche, niente ragazze
e nemmeno l'idea di un libro simile.
Compiliamo un elenco di amici comuni dei quali
ignoro il nome. Tutto è rotten, marcio.
Quasi piangendo m'impone di non mandargli gente
della mia risma, peggio se intelligenti.
Poi s'alza, si ravvolge in un accappatoio
e mi mette alla porta con un abbraccio.
Visse ancora qualche anno e morendo due volte
ebbe il tempo di leggere le sue necrologie.

souvenirs, postcards and dark glasses at the stalls on the way.
It was, I believe, 1934, and we were too young or too strange
for a city that demands tourists or old lovers.

II

Farfarella, the gabby doorman, obeying orders,
said he wasn't allowed to disturb the man
who wrote about bullfights and safaris.
I implore him to try, I'm a friend of Pound
(a slight exaggeration) and deserve special
treatment. Maybe . . . He picks up the phone,
talks listens pleads and, lo, the great bear
Hemingway takes the hook.
He's still in bed, all that emerges
from his hairy face are eyes and eczema.
Two or three empty bottles of Merlot,
forerunners of the gallon to come.
Down in the restaurant they're all at table.
We don't talk about him but about our dear friend
dear Adrienne Monnier, the Rue de L'Odéon,
about Sylvia Beach, Larbaud, the roaring thirties
and the braying fifties. Paris, pigsty London,
New York, nauseating, deadly. No hunting in the marshes,
no wild ducks, no girls, and not
the faintest thought of a book on such topics.
We compile a list of mutual friends whose names
I don't know. The world's gone to rot,
decaying. Almost in tears, he asks me not to send him
people of my sort, especially if they're intelligent.
Then he gets up, wraps himself in a bathrobe,
hugs me, and shows me to the door.
He lived on a few more years, and, dying twice,
had the time to read his own obituaries.

Il repertorio

Il repertorio
della memoria è logoro: una valigia di cuoio
che ha portato etichette di tanti alberghi.
Ora vi resta ancora qualche lista
che non oso scollare. Ci penseranno i facchini,
i portieri di notte, i tassisti.

Il repertorio della tua memoria
me l'hai dato tu stessa prima di andartene.
C'erano molti nomi di paesi, le date
dei soggiorni e alla fine una pagina in bianco,
ma con righe a puntini . . . quasi per suggerire,
se mai fosse possibile, 'continua'.

Il repertorio
della nostra memoria non si può immaginarlo
tagliato in due da una lama. È un foglio solo con tracce
di timbri, di abrasioni e qualche macchia di sangue.
Non era un passaporto, neppure un benservito.
Servire, anche sperarlo, sarebbe ancora la vita.

Laggiù

La terra sarà sorvegliata
da piattaforme astrali

Più probabili o meno si faranno
laggiù i macelli

Spariranno profeti e profezie
se mai ne furono

Scomparsi l'io il tu il noi il voi
dall'uso

The Archive

The archive
of memory is wearing thin: a leather suitcase
that once sported labels from scores of hotels.
Now nothing's left but a few stickers
I don't dare remove. Bellhops, night
doormen, cabbies will see to that.

The archive of your memory
you gave to me yourself before moving on.
It contained a long list of countries, dates
of visits, and, at the end, a blank page
with dotted lines . . . as though to suggest,
if that were possible, "To be continued."

The archive
of our memory halved by a knife
is unthinkable. It's just one page with traces
of stamps, erasures, a few spots of blood.
It wasn't a passport, not even a recommendation
for services rendered. To serve, even the hope
of serving, would mean living again.

Down Below

Space stations will maintain surveillance
over the earth

Down below massacres will be
more or less likely

Prophets will disappear, prophecies too
if there ever were any

I you we will all become
obsolete words

Dire nascita morte inizio fine
sarà tutt'uno

Dire ieri domani
un abuso

Sperare—flatus vocis non compreso
da nessuno

Il Creatore avrà poco da fare
se n'ebbe

I santi poi bisognerà cercarli
tra i cani
. . . .

Gli angeli resteranno inespungibili
refusi.

Senza salvacondotto

Mi chiedo se Hannah Kahn
poté scampare al forno crematorio.
È venuta a trovarmi qualche volta
nel sotterraneo dove vegetavo
e l'invitavo a cena in altre 'buche'
perché mi parlava di te.
Diceva di esserti amica ma dubitai fosse solo
una tua seccatrice e in effetti
non esibì mai lettere o credenziali.
Può darsi che ti abbia vista di straforo
con me, senza di me sulla Scarpuccia
o sulla costa San Giorgio, quella dell'idolo d'oro.
Non fu indiscreta, comprese. Poi non la vidi più.
Se fu presa dal gorgo difficilmente poté
salvarsi con il tuo per me infallibile
passe-partout.

Birth death beginning end will all
be the same word

Yesterday tomorrow
a solecism

Hope—a *flatus vocis* understood
by nobody

The Creator will have little to do
if he ever did

You'll have to look for saints
among the dogs

. . . .

Angels will remain printer's errors
that can't be corrected.

Without Safe-Conduct

I wonder if Hannah Kahn
managed to escape the gas chamber.
She came to see me on several occasions
in the storage basement where I was vegetating
and because she talked to me about you
I invited her to dine in other holes-in-the-wall.
She claimed to be your friend, but I suspected
you found her a pest and in fact
she never showed me letters or credentials.
Maybe her meetings with you were clandestine,
with or without me, on the Scarpuccia
or the Costa San Giorgio, the place of the golden idol.
She wasn't indiscreet, she understood. Then she vanished.
If the abyss took her, she would have found it hard
to save herself with your—to me infallible—
passe-partout.

Il genio

Il genio purtroppo non parla
per bocca sua.

Il genio lascia qualche traccia di zampetta
come la lepre sulla neve.

La natura del genio è che se smette
di camminare ogni congegno è colto
da paralisi.

Allora il mondo è fermo nell'attesa
che qualche lepre corra su improbabili
nevate.

Fermo e veloce nel suo girotondo
non può leggere impronte
sfarinate da tempo,
indecifrabili.

La diacronia

Non si comprende come dalla pianura
spunti alcunché.

Non si comprende perché dalla buona ventura
esca la mala.

Tutto era liscio lucente emulsionato
d'infinitudine

e ora c'è l'intrudente il bugno la scintilla
dall'incudine.

Genius

Regrettably genius doesn't speak
through its own mouth.

Genius leaves a few traces of footprints
like a hare in the snow.

It's the nature of genius that, when it stops
moving, every mechanism is stricken
with paralysis.

Then the world stops, waiting
for a hare or two to run across improbable
snowfalls.

Firm and swift in its circling dance
it can't read prints
turned to powder by time,
indecipherable.

Diachronics

We don't understand why nothing sprouts
from the plain.

We don't understand why good luck
produces misfortune.

Everything was smooth shining liquid suspension
of infinitude

and now there's the intrusive the beehive the spark
from the anvil.

Bisognerà lavorare di spugna su quanto escresce,
schiacciare in tempo le pustole di ciò che non s'appiana.

È una meta lontana ma provarcisi
un debito.

Suoni

Tutta la vita è una musica
di sincopi.
Non più il filo che tiene,
non l'uggia
del capo e della coda, ma la raspa
e la grattugia.
Così da sempre; ma dapprima fu
raro chi se n'avvide. Solo ora l'ecumene
ama ciò che la uccide.

Il notaro

Il notaro ha biffato le lastre
dei miei originali.
Tutte meno una, me stesso,
già biffato all'origine
e non da lui.

Non si nasconde fuori
del mondo chi lo salva e non lo sa.
È uno come noi, non dei migliori.

We'll have to sponge away every excrescence,
hammer down the pustules of what won't flatten.

It's a long-range goal but we're obliged
to give it a try.

Sounds

All life is a syncopated
music.
No longer the continuous line,
nor the boredom
of *capo* and *coda*, but the rasp
and the grater.
It was always so, but seldom noticed
at first. Only now does the *ecumene*
love what kills it.

The Notary

The notary X'd out the bloopers
in my original drafts.
All but one, me myself,
X'd already in my origin,
and not by him.

He who saves the world without knowing it
doesn't hide outside the world.
He's someone like us, not one of the best.

Il primo gennaio

So che si può vivere
non esistendo,
emersi da una quinta, da un fondale,
da un fuori che non c'è se mai nessuno
l'ha veduto.
So che si può esistere
non vivendo,
con radici strappate da ogni vento
se anche non muove foglia e non un soffio increspa
l'acqua su cui s'affaccia il tuo salone.
So che non c'è magia
di filtro o d'infusione
che possano spiegare come di te s'azzuffino
dita e capelli, come il tuo riso esploda
nel suo ringraziamento
al minuscolo dio a cui ti affidi,
d'ora in ora diverso, e ne diffidi.
So che mai ti sei posta
il come—il dove—il perché,
pigramente indisposta
al disponibile,
distratta rassegnata al non importa,
al non so quando o quanto, assorta in un oscuro
germinale di larve e arborescenze.
So che quello che afferri,
oggetto o mano, penna o portacenere,
brucia e non se n'accorge,
né te n'avvedi tu animale innocente
inconsapevole
di essere un perno e uno sfacelo, un'ombra
e una sostanza, un raggio che si oscura.
So che si può vivere
nel fuochetto di paglia dell'emulazione
senza che dalla tua fronte dispaia il segno timbrato
da Chi volle tu fossi . . . e se ne pentì.

Ora

January 1st

I know that life is possible
by not existing,
entering from the wings or backdrop
from a beyond not there if nobody's
ever seen it.
I know that existence is possible
by not living,
roots wrenched up by every wind
though the leaves are still and no breeze
wrinkles the water on which your living room appears.
I know there's no magic,
no philtre or infusion
to explain how your hands and hair
got so tangled, how your laughter explodes
in thanks
to the lowercase god in whom you trust
and distrust since he changes hour by hour.
I know you never posed the questions
why—where—how,
lazily indisposed
to the disponible,
absorbed, resigned to anything at all,
to I don't know when or where, withdrawn in a dark
germinal world of larva and arborescence.
I know that what you grasp,
object or hand, ashtray or pen,
burns unobserved,
and you, innocent animal, take no notice,
unaware
of being pivot and ruin, shade
or substance, a ray of light darkened.
I know one can live
in the small straw-fire of emulation
preserving the sign stamped on your brow by Him
who wanted you to be . . . and you regretted it.
                                        Now

uscita sul terrazzo, annaffi i fiori, scuoti
lo scheletro dell'albero di Natale,
ti accompagna in sordina il mangianastri,
torni dentro, allo specchio ti dispiaci,
ti getti a terra, con lo straccio scrosti
dal pavimento le orme degl'intrusi.
Erano tanti e il più impresentabile
di tutti perché gli altri almeno parlano,
io, a bocca chiusa.

Rebecca

Ogni giorno di più mi scopro difettivo:
manca il totale.
Gli addendi sono a posto, ineccepibili,
ma la somma?
Rebecca abbeverava i suoi cammelli
e anche se stessa.
Io attendo alla penna e alla gamella
per me e per altri.
Rebecca era assetata, io famelico,
ma non saremo assolti.
Non c'era molt'acqua nell'uadi, forse qualche pozzanghera,
e nella mia cucina poca legna da ardere.
Eppure abbiamo tentato per noi, per tutti, nel fumo,
nel fango con qualche vivente bipede o anche quadrupede.
O mansueta Rebecca che non ho mai incontrata!
Appena una manciata di secoli ci dividono,
un batter d'occhio per chi comprende la tua lezione.
Solo il divino è totale nel sorso e nella briciola.
Solo la morte lo vince se chiede l'intera porzione.

outside on your terrace, you water the flowers, shake
the skeleton of the Christmas tree, to the sound
of the tape recorder softly playing,
then return, look disapprovingly in the mirror,
drop to your knees, and scrub the floor
clean of mud tracked in by intruders.
They were numerous and, since the others
at least talked, the most unpresentable
was me, dead silent.

Rebecca

Every day I find myself coming up short:
I'm missing the total.
The items to be added are perfectly right,
but the overall total?
Rebecca watered her camels
and herself too.
I attend to pen and mess kit
for myself and for others.
Rebecca was thirsty, I'm starved,
but we won't be absolved.
There wasn't much water in the wadi, a few puddles maybe,
and not much kindling in my kitchen either.
Still, for ourselves, for everyone, we tried, in smoke,
in mud, with a few live bipeds or even quadrupeds.
O meek Rebecca whom I never met!
Hardly a handful of centuries divides us,
the twinkling of an eye for those who grasp your teaching.
Only the divine is total in sip and crumb.
Only death triumphs when you ask for both.

Nel silenzio

Oggi è sciopero generale.
Nella strada non passa nessuno.
Solo una radiolina dall'altra parte del muro.
Da qualche giorno deve abitarci qualcuno.
Mi chiedo che ne sarà della produzione.
La primavera stessa tarda alquanto a prodursi.
Hanno spento in anticipo il termosifone.
Si sono accorti ch'è inutile il servizio postale.
Non è gran male il ritardo delle funzioni normali.
È d'obbligo che qualche ingranaggio non ingrani.
Anche i morti si sono messi in agitazione.
Anch'essi fanno parte del silenzio totale.
Tu stai sotto una lapide. Risvegliarti non vale
perché sei sempre desta. Anche oggi ch'è sonno
universale.

Luci e colori

Se mai ti mostri hai sempre la liseuse rossa,
gli occhi un po' gonfi come di chi ha veduto.
Sembrano inesplicabili queste tue visite mute.
Probabilmente è solo un lampeggio di lenti,
quasi una gibigianna che tagli la foschia.
L'ultima volta c'era sul scendiletto
colore di albicocca un vermiciattolo
che arrancava a disagio. Non riuscì facile farlo
slittare su un pezzo di carta e buttarlo giù vivo
nel cortile. Tu stessa non devi pesare di più.

In Silence

General strike today.
Deserted streets, no noise.
Only a transistor the other side of the wall:
someone must have moved in a few days ago.
I wonder if production will fall.
This year even spring is late in producing.
They turned off the central heating in anticipation.
They noticed that the postal system wasn't working.
It's no disaster, this suspension of normal operations.
And inevitably a few gears aren't engaged.
Even the dead have started agitating.
They're part of the total silence too.
You're underground. No point arousing you,
you're always awake. Even today,
in the universal sleep.

Lights and Colors

Whenever you show up, it's always
in that red bed jacket of yours, your eyes
slightly puffy, like those of someone who has seen.
Your silent visits have no apparent explanation.
It could be a glint from your glasses,
some sort of flash slicing the blur.
Last time it was an ugly apricot-colored worm
struggling across the bedside rug. It wasn't easy,
scooping it up on a piece of paper and tossing it,
still wiggling, to the courtyard below.
You couldn't have weighed much more yourself.

Il grillo di Strasburgo notturno col suo trapano
in una crepa della cattedrale;
la Maison Rouge e il barman tuo instillatore di basco,
Ruggero zoppicante e un poco alticcio;
Striggio d'incerta patria, beccatore
di notizie e antipasti, tradito da una turca
(arrubinato il naso di pudore
ove ne fosse cenno, occhio distorto
da non più differibile addition)
ti riapparvero *allora*? Forse nugae
anche minori. Ma tu dicesti solo
«prendi il sonnifero», l'ultima
tua parola—e per me.

L'Altro

Non so chi se n'accorga
ma i nostri commerci con l'Altro
furono un lungo inghippo. Denunziarli
sarà, più che un atto d'ossequio, un impetrare clemenza.
Non siamo responsabili di non essere lui
né ha colpa lui, o merito, della nostra parvenza.
Non c'è neppure timore. Astuto il flamengo nasconde
il capo sotto l'ala e crede che il cacciatore
non lo veda.

The Strasbourg cricket drilling away at night
in a chink of the cathedral;
the Maison Rouge and the bartender Ruggero,
your tutor in Basque, wobbly and a bit tipsy;
and Striggio, of uncertain nationality,
gobbling gossip and antipasti,
betrayed by a Turkish woman (his nose
rosy red with shame at the slightest allusion
to the fact, his eye twisting away
from the no longer deferable *addition*),
did they appear to you *then*? Maybe still smaller
trifles. But all you said was,
"Take a sleeping pill," your last
words—and spoken for me.

The Other

I don't know if it's been observed
but our dealings with the Other
were one long scam. Reporting the fact
wouldn't be deference so much as a plea for mercy.
We can't be faulted for not being Him,
and He deserves no blame, or credit, for our appearance.
We're not even afraid of Him. The flamingo's shrewd:
he buries his head beneath his wing, thinking
the hunter can't spot him.

Poetic Diary:
1971

A Leone Traverso

I

Quando l'indiavolata gioca a nascondino
difficile acciuffarla per il toupet.

E non vale lasciarsi andare sulla corrente
come il neoterista Goethe sperimentò.

Muffiti in-folio con legacci e borchie
non si confanno, o raro, alle sue voglie.

Pure tu l'incontrasti, Leone, la poesia
in tutte le sue vie, tu intarmolito
sì, ma rapito sempre e poi bruciato
dalla vita.

II

Sognai anch'io di essere un giorno mestre
de gay saber; e fu speranza vana.
Un lauro risecchito non dà foglie
neppure per l'arrosto. Con maldestre
dita sulla celesta, sui pestelli
del vibrafono tento, ma la musica
sempre più s'allontana. E poi non era
musica delle Sfere . . . Mai fu gaio
né savio né celeste il mio sapere.

L'arte povera

La pittura
da cavalletto costa sacrifizi
a chi la fa ed è sempre un sovrappiù
per chi la compra e non sa dove appenderla.
Per qualche anno ho dipinto solo ròccoli

To Leone Traverso

I

When the wild Witch plays hide-and-seek,
catching her by the forelock is tricky work.

And it's no good, just going with the flow,
as experimental Goethe did.

Moldy folios with ties and bosses
only rarely fit her fancies.

Poetry in all her forms—
you faced her down, Leone—you, motheaten,
yes, but always ravished by life and by it
at last consumed.

II

I too once dreamed of being *mestre
de gay saber;* to no avail.
A withered bay-tree sprouts no leaves,
not even for the roast. My clumsy fingers
fumble the celeste or the mallets
of the vibraphone, but the music always
eludes me. And, anyway, music
of the spheres it never was . . . What I knew
was never gay, or wise, or heavenly.

Poor Art

The painting
on the easel demands sacrifice
from the painter, even more from the man who buys it
and hasn't a clue where to hang it.
For several years all I painted was bird-traps—

con uccelli insaccati,
su carta blu da zucchero o cannelé da imballo.
Vino e caffè, tracce di dentifricio
se in fondo c'era un mare infiocchettabile,
queste le tinte.
Composi anche con cenere e con fondi
di cappuccino a Sainte-Adresse là dove
Jongkind trovò le sue gelide luci
e il pacco fu protetto da cellofane e canfora
(con scarso esito).
È la parte di me che riesce a sopravvivere
del nulla ch'era in me, del tutto ch'eri
tu, inconsapevole.

Trascolorando

Prese la vita col cucchiaio piccolo
essendo
onninamente *fuori* e imprendibile.

Una ragazza imbarazzata, presto
sposa di un nulla vero
e imperfettibile.

Ebbe un altro marito che le dette
uno status
e la portò nel Libano quale utile
suo nécessaire da viaggio.

Ma lei rimpianse l'agenzia turistica
dove la trovò un tale
non meno selenita ma comprensibile.

Fu nello spazio tra i suoi due mariti,
una prenotazione per l'aereo e
bastò qualche parola.

birds snared in paper bags,
blue sugar-boxes or tubes of wrapping-paper.
If the background was a whitecapped sea,
my colors were wine, coffee, and flecks
of toothpaste.
I also composed with ashes and cappuccino
dregs at Sainte-Adresse, the place
where Jongkind found his icy lights,
and my package was protected by cellophane
and camphor (with no great success).
It's this part of me that manages to survive
the nothingness that was in me, the whole that you,
unwittingly, were.

Changing Color

She took life with a demitasse spoon
being
utterly *out of it*, unseizable.

A confused girl, married young
to a real, unredeemable
nobody.

She had a second husband who gave her
a status
and took her to Lebanon as a convenient
overnight kit.

But she missed the travel agency
where she found another man no less loony
but understandable.

It was in the interval between her two husbands;
all it took was a plane reservation
and a few brief words.

L'uomo la riportava al suo linguaggio
paterno, succulento
e non chiese nemmeno quel che ebbe.

Nel Libano si vive come se il mondo
non esistesse, quasi
più sepolti dei cedri sotto la neve.

Lei lo ricorda in varie lingue, un barbaro
cocktail di impresti,
lui la suppone arabizzata, docile
ai festini e ai dileggi dei Celesti.

Lui si rivede pièfelpato, prono
sui tappeti di innumeri moschee
e il suo sguardo s'accende

delle pietre che mutano colore,
le alessandriti, le camaleontiche
da lei ora acquistate a poco prezzo
nei bazar.

Ma lei non ebbe prezzo, né lui stesso
quando cercava un'agenzia turistica
presso il Marble Arch.

Era un uomo affittabile, sprovvisto
di predicati,
pronto a riceverne uno. Ora che l'ha
pensa che basti. E lei? Felicemente

si ignora. Chi dà luce rischia il buio.

The man carried her off to his succulent
ancestral language
and didn't even inquire about hers.

In Lebanon people live as though the world
didn't exist, almost more buried
than cedars under the snow.

She recalls him in several languages, a barbarous
cocktail of borrowings,
he thinks her Arabized, docile
at the feasts and gibes of the Celestials.

He sees himself in slippers, prone
on the carpets of innumerable mosques,
and his gaze illumined

by stones of changing color,
alexandrites, chameleonites
newly acquired by her at bargain prices
in the bazaars.

But she had no price, nor did he
when he went searching for a travel agency
near Marble Arch.

He was a man-for-rent, devoid
of predicates,
ready to receive one. Now that he has her,
he thinks it's enough. And she? Luckily

she doesn't know. Those who give light
risk the darkness.

Come Zaccheo

Si tratta di arrampicarsi sul sicomoro
per vedere il Signore se mai passi.
Ahimè, non sono un rampicante ed anche
stando in punta di piedi non l'ho mai visto.

Il positivo

Prosterniamoci quando sorge il sole
e si volga ciascuno alla sua Mecca.
Se qualcosa ci resta, appena un sì
diciamolo, anche se con occhi chiusi.

Il negativo

Tuorli d'un solo uovo entrano i giovani
nelle palestre della vita. Venere
li conduce, Mercurio li divide,
Marte farà il resto. Non a lungo
brillerà qualche luce sulle Acropoli
di questa primavera ancora timida.

A C.

Tentammo un giorno di trovare un modus
moriendi che non fosse il suicidio
né la sopravvivenza. Altri ne prese
per noi l'iniziativa; e ora è tardi
per rituffarci dallo scoglio.
Che un'anima malviva
fosse la vita stessa nel suo diapason

Like Zaccheus

The problem's climbing the sycamore
to see if maybe the Lord is going by.
Alas, I'm no treecreeper, and even on tiptoes
I've never seen Him.

The Positive

Let's salaam at sunrise,
let everyone turn toward his private Mecca.
If anything is left us, a bare Yes,
let's say it, though with eyes closed.

The Negative

Young men, yolks of a single egg, stride
into the wrestling-ring of life. Venus
guides them, Mercury divides them,
Mars will finish matters. The scarce light
of this still shy spring won't shine for long
on the Acropolis.

To C.

We tried one day to find a *modus
moriendi* that wasn't suicide
or survival. Others took
the initiative for us, and now it's too late
for diving off the cliff again.
You never believed
a damaged spirit could be life itself

non lo credesti mai: le ore incalzavano,
a te bastò l'orgoglio, a me la nicchia
dell'imbeccatore.

Corso Dogali

Se frugo addietro fino a corso Dogali
non vedo che il Carubba con l'organino
a manovella
e il cieco che vendeva il bollettino
del lotto. Gesti e strida erano pari.
Tutti e due storpi ispidi rognosi
come i cani bastardi dei gitani
e tutti e due famosi nella strada,
perfetti nell'anchilosi e nei suoni.
La perfezione: quella che se dico
Carubba è il cielo che non ho mai toccato.

Rosso su rosso

È quasi primavera e già i corimbi
salgono alla finestra che dà sul cortile.
Sarà presto un assedio di foglie e di formiche.
Un coleottero tenta di attraversare il libretto
delle mie Imposte Dirette, rosso su rosso. Magari
potesse stingere anche sul contenuto. È suonato
il mezzogiorno, trilla qualche telefono
e una radio borbotta duecento morti
sull'autostrada, il record della Pasquetta.

in its diapason: time
was rushing past, pride
sufficed for you, and I had my niche
as a feeder of birds.

Corso Dogali

If I rummage back in time to Corso Dogali,
all I see is Carubba with his little
hand-cranked barrel-organ
and the blind man who peddled lottery
tickets. The identical gestures and shouts.
Both of them crippled, unshaven, scruffy
as the gypsies' mongrel curs,
and both notorious along the street,
perfect paralysis, perfect noise.
Perfection: when I say that word,
Carubba's the heaven I never touched.

Red on Red

It's almost spring and already clusters of flowers
are climbing up to the window overlooking
the courtyard. Soon there'll be a siege
of leaves and ants. A ladybug tries crossing
my income tax return: red on red. If only
she could efface the contents! The noon bell
has struck, telephones are jangling,
and a radio's droning on
about two hundred people killed on the highways,
a record for Easter.

Verso il fondo

La rete
che strascica sul fondo
non prende
che pesci piccoli.

Con altre reti ho preso
pesci rondine
e anche una testuggine
ma era morta.

Ora che mi riprovo
con amo e spago
l'esca rimane intatta
nell'acqua torbida.

Troppo spessore è intorno
di su, di giù nell'aria.
Non si procede: muoversi
è uno strappo.

Il Re pescatore

Si ritiene
che il Re dei pescatori non cerchi altro
che anime.

Io ne ho visto più d'uno
portare sulla melma delle gore
lampi di lapislazzulo.

Il suo regno è a misura di millimetro,
la sua freccia imprendibile
dai flash.

Toward the Bottom

The net
that drags the bottom
pulls in
only small fry.

With other nets I've caught
flying gurnards
even a turtle
but he was dead.

Now that I try again
with hook and line
the bait dangles untouched
in the murky water.

Thickness on all sides,
up, down, in the air, too much.
Walking stops; movement's
a wrench.

The Kingfisher

People hold
that the Fisher-King seeks only
souls.

I've seen more than one
dazzle slimy ponds with a blaze
of lapis lazuli.

His kingdom is measured in millimeters,
his invisible arrow
by its flashing.

Solo il Re pescatore
ha una giusta misura,
gli altri hanno appena un'anima
e la paura
di perderla.

Nel cortile

Nell'accidiosa primavera quando le ferie incombono
la città si svuota.
È dalle Idi di marzo che un vecchio merlo si posa
sul davanzale a beccare chichi di riso e briciole.
Non utile per lui scendere nel cortile
ingombro di tante macchine casse sacchi racchette.
Alla finestra di fronte un antiquario in vestaglia
e due gattini siamesi. Da un altro osservatorio
un ragazzino rossiccio che tira ai piccioni col flòbert.
Vasto l'appartamento del grande Oncologo,
sempre deserto e buio. Ma non fu tale una notte,
quando avvampò di luci alla notizia
che il prefato era accolto in parlamento.
Tanti gli stappamenti di sciampagna,
i flash, le risa, gli urli dei gratulanti
che anche la Gina fu destata e corse
tutta eccitata a dirmi: ce l'ha fatta!

I nascondigli

Quando non sono certo di essere vivo
la certezza è a due passi ma costa pena
ritrovarli gli oggetti, una pipa, il cagnuccio
di legno di mia moglie, un necrologio
del fratello di lei, tre o quattro occhiali

Only the Kingfisher's
measure is right,
others hardly have souls
and dread
losing them.

In the Courtyard

In the torpid spring when the holidays loom,
the city empties.
Since the Ides of March, an old blackbird
has been perching on the window-sill, pecking
at breadcrumbs and grains of rice. No point
in fluttering down to the courtyard
crammed with all those cars, trunks, bags,
and tennis rackets. At the window opposite
an antiquarian in a dressing gown, and two
Siamese kittens. From another vantage
a red-faced boy with a beebee gun
is peppering pigeons. The huge apartment
of the great Oncologist is dark, deserted
as always. But one night things were different:
the place was ablaze with light at the news
the aforementioned had been elected to parliament.
Magnums of champagne were being uncorked,
flash-bulbs flaring, so much laughing,
such shrieks of congratulation that even Gina
woke up and ran in, all flustered, to tell me:
He made it!

Hiding Places

When I'm not sure I'm alive,
certainty's a few steps away. But it's painful
recovering objects—a pipe, my wife's
little wooden dog, her brother's obituary,
three or four pairs of her glasses,

di lei ancora!, un tappo di bottiglia
che colpì la sua fronte in un lontano
cotillon di capodanno a Sils Maria
e altre carabattole. Mutano alloggio, entrano
nei buchi più nascosti, ad ogni ora
hanno rischiato il secchio della spazzatura.
Complottando tra loro si sono organizzati
per sostenermi, sanno più di me
il filo che li lega a chi vorrebbe
e non osa disfarsene. Più prossimo
negli anni il Gubelin automatico tenta
di aggregarvisi, sempre rifiutato.
Lo comprammo a Lucerna e lei disse
piove troppo a Lucerna non funzionerà mai.
E infatti . . .

El Desdichado

Sto seguendo sul video la Carmen di Karajan
disossata con cura, troppo amabile.

Buste color mattone, gonfie, in pila sul tavolo
imprigionano urla e lamentazioni.

Col paralume mobile vi ho gettato
solo un guizzo di luce, poi ho spento.

Non attendete da me pianto o soccorso fratelli.
Potessi mettermi in coda tra voi chiederei l'elemosina

di una parola che non potete darmi
perché voi conoscete soltanto il grido,

un grido che si spunta
in un'aria infeltrita, vi si aggiunge

e non parla.

the champagne cork that hit her on the forehead
at the New Year's cotillion years ago at Sils Maria,
and other kickshaws. They change lodgings, slip
into out-of-the-way crannies, constantly
in danger of being chucked into the trash.
They've hatched a plot, banding together
to save me; they know better than I
that a thread binds them to someone
who'd like to throw them out, but doesn't dare.
More recently the fancy quartz watch tried
to join the plot, but it always gets rejected.
We bought it at Lucerne and she said
there's too much rain in Lucerne, it'll
never work. And in fact . . .

El Desdichado

I'm watching Karajan's *Carmen* on TV,
scrupulously deboned, too *amabile*.

Brick-red envelopes, stuffed, piled on the table,
seal in shouts and lamentation.

Angling the lampshade, I lit them up
with a flash of light, then turned it off.

Don't expect sorrow or help from me, brothers.
If I could join your ranks, I'd beg for the alms

of a word you can't give me
since all you know is the scream,

a scream muffled in an air
like felt, that blends into it

and doesn't speak.

Retrocedendo

Il tarlo è nato, credo, dentro uno stipo
che ho salvato da sgombri e inondazioni.
Il suo traforo è lentissimo, il microsuono non cessa.
Da mesi probabilmente si nutre del pulviscolo
frutto del suo lavoro. Si direbbe che ignori
la mia esistenza, io non la sua. Io stesso
sto trivellando a mia insaputa un ceppo
che non conosco e che qualcuno osserva
infastidito dal cri cri che n'esce,
un qualcuno che tarla inconsapevole
del suo tarlante e così via in un lungo
cannocchiale di pezzi uno nell'altro.

La mia Musa

La mia Musa è lontana: si direbbe
(è il pensiero dei più) che mai sia esistita.
Se pure una ne fu, indossa i panni dello spaventacchio
alzato a malapena su una scacchiera di viti.

Sventola come può; ha resistito a monsoni
restando ritta, solo un po' ingobbita.
Se il vento cala sa agitarsi ancora
quasi a dirmi cammina non temere,
finché potrò vederti ti darò vita.

La mia Musa ha lasciato da tempo un ripostiglio
di sartorial teatrale; ed era d'alto bordo
chi di lei si vestiva. Un giorno fu riempita
di me e ne andò fiera. Ora ha ancora una manica
e con quella dirige un suo quartetto
di cannucce. È la sola musica che sopporto.

Receding

I think the woodworm was born in a chest
I'd saved from various moves and floods.
He tunnels very slowly, his mini-shrilling never stops.
For months he's probably fed himself on the dusty fruits
of his labor. You might say he's unaware
of my existence, but I'm aware of his. Fact is
I've unknowingly been tunnelling away myself
in an unfamiliar log which someone, annoyed
by the cries coming from it, is watching—
a someone who's boring away in turn, unconscious
of his own boring, and so on, inside a long telescope,
each tube fitted inside another.

My Muse

My Muse is distant: one might say
(and most have thought it) that she never existed.
But if she was my Muse, she's dressed like a scarecrow
awkwardly propped on a checkerboard of vines.

She flaps as best she can; she's withstood monsoons
without falling, though she sags a little.
When the wind dies, she keeps on fluttering
as though telling me: Go on, don't be afraid,
as long as I can see you, I'll give you life.

My Muse long since left a store room
full of theatrical outfits, and an actor costumed by her
was an actor with class. Once, she was filled
with me and she walked proud and tall. She still has
one sleeve, with which she conducts her scrannel
straw quartet. It's the only music I can stand.

Il tuffatore

Il tuffatore preso au ralenti
disegna un arabesco ragniforme
e in quella cifra forse si identifica
la sua vita. Chi sta sul trampolino
è ancora morto, morto chi ritorna
a nuoto alla scaletta dopo il tuffo,
morto chi lo fotografa, mai nato
chi celebra l'impresa.
                Ed è poi vivo
lo spazio di cui vive ogni movente?
Pietà per le pupille, per l'obiettivo,
pietà per tutto che si manifesta,
pietà per il partente e per chi arriva,
pietà per chi raggiunge o ha raggiunto,
pietà per chi non sa che il nulla e il tutto
sono due veli dell'Impronunciabile,
pietà per chi lo sa, per chi lo dice,
per chi lo ignora e brancola nel buio
delle parole!

Dove comincia la carità

Questa violenta raffica di carità
che si abate su noi
è un'ultima impostura.

Non sarà mai ch'essa cominci *at home*
come ci hanno insegnato alla Berlitz; mai
accadrà che si trovi nei libri di lettura.

E non certo da te, Malvolio, o dalla tua banda,
non da ululi di tromba, non da chi ne fa
una seconda pelle che poi si butta via.

The Diver

The diver photographed *au ralenti*
cuts a spider arabesque
and maybe that figure is identical
with his life. The man standing on the diving-board
is dead again, the swimmer going
back to the board after diving is dead,
the photographer's dead, the man applauding the event
was never born.
                    And so? Is it alive—
the space filled by every living thing?
Pity for the eyes, for the objective,
pity for everything that appears,
pity for those leaving and those arriving,
pity for those who achieve or have achieved,
pity for those who know that all and nothing
are two veils of the Unpronounceable,
pity for those who know it, for those who say it,
for those who don't know it and grope
in the darkness of words!

Where Charity Begins

This violent squall of charity
beating down upon us
is a final imposition.

It will never begin "at home,"
as they taught us at Berlitz; it will never
be found in children's primers.

And certainly not by you, Malvolio, or your gang,
not by blaring bugles, nor by those who use it
as a second skin and then slough it.

Non appartiene a nessuno la carità. Sua pari
la bolla di sapone che brilla un attimo, scoppia,
e non sa di chi era il soffio.

Il pirla

Prima di chiudere gli occhi mi hai ditto pirla,
una parola gergale non traducibile.
Da allora me la porto addosso come un marchio
che resiste alla pomice. Ci sono anche altri
pirla nel mondo ma come riconoscerli?
I pirla non sanno di esserlo. Se pure
ne fossero informati tenterebbero
di scollarsi con le unghie quello stimma.

Il fuoco

Siamo alla Pentecoste e non c'è modo
che scendano dal cielo lingue di fuoco.
Eppure un Geremia apparso sul video
aveva detto che ormai sarà questione di poco.
Di fuoco non si vede nulla, solo
qualche bombetta fumogena all'angolo di via Bigli.
Questi farneticanti in doppiopetto o in sottana
non sembrano molto informati del loro mortifero aspetto.
Il fuoco non viene dall'alto ma dal basso,
non s'è mai spento, non è mai cresciuto,
nessuno l'ha mai veduto, fuochista o vulcanologo.
Chi se ne accorge non dà l'allarme, resta muto.
Gli uccelli di malaugurio non sono più creduti.

Charity belongs to nobody. Its image,
a soap-bubble, shines for an instant, bursts,
and never knows who blew it.

The Prick

Before dozing off you called me a prick,
a vulgarism not easily unpacked.
Since then I wear it like a brand
no pumice could remove. There are other
pricks around, but how can we spot them?
Pricks don't know they're pricks.
If they did, they'd use their nails
and try to gouge that stigma out.

Fire

It's Pentecost, and there's no way
tongues of fire can descend from heaven.
Still, some T.V. Jeremiah
said it could happen any day.
There's no sign of fire, only
a couple of smoke-bombs at the corner
of Via Bigli. These madmen in double-breasted
suits or cassocks don't really seem aware
of their lethal look. Fire
doesn't come from above but below;
it's never been put out, never spread;
nobody, neither fireman nor vulcanologist,
has ever seen it. Those who do
don't call for help, they keep quiet.
Birds of ill-omen lack credibility these days.

A quella che legge i giornali

Tra sprazzi di sole e piovaschi
non ci si orienta sul tempo.
C'è poco baccano fuori,
il canarino non canta.
Gli hanno portato una moglie
e lui non apre più il becco.
Il tempo sembra indeciso
sulla sua stessa funzione.
Dobbiamo farci coraggio,
non è arrivata la posta,
non sono usciti i giornali,
non c'è tant'altro ma basta
per inceppare la marcia.
Fermata del tutto non è
ma certo zoppica. Ecco
quello che conta. Star fermi,
attendere e non rallegrarsi
se l'ingranaggio perde i colpi.
Riprenderà non diverso,
meglio lubrificato
o peggio ma quello che importa
è non lasciarci le dita.
Solo le cripte, le buche,
i ricettacoli, solo
questo oggi vale, mia cara,
tu che non leggi e non ascolti, tu

. . . .

che leggi appena i giornali.

To That Woman Who Reads the Newspapers

Between splashes of sunlight and showers
we can't get our bearings on the times.
Outdoors there's no great commotion,
the male canary isn't singing.
They brought him a wife
and he no longer opens his beak.
Time in its very function
seems undecided.
We ought to feel encouraged:
the mail hasn't arrived,
the papers haven't been delivered,
there's not much else but still enough
to make the motor falter.
Time hasn't stopped completely
but it's clearly crippled. And that's
what counts. Keeping still,
listening, not rejoicing
when the timing-gear misses. Time
will crank up as usual, better lubricated
or worse, but what counts
is not losing our fingers.
Only crypts, holes,
hideouts—that's all
that matters today, my dear,
you who don't read and who don't listen, you

. . . .

who barely read the papers.

Il tiro a volo

Mi chiedi perché navigo
nell'insicurezza e non tento
un'altra rotta? Domandalo
all'uccello che vola illeso
perché il tiro era lungo e troppo larga
la rosa della botta.

Anche per noi non alati
esistono rarefazioni
non più di piombo ma di atti,
non più di atmosfera ma di urti.
Se ci salva una perdita di peso
è da vedersi.

Il rondone

Il rondone raccolto sul marciapiede
aveva le ali ingrommate di catrame,
non poteva volare.
Gina che lo curò sciolse quei grumi
con batuffoli d'olio e di profumi,
gli pettinò le penne, lo nascose
in un cestino appena sufficiente
a farlo respirare.
Lui la guardava quasi riconoscente
da un occhio solo. L'altro non si apriva.
Poi gradì mezza foglia di lattuga
e due chicchi di riso. Dormì a lungo.
Il giorno dopo all'alba riprese il volo
senza salutare.
Lo vide la cameriera del piano di sopra.
Che fretta aveva fu il commento. E dire
che l'abbiamo salvato dai gatti. Ma ora forse
potrà cavarsela.

Shooting at a Moving Target

You ask me why I sail
with no destination instead of trying
a different course? Ask
the bird soaring by unhurt
because it was a long shot and the caliber
too large.

Even for us wingless creatures
there are rarefactions,
not of lead but of acts,
not of atmosphere but shocks.
Whether loss of weight could save us
is moot.

The Swift

The swift crumpled on the sidewalk
had wings so daubed with tar
he couldn't fly.
Gina, who nursed him, loosened the gobs
with wads of cotton soaked in oil and perfume,
fluffed his feathers, and tucked him
in a little basket barely big enough
for him to breathe.
From one eye—the other eye was closed—
he peeped at her almost gratefully.
Later he accepted half a leaf of lettuce,
a few grains of rice, and a long nap.
At dawn the next day he flew away
without so much as a chirp.
The maid in the apartment upstairs saw him go.
What a rush was her comment. And to think
we'd saved him from the cats! But now maybe
he can wing it on his own.

La forma del mondo

Se il mondo ha la struttura del linguaggio
e il linguaggio ha la forma della mente
la mente con i suoi pieni e i suoi vuoti
è niente o quasi e non ci rassicura.

Così parlò Papirio. Era già scuro
e pioveva. Mettiamoci al sicuro
disse e affrettò il passo senza accorgersi
che il suo era il linguaggio del delirio.

Il lago di Annecy

Non so perché il mio ricordo ti lega
al lago di Annecy
che visitai qualche anno prima della tua morte.
Ma allora non ti ricordai, ero giovane
e mi credevo padrone della mia sorte.
Perché può scattar fuori una memoria
così insabbiata non lo so; tu stessa
m'hai certo seppellito e non l'hai saputo.
Ora risorgi viva e non ci sei. Potevo
chiedere allora del tuo pensionato,
vedere uscirne le fanciulle in fila,
trovare un tuo pensiero di quando eri
viva e non l'ho pensato. Ora ch'è inutile
mi basta la fotografia del lago.

Il poeta

Si bùccina che viva dando ad altri
la procura, la delega o non so che.

The Form of the World

If the world is structured like language
and language is structured like the mind,
then the mind with its fullnesses and voids
is nothing, or almost, which isn't reassuring.

So said Papirius. It was already dark,
and raining. Let's find a safer spot,
he said, and hurried off, unaware
that he was talking the language of madness.

Lac d'Annécy

I don't know why my memory links you
to the Lac d'Annécy
which I visited a few years before you died.
But at the time I didn't remember you; I was young
and thought myself master of my fate.
How a memory so buried can suddenly erupt,
I don't know; you yourself certainly buried me
without ever knowing it. Now
you return to life and you're no longer there.
Once I could have asked about your boarding-school,
could have watched the little girls filing out,
could have discovered some thought of yours in those days
when you were still alive, and I didn't think of it.
Now that I can't, I'm content
with the photo of the lake.

The Poet

They trumpet that they live by giving others
their proxy, power of attorney, and whatever.

Pure qualcosa stringe tre le dita
il deputante, il deputato no.

Non gli hanno detto al bivio che doveva
scegliere tra due vite separate
e intersecanti mai. Lui non l'ha fatto.
È stato il Caso che anche se distratto
rimane a guardia dell'indivisibile.

Il grande affare

Quale sia il grande affare non s'è mai saputo.
Se la spinta del sangue o la deiezione
o la più pura forma dell'imbecillità.
Resta l'incerto stato del bastardume,
del mezzo e mezzo, del di tutto un po'.

Ma c'è un portento che mai fu voluto
da nessuno per sé, per altri sì.
Non fu opera d'uomo: lo dichiarano
i cani degli zingari, gli elìsei
mostri che ancora ringhiano qua e là.

Imitazione del tuono

Pare che ogni vivente
imiti un suo modello
ignorandolo, impresa improponibile.
Ma il peggio tocca a chi il suo
crede averlo davanti come una statua.
Non imitate il marmo, uomini. Se non potete
star fermi modellatevi sulla crusca,
sui capelli del vento, sulla raspa
delle cicale, sull'inverosimile
bubbolare del tuono a ciel sereno.

But it's the deputizer, not the deputy,
who presses something between his fingers.

They failed to tell him at the crossroads
that he had to choose between two separate,
never intersecting lives. He didn't choose.
It was left to Chance, however distracted,
to keep an eye on the indivisible.

The Big Deal

What the big deal was no one ever knew,
whether blood-rush or bowel movement
or the most undiluted idiocy.
What's left is bastard uncertainty,
half and half, a touch of everything.

But there's one portent nobody
ever wished on himself, only on others.
It wasn't the work of man: gypsy
dogs declare it, and those Elysian
monsters still snarling here and there.

Imitation of Thunder

It seems that every living thing
imitates its own model
by ignoring it, an impossible enterprise.
But the worst case is the man who thinks
his model stands before him like a statue.
Men, don't imitate marble.
If you can't stand still, model yourselves
on chaff, puffs of wind, the cicada's
rasping cry, the improbable
shudder of thunder from a cloudless sky.

Modellatevi, dico, anche sul nulla
se v'illudete di potere ancora
rasentare la copia di quel pieno
che non è in voi!

Al Congresso

Se l'uomo è l'inventore della vita
(senza di lui chi se n'accorgerebbe)
non ha l'uomo il diritto di distruggerla?

Tale al Congresso il detto dell'egregio
preopinante che mai mosse un dito
per uscire dal gregge.

Il frullato

Allora
un salotto di stucchi
di mezzibusti e specchi
era la vita.
Il battito di un cuore
artificiale o vero
era poesia.
Scorribande di nuvole
non di streghe
erano un quadro,
la fistula il fischietto il campanaccio
dei bovi musica.
Ora c'è stata una decozione
di tutto in tutti e ognuno si domanda
se il frullino ch'è in opera nei crani
stia montando sozzura o zabaione.

Model yourselves, I say, even on nothing
if you deceive yourselves that you can still
make a fair copy of that fullness
you lack.

At the Conference

If man is the inventor of life
(without him who'd notice it?)
doesn't he have the right to destroy it?

So he addressed the Conference—the distinguished
first speaker who had never lifted a finger
to distinguish himself from the crowd.

The Milk-Shake

In those days
a living-room of stuccoes
busts and mirrors
was life.
The beating of a heart
imagined or real
was poetry.
Scurrying packs of clouds
not witches
were a painting;
panpipes, whistles, cow-bells
were music.
Now we've got a decoction
of everything in all and everyone wonders
whether the blender churning in his brain
is whipping up crap or zabaglione.

Accorcia l'ultimo tuo straccio
Bernadette, beccafichi! ora che tutto oscilla
come il latte alla portoghese,
nessuno potrà dirti chi sei, chi eri,
se fosti viva o morta, se hai saputo
che il vero e il falso sono il retto e il verso
della stessa medaglia, accorcia, butta via,
non sostituire,
lasciati andare sulle tue creme,
a fondo non andrai,
c'è chi ti guarda e t'insegna
che quello che trema è il tic tac
di un orologio che non perderà
tanto presto la carica!

Ne abbiamo abbastanza . . .

Ne abbiamo abbastanza di . . .
è ripetuto all'unanimità.
Ma di che poi? Della vita no
e della morte ohibò, non se ne parla.

Dal *di* comincia la biforcazione
della quale ogni ramo si biforca
per triforcarsi eccetera. Può darsi
che anche l'Oggetto sia
stanco di riprodursi.

La lingua di Dio

Se dio *è* il linguaggio, l'Uno che ne creò tanti altri
per poi confonderli
come faremo a interpellarlo e come
credere che ha parlato e parlerà
per sempre indecifrabile e questo è
meglio che nulla. Certo

Cut off the last of your rags, Bernadette,
stuff yourself! Now that everything's a-quiver
like milk *alla portoghese*,
no one can tell you who you are,
or were, whether living or dead, whether you knew
that true and false were recto and verso
of the same coin—cut it off, throw it away,
no substitutes,
let yourself go, churn away at your creams,
you'll never get to the bottom of things,
someone is watching you, teaching you
what's shaking is the tick-tock
of a wound-up watch that won't unwind
in a hurry!

We're fed up with . . .

We're fed up with . . .
Everyone repeats that phrase.
But fed up with what? Not life,
and death, ha! no one mentions that.

With that *with* bifurcation begins,
each branch bifurcating
in order to trifurcate, and so on. Maybe
even the Object is fed up
with reproducing itself.

The Language of God

If god *is* language, the One who created so many
in order to mingle them later,
how can we put our questions to him, how
believe that he's spoken, that he'll always
speak undecodably, and that this
is better than nothing? Clearly

meglio che nulla siamo
noi fermi alla balbuzie. E guai se un giorno
le voci si sciogliessero. Il linguaggio,
sia il nulla o non lo sia,
ha le sue astuzie.

A questo punto

A questo punto smetti
dice l'ombra.
T'ho accompagnato in guerra e in pace e anche
nell'intermedio,
sono stata per te l'esaltazione e il tedio,
t'ho insufflato virtù che non possiedi,
vizi che non avevi. Se ora mi stacco
da te no avrai pena, sarai lieve
più delle foglie, mobile come il vento.
Devo alzare la maschera, io sono il tuo pensiero,
sono il tuo in-necessario, l'inutile tua scorza.
A questo punto smetti, stràppati dal mio fiato
e cammina nel cielo come un razzo.
C'è ancora qualche lume all'orizzonte
e chi lo vede non è un pazzo, è solo
un uomo e tu intendevi di non esserlo
per amore di un'ombra. T'ho ingannato
ma ora ti dico a questo punto smetti.
Il tuo peggio e il tuo meglio non t'appartengono
e per quello che avrai puoi fare a meno
di un'ombra. A questo punto
guarda con i tuoi occhi e anche senz'occhi.

it's better than nothing that we're stuck
with stammering. And woe to us if someday
the voices were all let loose. Language,
whether it's nothing or not,
has its wiles.

At This Point

At this point, says the shadow,
stop.
In war and peace and in the interim too
I was at your side.
I was your boredom and your exaltation,
I inspired you with a virtue you don't possess,
with vices you didn't have. If I abandon you now,
you'll feel no pain, you'll be lighter
than leaves, supple as wind.
I must remove my mask, I'm your thought,
I'm your non-necessary, your useless husk.
At this point stop, free yourself of my breath,
rush rocket-like through the sky.
A few lights still shine on the horizon
and the man who sees them isn't mad, merely
a man, and, because you loved a shadow, you thought
you weren't a man. I've deceived you
but now I tell you: at this point, stop.
Your worst and your best are not your own,
and what will be yours someday, you can achieve
without a shadow. At this point
see with your own eyes, see without them too.

Se il male naturaliter non può smettere
non gli conviene il segno del negativo.

L'altro segno a chi tocca? È la domanda
che corre (anzi *non* corre affatto)
di bocca in bocca.

Non mi stanco di dire al mio allenatore
getta la spugna
ma lui non sente nulla perché sul ring o anche fuori
non s'è mai visto.
Forse, a suo modo, cerca di salvarmi
dal disonore. Che abbia tanta cura
di me, l'idiota, o io sia il suo buffone
tiene in bilico tra la gratitudine
e il furore.

Il trionfo della spazzatura

Lo sciopero dei netturbini
può dare all'Urbe il volto che le conviene.
Si procede assai bene tra la lordura
se una Chantal piovuta qui dal nord
vi accoglierà con una sua forbita
grazia più chiara e nitida dei suoi cristalli.
Fuori le vecchie mura ostentano la miseria,
la gloria della loro sopravvivenza.
Lei stessa, la ragazza, difende meglio
la sua identità se per raggiungerla
ha circumnavigato isole e laghi

If evil *naturaliter* can't desist,
its minus sign serves no purpose.

Whose business is the plus? That's the question
running (or rather *not* running at all)
from mouth to mouth.

I never tire of telling my trainer
throw in the sponge,
but he doesn't hear me since he's never
been seen in or even out of the ring.
Maybe, in his own way, he's trying
to save me from disgrace. That the idiot
cares so much for me, or I'm *his* fool,
keeps him wobbling between gratitude
and rage.

The Triumph of Trash

The garbage-collectors' strike
can provide the City with suitable features.
You maneuver quite adroitly through the garbage
when a Chantal, suddenly blowing in from the north,
welcomes you with one of her polished
graces, clearer and shinier than her goblets.
Outside, the old walls flaunt their suffering,
the glory of their survival.
She herself—the girl—is better able to shield
an identity won
by circumnavigating islands and lakes

di vomiticcio e di materie plastiche.
Qui gli ospiti nemmeno si conoscono
tra loro, tutti incuriosi e assenti
da sé. Il trionfo della spazzatura
esalta chi non se ne cura, smussa
angoli e punte. Essere vivi e basta
non è impresa da poco. E lei pure,
lei che ci accoglie l'ha saputo prima
di tutti ed è una sua invenzione
non appresa dai libri ma dal dio senza nome
che dispensa la Grazia, non sa fare altro
ed è già troppo.

Il dottor Schweitzer

gettava pesci vivi a pellicani famelici.
Sono vita anche i pesci fu rilevato, ma
di gerarchia inferiore.

A quale gerarchia apparteniamo noi
e in quali fauci . . . ? Qui tacque il teologo
e si asciugò il sudore.

I primi di luglio

Siamo ai primi di luglio e già il pensiero
è entrato in moratoria.
Drammi non se ne vedono,
se mai disfunzioni.
Che il ritmo della mente si dislenti,
questo inspiegabilmente crea serie preoccupazioni.
Meglio si affronta il tempo quando è folto,
mezza giornata basta a sbaraccarlo.
Ma ora ai primi di luglio ogni secondo sgoccia
e l'idraulico è in ferie.

of vomit and plastic trash.
Visitors here, full of curiosity and forgetful
of themselves, don't even know who's who.
The triumph of trash exalts those indifferent
to it, softening angles and points.
Being alive—just being alive—is no small
enterprise. And even she—the girl who welcomes us,
who knew all that before anyone else,
a discovery wholly her own, not acquired
from books but from the nameless god
who dispenses Grace—can't do otherwise,
which is enough, and more.

Dr. Schweitzer

threw live fish to starving pelicans.
Fish too, he pointed out, are a form of life, but
of lower order.

To what order do we belong, and in whose
jaws . . . ? Here the theologian broke off
and wiped away the sweat.

Early July

Here we are in early July and already
thought has entered the moratorium.
No dramas, no visible activity,
on the contrary, nothing but dysfunctions.
The rhythm of the mind is slowing,
which inexplicably creates serious problems.
Better to confront time when it's packed,
half a day will unpack it.
But now, in early July, the seconds are leaking
away, drop by drop,
and the plumber's on vacation.

Sono pronto ripeto, ma pronto a che?
Non alla morte cui non credo né
al brulichio d'automi che si chiama la vita.
L'altravita è un assurdo, ripeterebbe
la sua progenitrice con tutte le sue tare.
L'oltrevita è nell'etere, quell'aria da ospedale
che i felici respirano quando cadono in trappola.
L'oltrevita è nel tempo che se ne ciba
per durare più a lungo nel suo inganno.
Essere pronti non vuol dire scegliere
tra due sventure o due venture oppure
tra il tutto e il nulla. È dire io l'ho provato,
ecco il Velo, se inganna non si lacera.

L'imponderabile

L'incertezza è più dura del granito
e ha una sua massiccia gravitazione.
Sbrìgati dice Filli, allunga il passo
e in effetti su lei nulla gravita.
Ma l'altro è un peso piuma e il suo macigno
non può alzarlo una gru. La leggerezza
non è virtù, è destino e chi non l'ha
si può impiccare se anche col suo peso
sia più difficile.

Lettera a Bobi

A forza di esclusioni
t'era rimasto tanto che tu potevi
stringere tra le mani; e quello era

I repeat, I'm ready. But ready for what?
Not for death in which I don't believe, nor
that swarming of robots called life.
Afterlife is an absurdity, it would repeat
its predecessor with all its flaws.
Life beyond is in the ether, that clinic air
breathed by the happy when they fall into the trap.
Life beyond is in time that devours itself
in order to persist in its own illusion.
Being ready doesn't mean choosing
between two mishaps or two futures or even
between all and nothing. It's saying I've tried it,
here's the Veil, if it's a fraud
nobody gets hurt.

The Imponderable

Uncertainty is harder than granite
and has its own gravitational mass.
Hurry, says our Filli, lengthen your stride
and nothing weighs you down.
But the other man's a featherweight, sandstone
even a derrick couldn't lift. Lightness
isn't virtue, it's fate,
and the man who doesn't have it
can go hang himself, though, given his weight,
that's a problem.

Letter to Bobi

By dint of exclusions
you could hold everything you inherited
in your two hands; and that belonged

473

di chi se n'accorgeva. T'ho seguito
più volte a tua insaputa. Ho percorso
più volte via Cecilia de Rittmeyer
dove avevo incontrato la tua vecchia madre,
constatato de visu il suo terrificante amore.
Del padre era rimasto il piegabaffi e forse
una bibbia evangelica. Ho assaggiato
la pleiade dei tuoi amici, oggetto
dei tuoi esperimenti più o meno falliti
di creare o distruggere felicità coniugali.
Erano i primi tuoi amici, altri
ne seguirono che non ho mai conosciuto.
S'è formata così una tua leggenda
cartacea, inattendibile. Ora dicono
ch'eri un maestro inascoltato, tu
che n'hai avuto troppi a orecchie aperte
e non ne hai diffidato. Confessore
inconfessato non potevi dare
nulla a chi già non fosse sulla tua strada.
A modo tuo hai già vinto anche se hanno perduto
tutto gli ascoltatori. Con questa lettera
che mai tu potrai leggere ti dico
addio e non aufwiedersehen e questo
in una lingua che non amavi, priva
com'è di Stimmung.

Senza sorpresa

Senza sorpresa né odio
per le mobili turbe
di queste transumanze domenicali
in galleria, sul Corso,
sui marciapiedi già ingombri
dai tavolini dei bar
senza vizio di mente,
anzi con una clinica
imperturbabilità

to anyone who noticed it. On several occasions,
without your knowledge, I followed you. Several times
I walked down Via Cecilia di Rittmeyer
where I'd met your aged mother,
ascertaining *de visu* her terrifying love.
Of your father nothing but drooping mustaches
and maybe the Gospels. I savored
the *pléiade* of your friends, objects
of your more or less failed experiments
in creating or destroying conjugal bliss.
They were the friends of your youth, followed
by others whom I never met.
This was how your own implausible paper
legend was formed. They say now
that you were a master to whom no one listened—
you who had more students with open ears
than you ever suspected. Unconfessed
confessor, you could offer nothing
to those who hadn't already taken your road.
In your own way you won, though
your listeners lost everything. With this letter
which you'll never read, I bid you
adieu and not *auf Wiedersehen*, and this
in a language you didn't like, devoid
as it is of *Stimmung*.

Without Surprise

Without surprise or hatred
among the moving crowds
of these Sunday transhumances
in the arcade, on the Corso,
on sidewalks already obstructed
by cafe tables,
without defect of mind,
indeed with clinical
imperturbability,

io vi saluto turbe in cui vorrei
mimetizzarmi a occhi chiusi
lasciandomi guidare da quest'onda
così lenta e sicura
nella sua catastrofica insicurezza.
Ma sopravviene ora
la riflessione,
la triste acedia su cui tanto conta
il genio occulto della preservazione.
E allora si saluta
con la venerazione necessaria
il bradisismo umano,
quello che la parola non può arrestare
e si saluta senza aprire bocca,
non con gesti,
non nell'intento di scomparirvi dentro,
ma si saluta, ed è troppo, col desiderio
che tanto approdo abbia la sua proda
se anche le nostre carte non ne portino traccia.

Lettera a Malvolio

Non s'è trattato mai d'una mia fuga, Malvolio,
e neanche di un mio flair che annusi il peggio
a mille miglia. Questa è una virtù
che tu possiedi e non t'invidio anche
perché non potrei trarne vantaggio.
                              No,
non si trattò mai d'una fuga
ma solo di un rispettabile
prendere le distanze.

Non fu molto difficile dapprima,
quando le separazioni erano nette,
l'orrore da una parte e la decenza,
oh solo una decenza infinitesima
dall'altra parte. No, non fu difficile,

I hail you, O you crowds, in which I'd like
to camouflage myself, eyes closed,
letting myself be guided by this wave
so slow, so secure
in its catastrophic insecurity.
But now reflection
supervenes,
that sad torpor on which the hidden
genius of preservation so much depends.
And then we hail
with the required veneration
the human bradyseism
which speech cannot arrest,
and we hail it without opening our mouths,
without gestures,
with no intention of disappearing within it,
but we hail it, too fervently, with the desire
that such a landfall should have its own harbor
though there's no trace of it on our maps.

Letter to Malvolio

It was never a matter of my taking flight, Malvolio,
nor even some penchant of mine for sniffing out the worst
a thousand miles away. This is a virtue
you possess, and one which I don't envy you either
since there's nothing in it for me.
                              No,
it was never a matter of taking flight,
simply a dignified
adoption of distance.

It was easy enough at the start
when the divisions were so marked—
horror on one side, and decency,
well, only an infinitesimal decency,
on the other. No, it wasn't so hard.

bastava scantonare scolorire,
rendersi invisibili,
forse esserlo. Ma dopo.

Ma dopo che le stalle si vuotarono
l'onore e l'indecenza stretti in un solo patto
fondarono l'ossimoro permanente
e non fu più questione
di fughe e di ripari. Era l'ora
della focomelia concettuale
e il distorto era il dritto, su ogni altro
derisione e silenzio.

Fu la tua ora e non è finita.
Con quale agilità rimescolavi
materialismo storico e pauperismo evangelico,
pornografia e riscatto, nausea per l'odore
di trifola, il denaro che ti giungeva.
No, non hai torto Malvolio, la scienza del cuore
non è ancora nata, ciascuno la inventa come vuole.
Ma lascia andare le fughe ora che appena si può
cercare la speranza nel suo negativo.
Lascia che la mia fuga immobile possa dire
forza a qualcuno o a me stesso che la partita è aperta,
che la partita è chiusa per chi rifiuta
le distanze e s'affretta come tu fai, Malvolio,
perché sai che domani sarà impossibile anche
alla tua astuzia.

p.p.c.

La mia valedizione su voi scenda
Chiliasti, amici! Amo la terra, amo

Chi me l'ha data

Chi se la riprende.

All it took was avoidance, fading away,
becoming invisible, maybe
being invisible. But later . . .

But later when the stables had emptied,
honor and indecency bonded in a single compact
established the permanent oxymoron
and the question was no longer one
of flight and refuge. It was the age
of the conceptual phocomele,
and the crooked was straight, and ridicule and silence
about everything else.

It was your age, and it isn't over.
With what dexterity you made your mishmash
of historical materialism and biblical pauperism,
pornography and redemption, disgust for the smell
of truffles, the money that came your way.
No, you're not wrong, Malvolio, the science of the heart
hasn't yet been born; each invents it as he likes.
But forget the flights now that one can hardly
look for hope in its own negation.
Let my motionless flight have the power to say Courage
to someone or to myself that the game is still on,
but the game is over for those who reject
distances and, like you, Malvolio, are always in a rush
since you know that tomorrow will be impossible
despite all your wiles.

p.p.c.

Let my valediction come upon you,
Chiliasts, friends! I love the earth, I love

the One who gave it to me

the One who takes it back.

Poetic Diary:
1972

Presto o tardi

Ho creduto da bimbo che non l'uomo
si muove ma il fondale, il paesaggio.
Fu quando io, fermo, vidi srotolarsi
il lago di Lugano nel vaudeville
di un Dall'Argine che probabilmente
in omaggio a se stesso, nomen omen,
non lasciò mai la proda. Poi mi accorsi
del mio puerile inganno e ora so
che volante o pedestre, stasi o moto
in nulla differiscono. C'è chi ama
bere la vita a gocce o a garganella;
ma la bottiglia è quella, non si può
riempirla quando è vuota.

Visitatori

A ogni ritorno di stagione mi dico
che anche la memoria è ciclica. Non ricordo
i miei fatti di ieri, le parole che ho detto o pubblicato
e mi assediano invece ingigantiti
volti e gesti da tempo già scacciati
dalla mente.

C'era un vecchio patrizio nel Tirolo alto
che a guerra appena finite accolse nella sua reggia
con tovaglie di Fiandra, porcellane di Sèvres,
vini della Mosella, delikatessen
lo sbracato invasore ch'ero io, offuscato
dalla vergogna, quasi incerto se
prosternarmi ai suoi piedi.

Più tardi ancora il grande Däubler poeta
della luce del Nord, un nibelungo barbuto
di immense mole che sfonda la poltrona

Early or Late

As a boy I thought the landscape,
the backdrop, did the moving, not man.
I know *I* wasn't moving when I saw Lake Lugano
rolling away in Dall'Argine's Lakeside Vaudeville,
though doubtless in homage to him, *nomen omen*,
it never left the shore. Later I saw through
my childish illusions, and now I know
that flying or standing, motion or stasis,
are one. Some savor life in sips,
others guzzle. But once drained,
it's the same unrefillable bottle.

Visitors

With each returning season I remind myself
that memory is cyclical too. I don't remember
what I did yesterday, the words I spoke or published;
instead I'm assailed by faces and gestures
long since driven from mind, and now grown
gigantic.

There was an old patrician in the upper Tyrol
who shortly after the war invited me
to his palatial residence—Flemish table-cloths,
Sèvres china, Mosel wines, and *delicatessen*—
unbuttoned invader that I was, a cloud of confusion
and shame, almost wondering whether to prostrate myself
at his feet.

Again, later still, it was the great Däubler, poet
of the Northern Lights, a bearded Nibelung
of immense bulk who plumped down in the armchair

e sillaba i miei poveri versi di sconosciuto
miscelando due lingue, la sua e la mia perfette
come mai ho ascoltato. È una memoria o un sogno?

Se mi apparisse Omero o almeno il più buio Callimaco
o altro ancora più piccolo ma scritto nella storia
mi sarebbe più facile di sconfiggere il sogno
e dirgli retrocedi, mi sveglierò e sarò libero
dall'incubo. Ma no, questi che parlano
la stessa lingua hanno lasciato tracce
nell'anagrafe o altrove.

Una volta un vegliardo mi raccontò
di aver dormito lunghi anni accanto
a un cestino di fichi nella speranza
di ritrovarli freschi al suo risveglio.
Ma il sonno non durò anni sessantasei
e il record dell'Oasiano della leggenda
non fu certo battuto. Nel cestino
più nulla di appetibile, formiche.
Ritenterò mi disse di sospendere il tempo.
Escomparve nel sogno. (Se fu sogno
o realtà me lo sto chiedendo ancora).

L'odore dell'eresia

Fu miss Petrus, l'agiografa e segretaria
di Tyrrell, la sua amante? Sì, fu la risposta
del barnabita e un brivido d'orrore
serpeggiò tra parenti, amici e altri
ospiti occasionali.

Io appena un bambino, indifferente
alla questione, il barnabita era anche
un discreto tapeur di pianoforte,
e a quattro mani, forse a quattro piedi
avevamo cantato e pesticciato

and declaimed my poor tyro verses, syllable by syllable,
jumbling two languages, his and mine, as perfectly
as I ever heard. Memory or dream?

If Homer appeared, or at least the obscurer Callimachus,
or some other poet, more minor but still historical,
it would be easier to defeat the dream and tell it
to go back whence it came. I'd wake, free
of my nightmare. But no, people who speak
the same language have left traces of themselves
in birth-registries or elsewhere.

Once an old man told me
how he'd fallen asleep for many years
next to a basket of figs, hoping
to find them still fresh when he woke.
But his sleep didn't last sixty-six years
and the record of the legendary Oasian
remained unbroken. The basket held
nothing edible, only ants.
I'll have one more try at suspending time, he said,
and vanished into his dream. (Whether it was dream
or reality still stumps me.)

The Odor of Heresy

Was Miss Petre, Tyrell's hagiographer
and secretary, his mistress too? Yes,
the Barnabite answered, and a shudder of horror
slithered over relatives, friends, and other
occasional guests.

Little more than a child, I had no interest
in the question. Besides, the Barnabite
was passably good at playing the piano,
and with our four hands, and maybe our four feet,
we'd sung and pounded out

'In questa tomba oscura' e altrettali
amenità.

Che fosse in odore di eresia
pareva ignoto al parentado. Quando
fu morto e già dimenticato appresi
ch'era sospeso a divinis e restai a bocca aperta.
Sospeso sì, ma da chi? Da che cosa e perché?
A mezz'aria attaccato a un filo?
E il divino sarebbe un gancio a cui ci si appende?
Si può annusarlo come qualsiasi odore?

Solo più tardi appresi il significato
della parola e non restai affatto
col respire sospeso. Il vecchio prete
mi pare di rivederlo nella pineta
ch'è bruciata da un pezzo, un po' curvo su testi
miasmatici, un balsamo per lui. E l'odore
che si diffonde non ha nulla a che fare
col divino o il demonico, soffi di voce, pneumi
di cui è traccia solo in qualche carta illeggibile.

Le acque alte

Mi sono inginocchiato con delirante amore
sulla fonte Castalia
ma non filo d'acqua rifletteva
la mia immagine.

Non ho veduto mai
le acque dei piranha. Chi vi s'immerge
torna alla riva scheletro scarnificato.

Eppure
altre acque lavorano con noi,
per noi, su noi con un'indifferente
e mostruosa opera di recupero.

In questa tomba oscura and other such
amenities.

That he smelled of heresy
was, it seems, unknown to his relatives.
When he was dead and already forgotten, I learned
he'd been suspended *a divinis*, which shocked me.
Suspended, sure, but by whom? From what, and why?
Was he dangling from a wire in mid-air?
And was the "divine" a sort of hook for hanging things?
Could you sniff heresy like other smells?

Only later did I learn the meaning
of the word, and it didn't send me into shock
Not a bit. In imagination I see the old priest once more,
there in the pine-grove long since burnt down, bent
over noxious texts which to him were balsam.
And the smell he gives off has nothing to do
with divine or demonic voices, breathings,
neumes of which, but for a few illegible sheets,
not a note remains.

Flood Tides

Frantic with love, I knelt
at the Castalian Spring
but no freshet reflected
my image.

I have never seen
the piranha's native waters where swimmers
wash back ashore, bones picked clean.

And yet
other waters work with us,
for us, and on us, with an indifferent
monstrous effort of recuperation.

Le acque si riprendono
ciò che hanno dato: le asseconda il loro
invisibile doppio, il tempo; e un flaccido
gonfio risciacquamento ci deruba
da quando lasciammo le pinne per mettere fuori gli arti,
una malformazione, una beffa che ci ha lasciato gravidi
di cattiva coscienza e responsabilità.

Parve che la ribollente zavorra su cui mi affaccio,
rottami, casse, macchine ammassate
giù nel cortile,
la fumosa colata che se ne va
per conto suo e ignora la nostra esistenza,
parve che tutto questo fosse la prova del nove
che siamo qui per qualcosa un trabocchetto o uno scopo.
Parve, non pare . . . In altri tempi scoppiavano
castagne sulla brace, brillava qualche lucignolo
sui doni natalizi. Ora non piace più
al demone delle acque darci atto che noi
suoi spettatori e còrrei siamo pur sempre noi.

Per una nona strofa

Per finire sul 9 mi abbisognava
un piròpo galante, poche sillabe.
Ma non ho il taglio e la misura dei
decadenti augustei. Troppo è più dura
la materia del dire e del sentire.
Non si parla più d'anni ma di millenni
e quando s'entra in questi non è in gioco
il vivo o il morto la ragione o il torto.

What once they gave,
the waters take back, aided by Time, their unseen
double. And the laving of this feeble, tumid tide
has preyed on us since we abandoned fins
to sprout these limbs of ours—a malformation,
a sad joke which saddled us
with responsibility and bad conscience.

The seething junk my window overlooks—
trash, crates, cars heaped
in the courtyard below,
the slow, smoky flow that streams away
on its own account, ignoring our existence—
all this seemed final proof
that we're here for something, a trap, a goal.
Seemed, not *seems* . . . Once upon a time
chestnuts burst in the hot coals, tapers glowed
on the Christmas presents. Now the demon
of the waters no longer bothers apprising us
that we, his spectators and accomplices,
are still only ourselves.

For a Ninth Stanza

To finish on the 9th I needed
a little gallantry, short and sweet.
But I lack the clipped precision
of the classicizing Augustans. The stuff
of speech and feeling is too much, and tougher.
People no longer talk of years but millennia
and when that's the case, living or dead,
right or wrong, just don't matter.

La Fama e il Fisco

Mi hanno telefonato per chiedermi che penso
di Didone e altre dive oggi resurte
alla tv;
ma i classici restano in alto, appena raggiungibili
con la scala.
Più tardi lo scaffale ha toccato il cielo,
le nubi ed è scomparso dalla memoria.
Nulla resta di classico fuori delle bottiglie
brandite come stocchi da un ciarlatano del video.
Nulla resta di vero se non le impronte
digitali lasciate da un *monssù Travet*
su un foglio spiegazzato malchiuso da uno spillo.
Là dentro non c'è Didone o altre immortali.
Non c'è mestizia né gioia, solo una cifra e un pizzico
di immondizia.

Chi tiene i fili

Chi tiene i fili ne sa più di noi.
Chi non li tiene ne sa di più e di meno.
Un incontro tra l'uno e l'altro; ed ecco
il disastro che avviene, la catastrofe
senza né più né meno.

Jaufré

a Goffredo Parise

Jaufré passa le notti incapsulato
in una botte. Alla primalba s'alza
un fischione e lo sbaglia. Poco dopo
c'è troppa luce e lui si riaddormenta.
È l'inutile impresa di chi tenta
di rinchiudere il tutto in qualche niente
che si rivela solo perché si sente.

Fame and the Fisc

They phoned to ask me what I think
of Dido and other divas being resurrected
nowadays on T.V.;
but the classics are way above us, unreachable
except with a ladder.
Later, the bookcase touched the sky,
the clouds, and vanished from memory.
Nothing's left of the classic but bottles
brandished like daggers by a video huckster.
Nothing's left of truth but the fingerprints
left by a certain *Monssù Travet*
on a piece of badly crumpled paper loosely pinned.
There's no Dido in it or other immortal ladies.
No joy, no grief, only a number with a scumbling
of dung.

He who pulls the strings . . .

He who pulls the strings knows more of them than we.
He who doesn't pull them knows both more and less.
The two meet; and pow!
disaster, pure catastrophe—
"no more" and "no less."

Jaufré

for Goffredo Parise

Jaufré spends the nights
cooped in a blind. At daybreak
a widgeon whistles up, and he misses.
Minutes later there's too much light
and he falls back asleep.
A hopeless task—this effort to cram
everything into this bit of nothingness
that reveals itself only when audible.

Il cavallo

Io non son il cavallo
di Caracalla come Benvolio crede;
non corro il derby, non mi cibo di erbe,
non fui uomo di corsa ma neppure
di trotto. Tentai di essere
un uomo e già era troppo
per me (e per lui).

Notturno

Sarà che la civetta di Minerva
sta per aprire le ali. Ma non è sosta
nel rifornimento
dello spaccio di cui noi siamo appena
rimasugli svenduti per liquidazione.
Eppure l'avevamo creato con orgoglio
a nostra somiglianza il robottone
della fluente e ghiotta infinità.
O cieli azzurri o nobili commerci
non solo coi Celesti! Ora anche la Dea
nostra serva e padrona chiude gli occhi
per non vederci.

Le Figure

Estasiato dalla sua ipallage
il poeta trasse un respiro
di sollievo ma c'era un buco nel poema
che si allargò, fu voragine
e lo scagliò nella cantina dove
si mettono le trappole per i tropi.
Di lui nulla restò. Solo qualche Figura,
scruta obsoleta, disse meglio così.

The Horse

I'm not Caracalla's horse,
as Benvolio believes; I don't run
in the derby, I don't like grass.
As a man, I was no racer, I wasn't even
a pacer. I tried to be
a man and that was more than enough
for me (and him).

Nocturne

Maybe Minerva's owl is ready
to spread her wings. But there's no let-up
in resupplying that sale
in which we're merely remnants
dumped for clearance.
Still, we were proud of creating
him in our image—that giant robot
of fluent, glutton infinity.
O blue skies O noble commerce
and not only with Celestials! Now even the Goddess,
our servant and mistress, shuts her eyes
so as not to see us.

Figures of Speech

In ecstasy with his hypallage
the poet heaved a sigh
of relief, but his poem had a hole in it,
which widened, became a chasm,
and flung him into that basement where
traps for tropes are set.
Nothing was left of him. Only two or three
Figures of Speech, *scruta obsoleta*, said
it's better this way.

Il terrore di esistere

Le famiglie dei grandi buffi
dell'operetta si sono estinte
e con esse anche il genere comico, sostituito
dal tribale tan tan degli assemblaggi.

È una grande sventura nascere piccoli
e la peggiore quella di chi rimbambisce
mimando la stoltizia che paventa
una qualche improbabile identità.

Il terrore di esistere non è cosa
da prender sottogamba, anzi i matusa
ne hanno stivato tanta nei loro sottoscala
che a stento e con vergogna potevano nascondervisi.

E la vergogna non è, garzon bennato, che un primo
barlume della vita. Se muore prima di nascere
nulla se le accompagna che possa dire noi
siamo noi ed è un fatto appena credibile.

Nell'anno settantacinquesimo e più della mia vita
sono disceso nei miei ipogei e il deposito
era là intatto. Vorrei spargerlo a piene mani
in questi sanguinosi giorni di carnevale.

Verboten

Dicono che nella grammatica di Kafka
manca il futuro. Questa la scoperta
di chi serbò l'incognito e con buone ragioni.
Certo costui teme le conseguenze
flagranti o addirittura conflagranti
del suo colpo di genio. E Kafka stesso,
la sinistra cornacchia, andrebbe al rogo
nell'effigie e nelle opere, d'altronde
largamente invendute.

The Terror of Existence

The families of the great buffoons
of operetta have become extinct,
and with them the comic genre, replaced
by the tribal tomtoms of technology.

Being born small is a great misfortune,
but the worst is becoming a child again,
aping the silliness that flinches
from some unlikely identity.

The terror of existence is not to be taken
lightly; in fact, our Methusalehs have stashed
away so much that their storerooms can hardly
hide them and their shame.

And shame, old boy, is only a first
glimmering of life. If it dies before it's born,
nothing afterwards can equal its power of telling us
the almost unbelievable fact—that we're we.

In the seventy-fifth year plus of my life
I went down to my basement and found my store
of shame intact. I'd like to squander it,
all of it, in these bloody days of Carnival.

Verboten

They say the future tense is missing
in Kafka's grammar—the discovery of someone
who remained anonymous, and with good reason.
Clearly he dreads the consequences,
the flagrant or flat-out conflagrations
of his own stroke of genius. And Kafka himself,
that croaking raven, would be burnt at the stake
in effigy or in his works, which in any case
don't sell.

Quel che più conta

A forza d'inzeppare
in una qualche valigia di finto cuoio
gonfia a scoppiare
tutti i lacerti della nostra vita
ci siamo detti che il politeismo
non era da buttar via.

Le abbiamo più volte incontrate,
viste di faccia o di sbieco
le nostre mezze divinità e fu stolto
chiederne una maggiore,
quasi una mongolfiera
totale dello spirito, una bolla
di spazio soffiata di cui noi fossimo gli ospiti
e i sudditi adoranti.

E salutiamo con umiltà gli iddii
che ci hanno dato una mano durante il nostro viaggio,
veneriamo i loro occhi, i loro piedi
se mai n'ebbero, i doni
che ci offersero, i loro insulti e scherni,
prosterniamoci alle loro ombre se pure
ne furono e andiamo incontro al tempo,
all'avvenire che non è più vero
del passato perché tutto che riempie un vuoto
non fu né mai sarà più pieno dei
custodi dell'Eterno, gli invisibili.

Kingfisher

Praticammo con cura il carpe diem,
tentammo di acciuffare chi avesse pelo o escrescenze,
gettammo l'amo senza che vi abboccasse
tinca o barbo (e di trote non si parli).
Ora siamo al rovescio e qui restiamo attenti

What Matters Most

By dint of stuffing
a few leatherette suitcases
full to splitting
with all the sinews of our life
we were told that polytheism
wasn't to be trashed.

We met them on several occasions,
face to face or brushing by,
our demigods, and it was stupid
to ask for an even bigger,
nearly absolute, hot-air balloon
of the spirit, a blown bubble
of space of which we were
adoring subjects and guests.

And we humbly greet the gods
who lent us a helping hand on our journey,
we worship their eyes, their feet
(if they had any), the gifts
they gave us, their jeers and insults,
let's prostrate ourselves in their shadows
(if they cast any) and go and face time,
that future which is no more true than the past
since whatever fills a void completely
never was, and never will be full of the invisible ones,
the guardians of the Eternal.

Kingfisher

We scrupulously practiced *carpe diem*,
we tried to catch anything with excrescences or skin,
we cast our flies, though the hook was never taken
by tench or barbel (no chance of trout!).
Now the situation's reversed; we're the ones

se sia mai una lenza che ci agganci.
Ma il Pescatore nicchia perché la nostra polpa
anche al cartoccio o in carpione non trova più clienti.

La pendola a carillon

La vecchia pendola a carillon
veniva dalla Francia forse dal tempo
del secondo Impero.
Non dava trilli o rintocchi ma esalava
più che suonare tanto n'era fioca la voce
l'entrata di Escamillo o le campane
di Corneville: le novità di quando
qualcuno l'acquistò: forse il proavo
finito al manicomio e sotterrato
senza rimpianti, necrologi o altre
notizie che turbassero i suoi non nati nepoti.
I quali vennero poi e vissero senza memoria
di chi portò quell'oggetto tra inospiti mura sferzate
da furibonde libecciate—e chi
di essi ne udì il richiamo? Era una sveglia
beninteso che mai destò nessuno
che non fosse già sveglio. Io solo un'alba
regolarmente insonne traudii l'ectoplasma
vocale, il soffio della toriada,
ma appena per un attimo. Poi la voce
della boîte non si estinse ma si fece parola
poco udibile e disse non c'è molla né carica
che un giorno non si scarichi. Io ch'ero
il Tempo lo abbandono. Ed a te che sei l'unico
mio ascoltatore dico cerca di vivere
nel fuordeltempo, quello che nessuno
può misurare. Poi la voce tacque
e l'orologio per molti anni ancora
rimase appeso al muro. Probabilmente
v'è ancora la sua traccia sull'intonaco.

anxiously waiting to be hooked.
But the Fisherman takes his time:
even *en papillote* or marinaded,
our flesh is not in demand.

The Chiming Pendulum Clock

The old pendulum clock
probably came from France in the days
of the Second Empire.
It chimed so faintly it neither tinkled nor pealed,
but rather exhaled Escamillo's entering motif
in *Les Cloches de Corneville*—novelties
when the clock was bought, perhaps
by the great-grandfather who ended his days
in an asylum and was buried with no mourning,
obituaries, or any notices which might have embarrassed
grandchildren still unborn.
They came later, living their lives with no memory
of the man who lugged that object within unwelcoming
walls lashed by raging southwesters—and did anyone of them
ever hear it chime? It had a well-meaning call,
arousing nobody who wasn't already awake.
Only I, plagued by early morning insomnia, made out
that weak vocal ectoplasm, the blowing of the *toriada*,
but only for an instant. Then the voice
from the *boîte* faded away, not completely, but became
a barely audible whisper, saying: No spring,
no mechanism exists that won't someday wear out.
I, who once was Time, renounce time. And to you,
my one and only listener, I say: Try living
in the timeless moment, which can't be clocked.
Then the voice stopped,
and for many years the clock stayed where it was,
hanging on the wall. No doubt its outline
is still there, in the plaster.

C'è chi muore . . .

C'è chi muore per noi. È cosa di tutti i giorni
e accade anche a me stesso per qualcuno.
Che sacrifizio orrendo questa compensazione
che dovrebbe salvarci tutti en bloc,
bravi turisti che spendono poco e non vedono nulla.

Così d'accordo camminano teologia economia
semiologia cibernetica e altro ancora ignoto
che sta incubando, di cui noi saremo
nutrimento e veleno, pieno e vuoto.

A un grande filosofo

in devoto ricordo

Una virtù dei Grandi è di essere sordi
a tutto il molto o il poco che non li riguardi.
Trascurando i famelici e gli oppressi
alquanto alieni dai vostri interessi
divideste lo Spirito in quattro spicchi
che altri rimpastò in uno: donde ripicchi, faide
nel gregge degli yesmen professionali.
Vivete in pace nell'eterno: foste
giusto senza saperlo, senza volerlo.
Lo spirito non è nei libri, l'avete saputo,
e nemmeno si trova nella vita e non certo
nell'altra vita. La sua natura resta
in disparte. Conosce il nostro vivere
(lo sente), anzi vorrebbe farne parte
ma niente gli è possibile per l'ovvia
contradizion che nol consente.

Others die for us . . .

Others die for us. It's an everyday event
which happens to me too, on behalf of others.
What a frightful sacrifice, this recompensation
which ought to save us all *en masse*,
good tourists who spend little and see nothing!

So they proceed, hand-in-hand—theology,
economics, semiotics, cybernetics and other
disciplines still unknown now incubating,
of which we'll be pap and poison, fullness and void.

To a Great Philosopher

in affectionate remembrance

One virtue of the Great is being deaf
to anything, large or small, that doesn't concern them.
By ignoring the starving and oppressed
so alien to your interests,
you divided the Spirit into four chunks
which others worked back into one: whence feuds
and repercussions in the pack of professional
yes-men. You great ones live at peace
in the eternal: without knowing it, without
even wanting it, you were right. You knew the spirit
can't be found in books, is not even found even in life,
far less in another life. Its nature
is apartness. It acknowledges our existence
(feels it), would even like to participate,
but can't, thanks to the clearly
unconsenting contradiction.

Il paguro

Il paguro non guarda per il sottile
se s'infila in un guscio che non è il suo.
Ma resta un eremita. Il mio male è
che se mi sfilo dal mio non posso entrare nel tuo.

In un giardino 'italiano'

La vecchia tartaruga cammina male, beccheggia
perché le fu troncata una zampetta anteriore.
Quando un verde mantello entra in agitazione
è lei che arranca invisibile in geometrie di trifogli
e torna al suo rifugio.
Da quanti anni? Qui restano incerti
giardiniere e padrone.
Mezzo secolo o più. O si dovrà risalire
al generale Pelloux...
Non c'è un'età per lei: tutti gli strappi
sono contemporanei.

Sulla spiaggia

Ora il chiarore si fa più diffuso.
Ancora chiusi gli ultimi ombrelloni.
Poi appare qualcuno che trascina
il suo gommone.
La venditrice d'erbe viene e affonda
sulla rena la sua mole, un groviglio
di vene varicose. È un monolito
diroccato dai picchi di Lunigiana.
Quando mi parla resto senza fiato,
le sue parole sono la Verità.
Ma tra poco sarà qui il cafarnao

The Hermit Crab

The hermit crab doesn't look too closely,
he just crawls into a shell that isn't his.
But remains a hermit. That's my hang-up:
if I leave my shell, I can't crawl into yours.

In an "Italian" Garden

Since one of his hind legs was cut off,
the old turtle walks with a lurch.
When a lush green lawn starts to quiver,
it's the turtle limping invisibly through clover
geometries back to his shelter.
How long has he been lame? On this point
gardener and owner are both uncertain.
Fifty years or more. Or earlier still,
back in the days of General Pelloux . . .
To the tortoise all ages are one, all lesions
contemporary.

On the Beach

Now the light grows and widens.
The farthest beach-umbrellas are still closed.
Then somebody shows, dragging
a rubber mattress.
The market-woman arrives and plumps
her bulk onto the sand, a maze
of varicose veins. She's a monolith, solid
marble toppled from the peaks of Lunigiana.
When she speaks to me, I'm breathless,
her words are Truth.
But soon there'll be a holy mess

delle carni, dei gesti e delle barbe.
Tutti i lemuri umani avranno al collo
croci e catene. Quanta religione.
E c'è chi s'era illuso di ripetere
l'exploit di Crusoe!

I nuovi iconografi

Si sta allestendo l'iconografia
di massimi scrittori e presto anche
dei minimi. Vedremo dove hanno abitato,
se in regge o in bidonvilles, le loro scuole
e latrine se interne o appiccicate
all'esterno con tubi penzolanti
su stabbi di maiali, studieremo gli oroscopi
di ascendenti, propaggini e discendenti,
le strade frequentate, i lupanari se mai
ne sopravviva alcuno all'onorata Merlin,
toccheremo i loro abiti, gli accappatoi, i clisteri
se usati e quando e quanti, i menù degli alberghi,
i pagherò firmati, le lozioni
o pozioni o decotti, la durata
dei loro amori, eterei o carnivori
o solo epistolari, leggeremo
cartelle cliniche, analisi e se cercassero il sonno
nel Baffo o nella Bibbia.
                        Così la storia
trascura gli epistemi per le emorroidi
mentre vessilli olimpici sventolano sui pennoni
e sventole di mitraglia forniscono i contorni.

of flesh, beards, gestures.
All the human lemurs will be sporting crosses
and chains. The legions of religion!
And some poor joker dreamed of repeating
the feat of Robinson Crusoe!

The New Iconographers

They're assembling the iconography
of the greatest writers and, before long,
the least. We'll soon have a peek
at where they lived, in palaces or *bidonvilles*,
the schools they attended, their privies,
whether inside or out, with pipes protruding
over pigsties; we'll pore over the horoscopes
of their ancestors, children, and descendants,
the streets where they lived, and their brothels
(if any survived Senator Merlin's legislation);
we'll finger their clothes, bathrobes, enema bags
(if they used enemas, and when, and where), their hotel
menus, I.O.U.'s, their lotions
or potions, or decoctions, the length
of their love affairs, ethereal or carnivorous,
or merely epistolary; we'll peruse
their medical records, urinalyses, and whether
they dozed off reading Baffo or the Bible.
                              So history neglects
the sciences in the name of hemorrhoids
while Olympic ensigns flutter on the pennants
and the sputter of fanning machine-guns
garnishes the proceedings.

Asor

Asor, nome gentile (il suo retrogrado
è il più bel fiore),
non ama il privatismo in poesia.
Ne ha ben donde o ne avrebbe se la storia
producesse un quid simile o un'affine
sostanza, il che purtroppo non accade.
La poesia non è fatta per nessuno,
non per altri e nemmeno per chi la scrive.
Perché nasce? Non nasce affatto e dunque
non è mai nata. *Sta* come una pietra
o un granello di sabbia. Finirà
con tutto il resto. Se sia tardi o presto
lo dirà l'escatologo, il funesto
mistagogo che è nato a un solo parto
col tempo—e lo detesta.

Ancora ad Annecy

a G.F.

Quando introdussi un franco
nella fessura di una slot machine
raccolsi nelle mani un diluvio d'argento
perché la mangiasoldi s'era guastata.
Mi sentii incolpevole e il tesoro
fu tosto dilapidato da Cirillo e da me.
Allora non pensai al nobiliare ostello
che t'ha ospitata prima che la casa
dei doganieri fosse sorta, quasi
come una rupe nel ricordo. Era una
storia più tua che mia e non l'ho mai saputa.
Bastò una manciatella di monete
a creare l'orribile afasia?
O si era forse un po' brilli? Non ho voluto mai chiederlo
a Cirillo.

Asor

Asor, a gracious name (spelled backwards,
the loveliest of flowers),
dislikes privatism in poetry.
With good reason for it, or he would have, if history
produced any such thing or some related
substance, which, alas, it doesn't.
Poetry is not produced for anyone,
not for others, not even for the poet.
Why is it born? It isn't born at all,
so it never was born. It *is*, like a stone
or a grain of sand. It will end up
like everything else. Whether sooner or later
we'll learn from the eschatologist, the gloomiest
mystagogue ever born in a single birth
with time—which he despises.

At Annécy Again

for G.F.

I inserted a franc
in a slot-machine,
and because the one-armed bandit was broken,
I scooped up a river of silver.
I felt no guilt and the treasure
was quickly squandered by Cirillo and me.
I wasn't thinking then of the aristocratic house
that sheltered you before the coastguard
station—cliff-like in my memory—
was built. It was more your story
than mine, and I never grasped it.
Was that little handful of coins enough
to provoke that dreadful aphasia?
Or was I a little crocked? I've never wanted to ask
Cirillo.

Il principe della Festa

Ignoro dove sia il principe della Festa,
Quegli che regge il mondo e le altre sfere.
Ignoro se sia festa o macelleria
quello che scorgo se mi affaccio alla finestra.
Se è vero che la pulce vive in sue dimensioni
(così ogni altro animale) che non sono le nostre,
se è vero che il cavallo vede l'uomo più grande
quasi due volte, allora non c'è occhio umano che basti.
Forse un eterno buio si stancò, sprizzò fuori
qualche scintilla. O un'eterea luce
si maculò trovando se stessa insopportabile.
Oppure il principe ignora le sue fatture
o può vantarsene solo in dosi omeopatiche.
Ma è sicuro che un giorno sul suo seggio
peseranno altre natiche. È già l'ora.

Non c'è morte

Fu detto che non si può vivere senza la carapace
di una mitologia.
Non sarebbe gran male se non fosse che sempre
l'ultima è la peggiore.

I vecchi numi erano confortevoli,
non importa se ostili.
I nuovi ci propinano una vile
benevolenza ma ignorano la nostra sorte.

Non solo sono al buio di chi vive
ma restano all'oscuro di se stessi.
Pure hanno un volto amico anche se uccidono
e non è morte dove mai fu nascita.

The Lord of the Revels

I don't know where he is, the Lord of the Revels,
Ruler of the world and the other spheres.
I don't know if what I see from my window
is feast or butchery. If it's true that the flea
(like every other animal) actually lives
in his own dimensions, and if those aren't ours;
if to the horse's eye men look twice as large
as they really are, then human eyes are inadequate.
Maybe eternal darkness got weary and showered out
a couple of sparks. Or an ethereal light,
bored with purity, spotted itself.
Or else the Lord is ignorant of his own creations
or can boast of them only in homeopathic doses.
But one thing's certain: someday other buttocks
will oppress his throne. The time is ripe.

There's No Dying

It's been said that life is impossible without the carapace
of a mythology.
Which would be tolerable except that the last mythology
is always the worst.

The old divinities were comfortable,
though occasionally unfriendly.
The new gods dispense a base benevolence
but know nothing of our fate.

Not only are they in the dark about the living,
they're even benighted about themselves.
Still, they look friendly, even when they kill,
and there's no dying where there wasn't a birth.

Gli uomini si sono organizzati
come se fossero mortali;
senza di che non si avrebbero
giorni, giornali, cimiteri, scampoli
di ciò che non è più.

Gli uomini si sono organizzati
come se fossero immortali;
senza di che sarebbe stolto credere
che nell'essente viva ciò che fu.

Non era tanto facile abitare
nel cavallo di Troia.
Vi si era così stretti da sembrare
acciughe in salamoia.
Poi gli altri sono usciti, io restai dentro,
incerto sulle regole del combattimento.

Ma questo lo so ora, non allora,
quando ho tenuto in serbo per l'ultimo atto,
e decisivo, il meglio delle mie forze.
Fu un atto sterminato, quasi l'auto
sacramental dei vili nella scorza
di un quadrupede che non fu mai fatto.

Men have organized themselves
as though they were mortal;
otherwise there'd be no day,
no dailies, cemeteries, and relics
of what no longer exists.

Men have organized themselves
as though they were immortal;
if not, it would be stupid to believe
that what *was* is alive in what *is*.

Life in the Trojan Horse
was no picnic.
We were packed in
like anchovies in a can.
When the others left,
I stayed inside, unsure
of the rules of war.

Now I know what I didn't then,
when I hoarded my noblest powers
for the final, the decisive act.
Which was an act that had no end,
almost the *auto sacramental*,
of the baseborn in the hide
of an unrealized quadruped.

Annetta

Perdona Annetta se dove tu sei
(non certo tra di noi, i sedicenti
vivi) poco ti giunge il mio ricordo.
Le tue apparizioni furono per molti anni
rare e impreviste, non certo da te volute.
Anche i luoghi (la rupe dei doganieri,
la foce del Bisagno dove ti trasformasti in Dafne)
non avevano senso senza di te.
Di certo resta il gioco delle sciarade incatenate
o incastrate che fossero di cui eri maestra.
Erano veri spettacoli in miniatura.
Vi recitai la parte di Leonardo
(Bistolfi ahimè, non l'altro), mi truccai da leone
per ottenere il 'primo' e quanto al nardo
mi aspersi di profumi. Ma non bastò la barba
che mi aggiunsi prolissa e alquanto sudicia.
Occorreva di più, una statua viva
da me scolpita. E fosti tu a balzare
su un plinto traballante di dizionari
miracolosa palpitante ed io
a modellarti con non so quale aggeggio.
Fu il mio solo successo di teatrante
domestico. Ma so che tutti gli occhi
posavano su te. Tuo era il prodigio.

Altra volta salimmo fino alla torre
dove sovente un passero solitario
modulava il motivo che Massenet
imprestò al suo Des Grieux.
Più tardi ne uccisi uno fermo sull'asta
della bandiera: il solo mio delitto
che non so perdonarmi. Ma ero pazzo
e non di te, pazzo di gioventù,
pazzo della stagione più ridicola
della vita. Ora sto
a chiedermi che posto tu hai avuto
in quella mia stagione. Certo un senso

Annetta

Forgive me, Annetta, if my memory
just barely reaches you where you are now
(not, to be sure, amongst us, the so-called
living). For many years your apparitions were few
and unexpected, clearly not what you willed.
Even the places (the cliff of the coastguard station,
the mouth of the Bisagno where you changed
into Daphne) had no meaning in your absence.
Of course I remember the charades,
linked or complex, of which you were mistress—
genuine miniature star-performances.
I played the role of Leonardo (Bistolfi,
alas, not da Vinci). I dressed up as a lion
to win the first prize and sprayed myself with perfume
in place of spikenard. But the beard
I added—full-length and rather sweaty—
wouldn't do. I needed something more, a living statue
sculpted by me. And it was you who leapt up
on a wobbly pedestal of dictionaries, miraculously
a-quiver, while I modelled you
with god knows what gadget. It was my only success
as a family actor. But I know that all eyes
were riveted on you. The miracle was you.

Another day we climbed the tower
where a solitary thrush was singing variations
on Des Grieux's theme in Massenet.
Later, I killed a thrush perching on the flagpole—
the one crime I've never forgiven myself.
But I was crazy-wild—not over you, crazy with youth,
wild with life's most ludicrous season.
Now I have to ask myself:
what was your place in that season of mine?

allora inesprimibile, più tardi
non l'oblio ma una punta che feriva
quasi a sangue. Ma allora eri già morta
e non ho mai saputo dove e come.
Oggi penso che tu sei stata un genio
di pura inesistenza, un'agnizione
reale perché assurda. Lo stupore
quando s'incarna è lampo che ti abbaglia
e si spenge. Durare potrebbe essere
l'effetto di una droga nel creato,
in un medium di cui non si ebbe mai
alcuna prova.

La caccia

Si dice che il poeta debba andare
a caccia dei suoi contenuti.
E si afferma altresì che le sue prede
debbono corrispondere a ciò che avviene nel mondo,
anzi a quel che sarebbe un mondo che fosse migliore.

Ma nel mondo peggiore si può impallinare
qualche altro cacciatore oppure un pollo
di batteria fuggito dalla gabbia.
Quanto al migliore non ci sarà bisogno
di poeti. Ruspanti saremo tutti.

Tra chiaro e oscuro

Tra chiaro e oscuro c'è un velo sottile.
Tra buio e notte il velo si assottiglia.
Tra notte e nulla il velo è quasi impalpabile.
La nostra mente fa corporeo anche il nulla.
Ma è allora

Clearly a feeling for which I had no words
at the time; and later, not forgetfulness,
but a wound so painful I almost bled.
But by then you had already died,
and I never knew how or why.
Today I think of you as a genius
of pure non-existence, a recognition
made real by its absurdity.
Amazement, when it takes on flesh,
is a flash of lightning, which blinds and then blacks out.
Endurance might be the effect of some drug
on the created, in a medium of which there was never
the slightest proof.

The Hunt

Poets, they say, should go hunting
in quest of their content.
They also assert that the poets' quarry
must relate to events in the world,
or better yet, to making that world better.

But in the worse world you can pump birdshot
into other hunters or maybe a brooder
chick who's flown the coop.
As for the better world, there'll be no room there
for poets. We'll all be out scratching

Between Light and Dark

Between light and dark there is a thin veil.
Between dark and night the veil attenuates.
Between night and nothing the veil is almost impalpable.
Our minds confer body even on nothingness.
But then

che cominciano i grandi rovesciamenti,
la furiosa passione per il tangibile,
non quello elefantiaco, mostruoso
che nessuna mano può chiudere in sé,
ma la minugia, il fuscello che neppure
il più ostinato bricoleur può scorgere.
Il Leviatano uccide, non può crescere oltre
e scoppia,
ma quello che ci resta sotto le unghie
anche se usciamo appena dalla manicure,
quello è ancora la prova che siamo polvere
e torneremo polvere e tutto questo
è polvere di vita, il meglio e il tutto.

Opinioni

Non si è mai saputo se la vita
sia ciò che si vive o ciò che si muore.
Ma poi sarebbe inutile saperlo
ammesso che sia utile l'impossibile.

Se dire che la vita è una sostanza,
una materia è mera cantafavola,
anche più stolto è crederla una fumata
che condensa, o rimuove, ogni altro fumo.

Ma no, dice Calpurnio, è appena un suono
mai pronunziato perché non è nell'aria
nostra, ma nella sua. E non c'è nome
neppure scritto dove l'aria manca.

the great reversals begin,
the rage for the tangible—
not the elephantine, monstrous reversal
which no hand can possibly contain,
but little things, the catgut string, the twig that even
the most dogged *bricoleur* can't detect.
Leviathan kills, it can't get larger,
it explodes,
but what lies under our fingernails—
even though we're fresh from the manicurist—
is one more proof that we are dust,
that we'll return to dust, and that all this
is the dust of life—the best of it,
all.

Opinions

Whether what we live or die
is life, there's no way of ever knowing.
But even if what can't be done were useful,
the knowing would be useless anyway.

If the view that life is a substance,
a physical thing, is merely a long-winded myth,
the notion of life as a smoke that condenses,
or dissolves, all other smoke, is more fatuous still.

But no, says Calpurnius. Life is hardly a sound,
never uttered since it exists in its own air,
not in ours. And where there's no air,
a thing has no name and can't even be written.

Un millenarista

Non s'incrementa (sic) la produzione
se si protegge l'Alma Mater (Alma?).
Tertium non datur; ma ci sarà un terzo,
il solo uomo scampato dalle ultime epidemiche scoperte.
Passeggerà in un parco nazionale
di unici, di prototipi,
il cane, l'elefante, qualche scheletro
di mammuth e molte mummie di chi fu
l'uomo sapiente, faber, ludens o peggio.

O ipocriti voraci consumate
tutto e voi stessi com'è vostro destino,
ma sia lode al piromane che affretta
ciò che tutti volete con più lento
decorso perché è meglio esser penultimo
che postremo dei vivi! *(Applausi e molte
congratulazioni)*.

La caduta dei valori

Leggo una tesi di baccalaureato
sulla caduta dei valori.
Chi cade è stato in alto, il che dovevasi
dimostrare, e chi mai fu così folle?

La vita non sta sopra e non sta sotto,
e tanto meno a mezza tacca. Ignora
l'insù e l'ingiù, il pieno e il vuoto, il prima
e il dopo. Del presente non sa un'acca.

Straccia i tuoi fogli, buttali in una fogna,
bacalare di nulla e potrai dire
di essere vivo (forse) per un attimo.

A Millenarian

Production isn't incremented (*sic*)
by protecting Alma Mater (Alma?).
Tertium non datur; but there *will* be a third—
the only man to escape the most recently identified epidemics.
He'll go strolling in a national park
packed with unique specimens and prototypes—
dog, elephant, some skeletons of mammoths,
and a good many mummies of what was once
Homo sapiens, faber, ludens, or worse.

O, you greedy hypocrites, gobble everything
and yourselves too, as your fate decrees,
but praise to the pyromaniac who hastens
what you all desire but in a longer term
since it's better to be penultimately alive
than the last of living beings! (*Applause and shouts
of congratulation*).

Decline of Values

I'm reading a B.A. thesis
on the decline of values. Logically,
falling implies a height from which
to fall, and who's that stupid?

Life is neither up nor down, and still less
in between. Life has no idea
of up and down, fullness and void, before
and after. And knows zip about the present.

Tear up your pages, ditch them in the sewer,
abandon your degree and you can brag
that you were momentarily alive (maybe).

Il mio ottimismo

Il tuo ottimismo mi dice l'amico
e nemico Benvolio è sconcertante.
Ottimista fu già chi si estasiava
tra i sepolcri inebriandosi del rauco gargarismo
delle strigi;
pessimista colui che con felpati versi
lasciava appena un'orma di pantofola
sul morbido velluto dei giardini inglesi.
Ma tu che godi dell'incenerimento
universale rubi il mestiere ai chierici,
quelli neri s'intende perché i rossi
dormono e mai sarà chi li risvegli.
Ah no, Benvolio, i cherchi ci presentano
un Deus absconditus che ha barba baffi e occhi
a miliardi perché nulla gli sfugge
di noi: e dunque quasi un complice dei nostri
misfatti, un vero onnipotente che
può tutto e non lo può o non lo vuole.
Il mio Artefice no, non è un artificiere
che fa scoppiare tutto, il bene e il male,
e si chiede perché noi ci siamo cacciati
tra i suoi piedi, non chiesti, non voluti,
meno che meno amati. Il mio non è
nulla di tutto questo e perciò lo amo
senza speranza e non gli chiedo nulla.

Due epigrammi

I

Non so perché da Dio si pretenda
che punisca le mie malefatte
e premi i miei benefattori. Quello
che Gli compete non è affare nostro.
(Neppure affare Suo probabilmente).
Ciò ch'è orrendo è pensare l'impensabile.

My Optimism

Your optimism, says my enemy and friend
Benvolio, is disconcerting.
The man who went into raptures amongst sepulchers,
who got drunk on the rasping hoot of screech-owls
was indeed an optimist;
the pessimist was the man of softly muffled verse
whose slippers left scarcely a trace
on the soft velvet of English gardens.
But your relish for universal incineration
cheats clerics of their calling—
the black clerics to be sure, since the reds
are so deep in sleep they'll never waken.
Ah no, Benvolio, the clerics offer us
a *Deus absconditus*, with beard, mustache,
and billions of eyes since nothing of us
escapes him; and who is therefore almost in collusion
with our crimes, a true omnipotent who can accomplish
everything, and who can't, or won't, oblige.
My Artisan, on the other hand, is no artificer who makes
everything, good and evil, explode,
and wonders why we're hounded
between his feet, unsolicited, unwanted,
and loved even less. My Artisan
is none of these things, which is why I love him
desperately and ask nothing of him.

Two Epigrams

I

I don't know why it's held
that God punishes my misdeeds
and rewards my benefactors. What
concerns Him is no business of ours.
(And probably none of His either).
The awful thing is thinking the unthinkable.

II

Che io debba ricevere il castigo
neppure si discute. Resta oscuro
se ciò accada in futuro oppure ora
o se sia già avvenuto prima ch'io fossi.
Non ch'io intenda evocare l'esecrabile
fantasma del peccato originale.
Il disastro fu prima dell'origine
se un prima e un dopo hanno ancora un senso.

Diamantina

Poiché l'ipotisposi di un'arcana
Deità posta a guardia degli scrigni
dei sommi Mercuriali non si addice
a te, Adelheit, apparsa come può
tra zaffate di Averno baluginare
una Fenice che mai seppe aedo
idoleggiare,
così conviene che io mi arresti e muti
la mia protasi in facile discorso.

Si trattava soltanto di sorvolare
o sornuotare qualche eventuale specchio
di pozzanghera e dopo col soccorso
di sbrecciati scalini la scoperta
che il mondo dei cristalli ha i suoi rifugi.
C'è un tutto che si sgretola e qualcosa
che si sfaccetta. Tra i due ordini
l'alternarsi o lo scambio non può darsi.
Forse un cristallo non l'hai veduto mai,
né un vaso di Pandora né un Niagara
di zaffiri. Ma c'era la tua immagine
non ipotiposizzabile, per sua natura,
anzi sfuggente, libera e sfaccettata
fino all'estremo limite, pulviscolare.

II

That I deserve punishment
isn't in dispute. What's unclear
is whether punishment occurs in the future
or now, or took place before I was born.
Not that I mean to evoke the cursed
spectre of original sin.
The disaster preceded the origin—
if before and after still have any meaning.

Diamantina

Since the hypothesis of an arcane Divinity
dispatched to protect the strongboxes of the supreme
Mercurials has no appeal for you, Adelheit—
a Phoenix no Greek bard could idolize,
making his epiphany amongst Avernus' belching flames—
it is fitting that I desist, and let my protasis
shift to simple discourse.

It was only a matter of flying or swimming
across a few potential mirrors
of slimy pools and later, with the help
of broken rungs, the discovery
that the world of crystals has its places of refuge.
There is a whole that crumbles, and something else,
a faceted thing. Between these two orders
there can be no alternation, no commerce.
Perhaps you have never seen a crystal,
or a Pandora's box, or a Niagara
of sapphires. But *there* was your image,
by nature incapable of being hypothesized;
on the contrary, elusive, free, faceted
to the utmost limit, pulverized.

Ma il mio errore mi è caro, dilettissima
alunna di un artifice che mai
poté sbalzarti nelle sue medaglie.
Era appena la Vita, qualche cosa
che tutti supponiamo senza averne le prove,
la vita di cui siamo testimoni
noi tutti, non di parte, non di accusa,
non di difesa ma che tu conosci
anche soltanto con le dita
quando sfiori un oggetto che ti dica io e te
siamo UNO.

Si deve preferire
la ruga al liscio.
Questo pensava
un uomo tra gli scogli
molti anni fa.
Ma avvenne dopo
che tutto fu corrugato
e da allora l'imbroglio
non fu più sbrogliato.
Non più dunque un problema
quello di preferire
ma piuttosto
di essere preferiti.
Ma neppure questione
perché non c'entra la volontà.
Essa vuole soltanto
differire
e differire non è indifferenza.
Questa è soltanto degli Dei,
non certo
dell'uomo tra gli scogli.

But my blunder is dear to me, darling
student of an artifice which could never mint
your image in its medallions.
It was hardly Life, a thing
we all postulate without the slightest proof,
that life of which we are all witnesses,
not partisans, not prosecutors,
nor defenders, but which you recognize˙
merely by the touch of your fingers
when you graze an object that tells you
you and I are ONE.

We must prefer
the wrinkled to the smooth.
Many years ago
this was the thought
of a man on the horns of a dilemma.
But later it came about
that everything was wrinkled
and from then on the muddle
never got untangled.
Therefore the problem
was no longer one of preferring
but rather
of being preferred.
But it's not even a question
since the will is not involved.
It wants only
to differ
and differing isn't indifference.
Indifference is only for Gods,
clearly not
for a man on the horns of a dilemma.

Non partita di boxe o di ramino
tra i due opposti Luciferi o eventuali
postumi tirapiedi dei medesimi.
Non può darsi sconfitto o vincitore
senza conflitto e di ciò i gemelli
non hanno alcun sentore. Ognuno crede di essere
l'Unico, quello che non trova ostacoli
sul suo cammino.

Sorapis, 40 anni fa

Non ho amato mai molto la montagna
e detesto le Alpi. Le Ande, le Cordigliere
non le ho vedute mai. Pure la Sierra
de Guadarrama mi ha rapito, dolce
com'è l'ascesa e in vetta daini, cervi
secondo le notizie dei dépliants turistici.
Solo l'elettrica aria dell'Engadina
ci vinse, mio insettino, ma non si era
tanto ricchi da dirci hic manebimus.
Tra i laghi solo quello di Sorapis
fu la grande scoperta. C'era la solitudine
delle marmotte più udite che intraviste
e l'aria dei Celesti; ma quale strada
per accedervi? Dapprima la percorsi
da solo per vedere se i tuoi occhietti
potevano addentrarsi tra cunicoli
zigzaganti tra lastre alte di ghiaccio.
E così lunga! Confortata solo
nel primo tratto, in folti di conifere,
dallo squillo d'allarme delle ghiandaie.
Poi ti guidai tenendoti per mano
fino alla cima, una capanna vuota.

No boxing match or card-game
between two opposed Lucifers or possible
posthumous stooges of the same.
Without a struggle neither one
can win or lose, a fact of which the twins
haven't an inkling. Each thinks
he's the One, that the right-of-way
is exclusively his.

Sorapis, 40 Years Ago

I've never been very fond of mountains
and I detest the Alps. I've never seen the Andes
or the Cordilleras. But I found the Sierra
de Guadarrama ravishing, with its gentle
ascent and fallow deer and stags on the peaks
as pictured in the tourist brochures.
Only the electric air of the Engadine
won us over, dear Mosca, but it wasn't
so richly rewarding that we said, *hic manebimus*.
Among lakes, our only great find was Sorapis.
It had the solitude of marmots, more often
heard than seen, and the air of the Celestials;
but the road that took you there! At first
I traveled it alone to see if your eyes
could penetrate the clouds zigzagging
through lofty slabs of ice. And such a
long journey! The only solace in the first stretch,
through dense conifers, was the alarmed screeching
of the jays. Then I took you by the hand
and led you to the summit and an abandoned hut.

Fu quello il nostro lago, poche spanne d'acqua,
due vite troppo giovani per essere vecchie,
e troppo vecchie per sentirsi giovani.
Scoprimmo allora che cos'è l'età.
Non ha nulla a che fare col tempo, è qualcosa che dice
che ci fa dire siamo qui, è un miracolo
che non si può ripetere. Al confronto
la gioventù è il più vile degl'inganni.

Senza colpi di scena

Le stagioni
sono quasi scomparse.
Era tutto un inganno degli Spiriti
dell'Etere.

Non si può essere vivi
a momenti, a sussulti, a scappa e fuggi
lunghi o brevi.

O si è vivi o si è morti, l'altalena
non poteva durare oltre l'eterna
fugacissima età della puerizia.

Ora comincia il ciclo della stagnazione.
Le stagioni si sono accomiatate
senza salamelecchi o cerimonie, stanche
dei loro turni. Non saremo più
tristi o felici, uccelli d'alba o notturni.
Non sapremo nemmeno
che sia sapere e non sapere, vivere
o quasi o nulla affatto. È presto detto,
il resto lo vedremo a cose fatte.

It was our lake, its waters a few spans wide,
and we were two lives too young to be old,
and too old to feel young.
Then we discovered what aging is.
It has nothing to do with time, it's something
that makes us say we're here, a miracle
that happens only once. By comparison,
youth is the vilest of illusions.

No Coups de théâtre

The seasons
have almost vanished.
It was all an illusion of the Ethereal
Spirits.

You can't be alive
momentarily, by starts, wild stampedings,
long or short.

You're alive or you're dead, the swing
couldn't last beyond the fleeting
eternity of childhood.

Now the cycle of stagnation begins.
The seasons, weary of revolving,
have taken their leave with no ceremonial
bowing and scraping. We'll no longer be
sad or happy, dawn-birds or nocturnals.
We won't even know
what it is to know and not to know, to live,
or almost live, or not at all. In a word,
we'll see what happens after the fact.

In hoc signo . . .

A Roma un'agenzia di pompe funebri
si chiama L'AVVENIRE. E poi si dice
che l'umor nero è morto con Jean Paul,
Gionata Swift e Achille Campanile.

L'élan vital

Fu quando si concesse il dottorato
honoris causa a tale Lamerdière di Friburgo,
se Svizzera o Brisgovia per me è lo stesso.
Salì sul podio avvolto da sciarpame
onnicolore e vomitò il suo Obiurgo.
Depreco disse il bruco e la connessa
angelica farfalla che n'esce per estinguersi
con soffio di fiammifero svedese.
Aborro ciò ch'è tenue, silenzioso,
evanescente. Non c'è altro dio che il Rombo,
non il pesce ma il tuono universale
ininterrotto, l'antiteleologico.
Non il bisbiglio che i sofisti dicono
l'élan vital. Se dio è parola e questa
è suono, tale immane bombo
che non ha inizio né avrà fine è il solo
obietto che è se stesso e tutto l'altro.
Muore Giove, Eccellenze, e l'inno del Poeta
NON resta. A tale punto
un Jumbo ruppe le mie orecchie ed io
fui desto.

In hoc signo . . .

At Rome there's a funeral agency called
THE FUTURE. And they say
black humor died with Jean Paul,
Swift, and Achille Campanili!

L'Élan Vital

It happened when a doctorate *honoris causa*
was awarded to a certain Lamerdière of Freiburg—
Switzerland or Breisgau, who cares?
Garbed in rainbow gown, he mounted
the dais and barfed his Objurgation.
I revile the larva, he said, the grub from which,
in due course, issues the angelic butterfly
only to die in the flaring of a match.
I despise the silent, the tenuous,
the fading. The only god is Rhombus,
not the mullet, but the everlasting anti-
teleological, universal thunderclap.
Not that susurrus which sophists call
l'élan vital. If god is word,
and word is sound, this almighty bombination,
for which no beginning is, no end will ever be,
is unique in being both itself and everything else.
Jove dies, your Excellencies, the poet's hymn
does NOT last. At this point a Jumbo
jet blasted my ears
and I woke.

La danzatrice stanca

Torna a fiorir la rosa
che pur dianzi languia . . .

Dianzi? Vuol dir dapprima, poco fa.
E quando mai può dirsi per stagioni
che s'incastrano l'una nell'altra, amorfe?
Ma si parlava della rifioritura
d'una convalescente, di una guancia
meno pallente ove non sia muffito
l'aggettivo, del più vivido accendersi
dell'occhio, anzi del guardo.
È questo il solo fiore che rimane
con qualche merto d'un tuo Dulcamara.
A te bastano i piedi sulla bilancia
per misurare i pochi milligrammi
che i già defunti turni stagionali
non seppero sottrarti. Poi potrai
rimettere le ali non più nubecola
celeste ma terrestre e non è detto
che il cielo se ne accorga. Basta che uno
stupisca che il tuo fiore si rincarna
a meraviglia. Non è di tutti i giorni
in questi nivei défilés di morte.

Al mio grillo

Che direbbe il mio grillo
dice la Gina osservando il merlo
che becca larve e bruchi dentro i vasi
da fiori del balcone e fa un disastro.
Ma il più bello è che il grillo eri tu
finché vivesti e lo sapemmo in pochi.
Tu senza occhietti a spillo di cui porto
un doppio, un vero insetto di celluloide

Tired Dancer

"The rose that lately languished
now comes blooming back . . ."

Lately? It means "recently," "just now."
And how can that be said of seasons that fit,
indistinguishably, inside one another?
But the lines concerned a convalescent's
recovery of health, a cheek
less pallid where the adjective doesn't mean
sickly, and a livelier fire
in the eye, even in the gaze.
This is the sole bloom remaining
with some of the merits of your various Dulcamaras.
Feet on the scale, you're happy,
measuring the few milligrams
which the now defunct turning of the seasons
could not subtract. Later you'll be able
to put on wings again, tiny celestial clouds
no longer, but earthly ones, of which the sky is said
to take no notice. Enough that someone does,
amazed by the miracle that makes your body
bloom again. Not an everyday event
in these snowy *défilés* of death.

To My Cricket

What would my cricket say,
says Gina, watching the blackbird
calamitously pecking at larva and grubs
in the big flowerpots on the balcony.
But the funny thing is that the cricket was you
when you were alive. We saw it in little things.
It was you, minus those piercing eyes whose double
I wear, a real celluloid insect

con due palline che sarebbero gli occhi,
due pistilli e ci guarda da un canterano.
Che ne direbbe il grillo d'allora del suo sosia
e del merlo? È per lei che sono qui
dice la Gina e scaccia con la scopa il merlaccio.
Poi s'alzano le prime saracinesche. È giorno.

Per finire

Raccomando ai miei posteri
(se ne saranno) in sede letteraria,
il che resta improbabile, di fare
un bel falò di tutto che riguardi
la mia vita, i miei fatti, i miei nonfatti.
Non sono un Leopardi, lascio poco da ardere
ed è già troppo vivere in percentuale.
Vissi al cinque per cento, non aumentate
la dose. Troppo spesso invece piove
sul bagnato.

with two little beads in place of eyes,
two pistils, looking at us from a bureau.
What would the former cricket say of her double
and the blackbird? You're the reason I'm here,
says Gina, chasing off the blackbird with her broom.
Then the first blinds go up. It's day.

In Conclusion

I charge my posterity
(if any) in the domain of literature,
which is quite unlikely, to make
a huge bonfire of everything
relating to my life, my actions
and non-actions. I'm no Leopardi,
I leave little to the fire,
and it's already too much to live
on percentages. I did my living
at the rate of five percent; don't increase
the dose. It never rains
but it pours.

Poetic Notebook
(1974–77)

L'educazione intellettuale

Il grande tetto où picoraient des focs
è un'immagine idillica del mare.
Oggi la linea dell'orizzonte è scura
e la proda ribolle come una pentola.
Quando di qui passarono le grandi locomotive,
Bellerofonte, Orione i loro nomi,
tutte le forme erano liquescenti
per sovrappiù di giovinezza e il vento
più violento era ancora una carezza.

Un ragazzo col ciuffo si chiedeva
se l'uomo fosse un caso o un'intenzione,
se un lapsus o un trionfo . . . ma di chi?
Se il caso si presenta in un possibile
non è intenzione se non in un cervello.
E quale testa universale può
fare a meno di noi? C'era un dilemma
da decidere (non per gli innocenti).

Dicevano i Garanti che il vecchio logos
fosse tutt'uno coi muscoli dei fuochisti,
con le grandi zaffate del carbone,
con l'urlo dei motori, col tic tac
quasi dattilografico dell'Oltranza.
E il ragazzo col ciuffo non sapeva
se buttarsi nel mare a grandi bracciate
come se fosse vero che non ci si bagna
due volte nella stessa acqua.

Il ragazzo col ciuffo non era poi
un infante se accanto a lui sorgevano
le Chimere, le larve di un premondo,
le voci dei veggenti e degli insani,
i volti dei sapienti, quelli ch'ebbero un nome
e che l'hanno perduto, i Santi e il princeps
dei folli, quello che ha baciato il muso

Intellectual Education

The great roof *où picoraient des focs*
is an idyllic image of the sea.
Today the horizon is a dark line
and the beach roils like a pot.
When the big locomotives still came this way—
with names like Bellerophon and Orion—
exuberance of youth made all forms
liquescent, the wildest wind
was still a caress.

A boy with a cowlick wondered
whether man was chance or purpose,
slip-up or triumph . . . but whose?
If chance seems a possiblity,
it's only a purpose in somebody's brain.
And what universal head can do
without us? *There* was a problem
(but not for innocents) to resolve.

The Guarantors used to say the ancient logos
was identical with the stoker's muscles,
with the great stinking bursts of coal,
the screech of motors, the almost
typewriter click-clack of the Ultimate Limit.
And the boy with the cowlick didn't know
whether to leap into the sea with open arms
as though it were true that you can't step twice
into the same water.

The boy with the cowlick was no baby
in those days when Chimeras, ghosts
of a primal world, loomed up beside him,
the voices of seers and madmen,
the faces of sages, those who had a name
and who lost it, the saints, and the princeps
of the mad, the man who kissed a drayhorse

di un cavallo da stanga e fu da allora l'ospite
di un luminoso buio.

                        E passò molto tempo.
Tutto era poi mutato. Il mare stesso
s'era fatto peggiore. Ne vedo ora
crudeli assalti al molo, non s'infiocca
più di vele, non è il tetto di nulla,
neppure di se stesso.

Lagunare

Ancora un Erebo di più per farti
più rovente
e occultata per sempre nella mia vita,
da sempre un nodo che non può snodarsi.
Zattere e zolfo a lampi, inoccultabili questi,
alla deriva in un canale fumido,
non per noi agli imbarchi ma su un lubrico
insaccato di uomini e di gelo.
Non per me né per te se un punteruolo di diaspro
incide in noi lo stemma di chi resiste.

Il pieno

Non serve un uragano di cavallette
a rendere insolcabile la faccia del mondo.
È vero ch'esse s'immillano, si immiliardano
e formano una scorza più compatta di un muro.
Ma il troppo pieno simula il troppo vuoto
ed è quello che basta a farci ammettere
questo scambio di barbe. Non fa male a nessuno.

on the nose and ever afterward was the guest
of a luminous darkness.

                       And much time went by.
Then everything changed. The sea itself
grew wilder. Now I see its savage
assaults on the breakwater, waves no longer
tasseled with sails, the roof of nothing,
not even of itself.

On the Lagoon

Still one Erebus more to make you
burn more brightly
always latent in my life, knot
never to be unknotted.
Dredges and irrepressible flashes of sulphur,
adrift in a smoky canal,
not for us at the landing but flaring over
an obscene forcemeat of men and ice.
Not for me, not for you should an awl of jasper
stamp in us the blazon of resistance.

Fullness

A hurricane of locusts isn't enough
to make a desert of the world's surface.
Sure, they millionize, they billionize,
they make a crust more solid than a wall.
But surplus provokes an answering void
whose excess compels us to accept
this exchange of roles. And nobody gets hurt.

Due destini

Celia fu resa scheletro dalle termiti,
Clizia fu consumata dal suo Dio
Ch'era lei stessa. Senza saperlo seppero
ciò che quasi nessuno dice vita.

Intermezzo

Il giardiniere
si ciba di funghi prataioli
eccellenti a suo dire,
sono scomparsi i ricci,
i dolcissimi irsuti maialini
delle forre,
la stagione è intermedia,
si va tra pozze d'acqua, il sole fa
trascolorare raggi sempre più rari,
a volte pare che corra, altre che sosti
impigrito o che scoppi addirittura;
anche il tempo del cuore è un'opinione,
la vita potrebbe coagularsi
e dire in un istante tutto quello
che meglio le occorreva per poi cedere
se stessa a un suo vicario.
È ciò che avviene a ogni volgere
di lunario e nessuno se ne avvede.

Nei miei primi anni abitavo al terzo piano
e dal fondo del viale di pitòsfori
il cagnetto Galiffa mi vedeva
e a grandi salti dalla scala a chiocciola
mi raggiungeva. Ora non ricordo
se morì in casa nostra e se fu seppellito

Two Destinies

Ants made bones of Celia,
Clizia was consumed by her God
who was herself. Unknowingly they knew
what almost no one else calls life.

Intermezzo

The gardener
feeds on meadow mushrooms
excellent according to him,
the hedgehogs, succulent
hairy piglets of the ravines
have vanished,
the season's at midpoint,
you trudge through puddles of water,
the sun shines less, the light changes
color, at times the sun seems to run,
at others stops lazily or simply explodes;
the heart's weather is an opinion too,
life could coagulate,
and in one instant say everything
it most needed to say before yielding
to one of its successors.
This is what occurs with every change
of season, and no one sees it happening.

As a boy I lived on the third floor
and down at the end of the pittosporum hedge
the little mutt Galiffa would spot me,
come bounding up the spiral stairs, and leap
to my side. I don't remember now
whether he died in our house and where or when

e dove e quando. Nella memoria resta
solo quel balzo e quel guaìto né
molto di più rimane dei grandi amori
quando non siano disperazione e morte.
Ma questo non fu il caso del bastardino
di lunghe orecchie che portava un nome
inventato dal figlio del fattore
mio coetaneo e analfabeta, vivo
meno del cane, è strano, nella mia insonnia.

Un tempo
tenevo sott'occhio l'atlante
degli uccelli scomparsi dalla faccia del mondo
opera di un allievo di David
ch'era fallito nel genere del quadro storico
o in altre monumentali prosopopee pittoriche.
Riflettevo su simili ipotetici atlanti
di vite senza becco e senza piume da millenni
irreperibili, insetti rettili pesci e anche
perché no? l'uomo stesso ma chi ne avrebbe
redatto o consultato l'opus magnum?
La scomparsa dell'uomo non farà una grinza
nel totale in faccende ben diverse
impelagato, orbo di chi abbia mezzi
di moto o riflessione, materia grigia e arti.
Forse la poesia sarà ancora salvata
da qualche raro fantasma peregrinante muto
e invisibile ignaro di se stesso. Ma è poi
l'arte della parola detta o scritta
accessibile a chi non ha voce e parola?
È tutta qui la mia povera idea
del linguaggio, questo dio dimidiato
che non porta a salvezza perché non sa
nulla di noi e ovviamente
nulla di sé.

he was buried. All that sticks in my mind
is that leap, that bark,
and precious little of the grand passions
when they're not desperation and death.
But it was different with the long-eared
little pooch whose name was coined
by the custodian's son, an illiterate boy
my own age who, strange to say,
is less vivid than the dog in my insomnia.

Once

I used to pore over the atlas
of birds vanished from the face of the earth,
the work of one of David's pupils
who failed in the genre of historical painting
or other monumental historical prosopopaeas.
I pondered over similar hypothetical atlases
of beakless and wingless lives, all irrecoverably lost
for millennia, insects, reptiles, fish, and even,
why not? man himself, but who would have edited
or consulted his *magnum opus*?
The disappearance of man fits perfectly
with the totality intricated in quite different
arrangements, stone-blind as to who has means
of motion or reflection, gray matter and arts.
Maybe poetry will still be saved
by some rare wayfaring ghost, mute,
invisible, unaware of himself. But if so,
is the art of the word, spoken or written,
accessible to someone lacking voice and word?
Here's the gist of my modest idea
of language, this halved divinity
who doesn't bring us to salvation, since he knows
nothing of us and obviously
nothing of himself.

A Pio Rajna

Non amo i funerali. I pochi che ho seguito
anonimo in codazzi di dolenti
ma non mai troppo a lungo
mi sono usciti di memoria. Insiste
forse il più antico e quasi inesplicabile.

Quando un ometto non annunciato da ragli
di olifanti o da cozzi di durlindane
e non troppo dissimile dal Mime wagneriano
scese nell'ipogeo dove passavo ore e ore
e con balbuzie di ossequio e confusione mia
disse il suo nome io fui preso da un fulmine
e quel fuoco covò sotto la cenere
qualche tempo ma l'uomo non visse più a lungo.
Non era un artigiano di Valtellina
o un villico che offrisse rare bottiglie d'Inferno
ma tale che fece il nido negl'interstizi
delle più antiche saghe, quasi un uccello
senz'ali noto solo ai paleornitologi
o un esemplare di ciò che fu l'homo sapiens
prima che la sapienza fosse peccato.
C'è chi vive nel tempo che gli è toccato
ignorando che il tempo è reversibile
come un nastro di macchina da scrivere.
Chi scava nel passato può comprendere
che passato e futuro distano appena
di un milionesimo di attimo tra loro.
Per questo l'uomo era così piccolo,
per infiltrarsi meglio nelle fenditure.

Era un piccolo uomo o la memoria stenta
a ravvivarsi? Non so, ricordo solo
che non mancai quel funerale. Un giorno
come un altro, del '930.

To Pio Rajna

I don't like funerals. The few I've attended,
anonymous in the line of mourners
but never for long, I've completely
forgotten. One, maybe the first,
that next-to-inexplicable funeral, persists.

A small man unannounced by braying
elephants or brandishing of Damascene swords
and not altogether unlike Wagner's Mime
came down to the cellar where I was spending
hour after hour, confounding me with stuttered compliments
and, to my dismay, told me his name. A bolt of lightning
struck me and for years the flare smoldered
beneath the ashes, but the man died shortly after.
No artisan from Valtellina,
no peasant peddling rare bottles of Inferno,
he was the sort who builds his nest between the lines
of the most archaic sagas, like some wingless bird
known only to paleo-ornithologists
or a specimen of what homo sapiens used to be
before sapience became a sin.
Some people live in the time assigned them
unaware that time, like a typewriter
ribbon, can be reversed.
Those who dig up the past don't need to be told
that hardly the millionth of a second
divides future from past. That's why
man is so small—
so he can slip between the chinks.

Was he a small man or memory struggling
back to life? I don't know, all I recall
is that I didn't miss that funeral. In 1930,
on a day like any other.

Quando cominciai a dipingere mia formica
tu eri incastrata nel gesso da cap-à-pe
la tavolozza era una crosta di vecchie tinte
fuse in un solo colore che lascio immaginare
diciamo di foglia secca io pensai altra cosa
e i risultati mostrarono che avevo visto giusto
ma come far nascere iridi da quella grumaglia stercale
di iridi neanche le tue sotto le lenti nere
come va? orrendamente dicesti ma certo c'è chi sta peggio.
Chissà se un inchiodato a un palo poteva parlare così
e forse così non avvenne tra i casi che si ricordano
un giorno in piazza Navona un luterano ventenne
saltò in una caldana di pece bollente
e fu per non ripudiare la sua fede (incredibile)
tu non toccasti quel grado di sublimità
non c'era una vasca bollente a portata di piede
né tu avresti potuto balzarvi con un salto
senza essere neppure luterana, che imbroglio.
Fummo battuti in tutti i campi tu quasi viva
io con quei fogli degni di un immaginario
pittore Walter Closet.

Sotto un quadro lombardo

Era il 12 ottobre del '982
mio natalizio
quando duecentomila laureati
disoccupati
in mancanza di meglio occuparono
palazzo Madama.
Sono disoccupato anch'io da sempre

Dear Mosca, when I began your portrait
you were impacted in plaster cap-a-pie
your palette a crust of old colors
fused in a single hue which I leave
to your imagination dry leaf let's say
I thought of something else and the results proved
my perception right but how to make irises rise
from that dungy impasto of irises
not even yours behind the dark glasses
how are you doing? Terribly you said but others
have it worse. Who knows if somebody nailed
to a stake could talk like that and maybe
it didn't happen among cases we remember
one day in Piazza Navona a twenty-year-old Lutheran
leapt into a cauldron of boiling tar
rather than repudiate his (incredible) faith
you never attained to such sublimity
there was no seething pool beneath your feet
and you couldn't have leapt and plunged in
without even being a Lutheran, what a mess!
We were trounced on every field you almost alive
me with these pages worthy of an imaginary
painter called Walter Closet.

Under a Lombard Painting

It was October 12, 1982
my birthday
when 200,000 unemployed graduates
for want of anything better
occupied Palazzo Madama.
I too have always been unemployed

obiettai a chi voleva malmenarmi.
Mi hanno buttato addosso un bianco accappatoio
e una cintura chermisina è vero
ma la mia giusta occupazione il bandolo
del Vero
non l'ho trovata mai e ingiustamente muoio
sotto i vostri bastoni,
neppure voi lo troverete amici.
Indossate anche voi l'accappatoio
e saremo uno in più 200.000 e uno.
Dopodiché crollai su una poltrona
che fronteggiava un quadro del Cremona
e restava tranquillo lui solo nel tumulto.

Senza mia colpa
mi hanno allogato in un hôtel meublé
dove non è servizio di ristorante.
Forse ne troverei uno non lontano
ma l'obliqua
furia dei carri mi spaventa. Resto
sprofondato in non molli piume, attento
a spirali di fumo dal portacenere.
Ma è quasi spento ormai il mozzicone.
Pure i suoni di fuori non si attenuano.
Ho pensato un momento ch'ero l'ultimo
dei viventi e che occulti celebranti
senza forma ma duri più di un muro
officiavano il rito per i defunti.
Inorridivo di essere il solo risparmiato
per qualche incaglio nel Calcolatore.
Ma non fu che un istante. Un'ombra bianca
mi sfiorò, un cameriere che serviva
l'aperitivo a un non so chi, ma vivo.

I objected to those who wanted to abuse me.
True, they threw a white bathrobe over me
and a crimson belt
but my true occupation the skein
of Truth
I never found and I die unjustly
beneath your cudgels,
even you won't find it, friends.
Put on your bathrobes too
and we'll be one more—200,000 and one.
After which I collapsed in an armchair
in front of a painting by Cremona
and in the turmoil only the painting was still.

It's not my fault
they put me up in an *hôtel meublé*
with no restaurant.
Maybe I could find one nearby
but the sideswiping fury
of the trucks terrifies me. I stay
scrunched deep in undowny feathers, watching
smoke spiral up from my ashtray,
though the butt's almost out.
Still, the noise outdoors doesn't diminish.
For a minute I thought I was the last
of the living and that celebrants of some cult,
formless but harder than a stone wall,
were officiating at the rites of the dead.
I was horrified at being the only survivor
because of some glitch in the Calculator.
But only for an instant. I was grazed
by a white shade, a waiter serving an aperitif
to I don't know who, but a live body.

Gli uccelli parlanti

La morale dispone di poche parole
qualcuno ne ha contate quattrocento
e il record è finora imbattuto.
Neppure gli uccelli indiani
che oggi sono di moda
e somigliano a merli
rapace becco di fuoco e penne neroblù
riescono a dirne di più.
La differenza è nelle risate:
quella del falso merlo non è la nostra,
ha un suo bersaglio, l'uomo che si crede
più libero di lui: di me che passo
ogni giorno e saluto quel gomitolo
di piume e suoni destinato a vivere
meno di me. Così si dice, ma ...

A ritroso

Fra i miei ascendenti qualcuno
lottò per l'Unità d'Italia,
raggiunse alti gradi, portò
la greca sul berretto, fu coinvolto
in brogli elettorali. Non gl'importava
forse nulla di nulla, non m'importa
nulla di lui; il suo sepolcro rischia
di essere scoperchiato per carenza
di terra o marmi o altro. C'è una morte
cronologica, una che è economica,
un'altra che non c'è perché non se ne parla.
Quanti antenati occorrono a chi un giorno
scriverà quattro versi zoppicanti,
quanti togati lestofanti o asini
di sette cotte. E di lì può nascere
persino la cultura o la Kultur!

Talking Birds

Morality disposes of a few words
four hundred by one reckoning
and that total has never been exceeded.
Not even those Indian birds
all the rage now
that resemble our grackles
ravenous red-orange beaks and blue-black feathers
are more articulate.
The difference is the laugh:
the laugh of the look-alike blackbird isn't ours,
he has his own target—the man who thinks
he's more free than him: than me, who pass by
every day and say Hi to that blob
of fluff and palaver doomed to be superannuated
by me. That's what they say, but . . .

Backwards

One of my ancestors
fought for Italian unification,
achieved high rank, wore
gold braid on his beret, and got embroiled
in rigging elections. Maybe
nothing at all mattered to him, nothing of him
matters to me; his grave is in danger
of being exposed for lack of soil
or marble or whatever. There's
a chronological death, there's an economic death,
and another that's neither since it's never
mentioned. How many ancestors
are needed by someone who someday
will write four lame verses, how many
togaed con-men or triple-threat asses?
And from this even culture or Kultur
may yet emerge!

Il sabià

Il sabià canta a terra, non sugli alberi,
così disse una volta un poeta senz'ali,
e anticipò la fine di ogni vegetale.
Esiste poi chi non canta né sopra né sotto
e ignoro se è uccello o uomo o altro animale.
Esiste, forse esisteva, oggi è ridotto
a nulla o quasi. È già troppo per quel che vale.

Il giorno dei morti

La Gina ha acceso un candelotto per i suoi morti.
L'ha acceso in cucina, i morti sono tanti e non vicini.
Bisogna risalire a quando era bambina
e il caffelatte era un pugno di castagne secche.
Bisogna ricreare un padre piccolo e vecchio
e le sue scarpinate per trovarle un poco di vino dolce.
Di vini lui non poteva berne né dolci né secchi
perché mancavano i soldi e c'era da nutrire
i porcellini che lei portava al pascolo.
Tra i morti si può mettere la maestra che dava bacchettate
alle dita gelate della bambina. Morto
anche qualche vivente, semivivente prossimo
al traghetto. È una folla che non è niente
perché non ha portato al pascolo i porcellini.

La vita l'infinita
bolla dell'esistibile ha deciso
di spogliarsi dei suoi contenuti.
Non erano necessari se poté farne a meno
pure vi fu un istante in cui lei disse un poco

The Sabià

The sabià sings on the ground,
not in the trees, a wingless poet observed,
and predicted the end of all vegetation. So someone
exists who's not singing, neither above nor below,
and whether bird, man, or some other animal
I don't know. He exists, maybe existed, today
he's reduced to nothing or almost. And for what
he's worth, that's too much.

All Souls' Day

Gina's lit a candle for her dead. She lit it
in the kitchen, her dead are many and not close.
We have to go back to her childhood
when breakfast was a handful of dry chestnuts.
We have to recreate her father, a frail old man,
and his grueling walks to find her some sweet wine.
He couldn't drink wine himself, neither sweet nor dry,
there being no money, and he had to find food
for the piglets she pastured. Among her dead
is the school-teacher whose cane routinely beat
the child's freezing fingers. Her dead
include some of the living too, half-alive,
waiting for the ferry—a passel of nobodies
who never pastured the pigs.

Life, the infinite
bubble of the existible has decided
to divest itself of its contents. They weren't needed
if it could make do without them,
yet there was an instant when it said

di guardaroba può tornarmi comodo.
Furono pelli di caproni e smoking a tre pezzi
la giacca bianca per festival estivi
bionde parrucche d'asino per femmine pelate
e ragnatele a non finire il balsamo
che cura ogni ferita.
Poi la proliferazione salì al cielo
lo raggiunse ed infine parve stanca.
Che più ti resta disse il poeta Monti
e in effetti restava poco o nulla
e non quello che conta. Stolto il Vate
come tutti i suoi pari non s'avvide
che se è vero che il più contiene il meno
il più potrebbe anche stancarsi, non ne mancano
le avvisaglie.

Riflessi nell'acqua

Il consumo non può per necessità
obliterare la nostra pelle.
Sopprimendo la quale . . . ma qui il monologante
si specchiò nel ruscello. Vi si vedeva
una sua emanazione ma disarticolata
e sbilenca che poi sparve addirittura.
Un nulla se n'è andato ch'era anche parte
di me, disse: la fine può procedere
a passo di lumaca. E pensò ad altro.

L'onore

a Guido Piovene

Un giorno mi dicevi
che avresti ritenuto grande onore
lucidare le scarpe
di Cecco Beppe il vecchio Imperatore.

a few wardrobe items might prove useful.
Included were goatskin jackets and three-piece
dinner suits the white jacket for summer festivals
blond donkey-hair wigs for balding women
and countless cobwebs the balm
that stanches all wounds. Then
the proliferation climbed heavenwards,
reached the skies and finally petered out.
What's left is yours said the poet Monti
and in fact very little was left
and nothing of value. The stupid Bard
like all his tribe fails to observe
that if minus is the true content plus,
then plus might also peter out, signs of which
abound.

Reflections in the Water

Wear and tear can't of necessity
efface our skin. Suppressing which . . .
but at this point the soliloquist
saw himself reflected in the brook.
There he saw his own emanation,
but twisted and distorted, which promptly
disappeared. A nothing, he said,
which was also part of me, is gone:
the finale can proceed at a snail's pace.
And he thought of other things.

Honor

for Guido Piovene

One day you told me
you'd have regarded it as a great honor
to shine the shoes
of old Emperor Franz Joseph.

Si era presso il confine ma non oltre
la terra delle chiacchiere in cui sei nato.
Mi dichiarai d'accordo anche se un giorno
senza sparare un colpo
della mia Webley Scott 7,65
senza uccidere senza possedere
neanche un'ombra dell'arte militare
avevo fatto fronte ai pochi stracci
dell'oste avversa. Ma mi chiesi pure
quale fosse la briciola d'onore
che mi era scivolata tra le dita
e non me n'ero accorto. C'è sempre un paio di stivali
che attendono la spazzola il lustrino,
c'è sempre il punto anche se impercettibile
per il quale si può senza sprecarla
usare una parola come onore.
Non è questione di stivali o altri
imbiancamenti di sepolcri. Il fatto è
che l'onore ci appare quando è impossibile,
quando somiglia come due gocce d'acqua
al suo gemello, la vergogna. Un lampo
tra due confini non territoriali,
una luce che abbuia tutto il resto
questo è l'onore che non abbiamo avuto
perché la luce non è fatta solo
per gli occhi. È questo il mio ricordo, il solo
che nasce su un confine e non lo supera.

La memoria

La memoria fu un genere letterario
quando ancora non era nata la scrittura.
Divenne poi cronaca e tradizione
ma già puzzava di cadavere.
La memoria vivente è immemoriale,
non sorge dalla mente, non vi si sprofonda.
Si aggiunge all'esistente come un'aureola

You were born near but not beyond
the borders of Vicenza, land
of the loquacious. I agreed with you,
though once, without firing a shot
from my Webley Scott 7.65,
without killing without even
a glimmer of the military art,
I'd confronted the ragged remnant
of the enemy army. Still, I wondered
what it could be—that crumb of honor
that had slipped unseen through my fingers.
There's always a pair of boots waiting brush
and polish, there's always a point
however imperceptible at which a word
like honor can be used without wasting it.
It's not a question of boots or other
whitings of the sepulcher. For us
it's a fact that honor puts in
an appearance when it can't be had,
when, like two drops of water, it resembles
its twin sister, shame. A flash of lightning
between two non-territorial frontiers,
a light that darkens everything else—
this is the honor we haven't had
since light wasn't made for eyes alone.
This is my memory, the only memory
born on a border which it doesn't cross.

Memory

Memory was a literary genre
before writing was born. Then
it became chronicle and tradition,
but the corpse already stank.
Living memory is immemorial.
It doesn't rise from the mind, nor subside there.
It clings to what is, like a halo of mist

di nebbia al capo. È già sfumata, è dubbio
che ritorni. Non ha sempre memoria
di sé.

Big bang o altro

Mi pare strano che l'universo
sia nato da un'esplosione,
mi pare strano che si tratti invece
del formicolìo di una stagnazione.

Ancora più incredibile che sia uscito
dalla bacchetta magica
di un dio che abbia caratteri
spaventosamente antropomorfici.

Ma come si può pensare che tale macchinazione
sia posta a carico di chi sarà vivente,
ladro e assassino fin che si vuole ma
sempre innocente?

La solitudine

Se mi allontano due giorni
i piccioni che beccano
sul davanzale
entrano in agitazione
secondo i loro obblighi corporative.
Al mio ritorno l'ordine si rifà
con supplemento di briciole
e disappunto del merlo che fa la spola
tra il venerato dirimpettaio e me.
A così poco è ridotta la mia famiglia.
E c'è chi n'ha una o due, che spreco ahimè!

around the head. Once dissolved,
its return is doubtful. Memory sometimes
has no memory of itself.

Big Bang or Something Else

I think it's odd that the universe
was born from an explosion,
I think it's odd that the alternative
is pullulating stagnation.

Even less credible is the notion
that it sprang from the magic wand
of a god whose characteristics are
frighteningly anthropomorphic.

But how can we believe such machination
can be charged to someone still alive,
thief and assassin to the nth degree
but innocent always?

Solitude

When I go away for a day or two
the pigeons pecking
at my windowsill
stage a protest
as their union contract requires.
On my return an extra ration
of crumbs restores order,
which disappoints the blackbird
shuttling back and forth between me
and the venerable old man in the apartment
opposite. My family is reduced
to next to nothing. And some men have one or more
wasted on them, alas!

Il vuoto

È sparito anche il vuoto
dove un tempo si poteva rifugiarsi.
Ora sappiamo che anche l'aria
è una materia che grava su di noi.
Una materia immateriale, il peggio
che poteva toccarci.
Non è pieno abbastanza perché dobbiamo
popolarlo di fatti, di movimenti
per poter dire che gli apparteniamo
e mai gli sfuggiremo anche se morti.
Inzeppare di oggetti quello ch'è
il solo Oggetto per definizione
senza che a lui ne importi niente o turpe
commedia. E con che zelo la recitiamo!

Dopopioggia

Sulla rena bagnata appaiono ideogrammi
a zampa di gallina. Guardo addietro
ma non vedo rifugi o asili di volatili.
Sarà passata un'anatra stanca, forse azzoppata.
Non saprei decrittare quel linguaggio
se anche fossi cinese. Basterà un soffio
di vento a scancellarlo. Non è vero
che la Natura sia muta. Parla a vanvera
e la sola speranza è che non si occupi
troppo di noi.

The Void

Even the void where we once
found refuge has disappeared.
Now we know that even the air
is matter that weighs us down.
An immaterial matter, the worst
that could afflict us.
It's not full, which is why
we have to people it with movement and facts
in order to say that we belong to it
and that even dead we'll never escape it.
To stuff with objects the Object
which by definition is the only Object,
without our mattering to it at all—
what a shameless comedy!
And how religiously we stage it!

After the Rain

Ideograms like hen-tracks
appeared on the wet sand. I look back
but see no bird-shelters or sanctuaries.
It could have been a duck, lame or tired.
Even if that language were Chinese
I couldn't crack the code. One gust of wind
would erase it. It's not true
that Nature's dumb. She talks gibberish,
and our only hope is that she's not
too preoccupied with us.

L'eroismo

Clizia mi suggeriva di ingaggiarmi
tra i guerriglieri di Spagna e più di una volta mi sento
morto a Guadalajara o superstite illustre
che mal reggesi in piede dopo anni di galera.
Ma nulla di ciò avvenne: nemmeno il torrentizio
verbo del comiziante redimito di gloria
e d'alti incarchi mi regalò la sorte.
Ma dove ho combattuto io che non amo
il gregge degli inani e dei fuggiaschi?
Qualche cosa ricordo. Un prigioniero *mio*
che aveva in tasca un Rilke e fummo amici
per pochi istanti; e inutili fatiche
e tonfi di bombarde e il fastidioso
ticchettìo dei cecchini.
Ben poco e anche inutile per lei
che non amava le patrie e n'ebbe una per caso.

Leggendo Kavafis

Mentre Nerone dorme placido nella sua
traboccante bellezza
i suoi piccoli lari che hanno udito
le voci delle Erinni lasciano il focolare
in grande confusione. Come e quando
si desterà? Così disse il Poeta.
Io, sovrano di nulla, neppure di me stesso,
senza il tepore di odorosi legni
e lambito dal gelo di un aggeggio
a gasolio,
io pure ascolto suoni tictaccanti
di zoccoli e di piedi, ma microscopici.
Non mi sveglio, ero desto già da un pezzo
e non mi attendo ulteriori orrori
oltre i già conosciuti.

Heroism

Clizia repeatedly suggested I join
the Spanish partisans and more than once
I feel I'm dead at Guadalajara
or a distinguished survivor almost incapable
of standing after my years as a P.O.W.
But nothing of the sort happened. Fate denied me
even the knack of torrential gab possessed
by the political candidate garlanded with glory
and exalted commitments. But where did I fight—
I who dislike the herd of braggarts and deserters?
I do remember a few things: a prisoner of *mine*
who had a Rilke in his pocket and for a few seconds
we were friends; and the pointless ordeals
and the crump of shells and the annoying ratatat
of the Austrian snipers. Not much, and also
quite useless to her who disliked native lands
and had one only by chance.

Reading Cavafy

While Nero naps peacefully
in his exuberant beauty
his little household gods, hearing
the Furies howl, abandon his hearth
in wild turmoil. How and when
will he wake? So spoke the Poet.
I, emperor of nothing, not even of myself,
lacking the warmth of fragrant firewood
and lapped by the chill of a kerosene
stove, I too hear the clickety-clack
of clogs and feet. A microscopic slither.
I don't wake up, I've been awake a while
and I expect no horrors beyond those
to which I'm now accustomed.

Neppure posso imporre a qualche famulo
di tagliarsi le vene. Nulla mi turba. Ho udito
lo zampettìo di un topolino. Trappole
non ne ho mai possedute.

Testimoni di Geova

Quasi ogni giorno mi scrive
un testimone di Geova
che mi prepari all'Evento.
Il male è che questo totale
capovolgimento
non offre confortevoli prospettive.
Se finisce chi vive
e vivo non fu mai
e risorge nel modo più gradevole
a me perché invisibile
temo che i suoi segnali mi pervengano
magari in cifra
per ammonirmi che il congedo vero
è sempre in prova.
Se fu triste il pensiero della morte
quello che il Tutto dura
è il più pauroso.

L'armonia

L'armonia è un quid raro
Adelheit
non è oggetto né fluido né sostanza
e non sempre ha il lucore della gemma.
L'armonia è di chi è entrato nella vena giusta
del cristallo e non sa né vuole uscirne.
L'armonia è vera quando non tocca il fondo,
non è voluta da chi non la conosce,

I can't even order a household slave
to slit his veins. Nothing troubles me.
I heard the skittering of a mouse. Traps
are things I've never owned.

Jehovah's Witnesses

Almost every day
some Jehovah's witness writes me
to prepare for the Event.
The problem is that this universal
cataclysm
offers no comforting prospects.
If the living man dies—
and alive he never was—
to be resurrected in the form most pleasing
to me because invisible,
I fear his messages may reach me
maybe in code
warning that the real farewell
is still being tested.
If the idea of dying is sad,
the thought that the All survives
frightens me much more.

Harmony

Harmony, Adelheit,
is a rare *quid*,
neither object, fluid, nor substance
and sometimes lacking a gemlike flame.
Harmony is his who has entered the right vein
of the crystal, who can't, who won't, leave.
Harmony is real when it doesn't touch bottom,
is not willed by those who don't know it

non è creduta da chi ne ha il sospetto.
A volte l'ippocastano
lascia cadere un suo duro frutto
sulla calvizie di chi non saprà mai
se fu eletto o scacciato per abiezione.
L'armonia è dei segnati ma il patto è
che ne siano inconsapevoli. E tu
Adelheit lo sai da tanto tempo.
Hai conosciuto il tuo segreto senza
che il dio che la elargisce se ne accorga
e sarai sempre salva. Anche gli dèi
possono addormentarsi (ma con un occhio solo).

I travestimenti

Non è poi una favola
che il diavolo si presenti
come già il grande Fregoli
travestito.
Ma il vero *travesti*
che fu uno dei cardini
del vecchio melodramma
non è affatto esaurito.
Non ha per nulla bisogno
di trucchi parrucche o altro.
Basta un'occhiata allo specchio
per credersi altri.
Altri e sempre diversi
ma sempre riconoscibili
da chi s'è fatto un cliché
del nostro volto.
Risulta così sempre vana
l'arte dello sdoppiamento:
abbiamo voluto camuffarci
come i prostituti nottivaghi
per nascondere meglio le nostre piaghe
ma è inutile, basta guardarci.

is not trusted by those who suspect it.
At times the horse-chestnut
lets one of its tough nuts fall
on a bald head who'll never know
whether he was elected or rejected
for his abjection. Harmony belongs
to the elect but on condition that they're
unaware of the fact. And you, Adelheit,
have long been aware. You learned your secret
without the knowledge of the god
who grants it, and you'll always be safe.
Even gods can doze (but with one eye open).

Transvestisms

So it's no fable
that the devil appears
like the great Fregoli
in drag.
But the true *travesti* type
which was one of the linchpins
of the old melodrama
isn't in the least exhausted.
It has no need at all
of makeup, wigs, or other disguises.
A look in the mirror is enough
to convince us we're someone else.
Someone else, different always
but always recognizable
by him who made a cliché
of our features.
So the art of *dédoublement*
never succeeds:
like ladies of the night
we wanted to camouflage ourselves
the better to conceal our wounds
but it's futile. One look at us
is all it takes.

L'opinione

Al tempo dei miei primi vaneggiamenti
non era ancora nata l'Opinione.
Ora essa dilaga, s'è persino cacciata
nelle scuole elementari.
Sempre meno opinabile l'incontro con un Messia
inascoltato che dica non pensate.
La vita non ha molto da fare
con l'uomo e tanto meno con le idee.
E che avrebbe da fare poi la vita?
Questo non è insegnato dalle mirabili
sorti di cui si ciarla.
C'è chi lo sa magari ma ha la bocca
sigillata e non parla.

Un poeta

Poco filo mi resta, ma spero che avrò modo
di dedicare al prossimo tiranno
i miei poveri carmi. Non mi dirà di svenarmi
come Nerone a Lucano. Vorrà una lode spontanea
scaturita da un cuore riconoscente
e ne avrà ad abbondanza. Potrò egualmente
lasciare orma durevole. In poesia
quello che conta non è il contenuto
ma la Forma.

Per un fiore reciso

Spenta in tenera età
può dirsi che hai reso diverso il mondo?
Questa è per me certezza che non posso
comunicare ad altri. Non si è mai certi

Opinion

At the time of my first raptures
Opinion wasn't yet born.
Now the flood widens, intruding
into the grade schools. The encounter
with an unheard Messiah who tells us
not to think is less and less opinable.
Life has little to do
with man, and even less with ideas.
What then does life have to do with?
This is not a lesson taught by the marvelous
destinies people natter about.
Maybe someone knows but his lips
are sealed and he's not talking.

A Poet

My thread is running out, but I hope
I'll find some way to dedicate my poor poems
to the next tyrant. He won't tell me
to slit my veins as Nero demanded
of Lucan. He'll want spontaneous praise
gushing from a grateful heart
and he'll get it, tons of it. In any case
I can leave a lasting mark. In poetry
what counts isn't content
but Form.

For a Cut Flower

Nipped in the bud,
can we say that you changed the world?
I'm sure you did, a certainty I can't
communicate to others. We're never sure

di noi stessi che pure abbiamo occhi
e mani per vederci, per toccarci.
Una traccia invisibile non è per questo
meno segnata? Te lo dissi un giorno
e tu: è un fatto che non mi riguarda.
Sono la capinera che dà un trillo
e a volte lo ripete ma non si sa
se è quella o un'altra. E non potresti farlo
neanche te che hai orecchio.

Sotto la pergola

Sulla pergola povera di foglie
vanno e vengono i topi in perfetto equilibrio.
Non uno che cadesse nella nostra zuppiera.
Credo ne siano passate
negli anni più generazioni
in una quasi simbiosi
con gli occupanti di sotto.
Certo non era poca la differenza
di status, di abitudini e di lingua.
Di lingua soprattutto. Nullameno
l'intesa era perfetta e nessun gatto
sperimentò l'ascesa della pergola.
Mi resta qualche dubbio sulla zuppiera
che suggerisce immagini patriarcali
del tutto aliene dalla mia memoria.
Non ci fu mai zuppiera, mai dinastie
di roditori sul mio capo, mai
nulla che ora sia vivo nella mia mente.
Fu tuttavia perfetta con ore di tripudio
la reticenza, quella che sta ai margini
e non s'attuffa perché il mare è ancora
un vuoto, un supervuoto e già ne abbiamo
fin troppo, un vuoto duro come un sasso.

of ourselves, though we have eyes and hands
with which to see and touch ourselves.
Isn't this why an invisible mark
is so hard to detect? I said so once
and you answered: It doesn't apply to me.
I'm the blackcap, I trill my song,
at times repeating it, but no one knows
if it's this blackcap or another. And even you,
despite your ears, couldn't say.

Under the Arbor

Under the arbor's scanty leafage
the mice come and go with perfect balance.
No mouse ever fell into our soup tureen.
Many generations of mice, I think,
have come and gone over the years
in something like symbiosis
with the occupants below.
Admittedly, the difference in status,
customs, and language was great.
Above all in language. Still,
the rapport was perfect and no cat
ever tried climbing the trellis.
I still have doubts about the soup tureen
which suggests patriarchal images
utterly alien to my memory.
There never was a tureen, never dynasties
of rodents over my head, never
anything still alive in my memory now.
And yet in joyous times the reticence
was just right, clinging to the shore,
and never plunging in since the sea is still
a void, a supervoid
and we've had too much of it already,
this bedrock void.

Storia di tutti i giorni

L'unica scienza che resti in piedi
l'escatologia
non è una scienza, è un fatto
di tutti i giorni.
Si tratta delle briciole che se ne vanno
senza essere sostituite.
Che importano le briciole va borbottando
l'aruspice,
è la torta che resta, anche sbrecciata
se qua e là un po' sgonfiata.
Tutto sta in una buona stagionatura,
cent'anni più di dieci, mille anni più di cento
ne accresceranno il sapore.
Ovviamente sarà più fortunato
l'assaggiatore futuro senza saperlo
e 'il resto è letteratura'.

Elogio del nostro tempo

Non si può esagerare abbastanza
l'importanza del mondo
(del nostro, intendo)
probabilmente il solo
in cui si possa uccidere
con arte e anche creare
opere d'arte destinate a vivere
lo spazio di un mattino, sia pur fatto
di millenni e anche più. No, non si può
magnificarlo a sufficienza. Solo
ci si deve affrettare perché potrebbe
non essere lontana
l'ora in cui troppo si sarà gonfiata
secondo un noto apologo la rana.

Everyday Story

Eschatology
the only science that holds up
isn't a science, but ordinary
everyday fact.
We're speaking of crumbs that disappear
without being replaced.
What do crumbs matter, grumbles
the haruspex,
there's still a cake, though
it's in pieces, and in places fallen.
Everything depends on proper seasoning,
a hundred years plus ten, a thousand
plus a hundred, will enhance its flavor.
Obviously the future taster will be
more fortunate, though unaware of his luck
and "the rest is literature."

Eulogy of Our Age

Impossible to exaggerate
the world's importance
(our world, I mean)
probably the only one
where men can kill
by means of art and also create
works of art destined to live
for an entire morning, though made
of millennia and even more. No, we can't
magnify the world enough. It's just
that we've got to get going
since the time is almost here,
when the fable will be fulfilled,
and the swelling frog will burst.

Il fuoco e il buio

Qualche volta la polvere da sparo
non prende fuoco per umidità,
altre volte s'accende senza il fiammifero
o l'acciarino.
Basterebbe il tascabile briquet
se ci fosse una goccia di benzina.
E infine non occorre fuoco affatto,
anzi un buon sottozero tiene a freno
la tediosa bisava, l'Ispirazione.
Non era troppo arzilla giorni fa
ma incerottava bene le sue rughe.
Ora pare nascosta tra le pieghe
della tenda e ha vergogna di se stessa.
Troppe volte ha mentito, ora può scendere
sulla pagina il buio il vuoto il niente.
Di questo puoi fidarti amico scriba.
Puoi credere nel buio quando la luce mente.

Le storie letterarie

Sono sempre d'avviso
che Shakespeare fosse una cooperativa.
Che per le buffonate si serviva
di cerretani pari a lui nel genio
ma incuranti di tutto fuorché dei soldi.
Non può ingoiare troppo la sopravvivenza.
A volte digerisce un plotone, tale altra
distilla poche sillabe e butta un monumento
nel secchio dei rifiuti. Produce come i funghi,
puoi trovarne parecchi tutt'insieme, poi resti
a mani vuote per un giorno intero
o per un anno o un secolo. Dipende.

Fire and Darkness

At times, because of dampness,
gunpowder fails to flash, and sometimes
catches without matches or flint.
A pocket lighter with one drop
of fluid could do the trick. And anyway
there's no need for fire at all,
indeed, a good sub-zero curbs
that boring great-grandmother, Inspiration.
She was none too spry a few days ago
but she managed to disguise her wrinkles.
Now, ashamed of herself, she seems
to be skulking in the folds of the curtain.
She's lied too often, now let darkness,
void, nothingness fall on her page.
Rely on this, my scribbling friend:
Trust the darkness when the light lies.

Literary Histories

I've always held
that Shakespeare was a co-op,
that his low comedy made use
of charlatans his equals in genius
but careless with everything but money.
Survival can only swallow so much.
Sometimes it digests a platoon, at others
oozes out a few syllables and lobs a monument
into the trash. It spawns like mushrooms,
you might chance on dozens all at once, and then
go without for a whole day, a year,
a century. It all depends.

Soliloquio

Il canale scorre silenzioso
maleodorante
questo è il palazzo dove fu composto
il Tristano
ed ecco il buco dove Henry James
gustò le crêpes suzette—
non esistono più i grandi uomini
ne restano inattendibili biografie
nessuno certo scriverà la mia—
gli uomini di San Giorgio sono più importanti
di tanti altri e di me ma non basta non basta—
il futuro ha appetito non si contenta più
di hors-d'œuvre e domanda schidionate
di volatili frolli, nauseabonde delizie—
il futuro è altresì disappetente
può volere una crosta ma che crosta
quale non fu mai vista nei menus—
il futuro è anche onnivoro e non guarda
per il sottile—Qui è la casa dove
visse più anni un pederasta illustre
assassinato altrove—Il futuro è per lui—
non è nulla di simile nella mia vita
nulla che sazi le bramose fauci
del futuro.

Sera di Pasqua

Alla televisione
Cristo in croce cantava come un tenore
colto da un'improvvisa
colica *pop*.
Era stato tentato poco prima
dal diavolo vestito da donna nuda.
Questa è la religione del ventesimo secolo.
Probabilmente la notte di San Bartolomeo

Soliloquy

The canal flows silent
miasmal
this is the palazzo where Tristan
was composed
and here's the hole where Henry James
savored crêpes suzettes—
great men no longer exist, what's left
of them are unreliable biographies—
there'll be no biography of me, I'm sure—
San Giorgio's men matter more than many others
and me, but it's not enough, just not enough—
the future's famished, no longer satisfied
with hors-d'oeuvres, it demands brochettes
of juicy young birds, repulsive tidbits—
the future is equally nauseating
it may want a crust but what a crust
dishes never before seen in menus—
the future's omnivorous too and no
gourmet—There's the house, home
for years to an illustrious pederast
murdered elsewhere—The future belongs to him—
there's nothing like that in my life
nothing to appease the future's
ravenous jaws

Easter Evening

On the TV
the crucified Christ was singing
like a tenor stricken by a fit
of pop colic.
A little earlier he'd been tempted
by the devil disguised as a naked woman.
This is twentieth-century religion.
No doubt St. Bartholomew's Night

o la coda troncata di una lucertola
hanno lo stesso peso nell'Economia
dello Spirito
fondata sul principio dell'Indifferenza.
Ma forse bisogna dire che non è vero
bisogna dire che è vera la falsità,
poi si vedrà che cosa accade. Intanto
chiudiamo il video. Al resto
provvederà chi può (se questo *chi*
ha qualche senso). Noi non lo sapremo.

Pasquetta

La mia strada è privilegiata
vi sono interdette le automobili
e presto anche i pedoni (a mia eccezione
e di pochi scortati da gorilla).
O beata solitudo disse il Vate.
Non ce n'è molta nelle altre strade.
L'intellighenzia a cui per mia sciagura
appartenevo si è divisa in due.
C'è chi si immerge e c'è chi non s'immerge.
C'est emmerdant si dice da una parte
e dall'altra. Chi sa da quale parte
ci si immerda di meno. La questione
non è d'oggi soltanto. Il saggio sperimenta
le due alternative in una volta sola.
Io sono troppo vecchio per sostare
davanti al bivio. C'era forse un trivio
e mi ha scelto. Ora è tardi per recedere.

or a lizard's amputated tail
have equal weight in the Economy
of the Spirit
based on the principle of Indifference.
But maybe we should say it isn't true
we should say that falsity is true,
then we'll see what happens. Meanwhile
let's switch off the TV. He who provides
(if this *he* has any meaning)
will see to the rest. We wouldn't know.

Easter Monday

My street is privileged
cars are forbidden
and soon pedestrians will be too
(except for me and a few others escorted
by their gorillas). O blessed solitude
saith the Poet. On other streets it's a rare item.
The intelligentsia to which I unhappily
belonged is divided into two camps—
those who are immersed and those who aren't.
C'est émmerdant is the word
heard on both sides. Who knows which side
is less immerded. The question
extends beyond the present. The wise man tries
both alternatives only once.
I'm too old to stand waiting
at the crossroad. Maybe three roads met
and chose me. Now it's too late to retreat.

Sub tegmine fagi
non si starà molto allegri
sotto alberi di stucco.

Se non fosse così
perché/su chi si abbatterebbe il grande
colpo di scopa?

Ho sparso di becchime il davanzale
per il concerto di domani all'alba.
Ho spento il lume e ho atteso il sonno.
E sulla passerella già comincia
la sfilata dei morti grandi e piccoli
che ho conosciuto in vita. Arduo distinguere
tra chi vorrei o non vorrei che fosse
ritornato tra noi. Là dove stanno
sembrano inalterabili per un di più
di sublimate corruzione. Abbiamo
fatto del nostro meglio per peggiorare il mondo.

RUIT HORA che tragico pasticcio.
È troppo lenta l'ora per essere un baleno,
quel brevissimo istante che farebbe ridicolo
tutto il resto.
Ma l'ora è come un fulmine per chi vorrebbe
restare sulla terra a piedi fermi
e non già su una palla rotolante
in uno spazio che non avendo fine

Sub tegmine fagi
we won't be very jolly
under stucco trees.

If things were otherwise
why/on whom would the great
broomstroke fall?

I've scattered birdseed on the sill
for tomorrow's dawn chorus. I've switched off
the light and waited for sleep.
And now up the gangway comes
the procession of the dead great and small
I knew in life. It's hard choosing
between those I'd like and those I wouldn't like
sent back to us. Where they are now
they seem unchangeable thanks to a more
sublimated corruption. We did our best
to worsen the world.

Ruit hora what a tragic muddle!
An hour's too slow to be a flash,
that briefest of instants, which makes
all other instants absurd.
But an hour's like lightning to the man
who'd like to plant his feet firmly on the earth,
not on some spinning ball
in a space that has no end and therefore

non può nemmeno avere un senso. Questo
lo ha soltanto un finito, uno che non finisce
e sia desiderabile, perfetto.
                              È un grattacapo
di più, inevitabile—e anche orrendo.

Mezzo secolo fa
sono apparsi i cuttlefishbones
mi dice uno straniero addottorato
che intende gratularmi.
Vorrei mandarlo al diavolo. Non amo
essere conficcato nella storia
per quattro versi o poco più. Non amo
chi sono, ciò che sembro. È stato tutto
un qui pro quo. E ora chi n'esce fuori?

La capinera non fu uccisa
da un cacciatore ch'io sappia.
Morì forse nel mezzo del mattino. E non n'ebbi
mai notizia. Suppongo che di me
abbia perduto anche il ricordo. Se ora
qualche fantasma aleggia qui d'attorno
non posso catturarlo per chiedergli chi sei?
Può darsi che i fantasmi non abbiano più consistenza
di un breve soffio di vento. Uno di questi rèfoli
potrei essere anch'io senza saperlo: labile
al punto che la messa in scena di cartone
che mi circonda può restare in piedi.
Ben altri soffi occorrono per distruggerla.
Dove potranno allora rifugiarsi
questi errabondi veli? Non c'è scienza
filosofia teologia che se ne occupi.

no meaning either. Only a finite space—
a world that has no end, desirable,
perfect—has meaning.
                         One more puzzle,
unavoidable—and scary too.

Fifty years ago
cuttlefishbones appeared
says a foreign Ph.D.
meaning to congratulate me.
I'd like to see him in hell. I don't like
being historically pigeonholed
for a handful of verses. I don't like
who I am, what I seem to be. It's all been
a qui pro quo. And these days
who's free of that?

So far as I know, the blackcap
wasn't killed by a hunter.
He died at mid-morning maybe;
I wasn't informed. I suppose he's lost
even the memory of me. Now
if some spectre is flitting hereabouts
I can't just catch him and ask who are you?
Maybe these spectres have no more substance
than a vagrant puff of air. Unawares,
I could be one of them too, so ephemeral
that even this cardboard *mise-en-scène*
of mine is still standing. Toppling it
demands a different kind of wind. Where then
will these gauzy gypsies find shelter?
No science, no philosophy or theology
studies them.

Chissà se un giorno butteremo le maschere
che portiamo sul volto senza saperlo.
Per questo è tanto difficile identificare
gli uomini che incontriamo.
Forse fra i tanti, fra i milioni c'è
quello in cui viso e maschera coincidono
e lui solo potrebbe dirci la parola
che attendiamo da sempre. Ma è probabile
ch'egli stesso non sappia il suo privilegio.
Chi l'ha saputo, se uno ne fu mai,
pagò il suo dono con balbuzie o peggio.
Non valeva la pena di trovarlo. Il suo nome
fu sempre impronunciabile per cause
non solo di fonetica. La scienza
ha ben altro da fare o da non fare.

Da un taccuino

Passano in formazioni romboidali
velocissimi altissimi gli storni
visti e scomparsi in un baleno
così fitti
che non c'è punto di luce
in quel rombo—
saranno i più duri a sopravvivere
secondo gli ornitologi ecologi
e ciò che sappiamo di loro
è poco ma è moltissimo—
magari potesse dirsi
lo stesso
delle formazioni sub-erranti
vociferanti
dell'uomo.

Maybe someday, without knowing it,
we'll trash the masks that hide our faces.
It's because we're masked that it's so hard
to identify the men we meet.
Maybe among so many men, among millions,
there is one whose face and mask coincide,
and only he could utter the word
we've always been waiting for. But no doubt
even he knows nothing of his privilege.
The man who knew, if any man ever did,
paid for his gift with stuttering or worse.
Finding him wasn't worth the trouble. His name
could never be pronounced, and not only
for phonetic reasons. Science
has other agendas or non-agendas.

From a Notebook

Way overhead in rhomboid formations
starlings flash by
glimpsed and gone in a flash
so thick a flock
no point of light
pierces that rhombus—
they're the hardiest they'll survive
according to ornithologists ecologists
this is what we know of them
it's not much but quite a lot—
if only the same
could be said
of the vociferous subnomadic
formations
of man.

Questo ripudio mio
dell'iconolatria
non si estende alla Mente
che vi è sottesa e pretesa
dagli idolatri.
Non date un volto a chi non ne possiede
perché non è una fattura.
Piuttosto vergognatevi di averne uno
e così cieco e sordo fin che dura.

L'omicidio non è il mio forte.
Di uomini nessuno, forse qualche insetto,
qualche zanzara schiacciata con una pantofola
sul muro.
Per molti anni provvidero le zanzariere
a difenderle. In seguito, per lunghissimo tempo,
divenni io stesso insetto ma indifeso.
Ho scoperto ora che vivere
non è questione di dignità o d'altra
categoria morale. Non dipende,
non dipese da noi. La dipendenza
può esaltarci talvolta, non ci rallegra mai.

Siamo alla solitudine di gruppo,
un fatto nuovo nella storia e certo
non il migliore a detta
di qualche Zebedeo che sta da solo.
Non sarà poi gran male. Ho qui sul tavolo

This my repudiation
of iconolatry
does not extend to Mind
which idolaters allege
subtends it.
Don't give the faceless a face—
a face is not a product.
Be ashamed instead of having a face
so blind, deaf, and enduring.

Murder is not my forte.
Murder of men never, of insects maybe,
a few mosquitoes squashed on the wall
by my slipper.
For many years mosquito netting sufficed
to protect them. Later, for years and years,
I became an insect myself, but defenseless.
I've now discovered that living
isn't a question of dignity or some other
moral category. It doesn't depend on us,
it never did. Dependence at times
exalts us, but it's never a joy.

We're into group solitude now
a new event in history, and obviously
not the best
according to some solitary Zebedee.
But matters could be worse. Here on the table

un individuo collettivo, un marmo
di coralli più duro di un macigno.
Sembra che abbia una forma definitiva,
resistente al martello. Si avvantaggia
sul banco degli umani perché non parla.

Se al più si oppone il meno il risultato
sarà destruente. Così dicevi un giorno
mostrando rudimenti di latino
e altre nozioni. E proprio in quel momento
brillò, si spense, ribrillò una luce
sull'opposta costiera. Già imbruniva.
«Anche il faro, lo vedi, è intermittente,
forse è troppo costoso tenerlo sempre acceso.
Perché ti meravigli se ti dico che tutte
le capinere hanno breve suono e sorte.
Non se ne vedono molte intorno. È aperta la caccia.
Se somigliano a me sono contate
le mie ore o i miei giorni».
                    (E fu poi vero).

Reti per uccelli

Di uccelli presi dal ròccolo
quasi note su pentagramma
ne ho tratteggiati non pochi
col carboncino
e non ne ho mai dedotte conclusioni
subliminari.
Il paretaio è costituzionale,
non è subacqueo, né abissale né
può svelare alcunché di sostanziale.

I have a collective individual, a marble
of corals harder than flint.
It seems to have a definitive
hammer-resistant form. And it has
an advantage over the human reef—
it doesn't talk.

If less opposes more the result
will be disastrous. So you remarked one day
while explaining the rudiments of Latin
and other notions. And at that very moment
a light on the opposite coast flashed, went
out, then flashed again. Dusk already.
"See, the beacon's intermittent too, maybe
keeping it always lit is too expensive.
Why be surprised if I tell you that the life
of the blackcap is as brief as its song.
Nowadays they're rarely spotted. Hunting season's
begun. If they're like me, my hours
or days are numbered."
                              (As they were.)

Nets for Birds

I've done charcoal sketches
of quite a few birds
trapped in nets
like notes on a pentagram
but never reached subliminal
conclusions.
The net is constitutional,
not underwater, nor abysmal, and
it can't reveal anything of substance.

Il paretaio ce lo portiamo addosso
come una spolverina. È invisibile
e non mai rammendabile perché non si scuce.
Il problema di uscirne non si pone,
che dobbiamo restarci fu deciso da altri.

Domande senza risposta

Mi chiedono se ho scritto
un canzoniere d'amore
e se il mio onlie begetter
è uno solo o è molteplice.
Ahimè,
la mia testa è confusa, molte figure
vi si addizionano,
ne formano una sola che discerno
a malapena nel mio crepuscolo.
Se avessi posseduto
un liuto come d'obbligo
per un trobar meno chiuso
non sarebbe difficile
dare un nome a colei che ha posseduto
la mia testa poetica o altro ancora.
Se il nome
fosse una conseguenza delle cose,
di queste non potrei dirne una sola
perché le cose sono fatti e i fatti
in prospettiva sono appena cenere.
Non ho avuto purtroppo che la parola,
qualche cosa che approssima ma non tocca;
e così
non c'è depositaria del mio cuore
che non sia nella bara. Se il suo nome
fosse un nome o più nomi non conta nulla
per chi è rimasto fuori, ma per poco,
della divina inesistenza. A presto,
adorate mie larve!

We wear the net like a smock.
Invisible and unsewn,
it can't be mended. The problem
of removing it doesn't arise. Others
have decreed that we have to wear it.

Unanswered Questions

They ask me if I've written
a *canzoniere* of love poems
and whether my "onlie begetter"
is one or many.
Alas,
my head's confused with all the figures
compounding there,
making one woman whom I dimly
discern in my twilight blur.
Had I the obligatory lute
of a more accessible troubadour
there would be no problem
in giving a name to that *she* who possessed
my poetic heart or whatever.
If names
were a consequence of things
I couldn't cite you one
since things are facts, and in perspective
facts are little more than ashes.
Unfortunately, all I had was words,
things that approximate but don't touch;
and so
there is no recipient of my heart
who isn't in her grave. Whether
her name was one or many matters not at all
to a man who remained, however briefly,
outside divine inexistence. *À bientôt*,
my beloved ghosts!

Vivere

Vivere? Lo facciano per noi i nostri domestici.
VILLIERS DE L'ISLE-ADAM

I

È il tema che mi fu dato
quando mi presentai all'esame
per l'ammissione alla vita.
Folla di prenativi i candidati,
molti per loro fortuna i rimandati.
Scrissi su un foglio d'aria senza penna
e pennino, il pensiero non c'era ancora.
Mi fossi ricordato che Epittèto in catene
era la libertà assoluta l'avrei detto,
se avessi immaginato che la rinunzia
era il fatto più nobile dell'uomo
l'avrei scritto ma il foglio restò bianco.
Il ricordo obiettai, non anticipa, segue.

Si udì dopo un silenzio un parlottìo tra i giudici.
Poi uno d'essi mi consegnò l'accessit
e disse non t'invidio.

II

Una risposta
da terza elementare. Me ne vergogno.
Vivere non era per Villiers la vita
né l'oltrevita ma la sfera occulta
di un genio che non chiede la fanfara.
Non era in lui disprezzo per il sottobosco.
Lo ignorava, ignorava quasi tutto
e anche se stesso. Respirava l'aria
dell'Eccelso come io quella pestifera
di qui.

Living

> *Living? Let our servants do it for us.*
> VILLIERS DE L'ISLE-ADAM

I

That was the theme assigned me
when I took the exam
for admission to life.
The candidates were a gaggle of unborn,
many of whom had the good fortune
to be re-examined.
I wrote on a sheet of air without pen
or pencil, but still no thought came.
Had I remembered that Epictetus in chains
was freedom absolute I would have said so,
had I imagined that renunciation
was man's noblest action, I would have written that
but the sheet stayed blank. Memory,
I objected, doesn't anticipate, but follows.

After a silence the judges were heard muttering.
Then one judge told me I'd passed
and added, I don't envy you.

II

A third-grade
response. I'm ashamed of it.
Living for Villiers wasn't life
or afterlife but the occult realm
of a genius who asks for no fanfare.
He felt no contempt for the underworld.
He ignored it, he ignored almost everything,
even himself. He breathed the air
of the Sublime as I breathe
this polluted air down here.

Cabaletta

La nostra mente sbarca
i fatti più importanti che ci occorsero
e imbarca i più risibili. Ciò prova
la deficienza dell'imbarcazione
e di chi l'ha costruita. Il Calafato
supreme non si mise mai a nostra
disposizione. È troppo affaccendato.

I pressepapiers

Quando pubblicai Buffalo e Keepsake
un critico illustre e anche amico volse il pollice
e decretò carenza di sentimento quasi
che sentimento e ricordo fossero incompatibili.
In verità di keepsakes in senso letterale
ne posseggo ben pochi. Non ho torri pendenti
in miniatura, minigondole o simili
cianfrusaglie ma ho lampi che s'accendono
e si spengono. È tutto il mio bagaglio.
Il guaio è che il ricordo non è gerarchico,
ignora le precedenze e le susseguenze
e abbuia l'importante, ciò che ci parve tale.
Il ricordo è un lucignolo, il solo che ci resta.
C'è il caso che si stacchi e viva per conto suo.
Ciò che non fu illuminato fu corporeo, non vivo.
Abbiamo gli Dèi o anche un dio a portata di mano
senza saperne nulla. Solo i dementi acciuffano
qualche soffio. È un errore essere in terra
e lo pagano.

Cabaletta

Our mind jettisons
the most important things that happened to us
and ships the most absurd. Which proves
the defect is in the boat
and its builder. The almighty Caulker
never put himself at our disposal.
Too busy to be disturbed.

Paperweights

When I published "Buffalo" and "Keepsake,"
a distinguished critic and friend turned thumbs down
and decreed them devoid of feeling
as though feeling and memory were incompatible.
In fact I have very few keepsakes
in the literal sense. No miniature Leaning Towers
of Pisa, no model gondolas, or other such
kickshaws, but I do have flashlights that light up
and then go out. That's the sum of my baggage.
The problem is that meaning is not hierarchical,
it has no sense of what comes before and after
and suppresses what's important, or what seemed so to us.
Memory's a wick, the only one left us.
Detached from us, it might survive on its own.
What wasn't illuminated had no body, was not alive.
We have the Gods or even one god within reach
and we're unaware of them. Only lunatics clutch
at a wisp of air. Being on earth is a mistake
for which they pay.

Sul lago d'Orta

Le Muse stanno appollaiate
sulla balaustrata
appena un filo di brezza sull'acqua
c'è qualche albero illustre
la magnolia il cipresso l'ippocastano
la vecchia villa è scortecciata
da un vetro rotto vedo sofà ammuffiti
e un tavolo da ping-pong. Qui non viene nessuno
da molti anni. Un guardiano era previsto
ma si sa come vanno le previsioni.
È strana l'angoscia che si prova
in questa deserta proda sabbiosa erbosa
dove i salici piangono davvero
e ristagna indeciso tra vita e morte
un intermezzo senza pubblico. È
un'angoscia limbale sempre incerta
tra la catastrofe e l'apoteosi
di una rigogliosa decrepitudine.
Se il bandolo del puzzle più tormentoso
fosse più che un'ubbia
sarebbe strano trovarlo dove neppure un'anguilla
tenta di sopravvivere. Molti anni fa c'era qui
una famiglia inglese. Purtroppo manca il custode
ma forse quegli angeli (angli) non erano così pazzi
da essere custoditi.

Il furore

Il furore è antico quanto l'uomo
ma credeva di avere un obiettivo.
Ora basta a se stesso. È un passo avanti
ma non è sufficiente. L'uomo deve
pure restando un bipede mutarsi

On Lake Orta

The Muses are roosting
on the balustrade
hardly a breath of air on the water
a few illustrious trees
magnolia horse-chestnut cypress,
the old villa is peeling away
through a broken window I see mildewed sofas
and a ping-pong table. No one's been here
for years. A caretaker was expected
but we know how it is with expectations.
It's strange the grief one feels
on this deserted sandy grassy shore
where the willows actually weep
and an intermezzo without an audience
hangs undecided between life and death.
It's a Limbo grief
of a lush decrepitude wavering always
between apotheosis and disaster.
If the key to the most perplexing puzzle
were any more than a whim it would be odd
to find it where not even an eel
tries to survive. Many years ago
there was an English family here. Unfortunately
there's no watchman on duty but maybe
those angels (Anglos) weren't so mad
that they needed watching.

Rage

Rage is as old as man
but it once believed it had an objective.
Now it's self-sufficient. A step forward
but inadequate. Even while remaining
a biped, man must mutate himself

in un altro animale. Solo allora
sarà come le belve a quattro zampe innocuo
se non sia aggredito. Ci vorrà
un po' d'anni o millenni. È un batter d'occhio.

Terminare la vita
tra le stragi e l'orrore
è potuto accadere
per l'abnorme sviluppo del pensiero
poiché il pensiero non è mai buono in sé.
Il pensiero è aberrante per natura.
Era frenato un tempo da invisibili Numi,
ora gli idoli sono in carne ed ossa
e hanno appetito. Noi siamo il loro cibo.
Il peggio dell'orrore è il suo ridicolo.
Noi crediamo di assistervi imparziali
o plaudenti e ne siamo la materia stessa.
La nostra tomba non sarà certo un'ara
ma il water di chi ha fame ma non testa.

Appunti

Sarà una fine dolcissima
in *ppp*
dopodiché ci troveremo
sprovvisti di memoria
con anima incorporea
stordita come mai e timorosa
d'altri guai.

* * *

into another animal. Only then
will he be like the four-legged animals, harmless
except when attacked. Which will take
a number of years, millennia even.
The twinkling of an eye.

Ending life
amidst horror and massacres
is now a possibility
thanks to the abnormal growth of thought
since thought per se is never good.
Thought is perverse by nature.
Once it was checked by invisible powers,
now the idols are flesh and blood
and they're famished. We're their food.
The worst of the horror is its absurdity.
We think we're impartially applauding
spectators when we're the subject of the play.
Clearly our grave will be no altar
but the latrine of Him with hunger
and no mind.

Notes

The end will be extremely sweet
in *ppp*
after which we'll find ourselves
deprived of memory
with a bodiless soul
baffled as never before and fearful
of other problems.

* * *

Ahura Mazda e Arimane
il mio pensiero persiano
di stamane

. . . .

e noi poveri bastardi
figli di cani
abbassata la cresta
attenti disattenti a uno spettacolo
che non ci riguarda.

* * *

GINA ALL'ALBA MI DICE

il merlo è sulla frasca
e dondola
felice.

Gli elefanti

I due elefanti hanno seppellito con cura
il loro elefantino.
Hanno coperto di foglie la sua tomba e poi
si sono allontanati tristemente.
Vicino a me qualcuno si asciugò un ciglio.
Era davvero una furtiva lacrima
quale la pietà chiede quando è inerme:
in proporzione inversa alla massiccia
imponenza del caso. Gli altri ridevano
perché qualche buffone era già apparso
sullo schermo.

Ahura Mazdah and Ahriman
my Persian thought
of this morning

. . . .

and we poor bastards
sons of bitches
crestfallen
heeding not heeding a spectacle
that's not our concern.

* * *

AT DAWN GINA TELLS ME

the blackbird is on the branch
happily swaying
to and fro.

The Elephants

The two elephants have buried
their baby elephant with care.
They covered his grave with leaves.
then sadly went away.
Somebody near me wiped his eye.
It was in fact a furtive tear
like that evoked by pity when vulnerable:
in inverse proportion to the outsize
proportions of the case. The others were laughing
because some comic had just appeared
on the screen.

L'euforia

Se l'euforia può essere la più tetra
apertura sul mondo
amici che subsannate
alla mia ottusa inappartenenza . . .
a chi? a che cosa? posso dirvi che
se resterà una corda alla mia cetra
avrò meglio di voi e senza occhiali
affumicati la mia vita in rosa.

Epigramma

Il vertice lo zenit
il summit il cacume
o Numi
chi mai li arresta.

E c'è chi si stupisce
se qualcuno si butta
dalla finestra.

In negativo

È strano.
Sono stati sparati colpi a raffica
su di noi e il ventaglio non mi ha colpito.
Tuttavia avrò presto il mio benservito
forse in carta da bollo da presentare
chissà a quale burocrate; ed è probabile
che non occorra altro. Il peggio è già passato.
Ora sono superflui i documenti, ora
è superfluo anche il meglio. Non c'è stato
nulla, assolutamente nulla dietro di noi,
e nulla abbiamo disperatamente amato più di quel nulla.

604

Euphoria

If euphoria can be the darkest
window on the world
friends who mock
my dull unbelonginess
to what? to whom? I can tell you
if there's just one string left on my zither
I'll have more than you
and my *vie en rose* as well
and no dark glasses.

Epigram

Vertex zenith
summit peak
O Powers
who can ever stop them?

And someone's surprised
when a man jumps
from the window.

In the Negative

Strange.
Shots were fired, bullets hailing
down on us, and the volley didn't hit me.
In any case I'll soon be sacked
maybe with a pink slip to be presented
to who knows which bureaucrat; and no doubt
nothing else is required. The worst is over.
Documents are superfluous now,
now the best is superfluous too. Behind us
there was nothing, absolutely nothing, and we've loved
nothing so desperately as that nothing.

La cultura

Se gli ardenti bracieri di Marcione e di Ario
avessero arrostito gli avversari
(ma fu vero il contrario)
il mondo avrebbe scritto la parola fine
per sopraggiunta infungibilità.

Così disse uno che si forbì gli occhiali
e poi sparò due colpi.
Un uccello palustre cadde a piombo.
Solo una piuma restò sospesa in aria.

In una città del nord

Come copia dell'Eden primigenio
manca il confronto con l'originale.
Certo vale qualcosa. Gli scoiattoli
saltano su trapezi di rami alti.
Rari i bambini, ognuno di più padri o madri.
Anche se non fa freddo c'è aria di ghiacciaia.
A primavera si dovrà difendersi
dalle volpi o da altre bestie da pelliccia.
Così mi riferisce il mio autista
navarrese o gallego portato qui dal caso.
Non gli va giù la democrácia. Tale
e quale il Marqués de Villanova.
Io guardo e penso o fingo. Si paga a caro prezzo
un'anima moderna. Potrei anche provarmici.

Culture

If the red-hot braziers of Arius and Marcion
had roasted their adversaries
(instead of the opposite)
the world would have written the word Finis
and added generically unique.

So someone said, wiping his glasses,
and then fired two shots.
A marshbird plummeted, leaving
only a feather hovering in air.

In a Northern City

Like a copy of the primal Eden
there's no comparison with the original.
But it has its points. Acrobatic
squirrels leap in the branches overhead.
Children are few, each provided
with several fathers or mothers.
It's not cold, but the air is glacial.
Come spring they'll have to protect themselves
from foxes or other fur-bearing animals.
So says my chauffeur, a man from Navarre
or Galicia who landed here by chance.
He can't swallow *democracía*. Exactly
like the Marqués de Villanova.
I look out and think or pretend to think.
A modern soul doesn't come cheap.
Maybe I should give it a try.

Di un gatto sperduto

Il povero orfanello
non s'era ancora inselvatichito
se fu scacciato dal condominio
perché non lacerasse le moquettes con gli unghielli.
Me ne ricordo ancora passando per quella via
dove accaddero fatti degni di storia
ma indegni di memoria. Fors'è che qualche briciola
voli per conto suo.

Ipotesi

Nella valle di Armageddon
Iddio e il diavolo conversano
pacificamente dei loro affari.
Nessuno dei due ha interesse
a uno scontro decisivo.
L'Apocalissi sarebbe
da prendersi con le molle?
È più che certo ma questo
non può insegnarsi nelle scuole.
Io stesso fino da quando
ero alunno delle elementari
credevo di essere un combattente
dalla parte giusta.
Gli insegnanti erano miti, non frustavano.
Gli scontri erano posti nell'ovatta,
incruenti, piacevoli. Il peggio
era veduto in prospettiva. Quello
che più importava era che il soccombente
fosse dall'altra parte.
Così passarono gli anni, troppi e inutili.
Fu sparso molto sangue che non fecondò i campi.
Eppure la parte giusta era lì, a due palmi
e non fu mai veduta. Fosse mai accaduto

On a Lost Cat

Poor little orphan,
he hadn't yet gone wild though they hounded him
from the condo complex
so he wouldn't claw the rugs to rags.
I still remember him as I walk down that street
where events worthy of history but unworthy
of memory took place. Maybe a few trivia
still wing it on their own.

Hypothesis

In the valley of Armageddon
God and the devil peacefully
discuss their business.
Neither one is interested
in a decisive clash.
Is the Apocalypse
a matter for pulling punches?
Absolutely, but this is something
that can't be learned in the classroom.
Ever since grade school, I've believed
that I was fighting on the right side.
Our teachers were gentle, they didn't beat us.
Clashes were buffered in cotton,
agreeable and bloodless. The worst
was seen in perspective. What most mattered
was that the loser was on the other side.
So the years passed, too many and futile.
Much blood was shed which didn't fertilize
the fields. Still, the right side was there,
close at hand, and never visible.
Had the miracle ever taken place, nothing

il miracolo nulla era più impossibile
dell'esistenza stessa di noi uomini.
Per questo nella valle di Armageddon
non accadono mai risse e tumulti.

Ai tuoi piedi

Mi sono inginocchiato ai tuoi piedi
o forse è un'illusione perché non si vede
nulla di te
ed ho chiesto perdono per i miei peccati
attendendo il verdetto con scarsa fiducia
e debole speranza non sapendo
che senso hanno quassù il prima e il poi
il presente il passato l'avvenire
e il fatto che io sia venuto al mondo
senza essere consultato.
Poi penserò alla vita di quaggiù
non sub specie aeternitatis,
non risalendo all'infanzia
e agli ingloriosi fatti che l'hanno illustrata
per poi ascendere a un dopo
di cui sarò all'anteporta.
Attendendo il verdetto
che sarà lungo o breve grato o ingrato
ma sempre temporale e qui comincia
l'imbroglio perché nulla di buono è mai pensabile
nel tempo,
ricorderò gli oggetti che ho lasciati
al loro posto, un posto tanto studiato,
agli uccelli impagliati, a qualche ritaglio
di giornale, alle tre o quattro medaglie
di cui sarò derubato e forse anche
alle fotografie di qualche mia Musa
che mai seppe di esserlo,
rifarò il censimento di quel nulla

would have been more impossible
than the very existence of us mortals.
And that's why riots and brawls
never happen in the vale of Armageddon.

At Your Feet

I kneeled at your feet
or maybe it was an illusion
since you can't be seen at all
and I asked forgiveness for my sins
while awaiting the verdict with little faith
and feeble hope not knowing
what meaning is attached up there
to before and after
present past future
and the fact that I came into the world
without being consulted.
So I'll think of life here below
not *sub specie aeternitatis*,
not returning to childhood
and the inglorious deeds that illumined it
in order to ascend to an afterwards
in whose anteroom I'll be.
Awaiting the verdict
which will be long or short welcome or unwelcome
but always temporal and there the rub begins
since in time nothing good
is ever thinkable,
I'll recall the objects I left
in their place, a place carefully selected,
among stuffed birds, newspaper
clippings, three or four medals
of which I'll be robbed and maybe also
photographs of a couple of my Muses
who never knew that Muses were what they were,
I'll redo the census of that nothing

che fu vivente perché fu tangibile
e mi dirò se non fossero
queste solo e non altro la mia consistenza
e non questo corpo ormai incorporeo
che sta in attesa e quasi si addormenta.

Chi è in ascolto

Tra i molti profeti barbati che girano intorno
qualcuno avrà anche toccato la verità
ma l'ha toccata col dito e poi l'ha ritratto.
La verità scotta.
Il più che possa dirsi è appunto che
se può farsene a meno
questo è voluto da chi non può
fare a meno di noi.
Forse è una botta per tutti
e non motivo di orgoglio.
Se colui che ci ha posto in questa sede
può talvolta lavarsene le mani
ciò vuol dire che Arimane
è all'attacco e non cede.

Le ore della sera

Dovremo attendere un pezzo prima che la cronaca
si camuffi in storia.
Solo allora il volo di una formica
(il solo che interessi) sarà d'aquila.
Solo allora il fischietto del pipistrello
ci parrà la trombetta del dies irae.
Il fatto è che ci sono i baccalaureandi
e bisogna cacciarli tutti in qualche buco
per scacciarneli poi se verrà il bello.
Purtroppo il bello (o brutto) è in frigorifero

which, being tangible, was alive,
and I'll tell myself whether my substance
were these things and nothing else,
and not this body incorporeal now
which while waiting almost dozes off.

The One Who's Listening

Among the many bearded prophets wandering about
one must have touched the truth,
but with his finger, which he quickly withdrew.
Truth burns.
The most one can say is simply this:
that if we can do without it
it's something willed by one
who cannot do without us.
Which may be a blow to all concerned
and not a source of pride.
If he who put us in this place
can at times wash his hands of us,
it means that Ahriman is on the attack
and implacable.

The Evening Hours

We'll have to wait a while before current events
are camouflaged as history.
Only then will the flight of the ant
(the only interesting flight) be that of the eagle.
Only then will whistle of the bat
seem like the trump of the Dies Irae.
The fact is there are baccalaureates-to-be
and we have to hound them all into some hole
in order to drive them out again later
when times improve. Unfortunately
good times (or bad) are in the freezer

né si vede chi voglia o possa trarnelo fuori.
Il pipistrello stride solo al crepuscolo
di ciò che un tempo si diceva il giorno
ma ormai non abbiamo più giornate,
siamo tutti una nera colata indivisibile
che potrebbe arrestarsi
o farsi scolatticio non si sa
con vantaggio di chi.

La verità

La verità è nei rosicchiamenti
delle tarme e dei topi,
nella polvere ch'esce da cassettoni ammuffiti
e nelle croste dei 'grana' stagionati.
La verità è la sedimentazione, il ristagno,
non la logorrea schifa dei dialettici.
È una tela di ragno, può durare,
non distruggetela con la scopa.
È beffa di scoliasti l'idea che tutto si muova,
l'idea che dopo un prima viene un dopo
fa acqua da tutte le parti. Salutiamo
gli inetti che non s'imbarcano. Si starà meglio
senza di loro, si starà anche peggio
ma si tirerà il fiato.

Nel disumano

Non è piacevole
saperti sottoterra anche se il luogo
può somigliare a un'Isola dei Morti
con un sospetto di Rinascimento.
Non è piacevole a pensarsi ma
il peggio è nel vedere. Qualche cipresso,
tombe di second'ordine con fiori finti,

and there's no one in sight who would or could
remove them. The bat shrills
only in that twilight we once called day,
but now we no longer have days,
we're all one black, indivisible, metallic
stream that might stop or harden into slag
to whose advantage no one knows.

Truth

Truth is in the gnawing and nibbling
of moths and mice,
in powder wafting from moldy drawers,
and the crusts of agèd Parmesan.
Truth is sedimentation, stagnation,
not the loathsome logorrhea of dialectics.
A spider-web, woven to endure,
don't wreck it with your broom.
The idea that everything moves
is a scholiast's scam, the idea that an after follows
a before is shipping water on all sides. Let's salute
the bumblers who don't embark. We'll be better off
without them, we could even be worse,
but at least we'll breathe.

In the Non-Human

It's unpleasant
knowing you're underground even though the place
is like an Isle of the Dead
with a Renaissance touch.
An unpleasant thought
but a worse spectacle. A few cypresses,
second-rate tombs with plastic flowers,

fuori un po' di parcheggio per improbabili
automezzi. Ma so che questi morti
abitavano qui a due passi, tu
sei stata un'eccezione. Mi fa orrore
che quello ch'è lì dentro, quattro ossa
e un paio di gingilli, fu creduto il tutto
di te e magari lo era, atroce a dirsi.
Forse partendo in fretta hai creduto
che chi si muove prima trova il posto migliore.
Ma quale posto e dove? Si continua
a pensare con teste umane quando si entra
nel disumano.

Gli animali

Gli animali di specie più rara
prossima a estinguersi
destano costernazione
in chi sospetta che il loro Padre ne abbia
perduto lo stampino.

Non è che tutti siano stati vittime
degli uomini e dei climi
o di un artifice divino.
Chi li ha creati li ha creduti inutili
al più infelice dei suoi prodotti: noi.

L'obbrobrio

Non fatemi discendere amici cari
fino all'ultimo gradino
della poesia sociale.
Se l'uno è poca cosa il collettivo
è appena frantumazione
e polvere, niente di più.

a small parking space outside for improbable
buses. But I know that these dead
lived in the neighborhood; you were
the exception. I'm appalled
that what's inside there, a few bones
and a couple of trinkets, was thought to be
all of you and, cruel to say, maybe was.
Perhaps you left in haste, thinking
that first comers get the best places.
But what place and where? We go on thinking
human thoughts even when we enter
the non-human.

Animals

Animals of the rarest species
closest to extinction
arouse dismay
in those who suspect that their Father
may have lost the mold.

It's not that they're all victims
of man and climate
or a divine artisan.
Their creator considered them useless
to his most unhappy product: us.

Opprobrium

Dear friends, don't make me descend
to the lowest rung of poetry
politically engaged.
If the individual is small,
the collective is only fragmentation
and dust, nothing more.

Se l'emittente non dà che borborigmi
che ne sarà dei recipienti? Solo
supporre che ne siano, immaginare
che il più contenga il meno, che un'accozzaglia
sia una totalità,
nulla di ciò fu creduto nei grandi secoli
che rimpiangiamo perché non ci siamo nati
e per nostra fortuna ci è impossibile
retrocedere.

Ribaltamento

La vasca è un grande cerchio, vi si vedono
ninfee e pesciolini rosa pallido.
Mi sporgo e vi cado dentro ma dà l'allarme
un bimbo della mia età.
Chissà se c'è ancora acqua. Curvo il braccio
e tocco il pavimento della mia stanza.

Quel che resta (se resta)

la vecchia serva analfabeta
e barbuta chissà dov'è sepolta
poteva leggere il mio nome e il suo
come ideogrammi
forse non poteva riconoscersi
neppure allo specchio
ma non mi perdeva d'occhio
della vita non sapendone nulla
ne sapeva più di noi
nella vita quello che si acquista
da una parte si perde dall'altra
chissà perché la ricordo
più di tutto e di tutti
se entrasse ora nella mia stanza
avrebbe centotrent'anni e griderei di spavento.

If emitters emit borborygms only,
what will recipients receive? Assuming
that recipients exist, the belief
that the most contains the least,
that a miscellany is a totality—
none of which was believed in the great centuries
which we mourn, not having been born in them
and, luckily for us, return to which
is not an option.

Capsizing

The pool is a big circle in which I see
plants and little pale pink fish.
I reach out and fall in but a boy
of my own age shouts for help. Who knows
if the pool even holds water. I crook
my arm and touch my bedroom floor.

What Remains (If Anything)

The old maidservant illiterate and bearded
buried who knows where
could read her name and mine
as ideograms
maybe she couldn't recognize herself
not even in the mirror
but she never lost sight of me
and knowing nothing of life
knew more than we
that what's acquired in life
on the one hand we lose on the other
who knows why I remember her
more than anything or anyone
if she came into my room now she'd be
a hundred and thirty and I'd holler in fright.

La poesia

(In Italia)

Dagli albori del secolo si discute
se la poesia sia dentro o fuori.
Dapprima vinse il dentro, poi contrattaccò duramente
il fuori e dopo anni si addivenne a un forfait
che non potrà durare perché il fuori
è armato fino ai denti.

Un sogno, uno dei tanti

Il sogno che si ripete è che non ricordo più
il mio indirizzo e corro per rincasare
È notte, la valigia che porto è pesante
e mi cammina accanto un Arturo
molto introdotto in ville di famose lesbiane
e anche lui reputato per i tanti suoi meriti
Vorrebbe certo soccorrermi in tale congiuntura
ma mi fa anche notare che non ha tempo da perdere
Egli abita a sinistra io tiro per la destra
ma non so se sia giusta la strada il numero la città
Anche il mio nome m'è dubbio, quello di chi attualmente
mi ospita padre fratello parente più o meno lontano
mi frulla vorticoso nella mente, vi si affaccia persino
un tavolo una poltrona una barba di antenato
l'intera collezione di un'orrenda rivista teatrale
le dieci o dodici rampe di scale dove una zia d'acquisto
fu alzata tra le braccia di un cattivo tenore
e giurò da quel giorno che gli ascensori erano inutili
a donne del suo rango e delle sue forme
(invero spaventevoli) tutto mi è vivo e presente
fuorché la porta a cui potrò bussare
senza sentirmi dire vada a farsi f-
Forse potrei tentare da un apposito chiosco
un telefonico approccio ma dove trovare il gettone
e a quale numero poi? mentre che Arturo si scusa
e dice che di troppo si è allontanato dalla

Poetry

(in Italy)

Since the dawn of the century
we've argued whether poetry is inward or outward.
At first inward triumphed, then outward
counter-attacked fiercely, and years later
they struck a truce which won't last long since outward
is armed to the teeth.

A Dream, One of Many

A recurrent dream: I no longer remember
my address and I'm hurrying home
It's night, the suitcase I'm carrying is heavy
and a certain Arthur very popular in the villas
of famous Lesbians and also noted for his
many virtues is walking beside me
He'd like of course to help me in my predicament
but lets me know he has no time to waste
He lives on the left I'm heading right
but I don't know if it's the right street number city
And I'm unsure of my own name, the name of the man
I'm staying with host father brother or more or less
distant relative all whirling crazily in my mind there's
a table easychair ancestor's beard
the complete set of a dreadful theatrical journal
ten or twelve flights of stairs where an acquired aunt
was supported by the arms of a bad tenor
and swore from that day on that elevators were no good
to women of her station and dimensions
(truly terrifying) everything's alive and present
for me except for the door where I'll knock
without hearing someone telling me to fuck off
Maybe I could make a telephonic approach
from the payphone nearby but where can I find a coin
and what's the number? while Arthur makes excuses
and says he's come too far from his own Via Pellegrino

sua via del Pellegrino di cui beato lui ha ricordo
Lo strano è che in tali frangenti non mi dico mai
come il vecchio profeta Enrico lo Spaventacchio
che il legno del mio rocchetto mostra il bianco
e non avranno senso i miei guai anagrafici e residenziali
Mi seggo su un paracarro o sulla pesante valigia
in attesa che si apra nel buio una porticina
e che una voce mi dica entri pure si paga anticipato
troverà la latrina nel ballatoio al terzo piano
svolti a destra poi giri a sinistra Ma di qui
comincia appena il risveglio

Scomparsa delle strigi

Un figlio di Minerva
ancora inetto al volo si arruffava
sul cornicione
Poi cadde nel cortile Ci mettemmo
in cerca di becchime ma inutilmente
Occorrevano vermi non sementi
Eravamo sospesi
tra pietà e ammirazione
Ci guardava con grandi occhi incredibili
Poi restò una pallottola di piume
e nient'altro
Un povero orfanello disse uno
Noi l'abbiamo scampata
se con vantaggio o no è da vedere

Le prove generali

Qualche poeta ha voluto
praticando le prove respiratorie
di una sapienza indiana multimillenaria

which lucky guy he remembers The odd thing's
that in crises like this I never tell myself
like the old prophet Enrico the Scarecrow
that the wood of my spool is showing white
and my residential and registrational troubles
won't make sense I sit down on a cement post
or the heavy suitcase waiting for a door to open
in the darkness and a voice that tells me
come on in the rent is prepaid
the john's on the third floor corridor
turn right then left But at this point
I'm just beginning to wake

Disappearance of Screech-Owls

One of Minerva's sons
still a novice at flight was ruffling
his feathers on the cornice
Then fell into the courtyard We set out
in quest of birdseed but that wouldn't do
Worms were needed not seeds
We were torn
between admiration and pity
He looked at us with unbelievably big eyes
Then he turned into a fluffy ball of feathers
nothing more
Poor little orphan somebody said
We'd saved him
whether for him that's better or worse
we'll see

General Proofs

By practicing the breathing exercises
of multimillenial Indian wisdom
some poet tried to procure

procurarsi uno stato di vitamorte
che parrebbe la prova generale
di ciò che sarebbe di noi quando cadrà la tela.
Le prove generali sono la parodia
dell'intero spettacolo se mai dovremo
vederne alcuno prima di sparire
nel più profondo nulla. A meno che
le idee di tutto e nulla, di io e di non io
non siano che bagagli da buttarsi via
(ma senza urgenza!) quando sia possibile
(augurabile mai) di rinunziarvi.
Pure rendiamo omaggio ai nuovi Guru
anche se dal futuro ci divide
un filo ch'è un abisso e non vogliamo
che la conocchia si assottigli troppo . . .

Senza pericolo

Il filosofo interdisciplinare
è quel tale che ama *se vautrer*
(vuol dire stravaccarsi) nel più fetido
lerciume consumistico. E il peggio è
che lo fa con suprema voluttà
e ovviamente dall'alto di una cattedra
già da lui disprezzata.
                        Non s'era visto mai
che un naufrago incapace di nuotare
delirasse di gioia mentre la nave
colava a picco. Ma non c'è pericolo
per gli uomini pneumatici e lui lo sa.

Quella del faro

Suppongo che tu sia passata
senza lasciare tracce. Sono certo
che il tuo nome era scritto altrove, non so dove.

a state of life-in-death
which would seem to be the general proof
of what we'll be when the curtain falls.
General proofs are the parody
of the whole show, if we ever
get to watch it before we vanish
into deepest nothingness. Unless ideas
of everything and nothing, of I and not-I
are merely baggage to be junked
(but there's no rush) whenever it's possible
(with luck never) to renounce them.
Still, let's pay our homage to the new Gurus
even though we're divided from the future
by a thread which is an abyss and we don't want it
paying out too fast . . .

Without Danger

The interdisciplinary philosopher
is the sort who loves *se vautrer*
(i.e. to wallow) in the rankest
consumer sordor. And the worst of it
is that he does so with supreme pleasure
and plainly from the height of a chair
he has long despised.
                              Spectacle never seen—
a shipwrecked man unable to swim
in an ecstasy of joy while his ship
founders. But there's no danger
for pneumatic men, and he knows it.

The Woman of the Lighthouse

I suppose you passed on
without a trace. I'm sure
your name was written elsewhere, who knows where.

È un segno di elezione, il più ambito
e il più sicuro, il meno intelligibile
da chi ha in tasca un brevetto a garanzia
di 'un posto al mondo' (che farebbe ridere
anche te dove sei, se ancora sei).

Dall'altra sponda

Sebbene illetterata fu per noi
una piuma dell'aquila bicefala
questa Gerti che ormai si rifà viva
ogni morte di papa.
Un pezzo di cultura? Un'ascendenza
o solo fumo e cenere?
                    Interrogata
si dichiarò in maiuscolo ANTENATA.
Ma come la mettiamo se al tempo degli oroscopi
parve del tutto implume?

L'immane farsa umana
(non mancheranno ragioni per occuparsi
del suo risvolto tragico)
non è affar mio. Pertanto
mi sono rifugiato nella zona intermedia
che può chiamarsi inedia accidia o altro.
Si dirà: sei colui che cadde dal predellino
e disse poco male tanto dovevo scendere.
Ma non è così facile distinguere
discesa da caduta, cattiva sorte o mala.
Ho tentato più volte di far nascere
figure umane angeli salvifici
anche se provvisori; e se uno falliva

It's a sign of election, the most coveted
and the safest, the least understood
by those with patents in their pockets
guaranteeing them "a place in the world"
(which would make even you laugh
wherever you are, if you still are).

From the Other Shore

Although illiterate this Gerti
who shows up once in a blue moon
and now returns to life, we regarded
as a feather of the two-headed eagle.
High culture? Nobility
or merely smoke and ashes?
                              Quizzed
she declared in caps ANCESTRESS.
But how then that when her horoscope was cast
she seemed completely featherless?

The monstrous human farce
(reasons galore for dealing
with its tragic aspect) is none
of my business. So I've taken refuge
in that intermediate zone
which might be called boredom, sloth,
or something else. I'll be told:
you're someone who fell from your high-chair
and said I'm OK, had to get down anyway.
But it's not so easy distinguishing between
getting down and falling, mischance
and disaster. I've tried repeatedly to create
human figures saving angels if only
provisionally; and if one failed

né si reggeva più sul piedistallo
pronta e immancabile anche la sostituta
adusata alla parte per vocazione innata
di essere il *doppio* sempre pronto al decollo
alle prime avvisaglie e a volte tale
da onnubilare dell'originale
volto falcata riso pianto tutto
ciò che conviene al calco più perfetto
di chi sembrò vivente e fu nessuno.

La vita oscilla
tra il sublime e l'immondo
con qualche propensione
per il secondo.
Ne sapremo di più
dopo le ultime elezioni
che si terranno lassù
o laggiù o in nessun luogo
perché siamo già eletti
tutti quanti
e chi non lo fu
sta assai meglio quaggiù
e quando se ne accorge
è troppo tardi
les jeux sont faits
dice il croupier per l'ultima volta
e il suo cucchiaione
spazza le carte.

or could no longer stand on her pedestal
with a substitute ready and willing
familiar with the role by innate vocation
of being the *double* always ready for takeoff
for the first skirmishes and at times
able to obnubilate the original's face
walk laughter tears everything
adapted to the truly perfect wax impression
of a man who seemed alive and was nobody.

Life wavers
between the sublime and the obscene
with a certain propensity
for the latter.
We'll know more about it
after the last elections
they're scheduled up there
or down here or nowhere
because we're already elected
all of us
and the man who wasn't chosen
is far better off down here
and when he realizes this
it's already too late
les jeux sont faits
says the croupier for the last time
and rakes in the cards.

Fine di settembre

Il canto del rigògolo
è un suono d'ordinaria amministrazione
Non fa pensare al canto degli altri uccelli
Sto qui in una mezz'ombra Per alzare la tenda
si tira una funicella Ma oggi è troppa fatica
anche questo È tempo di siccità
universale, le rondini inferocite
sono pericolose Così vocifera
la radio delle vicine allevatrici di gatti
e pappagalli Di fuori sfrecciano macchine
ma non fanno rumore, solo un ronzìo un sottofondo
al martellìo vocale del rigògolo
Molta gente dev'essere sulla spiaggia
in quest'ultimo ponte di fine settimana
Se tiro la funicella eccola là
formicolante in prospettiva Quanto tempo è passato
da quando mi attendevo colpi di scena
resurrezioni e miracoli a ogni giro di sole
Sapevo bene che il tempo era veloce
ma era una nozione scritta nei libri
Sotto lo scorrimento temporale
era la stasi che vinceva il giuoco
era un'infinitudine popolata
ricca di sé, non di uomini, divina
perché il divino non è mai parcellare
Solo ora comprendo che il tempo è duro, metallico
è un'incudine che sprizza le sue scintille
su noi povere anime ma svolge il suo lavoro
con un'orrenda indifferenza a volte
un po' beffarda come ora il canto
del rigògolo il solo dei piumati
che sa farsi ascoltare in giorni come questi

End of September

The song of the golden oriole
is an everyday sort of sound. It doesn't
remind you of the songs of other birds
I'm here in half-shade You raise the blinds
by pulling a cord But today even that's
an effort It's the age of universal
drought, the swallows are ferocious
and dangerous So bellows the radio
of the neighboring breeders of cats
and parrots Outdoors cars whiz by
but silently, only a humming undertone
to the vocal hammering of the oriole
The beach must be crowded
on the last day of the long weekend
When I pull the cord it comes
swarming into view How long ago
I expected stunning theatrical coups
resurrections and miracles with every passing
day I knew very well that time was swift
but the notion was bookish
Under the sliding stream of time
non-movement won the match
it was a populous infinitude
rich in itself, not in men, divine
since the divine is never particular
Only now do I understand that time is hard,
metallic, an anvil that showers sparks on us poor souls
but does its job with dreadful indifference at times
somewhat mockingly like now the song
of the oriole the only feathered thing
who gets a hearing on days like these

Non è ancora provato che i morti
vogliano resuscitare.
A volte li sentiamo accanto a noi
perché questa è la loro eredità.
Non è gran cosa, un gesto una parola
eppure non spiega nulla
dire che sono scherzi della memoria.
La nostra testa è labile, non può contenere
molto di ciò che fu, di ciò che è o che sarà;
la nostra testa è debole, fa un'immane fatica
per catturare il più e il meglio di un ectoplasma
che fu chiamato vita e che per ora
non ha un nome migliore.

Sulla spiaggia

Un punto bianco in fuga
sul filo dell'orizzonte.
Un trimarano forse o altra simile zattera.
Un passo avanti nell'arte di tali barchi,
e indubbiamente anche un passo addietro.
È il passo che più affascina certi linguisti pazzi.
Si volle ridiscendere fino al secolo d'oro,
al Trecento, al Cavalca, chi più se ne ricorda.
Lo voleva un abate, commenta un bagnante erudito,
tale che restò a mezza via anche nell'iter ecclesiale.
Abate, solo abate e anche un po' giacobino.
I primi goccioloni bucano la sabbia.
Bisognerà mettere al riparo
i pattini, i gommoni, chiudere gli ombrelloni.
L'erudito bagnante si accomiata
preannunziando ulteriori noiosissime chiose.

There's still no proof that the dead
desire to return to life.
At times we feel them close to us
since this nearness is their heredity.
It's nothing much, a gesture a word,
but to say that memory plays tricks
explains nothing. Our minds
are weak, they can't contain
much of what was, is, or will be;
our minds aren't strong, they make an immense effort
to capture the most and best of an ectoplasm
once called life, which for now
has no better name.

On the Beach

A white point in flight
on the horizon's rim.
A trimaran or some such barge.
A forward step in the building of such boats,
and doubtless a step backward too.
That's the step that most fascinates certain mad linguists.
They wanted to return to the golden age,
to the fourteenth century, to Cavalca (who now
remembers him?). An abbot wanted the same thing,
remarks a learned swimmer, wanted it so badly
that he managed to do only half the iter ecclesiale.
An abbot, only an abbot, a bit of a Jacobin too.
The first big drops of rain are pocking the sand.
They'll have to put away the rubber floats,
the shuffleboard disks, and fold the umbrellas.
The learned swimmer takes his leave,
promising further pedantic commentary.

È un fuggi fuggi, il cielo è oscuro ma
la tempesta rinvia il suo precoce sforzo.
Resta il catamarano (?) solo uccello di mare
nel quasi totale deficit dei cormorani.

Si aprono venature pericolose
sulla crosta del mondo
è questione di anni o di secoli
e non riguarda solo la California
(ciò che ci parrebbe il minore dei guai
perché il male degli altri non ci interessa)
e noi qui stiamo poveri dementi
a parlare del cumulo dei redditi,
del compromesso storico e di altre
indegne fanfaluche. Eppure a scuola
ci avevano insegnato che il reale
e il razionale sono le due facce
della stessa medaglia!

Ci si rivede mi disse qualcuno
prima d'infilarsi nell'aldilà.
Ma di costui non rammento niente
che faccia riconoscerne l'identità.
Laggiù/lassù non ci saranno tessere
di riconoscimento, non discorsi opinioni
appuntamenti o altrettali futilità.
Lassù/laggiù nemmeno troveremo
il Nulla e non è poco. Non avremo
né l'etere né il fuoco.

It's a wild stampede, the sky's black
but the storm defers its projected assault.
The only seabird left in the nearly total
absence of cormorants is the catamaran (?).

Dangerous faults are gaping
in the earth's crust
a matter of years or centuries
and affecting not only California
(which would seem to be the least
of our problems since the misfortunes
of others don't interest us)
and look at us poor fatheads
babbling about joint incomes,
the historic compromise and other
fatuous trivia. And yet at school
they taught us that the rational
and the real were two sides
of the same coin!

Someone told me that we'd meet again
before slipping into the hereafter.
But I remember nothing
that would help me recognize him.
Down here/up there there'll be
no I.D.'s, no speeches opinions
appointments or such-like inanities.
Up there/down here we won't find
even Nothingness, and that's something.
We'll have neither ether nor fire.

Al mare (o quasi)

L'ultima cicala stride
sulla scorza gialla dell'eucalipto
i bambini raccolgono pinòli
indispensabili per la galantina
un cane alano urla dall'inferriata
di una villa ormai disabitata
le ville furono costruite dai padri
ma i figli non le hanno volute
ci sarebbe spazio per centomila terremotati
di qui non si vede nemmeno la proda
se può chiamarsi così quell'ottanta per cento
ceduta in uso ai bagnini
e sarebbe eccessivo pretendervi
una pace alcionica
il mare è d'altronde infestato
mentre i rifiuti in totale
formano ondulate collinette plastiche
esaurite le siepi hanno avuto lo sfratto
i deliziosi figli della ruggine
gli scriccioli o reatini come spesso
li citano i poeti E c'è anche qualche boccio
di magnolia l'etichetta di un pediatra
ma qui i bambini volano in bicicletta
e non hanno bisogno delle sue cure
Chi vuole respirare a grandi zaffate
la musa del nostro tempo la precarietà
può passare di qui senza affrettarsi
è il colpo secco quello che fa orrore
non già l'evanescenza il dolce afflato del nulla
Hic manebimus se vi piace non proprio
ottimamente ma il meglio sarebbe troppo simile
alla morte (e questa piace solo ai giovani)

At the Seashore (Or Nearly)

The last cicada screaks
on the eucalyptus' yellow bark
kids are gathering pignoli
essential to the aspic
a bulldog barks behind the iron grille
of a villa uninhabited now
villas were built by the fathers
but their children didn't want them
there'd be room for a hundred thousand earthquake victims
from here you can't even see the beach
if that's what it is eighty-percent
leased out as bathing booths
and halcyon peace
would be too much to expect
in any case the sea is polluted
while the huge mass of litter
makes wavy hillocks of plastic
shriveled hedges evict
the wrens "exquisite children of rust"
as poets often call them
And also a few magnolia buds
a pediatrician's card but here the kids
whiz by on bicycles
with no need for his remedies
Those who like filling their lungs
and breathing in precariousness the muse of our age
can pass this way without rushing on
it's the sharp blow that terrifies
not evanescence the sweet afflatus of nothingness
Hic manebimus if you like not exactly
perfectly but the best would be too much like
death (which only the young relish)

Il Creatore fu increato e questo
non mi tormenta. Se così non fosse
saremmo tutti ai suoi piedi
(si fa per dire)
infelici e adoranti.

C'è un solo mondo abitato
da uomini
e questo è più che certo
un solo mondo, un globo in cui la caccia all'uomo
è lo sport in cui tutti sono d'accordo.
Non può essere un puro
fatto di malvagità
o il desiderio impellente
che infine il sole si spenga.
Ci sarà altro, ci sarà un perché
ma su questo gli dèi sono discordi.
Solo per questo hanno inventato il tempo,
lo spazio e una manciata di viventi.
Hanno bisogno di pensarci su
perché se un accordo ci fosse
del loro crepuscolo non si parlerebbe più
e allora
poveri uomini senza dèi né demoni,
l'ultima, la peggiore delle infamie.

The Creator was uncreated and this
doesn't bug me. If it were otherwise
we'd all be at his feet
(so to speak)
unhappy and adoring.

There's only one world inhabited
by men
and more than certainly
only one world, a globe in which manhunting
is the sport on which everyone agrees.
It can't be a pure
case of wickedness
or the compelling desire
that the sun at last should die.
There'll be another factor, there'll be a why
but on this the gods are not agreed.
They invented time, space and a handful
of living things expressly for this very reason.
They need to give this matter thought
since if they agreed
there'd be no more talk of their twilight
and then—
poor men, without gods or demons,
the last, the worst insult of all.

Aspasia

A tarda notte gli uomini
entravano nella sua stanza
dalla finestra. Si era a pianterreno.
L'avevo chiamata Aspasia e n'era contenta.
Poi ci lasciò. Fu barista, parrucchiera e altro.
Raramente accadeva d'incontrarla.
Chiamavo allora Aspasia! a gran voce
e lei senza fermarsi sorrideva.
Eravamo coetanei, sarà morta da un pezzo.
Quando entrerò nell'inferno, quasi per abitudine
griderò Aspasia alla prima ombra che sorrida.
Lei tirerà di lungo naturalmente. Mai
sapremo chi fu e chi non fu
quella farfalla che aveva appena un nome
scelto da me.

Una lettera che non fu spedita

Consenti mia dilettissima che si commendi
seppure con un lasso di più lustri
il mirifico lauro da te raccolto,
uno scavo di talpa neppure sospettabile
in chi era e sarà folgorata dal sole. Non importa
né a te né a me se accada che il tuo nome
resti nell'ombra. Il mondo può resistere
senza sfasciarsi solo se taluno
mantenga la promessa che gli estorse
con sorrisi e blandizie il Nume incognito
per cui vale la pena di vivere e morire.
Finito il turno si vedrà chi fosse
il vivente e chi il morto. Solo per questo
si può durare anche chiudendo gli occhi
per non vedere.

Aspasia

Late at night
men entered her ground-floor
room via the window.
I'd named her Aspasia, which she liked.
Then she left us. She was a waitress, a hairdresser,
and other things. I ran into her only seldom.
When I did I yelled out Aspasia!
and, without stopping, she smiled.
We were the same age, she'll have died years ago.
When I enter hell, almost from habit
I'll shout Aspasia! at the first ghost who smiles.
She'll keep on walking of course. We'll never know
who she was and who she wasn't—
that butterfly who had little more than a name
I chose to give her.

A Letter Never Posted

After a lapse of many lustrums
allow me my darling to commend
the wondrous laurel plucked by you,
a mole-like burrowing not to be suspected
in one whom the sun consumed
and will again consume. To you and me
it makes no difference that your name
remain in darkness. The world will survive
collapse only if someone keeps
the promise which the unknown Power—
for whom it's worth the pain of living and dying—
extorted from her with smiles and suasion.
Once our turn is done, we'll see
who the living were and who the dead. Only
for this sight can we endure even
as we close our eyes to keep from seeing.

Si risolve ben poco
con la mitraglia e col nerbo.
L'ipotesi che tutto sia un bisticcio,
uno scambio di sillabe è la più attendibile.
Non per nulla in principio era il Verbo.

Torpore primaverile

È tempo di rapimenti
si raccomanda di non uscire soli
le più pericolose sono le ore serali
ma evitate le diurne questo va da sé
i maestri di judo e di karaté
sono al settimo cielo
i sarti fanno gilets
a prova di pistola
i genitori dei figli vanno a scuola
i figli dei genitori ne fanno a meno
la nostra civiltà batte il suo pieno
scusate il francesismo rotte le museruole
le lingue sono sciolte non hanno freno.

Proteggetemi
custodi miei silenziosi
perché il sole si raffredda
e l'ultima foglia dell'alloro
era polverosa
e non servì nemmeno per la casseruola
dell'arrosto—
proteggetemi da questa pellicola

Very little is resolved
with machine-gun and whip.
The assumption that everything's a pun,
a syllabic confusion, is the most plausible.
Not for nothing in the beginning was the Word.

Springtime Torpor

It's kidnapping time
we're advised not to venture out alone
evening hours are the riskiest
but of course avoid daylight too
teachers of judo and karate
are in seventh heaven
tailors are making
bullet-proof vests
kids' parents go to school
parents' kids do without
our civilization *bat son plein*
forgive my Gallicism tongues flapping
from broken jaws can't be stopped.

Protect me
my silent guardians
the sun is getting cold
and the last leaf of laurel
was too dusty useless
even for the pot-roast—
protect me from this
two-bit film

da quattro soldi
che continua a svolgersi
davanti a me
e pretende di coinvolgermi
come attore o comparsa
non prevista dal copione—
proteggetemi persino
dalla vostra presenza
quasi sempre inutile
e intempestiva
proteggetemi
dalle vostre spaventose assenze—
dal vuoto che create
attorno a me
proteggetemi dalle Muse
che vidi appollaiate
o anche dimezzate a mezzo busto
per nascondersi meglio
dal mio passo di fantasma—
proteggetemi o meglio ancora
ignoratemi
quando entrerò nel loculo
che ho già pagato da anni—
proteggetemi dalla fama/farsa
che mi ha introdotto nel Larousse illustrato
per scancellarmi poi
dalla nuova edizione—
proteggetemi
da chi impetra la vostra permanenza
attorno al mio catafalco—
proteggetemi con la vostra dimenticanza
se questo può servire a tenermi in piedi
poveri lari sempre chiusi nella vostra
dubbiosa identità—
proteggetemi senza che alcuno
ne sia informato
perché il sole si raffredda e chi lo sa
malvagiamente se ne rallegra
o miei piccoli numi

being projected non-stop
before my eyes
which presumes to involve me
as an actor or extra
unforeseen by the script—
protect me even
from your own presence
almost always useless
and untimely
protect me
from your frightening absences—
from the void you create
around me
protect me from the Muses
I saw roosting
or shrunk to half-busts
so they could better hide
from my spectral step—
protect me or better yet
ignore me
when they put me in the grave
I've been purchasing for years—
protect me from the fame/farce
that got me into the illustrated Larousse
only to be evicted
from the latest edition—
protect me
from those who implore your residence
around my catafalque—
protect me with your oblivion
if that would prevent me from falling
poor household gods sealed always in your
dubious identity—
protect me without anyone's
knowing about it
since the sun is getting cold
and those who know it
are malevolently pleased
o my little gods

divinità di terz'ordine scacciate
dall'etere.

Hamburger steak

Il tritacarne è già in atto ha blaterato
l'escatologo in furia; e poi a mezza voce
quasi per consolarci: speriamo che il suo taglio
non sia troppo affilato.

I poeti defunti dormono tranquilli
sotto i loro epitaffi
e hanno solo un sussulto d'indignazione
qualora un inutile scriba ricordi il loro nome.
Così accade anche ai fiori gettati nel pattume
se mai per avventura taluno li raccatti.
Erano in viaggio verso la loro madre
ora verso nessuno o verso un mazzo
legato da uno spago o da una carta argentata
e il cestino da presso senza nemmeno la gioia
di un bambino o di un pazzo.

Per finire

In qualche parte del mondo
c'è chi mi ha chiesto un dito
e non l'ho mai saputo. La distanza
di quanto più s'accorcia di tanto si allontana.

third-rate divinities hounded
from the ether!

Hamburger

The meat-grinder's grinding away jabbered
the eschatologist in a rage; then, more softly,
as though to comfort us: let's hope the blades
aren't too sharp.

Dead poets rest in peace
beneath their epitaphs
but twitch indignantly
when a fatuous scribe recalls their name.
It's the same with flowers thrown in the trash
when someone chances to pick them up.
They were on their way to their mother
but now to nobody or to a bouquet
fastened with string or silver foil, and then
to the waiting garbage, and the joy
of nary a child or madman.

To Finish

Somewhere in the world
is someone who asked me for an inch
and I never knew it. The shorter
the distance the farther away it gets.

Dormiveglia

Il sonno tarda a venire
poi mi raggiungerà senza preavviso.
Fuori deve accadere qualche cosa
per dimostrarmi che il mondo esiste e che
i sedicenti vivi non sono tutti morti.
Gli acculturati i poeti i pazzi
le macchine gli affari le opinioni
quale nauseabonda olla podrida!
E io lì dentro incrostato fino ai capelli!
Stavolta la pietà vince sul riso.

I ripostigli

Non so dove io abbia nascosto la tua fotografia.
Fosse saltata fuori sarebbe stato un guaio.
Allora credevo che solo le donne avessero un'anima
e solo se erano belle, per gli uomini un vuoto assoluto.
Per tutti . . . oppure facevo un'eccezione per me?
Forse era vero a metà, ero un accendino
a corto di benzina. A volte qualche scintilla
ma era questione di un attimo.
L'istantanea non era di grande pregio:
un volto in primo piano, un arruffio di capelli.
Non si è saputo più nulla di te e neppure ho chiesto
possibili improbabili informazioni.
Oggi esiste soltanto il multiplo, il carnaio.
Se vale il termitaio che senso ha la termite.
Ma intanto restava una nube, quella dei tuoi capelli
e quegli occhi innocenti che contenevano tutto
e anche di più, quello che non sapremo mai
noi uomini forniti di briquet,
di lumi no.

Drowsing

Sleep comes slowly
then arrives without warning.
Something must have happened outside
to show me that the world exists,
that those we call the living aren't all dead.
Educated men poets lunatics
machines business opinions
what a sickening stew! And here
I am inside it, crap to my eyeballs!
This time pity prevails over laughter.

Hidingplaces

I don't know where I hid
your photograph. Had it turned up
it would have been a problem. At that time
I believed that only women had souls
and then only if they were beautiful,
for men a total blank.
For all men . . . or did I make an exception
of myself? Maybe it was half-true,
I was a lighter low on fluid. At times
a few sparks but only for a second.
The snapshot was no masterpiece:
a close-up of your face, a tangle of hair.
Of you I knew nothing more and I didn't even ask
for possible improbable information.
Nothing exists nowadays but the multiple,
the massacre. If it's the termitary that matters,
what's the meaning of the termite?
But meanwhile a cloud remained—your hair
and those innocent eyes that held everything
and something else too, something we'll never know
we men furnished with lighters
but no light.

Oltre il breve recinto di fildiferro
di uno di quei caselli ferroviari
dove fermano solo treni merci,
nello spazio in cui possono convivere
rosolacci e lattuga
c'era anche un pappagallo sul suo trespolo
e parlava parlava . . . ma dal mio omnibus
il tempo di ascoltarlo mi mancava.
Non è un ricordo di ieri, è di gioventù.
Mezzo secolo e più, ma non basta, non basta . . .

Dopo i filosofi dell'omogeneo
vennero quelli dell'eterogeneo.
Comprendere la vita
lo potevano solo i pazzi
ma a lampi e sprazzi
e ora non c'è più spazio
per la specola.
Solo qualche nubecola
qua e là
ma Dio ci guardi
anche da questa.

Locuta Lutetia

Se il mondo va alla malora
non è solo colpa degli uomini
Così diceva una svampita

Beyond the little wrought-iron fence
that encloses one of those railway houses
where only freight-trains stop
where poppies and lettuce
can live together
there was a parrot on a trestle too
who talked and talked . . . but my bus
left me no time to listen.
Not a recent memory, but one from my youth.
Half a century ago and more, but
not time enough, not enough . . .

After the philosophers of the homogeneous
came those of the heterogeneous.
Only lunatics
could understand life
but by glints and flashes
and now there's no more room
for the observatory.
Nothing but a few clouds
here and there
but God save us
from them too.

Locuta Lutetia

If the world is going to pot
it's not the fault of men only
So said a frail old lady

pipando una granita col chalumeau
al Café de Paris

Non so chi fosse A volte il Genio è quasi
una cosa da nulla, un colpo di tosse

Lungolago

Campione

Il piccolo falco pescatore
sfrecciò e finì in un vaso di terracotta
fra i tanti di un muretto del lungolago.
Nascosto nei garofani era visibile
quel poco da non rendere impossibile
un dialogo.
Sei l'ultimo esemplare di una specie
che io credevo estinta, così dissi.
Ma la sovrabbondanza di voi uomini
sortirà eguale effetto mi fu risposto.
Ora apprendo osservai che si è troppi o nessuno.
Col privilegio vostro disse il falchetto
che qualcuno di voi vedrà il balletto finale.
A meno ribattei che tempo e spazio, fine
e principio non siano invenzioni umane
mentre tu col tuo becco hai divorato il Tutto.
Addio uomo, addio falco dimentica la tua pesca.
E tu scorda la tua senza becco e senz'ali,
omiciattolo, ometto.
                    E il furfante dispare in un alone
di porpora e di ruggine.

Un errore

Inevitabilmente
diranno che qui parla un radoteur
come si misurasse col calendario

sipping a granita through a straw
at the Café de Paris

Who she was I don't know Sometimes Genius
is almost nothing, a spasm of coughing

Lakeside

Campione

The little fishhawk darted,
ending up in one of the many terracotta
vases lining the wall on the lakeside drive.
Hidden among the carnations he was just visible
enough to make dialogue possible.
I said, You're the last
of a species I thought extinct.
But excessive numbers of you men,
he replied, will produce the same result.
I realize now, I observed, that we're either too many
or none. Because you're privileged, said the hawk
some of you will witness the last ballet.
Unless, I answered, time and space, beginning
and end are human inventions
while you with your beak have devoured Everything.
Farewell man, farewell hawk, forget your fishing.
And you, little man, homunculus without beak or feathers,
forget yours.
           And the scamp vanished in a halo
of purple and rust.

A Mistake

Inevitably
they'll say here speaks an old fogy
as though wisdom were measured

la saggezza.
Non esistono vite corte o lunghe
ma vite vere o vitemorte o simili.
Non sarò ripescato in qualche fiume
gonfio come una spugna. È un errore
che si paga.

Spenta l'identità
si può essere vivi
nella neutralità
della pigna svuotata dei pinòli
e ignara che l'attende il forno.
Attenderà forse giorno dopo giorno
senza sapere di essere se stessa.

I miraggi

Non sempre o quasi mai la nostra identità personale coincide
col tempo misurabile dagli strumenti che abbiamo.
La sala è grande, ha fregi e stucchi barocchi
e la vetrata di fondo rivela un biondo parco di Stiria,
con qualche nebbiolina che il sole dissolve.
L'interno è puro Vermeer più piccolo e più vero
del vero ma di uno smalto incorruttibile.
A sinistra una bimba vestita da paggio
tutta trine e ricami fino al ginocchio
sta giocando col suo adorato scimmiotto.
A destra la sorella di lei maggiore, Arabella,
consulta una cartomante color di fumo
che le svela il suo prossimo futuro.
Sta per giungere l'uomo di nobile prosapia,
l'invincibile eroe ch'ella attendeva.
È questione di poco, di minuti, di attimi,

by the calendar.
Lives are neither long nor short
but true lives or dead lives or some such thing.
I won't be fished up from some river
bloated like a sponge. It's a mistake
for which we pay.

Once identity is lost
we can be alive
in the neutrality
of a pinecone stripped of its nuts
and unaware of the waiting oven.
It will wait day after day perhaps
ignorant of being itself.

Mirages

Our personal identity not always but almost never
coincides with time as measured by our instruments.
The room is large, with baroque friezes and stuccos,
and the glass door at the end discloses a blond Styrian park
with a few wispy clouds dissolving in sunlight.
The interior is pure Vermeer, smaller and more real
than reality but of everlasting enamel.
On the left a young girl dressed as a page
all lace and embroidery down to her knees
is playing with her beloved monkey.
On the right her older sister, Arabella,
consults a ball of smoky crystal
which reveals her immediate future.
Soon the man of noble lineage, the invincible hero
she was waiting for, will arrive!
Soon, any minute now, any second,

presto si sentirà lo zoccolìo dei suoi cavalli
e poi qualcuno busserà alla porta . . .
                              ma
qui il mio occhio si stanca e si distoglie
dal buco della serratura. Ho visto già troppo
e il nastro temporale si ravvolge in se stesso.
Chi ha operato il miracolo è una spugna di birra,
o tale parve, e il suo sodale è l'ultimo
Cavaliere di grazia della Cristianità.

. . . .

ma ora
se mi rileggo penso che solo l'inidentità
regge il mondo, lo crea e lo distrugge
per poi rifarlo sempre più spettrale
e inconoscibile. Resta lo spiraglio
del quasi fotografico pittore ad ammonirci
che se qualcosa fu non c'è distanza
tra il millennio e l'istante, tra chi apparve
e non apparve, tra chi visse e chi
non giunse al fuoco del suo cannocchiale. È poco
e forse è tutto.

Morgana

Non so immaginare come la tua giovinezza
si sia prolungata
di tanto tempo (e quale!).
Mi avevano accusato
di abbandonare il branco
quasi ch'io mi sentissi
illustre, ex grege o che diavolo altro.
Invece avevo detto soltanto revenons
à nos moutons (non pecore però)
ma la torma pensò
che la sventura di appartenere a un multiplo

we'll hear the clatter of his horse's hooves,
then a knocking at the door . . .
                              but
here my eye wearies and looks away
from the keyhole. I've seen too much already
and the temporal tape is rewinding.
Whoever worked the miracle is a lush,
or seemed so, and his sidekick is the last
Cavalier of Christian grace.

. . . .

but now
on rereading I think that only non-identity
sustains the world, creates and destroys it
in order to remake it, always more spectral
and unknowable. The aperture of the almost
photographic painter remains, warning us
that if something existed there's no rift
between millennium and instant, between
the men who appeared and those who did not,
between the men who lived and the men who failed
to achieve telescopic focus. It's not much
and maybe it's everything.

Morgana

I can't imagine how your youth
was protracted for so long a time.
(And what a time it was!) They'd accused me
of abandoning the herd
quite as though I felt distinguished,
ex grege, or god knows what.
But all I said was *Revenons
à nos moutons* (not sheep, however)
but the flock believed
that the mischance of belonging to a multiple

fosse indizio di un'anima distorta
e di un cuore senza pietà.
Ahimè figlia adorata, vera mia
Regina della Notte, mia Cordelia,
mia Brunilde, mia rondine alle prime luci,
mia baby-sitter se il cervello vàgoli,
mia spada e scudo,
ahimè come si perdono le piste
tracciate al nostro passo
dai Mani che ci vegliarono, i più efferati
che mai fossero a guardia di due umani.
Hanno detto hanno scritto che ci mancò la fede.
Forse ne abbiamo avuto un surrogato.
La fede è un'altra. Così fu detto ma
non è detto che il detto sia sicuro.
Forse sarebbe bastata quella della Catastrofe,
ma non per te che uscivi per ritornarvi
dal grembo degli Dèi.

suggested a twisted soul
and a pitiless heart.
Alas, my adored daughter, my true
Queen of the Night, my Cordelia,
my Brunhilde, my daybreak swallow,
my baby-sitter should my brain wander,
my sword and shield,
alas, how they disappear,
the tracks traced for our feet
by the Manes who watched over us, the fiercest
who ever guarded two human beings.
They said, they wrote, that we lacked faith.
Maybe we had a substitute for it.
Faith is something else. So they said
but what's said isn't said for certain.
Faith in the Catastrophe would have sufficed,
but not for you who issued from the lap
of the Gods only to return whence you came.

Notes

The following notes are based in part upon Montale's own comments. Like every present and future translator of Montale, I am indebted to Rosanna Bettarini and Gianfranco Contini, the editors of E.M.'s complete poetic works, *Eugenio Montale / L'opera in versi* (Turin, 1980), which contains both variant drafts and E.M.'s notes to successive editions of the book as well as relevant correspondence, interviews, and essays. I have also cited passages bearing on E.M.'s individual and general poetic practice from the poet's critical essays, principally those gathered in *Sulla poesia* (Milan, 1976).

Interpretative studies of E.M.'s poetry have proliferated in recent years, not only in Italy but throughout Europe and America. No serious translator of the poetry can perform his task without consulting the better Italian critics, above all D'Arco Silvio Avalle, Gianfranco Contini, Marco Forti, Angelo Jacomuzzi, Silvio Ramat, Gilberto Lonardi, Romano Luperini, Vincenzo Mengaldo, Sergio Solmi, and Alvaro Valentini. And in the last decade a number of perceptive studies of E.M. have appeared in America and Britain. These have the merit of drawing upon the best Italian work and qualifying it significantly by the inevitable shift of national and critical focus, and are readily accessible to the reader without Italian. Those on whom I have relied most heavily, and whose work I have cited most frequently, even when I disagree, include:

Almansi, Guido, and Merry, Bruce. *Eugenio Montale / The Private Language of Poetry.* Edinburgh, Scotland, 1977.

Cambon, Glauco. *Eugenio Montale's Poetry / A Dream in Reason's Presence.* Princeton, N.J., 1982.

Cary, Joseph. *Three Modern Italian Poets / Saba, Ungaretti, Montale.* New York, N.Y., 1969; 2d edition, revised and enlarged, Chicago, 1993.

Huffman, Claire de C. L. *Montale and the Occasions of Poetry.* Princeton, N.J., 1983.

Pipa, Arshi. *Montale and Dante.* Minneapolis, 1968

West, Rebecca J. *Eugenio Montale / Poet on the Edge.* Cambridge, Mass., 1981.

I am also indebted to E.M.'s French translator, Patrice Angelini. Even while I often differ in interpretation of details (inevitable when dealing with a poet as difficult and elusive as E.M.), Angelini's attentive concern for the poet's meaning provided a check against the mindsets that often bedevil translators.

W.A.

Cuttlefish Bones

In limine (1924)

In limine (Lat.) = at the threshold.
E.M.: "It had to be either *summa* or the *envoi* of all the rest [of the book]."
In a letter to Giacinto Spagnoletti (August 27, 1960):

> It's a bit difficult for me to manage working at the present; my genre is wholly a waiting for the miracle, and in this day and age, with no religion, miracles are very rarely sighted. Once the book *[Ossi di seppia]* is done—and it might be said that it's almost done—I'll either alter the visual element, changing my genre, or silentium. I've no desire for further self-vivisection. But, "Rejoice, this breeze . . ." exists and . . . has been witnessed with strong feeling. Now all that's left me are bits of a certain "chrysalis" that, some day or other, will emerge. . . .

Rebecca J. West (12–18) provides perceptive reading of this poem and its function as thematic *envoi*—or perhaps *summa*—to the book as a whole.

For another rewardingly sensitive analysis of this important poem and of E.M.'s poetics in general, see Claire de C. L. Huffman, "Montale for the English-Speaking: The Case of 'In limine,'" *Forum Italicum*, XXIII, 1–2 (Spring–Fall 1989).

The Lemon Trees (1922)

With the possible exception of "The Eel" and *"Bring me the sunflower . . . ,"* this poem is probably E.M.'s best known and most admired. It is also a genuine manifesto, the poet's announcement of his break with the Mandarin conventions dominant in Italian poetry of the time. The late Glauco Cambon, one of E.M.'s most astute interpreters, comments (8–11):

> "The Lemon Trees" is a poem amounting to a personal manifesto at the very outset of the book after the epigraph-like piece *"In limine"*; it proclaims the rejection of stale literary convention in favor of a rediscovery of humble, unadulterated reality and language, fusing the quest for beauty with the quest for truth:
>
> > il filo da disbrogliare che finalmente ci metta
> > nel mezzo di una veritá
>
> [the thread that, disentangled, might at last lead us / to the center of a truth]
>
> and it caps these sober statements with the hymning finale heralded by the "golden trumpets of sunni-ness"—as strong an affirmation of life as one could ever expect from the bemused author and doubting-Thomas persona of *Ossi di seppia*.

For additional commentary, see Cary, 251–54.

* * *

W.A.: *and trumpets of gold pour forth / epiphanies of Light.* Literally translated, the Italian reads, "golden trumpets of *'solarità'* [sunniness] / pelt us with their songs." The problem is adequate rendering of that final, emphatic *solarità*, which corresponds to the capitalized *Divinità* that closes the previous stanza. "Sunniness" seems lexically and prosodically unacceptable. As for "solarity," it is, alas, not an English word at all, and to close with a neologism would, I thought, be a mistake. Both word and line needed to be rethought in terms of E.M.'s putative poetic strategy. In the poem's opening lines, E.M. rejects the formal gardens of the "laureled poets" (i.e., D'Annunzio above all, but also D'Annunzians, classicizing "Parnassians," and others) for the humbler pathway that leads to the lemon grove. The poem itself is a journey along the arduous poetic path that, followed to the end by the patiently searching imagination, at last comes upon the triumphant springtime miracle of the lemon trees, that is, upon a poetics of immanence and incarnation: an ordinary world of real objects animated by an indwelling divinity. D'Annunzio and the literary Parnassians, E.M. suggests, employ lofty Greek and Latinate abstractions without having won the right to them; their abstractions have been removed from their component particulars. Implicitly but unmistakably, by right of humility, persistence, and imaginative toil, E.M. claims to have *earned* the right to his closing abstraction, *solarità*. That "epiphanies of light" inadequately renders the explosive precision of the Italian will be apparent—an attempt (failed, no doubt, since commentary seems required) to do justice to the semantic demands of the poem by introducing with "epiphany" the *process of abstraction* implicit in E.M.'s *solarità*. Moreover, "epiphany" in its Italian form *(epifania)* had been introduced into Italian poetry and repeatedly employed by none other than D'Annunzio, whose poetics are subtly but unmistakably taken to task by E.M.'s poem.

English Horn (1916–20)

Published, along with "Seacoasts," in a group of poems entitled *"Accordi (Sensi e fantasmi di una adolescente)"* ["Chords (Sensations and Fancies of an Adolescent Girl)"], in the journal *Primo Tempo* in 1922. The original group consisted of six poems: "Violins," "Cellos," "Flutes, Bassoons," "Oboe," "English Horn," "Brasses," a suite based upon the moody daydreamings and emotional velleities of an unnamed adolescent girl as she "experiences" the various instruments.

E.M. wrote to Giacinto Spagnoletti in 1960 [see Spagnoletti, "Preistoria di Montale," in Silvio Ramat, ed., *Omaggio a Montale* (Milan, 1966), 121–22] as follows:

> I couldn't assign a date to "Chords" with absolute precision: it certainly followed the first real and proper *osso ["To laze at noon . . ."]* but is much earlier than "Seacoasts" (March, 1920), the poem that recapitulated my juvenilia, and which I inserted into the *Ossi,* even though it's uncomfortable there (it's a synthesis written before the analysis!). "English Horn" was the only poem in the series that could be detached. What displeased me, and still displeases me, in the series is the general sense as well as the naive pretense of imitating musical instruments (apart from the filler to be found here and there). So I have to conclude that in my youthful *château d' eaux* (as Lorenzo Montanto defines my poetry), alongside a more troubled vein—or even *within* that vein—the leaner but more limpid vein of poetry had been making headway for quite awhile. So the whole opening section of the *Ossi* (except for *"In limine,"* a poem strangely misunderstood by my anthologists) belongs to proto-Montale, and included in this group—though even within such limits later rejected by me—are the poems of "Chords."

Falsetto (1924)

The poem was originally dedicated to "E.R." [Esterina Rossi], who inspired it. Eighteen years old in the summer of 1924, she fascinated the shy young E.M. with her beauty and the grace of her diving at the beach of Genova Quarto.

See Cary's exegesis (243–46) of this deservedly famous poem.

Minstrels (1923)

E.M.: ". . . when I started writing the first poems of *Cuttlefish Bones* I had of course some idea of the new music and the new painting. I'd heard Debussy's 'Minstrels,' and in the book's first edition there was a little something that tried to imitate it." [*"Musica sognata* (Dreamed Music)," from "Intentions: Imaginary Interview" in *Sulla poesia* (Milan, 1976), 563]

"Minstrels" is the twelfth and last of Debussy's *Préludes*, I.

Poems for Camillo Sbarbaro

Camillo Sbarbaro (1886–1967) was an early, close friend of E.M. as well as a poetic influence. A "literary cousin" of the *crepuscolari* ("Twilight") poets, he also belonged, like Ceccardi, Novaro, and Boine, to a group, not a school, of poets rooted in and drawing upon the landscape of their native Liguria. "Where they came closest to the texture of our soil," E.M. wrote, "they certainly were a lesson to me." Above all, E.M. admired "the fidelity and art of Sbarbaro." Eight years older than E.M., Sbarbaro was closely linked to the "moralist members" of those writers associated with the Crocean journal, *La Voce*: Slataper, Salvemini, and Amendola. The extent of E.M.'s indebtedness to Sbarbaro can be inferred from the fact that, of the many dedications to friends (Bazlen, Solmi, Cecchi, etc., "to whom these poems owe so much") in early editions of *Ossi di seppia*, only the dedication to Sbarbaro remains. What E.M. particularly valued in Sbarbaro's life and work was not only the richness and color of his Ligurian landscape, but also a virile, almost tragic resignation, and a noble reticence founded upon a pure-minded innocence earned by honoring "the child within." Technically, E.M. respected Sbarbaro's concentration and sense of his own limitations, but above all his possession of "a center, a vein of his own" that enabled him "to write entire pages—something very rare these days—which, even if they seem extremely fragmentary, are in fact governed by an emotional consistency." For E.M.'s own affectionately critical tribute to Sbarbaro, see "Camillo Sbarbaro" in E.M., *Sulla poesia* (Milan, 1976), 189–94, and *"Ricordo di Sbarbaro"* (ibid., 335–37). For fuller discussion of Sbarbaro's influence on E.M.'s poetry, see A. Guerrini, "Montale e Sbarbaro" in *Letture montaliane in occasione dell'80° compleanno del poeta* (Bozzi Editore, Genoa, 1977), 443–52.

1. Café at Rapallo (undated)

Adult sophistication and modish worldliness set against the lost innocence of childhood—a persistent Montalean theme. To a fashionable café in worldly Rapallo, frequented by the new (i.e., *arriviste*) Sirens, presumably attracted by the presence of such famous *littérateurs* as Max Beerbohm and, by 1924, expatriates like Pound, E.M. summons his childlike friend, Sbarbaro. Chronicler of the subtler small passions, a poetic "rememberer," Sbarbaro brings with him another Liguria, an older, greener, but now irrecoverable world. "Often," wrote E.M. of Sbarbaro:

> the pleasant aspects of nature, the quotidian wonder of the world, his astonished joy at finding himself the living center of this spectacle which death besieges and destroys—all this is enough to keep him afloat on life's phenomena. But at times he feels that all the world's appearances dissolve into smoke and ashes; and that there are cloudy dregs at the bottom of the brimming glass; then a barely restrained sob surfaces, confused memories of paradise lost rise up: but these are lightning flashes in the night. . . . [*Sulla poesia*, 190–91]

* * *

—*a silver / tinkle: piattini,* literally, "little plates," also means "cymbals." According to E.M.'s French translator, Angelini, there is an untranslatable pun here on the little silver *(arguti / argento)* cups presented to children at baptism.

—*that greening pasture / where you and I will never graze again:* There is probably a touch of parody here (including E.M.'s gentle mockery of both himself and Sbarbaro) aimed at the neoclassical manner and motifs of such poets as Cardarelli, also noticeable in "Falsetto" earlier.

2. *Epigram (undated)*

A deft, appreciative, but also fondly critical tribute to Sbarbaro. The epigrammatic homage, like Sbarbaro's best poetry, is itself, appropriately, a "flash," or incandescent image. Sbarbaro, the childlike artisan-poet, transforms his highly colored material into frail but effective form, and consigns his paper boats to the muddy stream (here, as in Eliot, a metaphor for life's turbid reality) where they risk foundering or being swept away. The "kind passing sir" is asked to nudge them safely back to their "cove of pebbles" (the Ligurian seacoast) from which they were launched. Whereas for E.M., the sea meant—at least much of the time—to be *tempted* by confrontation with the inexplicable rhythms of life and the cosmos, Sbarbaro stuck stubbornly to the security of the coast. He was, as E.M. observed, *"a man of terra firma. . . .* After leaving Genoa . . . he immediately sequestered himself at Spotorno, facing the sea, which rarely appears in his poems and prose." E.M. himself, in contrast, is consistently inconsistent, moving, as need drove him, now seaward, now landward. As West (19) observes, "In 'Falsetto' the speaker identifies himself with those *della razza / di chi rimane a terra* ('the race of those / who cling to the shore'), but throughout the entire 'Mediterranean' suite he is a creature of the sea, or at least desirous of such a merging."

Almost a Fantasia (undated)

See Cambon (11–12).

Sarcophagi (1923)

E.M. (in a letter to Francesco Messina, September 27, 1924):

> Piero Gobetti has half-pledged to publish my book: in which, dedicated to you, my "Sarcophagi" will appear. The sequence closes with a vision of Life-Death which once again sets the three preceding bas-reliefs, somewhat objective, alongside the rest of my things.

* * *

A single poem consisting of four movements, each movement except the last devoted to a tableau based upon scenes reminiscent of (and perhaps derived from) real sarcophagi. The iconography, though recognizably classical, is unmistakably Montalean in both details and ensemble. "You" (the reader), addressed as "passerby" according to the convention of classical lament, is strolling through a museum colonnade, guided by the *cicerone*-poet who asks him to pause and meditate on the scenes depicted on the three sarcophagi. In the final poem the reader (merged now it seems with the poet—E.M.'s "you" and "I," reader and author, like Baudelaire's, repeatedly fuse), evidently feeling that the three tableaux are incomplete, asks the sculptor to provide a fourth, and recommends to him a new (or rather, more ancient) symbolic motif.

The progression of these tableaux is the key to the poem-as-sequence. Failure to take account of sequence here has caused the poem to be written off as a classicizing exercise, though its comparatively late date and E.M.'s explicit refusal in "The Lemon Trees" to frequent the formal gardens of the "laureled poets" argue against such dismissal. If the tone is elegiacally detached, so too are some of the much admired shorter *Ossi*. What deserves the reader's attentive respect is E.M.'s knack of engaging Parnassian themes and forms that he then bends to his own poetic purpose. The "passerby" is in fact retracing the familiar classical poetics of death—a gentle Elysian setting in the first tableau; in the second, a mysterious threshold that divides life from death, this world from the underworld; in the third, a benevolent *requiescat* and homage. But in the last poem E.M. refuses to satisfy the expectation of a fourth tableau and offers instead a rejection of both classical and Christian ways of coping with death. The sculptor is bidden to carve the graves of "those who welcome the embers / of the original flame" with "some sign of peace / light as a toy!" Turning away from the slabs incised with the cross ("the symbol that most disturbs / since in it grief and laughter / are equal, twinned"), he should seek instead

> *a frieze so primal*
> *it knows, remembering, what entices*
> *the rough soul*
> *on its road to gracious exile—*
> *some trifle, a sunflower unfolding*
> *and rabbits dancing around it. . . .*

The sculptor—surely a Montalean poet—must, like his frieze, *remember*. What is remembered is the pagan mystery of joyful rebirth, regeneration earned not by the power of Christ's sufferings on the cross, but simply by virtue of having lived, by accepting with childlike innocence "the embers / of the original flame."

A persistent Montalean theme, this, appropriately capping a poem that anticipates not only later poems in the *Ossi* but some of E.M.'s most moving meditations on mortality and immortality, above all in "Voice That Came with the Coots." If the first three poems are reread from the vantage of the fourth, it is apparent that their Parnassian tableaux have been "seeded" with themes and metaphors central to the entire book. The whole sequence, progressing from death to life, inflects the theme of escape from "blockade" first announced in "The Lemon Trees" and advanced in "Wind and Banners" (the poem that immediately follows "Sarcophagi"). Thus the image of the crackling fire in the third poem is related to the "embers / of the original flame" in the fourth; these in turn are realized in the famous last lines of *"Squander, if you want . . .":* "I know it well: burning— / this, and only this, is my meaning." Life for E.M. is a fire; but lived without passion it is death, a death-in-life. Hence, in the first tableau, the passerby is told to continue on his journey because there is "No refuge here for one so dead as you." Not until his "orbit" is completed can he fulfill himself—that is, by his patient persistence, abide his own burning. Until then he lacks the indelible individual features, the achieved *thisness* by which, throughout E.M.'s work, a man survives extinction. The fire that endures is the volatilization of the "original flame"; the evidence of burning is ashes. "A story [i.e., a destiny] only survives in ashes / persistence is only extinction," E.M. himself would later declare, affirming the survival of his own poetry in "Little Testament," the penultimate poem of *The Storm and Other Things*.

For E.M., death is entry into *another order*. That order can be entered only by accepting and enduring "the original flame," or, in a related image, by traveling the road of life to the end. The "passerby" in this sequence of sarcophagi is being urged, by means of the tableaux and the exhortation implied in them, to persist, to go his way, all the way, wherever his road takes him. Only by "moving on" can he enter that other order which the dead—spiritually alive in their sarcophagi—reveal to him. The point is explicit in the later poem, "To My Mother":

> The road ahead
> is not a way; only two hands, a face,
> those hands, that face, the gestures of one
> life that's nothing but itself,
> only this sets you down in that Elysium
> crowded with souls and voices, in which you live. . . .

[The Storm and Other Things]

And of a dead friend, Sergio Fadin, E.M. would, also later, remark:

> . . . to say that you're no longer here is only to say that you've entered a different order, in that the order in which we loiterers move about, crazy as it is, seems to our way of thinking the only one in which divinity reveals its attributes, is recognized and savored, in the context of a task we don't understand.

["Visit to Fadin" in The Storm and Other Things]

Sarcophagi, in short, are memorials; the poet and his other self, his *semblable*, or "passerby," are, or should be, rememberers. The past in which "dead memories / mesh" (see *"In limine"*) can be revived; through "the stirring of the eternal womb," the "reliquary" becomes "crucible."

Finally, the reader unfamiliar with E.M.'s œuvre should be aware that the symbolic "sunflower unfolding" recommended to the sculptor in the penultimate line of the fourth poem will be fully realized later in *"Bring me the sunflower . . . ,"* one of E.M.'s most celebrated lyrics. Later still, it will appear in transmogrified form as Clizia, the Ovidian girl who fell in love with Apollo and was metamorphosed into the heliotrope or sunflower, the divinely redemptive "angel messenger" of E.M.'s greatest poetry.

Other Verses
Wind and Banners (1925?)

A Ligurian seascape—wind, water, sky—triggers a sudden onslaught of memory. The miraculous "instant of forever"—the remembrance of a woman's figure profiled against the sky—is aroused by a sudden gust that, like memory itself, fastens around the beloved's body, shaping her to its likeness. Her ruffled hair, which the wind had once "tousled" *(scompigliò)*, takes form as "an instant's tangle" *(groviglio breve)*, a gauzy film—pure ephemerality—fretting a pale *(pallido)* sky. (The image glances back at *"In limine,"* with its "dead memories" sifting into the sea.) It is this tangled mesh, freshening into sudden life ("The world *is* . . ."), that now rises with the wind, spiraling to the hills.

The wind itself is a *sgorgo*, a flood disgorging, pouring forth (whence my "profusion"), placed emphatically at the beginning of the fifth stanza. This brimming overflow is one of E.M.'s most persistent images of Time, analogous to Plato's "moving image of eternity" or to a Heraclitean torrent ("You can't step into the same river twice") composed of intense, unrepeatable, but also unforgettable "moments." Subsequently the image will be developed in "Delta" ("When Time backs up behind its weir") and "Chrysalis" ("and suddenly / years plunge past, disappear, sucked down / among the stones").

The lifting wind with its changing modalities—gusting, caressing, cradling—and the erotic bittersweetness *(amaro aroma / del mare)* linked to the salt-sea-smell recall a happiness forever lost. But paradisal memory can be overpowering (a persistent theme in E.M.'s work), inducing in the rememberer a torpor, a paralysis even, that estranges him from life and from others. As the poet would write some forty years later in "Voice That Came with the Coots," "Memory's / no sin, so long as it serves some purpose. After that, / it's the laziness of moles, degradation / mouldering on itself."

Here, with the growing awareness that return to the past is impossible, the paradisal fantasy shatters, and the gusting wind brings with it, not death but life, a fresh commitment to the precious reality of the fleeting present. The deadening weight of an irrecoverable past yields to the recognition of the beauty and color (vividly perceived now against the sky's indifferent pallor) of a never-to-be-repeated morning. And the loneliness of a man entrapped in the past is annulled as the wind reveals the *miracle*—communities *(gruppo di abitati)* of men able, although (or because) physically and spiritually famished *(affamati),* to celebrate the brief *festa* of their lives. Just as the beloved's hair at first spreads its filigree against a pale sky—foreground against background—so now the vivid holiday colors of "bunting and banners" festoon the *paese* as it suddenly appears *(ed or fa vivo)* from the mountain haze presumably dispersed by the (dawn?) breeze fluttering the banners and ruffling the bunting.

Shoot stretching from the wall . . . (1926?)

Reprise and deepening of themes first advanced in "The Lemon Trees" and "Almost a Fantasia," and developed in subsequent poems. The shoot sprouting from the wall, like the agave in "Agave on the Cliff" and the "I" of "Chrysalis," is the poet's totemic *semblable* or persona; its/his distress and tension are suggested by *teso* in the first line. The shoot is painfully tautened, stretched between polarities. Above is the vault of heaven to which it points and whose movements, like the pointer of a sundial, it records; below is the earthen plaster *(tonaco)* into which it stubbornly digs its roots. Thus its condition is not unlike that of the poet in "Falsetto": although born of "the race / of those who cling to the shore," his aspiration outward and upward toward sea and sky is expressed in his admiration for Esterina. But the suffering of the sprig is exacerbated by the boredom it endures, trapped in that monotonous circularity of clocked or measured time that everywhere in E.M. expresses spiritual "blockade," the intolerable tedium *(noia)* of a Limbo life-in-death, as in "the pageant of hours / too much alike" in "Almost a Fantasia" or the ever-thickening "winter's tedium" of "The Lemon Trees").

Breakthrough *(varco)* into miracle comes in the experience elliptically indicated by the white space between stanzas. Night—the twilight of the fifth line—breaks the cycle and (reminiscent of the lifting sea breeze in "Wind and Banners") revives the shoot, releasing it from the dreariness of diurnal time through a simple natural event. In E.M.'s immanent world Nature is the great source and spring of all miracle; the Clizia of the later poems, for instance, is herself a natural force. Veiled at night with gossamer mesh (spiderweb? dew? hoarfrost?), the sprig shimmers in the dawn light. Revived, it (and the man whom it conceals, who peers *through* it, *in* it, at the world disclosing itself) sees the world afresh, perceives the miracle manifest in ordinary things: a real three-master on its everyday business ("ballasted with crew and catch"), freely moving on its charted course, tranquilly accepting its transient passage ("cuts the water and leaves no trace"). Thus, like "Falsetto," the poem closes by juxtaposing in real but momentary harmony the contrapuntal worlds of sea and land, day and night, heaven and earth, self and others. And by closing as he has, the poet can now modulate into the celebrated sequence of short lyrics that follow, in which the intricately shifting relations of those polarities will be further inflected and explored.

Cuttlefish Bones

Don't ask me for words . . . (1923)

E.M., in a letter to Angelo Barile (August 12, 1924):

"You're right. *'Don't ask me for words . . .'* is a kind of key to my 'rondels,' and in fact will close them, conclusion and commentary. . . ." [In E.M.'s original plan, the shorter *Ossi* were to contain, in addition to this poem, five lyrics: *"Bring me the sunflower . . .," "Maybe one morning . . .," "To laze at noon . . .," "Don't take shelter in the shade . . .,"* and *"I think again of your smile . . ."*]

As E.M.'s acknowledged "key" to the earlier group of shorter *Ossi* and his declaration of a new poetics that rejected Romantic notions of poetry as vatic pronouncement, the poem has inevitably received very extensive critical attention and extremely diverse interpretations. Among English commentators, see Cary (254–55), and also West (72–74), who casts light on E.M.'s revealing use of the subjunctive in shaping a poetics of ironic self-doubt and negative velleity. But the two most comprehensive treatments of the poem are those of Almansi and Merry, and Huffman.

Almansi and Merry (27–30):

[Montale's] true manifesto [is not "The Lemon Trees," but] *"Don't ask me for words . . .,"* first of twenty-two short *"Ossi."*

Claire de C. L. Huffman (76–79):

. . . this is a poem formed by the negation in its opening and closing lines. An interpretation based on paraphrase would see the final lines as a simple modification of the first ones: the poet cannot only not give a word to define man, but can also only say what man is not, and what he does not want. Yet the poem does give a form to man, who is "formless," "amorphous" in character, and "indefinable," and even defines that form, no matter how negatively conceived: "the most intense heat of summer," "noonday burning," imprints man's shadow on the crumbling, decaying wall.

To laze at noon . . . (1916)

W.A.: *at the tips of the tiny sheaves.* My rendering may raise eyebrows. Commentators and translators alike have preferred to take *biche* as "heaps" rather than "sheaves," though either is possible. The "heaps" (or "piles") would be anthills; the "sheaves" would refer to the sheaflike look of vetch-leaves. That the *biche* here are "sheaves," not "heaps," is more than suggested, I think, by an allusion to Dante (*Inf.* xxix, 64–66), evident in the use of the identical rhyme-words: *formiche/biche.* "I do not think it was a greater sorrow," says Dante, "to see the people in Aegina all sick [devastated by the plague] . . . and afterwards restored from the seed of ants / than it was to see, through that dark valley [in Hell], the spirits lying in diverse sheaves":

> . . . *si ristorar di seme di formiche:*
> *ch'era a veder per quella oscura valle*
> *languir gli spirti per diverse biche.*

Singleton comments ad loc.: *"biche:* 'Shocks,' sheaves of grain piled one upon another, once a familiar scene at harvest time. . . ." Finally, the sense of impasse so strong in the poem is confirmed if we visualize the ants as piling up helplessly at the tips of the leaves rather than at their anthills (which are after all organized so as to obviate gridlock).

Don't take shelter in the shade . . . (1922)

Second in the collection of early *Ossi brevi* entitled *Rottami* ("Fragments," or perhaps "Flotsam"), this beautifully crafted lyric of aspiration toward *varco* ["breakthrough" or "passage"] varies and widens the intricating themes of the suite. Thus it looks forward to *"Bring me the sunflower . . .," "Splendor of noon outspread . . .,"* and above all to "Moiré," but also converses with contrasting variations in *"I think again of your smile . . ."* and *"Once again the canebrake . . ."* In the latter poems the subject is lost paradisal love remembered; here it is an exhortation to love addressed to a *tu* who is likened to the small hawk familiarly known as the windhover. It is also the poet's glancing but unmistakable challenge to himself, via the mediating figure of the Muse-as-beloved, to abandon the comfort of his familiar parish of reality and reach out toward the (Dantesque) ardors of the heights.

Reference points are provided by familiar polarities: noonday sun versus leafy shelter, daring versus timidity and/or inertia, the world above *(lassù)* versus the world below *(quaggiù)*. The poem begins with a typically Montalean negative, but it is one that contains a strong, not merely wistful, positive imperative. Thus in the first stanza the poem's "tu" is adjured *not* to abandon her natural domain—the dense *(fólto)* enclosure of the canebrake (passive isolation in the security of old certainties and "realities"). By the last stanza, however, this injunction becomes not merely a passionate yearning for *varco* but a momentary illusion of *varco* almost achieved. For one astonishing instant, the soaring imagination catches a glimpse of the miracle—that transcendence that, for E.M., occurs only when *shared* life is lived at peak intensity.

The intervening stanzas chart the narrator's escape from blockade, for it is *he*—propelled by the aspiration implicit in his imperatives—not the "tu," who does the ascending. Understanding of his ascent depends upon our recognizing the Idealist (Dantesque) thought on which it rests. "Gaze" *(guardare)*, he urges, "at the forms of a life / that powders away" *(si sgretola)*. The subject of "powders" is not *(pace,* Valentini) "forms," but "life." Life is temporal process and change, whereas forms—the idealist forms of Plato, Aristotle, or Dante-via-Aquinas—are timelessly enduring universals. And in E.M.'s poetry the process of life is everywhere represented as one of transience, temporal attrition, or erosion. The result of this process is residue: ashes, flotsam, crumblings, flakes, husks, detritus, powder, dust. But this residue, these "dead ends" can, in dissolution and recombination, be revived. Death, as Bakhtin observed, is pregnant with life. True form, *inward* form, is the universal that animates particular phenomena—the *anima* or "life" that survives, persisting in the residues of outward forms. Many years later, in "Little Testament" *(The Storm and Other Things),* E.M. would write: "A story only survives in ashes, / persistence is only extinction . . . that faint glow catching fire / was not the striking of a match." In the blinding light of noon it is *outward* forms that dissolve (see *"Splendor of noon outspread . . .,"* where "too much light" causes objects to melt into a "tawny shimmer"). What surrounds "us" is more sensed than seen: an iridescent cloud of dust *(pulviscolo)*, light-irradiated particles (i.e., in*form*ed matter) through which, all but blinded, "we pass" on our way to *varco*.

But transcendence is negative as well as positive. *Varco* is a "passage" that leads down as well as up. Upward toward that spiritual light "where blond transparencies rise / and life evaporates as essence." Downward into black nothingness, to the *nulla* of the abyss or Baudelaire's *gouffre* perhaps, but above all to that nether Nirvana of sensual immersion and "oceanic feeling" celebrated by D'Annunzio.

In the fourth stanza decision is made for *varco* upward to the light-world of the Forms—a decision once again suggested by a negative ("let's *not* throw our strayed lives / to a bottomless abyss"), itself presumably triggered not only by the prospect of the abyss, but by a sense of futility and that *lonely* errancy that is conveyed by the Italian word *randage* (but not by English "stray"). Ultimately of course either form of transcendence is destructive, since, for E.M., we become, and remain, human only by enduring the conflicting claims made upon the psyche by the two warring transcendental extremes. If the "death" implicit in downward transcendence is obvious enough, it is equally present in its upward form. "The transcendental 'I,'" E.M. later observed, "is light that illuminates only a very small space in front of us, a light that carries us toward a nonindividual, and therefore nonhuman, condition."

I think again of your smile . . . (1923)

The poem was originally dedicated to Baris Kniaseff, and was third in the sequence of "Rottami." The most searching English account of the poem is that of Claire de C. L. Huffman (110–12).

What I ask, my life . . . (1924?)

Two contrasting stanzas divided by an eloquent white space that the poet straddles as he explores his own contradictions. Straddling expresses moral and metaphysical tension, a tension that must be lived out. The quarrel between immanence and transcendence in the psyche was one that E.M. felt could not be optimistically brushed aside. "We need," he wrote, "to live our contradictions without evasions, but also without too much enjoyment . . ."—that is, without heroic posturing, that flaunting of tragic suffering that E.M. detested. But refusal to abide the tension of one's contradictions meant rejecting fully human existence; it could be obviated only by ceasing to straddle.

The contradictions posed by the poem are, on one hand, a life of incessant activity, the round of mere busyness whose result is material comfort and certainty, plausible and predictable; on the other, quietism, an untroubled calm enabled by renouncing the turmoil of passion, above all love, and, by so doing, ceasing to live at the mercy of recurrent emotional storms. Step by step, the poem probes the alternatives. If the poem finally comes down on the side of passion, the poet's yearning for tranquillity makes it clear that, even while leaning toward passion, he is still "straddling." If the first two lines flatly reject the life of busy ambition, the next two lines specify its flaws—restless circularity *(giro inquieto)*, a tedium of repetition that levels high and low, bitter and sweet, "wormwood / and honey" in deadening apathy.

The very restlessness, however, reveals that generalized dissatisfaction that implies unsatisfied craving for Plato's "something else" *(ti allo)*. No doubt the seemingly resigned atony (see Cary, 256) could be construed as Svevo-like vocational *senilità*—"the state of being of whoever feels he has already lived for himself and others, suffered and lived for all." But the clear link here *(non chiedo)* with the positively charged negatives of *"Don't ask me for words . . ." (Non chiederci)* suggests neither humble acceptance nor "Promethean" resignation. The life first described is not the life one wants but rather what one "settles for." Tedium may be a constant of E.M.'s world, but so is the persistent (because dialectically related) yearning for *varco* and transcendence (see note on *"There Triton surges . . ."*)—or the feel of the life-blood quickening at one's pulses.

Quietism, as the second stanza hints, is not the answer. But those who have suffered the vicissitudes of passion, requited or not, know the appeal of liberation from its tyranny. Numbness and passivity have their charms, as the first two lines indicate; but even while acknowledging this, the poet delicately distances himself by shifting from the "I" of the first stanza to (the impersonal) "heart" of the second. If this "heart" presumes to look down upon *(tiene a vile)* all motion, the poet also seems to be chiding such presumption. That is, the busyness faulted in the first stanza is now widened to include *motions* of the heart—e-*motion*. Confirmation of this subtle modulation toward passion lies in the untranslatable phrase, *squassato da transalimento*. Unpacked, this means something like "violently shaken by light tremors provoked by unexpected feeling." It is the shock of unexpected emotion which the last two lines express, as the verbal torpor created by the drowsy slowness of the third line—*Così suona talvolta nel silenzio*—is explosively shattered in the fourth. (For a strikingly parallel, see "Stanzas" in *The Occasions:* "as when the silence of a drowsing / piazza is sometimes shattered / by an explosion of doves.") Now we know where the poet, at least for the moment, is to be found. Not stiffly straddling his contradictions, but flexibly adapting, moving to and fro, back and forth (or up and down), according to changing needs and feelings.

Bring me the sunflower . . . (1923)
Almansi and Merry (34–35):

[This poem is] the most striking statement in Montale's contradictory solar mythology. The sunflower, which foreshadows the strange figure of Clizia, enamoured of Apollo, *"che a guardar lo sol si gira"* (who turns to contemplate the sun), points both to salvation although the mystic path might lead to the great pool of not-being, to the *exstasis* of self-annulment *("svanire è dunque,"* etc.), and also to the damnation of madness *("il girasole impazzito di luce").* The sun, the light, the heat are operative on both fronts. . . . In previous poems (for example, *"Don't ask me for words . . ."*) . . . culture may lead us to uncertainty, ignorance and darkness, but the opposite thrust to light and knowledge may be equally disappointing. Moving towards the light may well involve the self-purification of greater lightness, which in its turn leads to the supreme spirituality of colours and musical sounds; but the ultimate goal is still nothingness. In Montale's world everything ends up in this kind of dispersion into a void.

I have often met . . . (undated)
One of the most anthologized lyrics of the *Ossi brevi*, until very recently memorized by generations of Italian school children. The poem itself is a good example, not of E.M.'s vocational *senilità* (see note on "What I ask, my life . . ."), but rather of a stubbornly lived stoical "pragmatism" (in William James's sense: neither rationalistically "tender-minded" nor scientifically "tough-minded"). The "evil of living" *(male di vivere)* is suggested only by images—papering leaf, strangled brook, fallen horse (an allusion perhaps to Raskolnikov's vision of evil?). Existential, not moral, it hints at transience, the sense of impasse or finitude, the decay of physical beauty and strength. The good that emerges in the second stanza is essentially moral, a bleakly disciplined acceptance of life's ills and of the cosmic or divine Indifference to human achievement and aspiration as evoked by the statue (the dormant, not dead, memorial of human greatness), the cloud, the soaring hawk. If such acceptance implies skepticism and even resignation, it also suggests tenuous, skeptical hope and a persistence equal to that hope, as in the final stanza of *"To laze at noon . . ."*

What you knew of me . . . (undated)
Ironically assertive or assertively ironic self-exploration, strikingly similar in image and tone to Eliot's persistent depiction of himself as a disappearing *persona*, a phantom

or "hollow man." Compare, for instance, the negative/positive conclusion of "The Hollow Men" or *Mélange Adultère de Tout.*" From one shadow-self to another, the persona proceeds at last to a birth-death, negative only if the reader ignores the positives latent in "Not with a bang but a whimper" and *"cénotaphe."* In much the same way E.M. suggests the positive achievement that, typically and ironically, underlies the apparently negative *dépouillement* of his persona. Thus the poem's "I" feels an entrapment or solipsism "so intense that he speaks of himself in the past definite or historical sense" (Cary, 256). But there is surely more to him than the self-parodying grimace of a precocious *raté.* As critics have observed, ignorance for E.M. is a positive trait, almost synonymous with a natural, unselfconscious (and essentially Socratic) innocence. (For the idea see note on the next poem, *"There Triton surges . . ."*) Ignorance is precious to the "I" because it preserves the "unquenched fire"—i.e., the innate, enduring energies of life. The last stanza, however, intimates the impossibility, at least for the Montalean "I," of self-transcendence by breaking through to that ultimate ignorance. Nonetheless the transcendental aspiration is *there* as the self-sacrifice implied in the last line ("I'd give it [my shade] to you, gladly") clearly suggests, even though as so often it is undercut by the all-too-knowledgeable doubt conveyed by that wistful subjunctive *potessi.*

There Triton surges . . . (undated)

The Triton is a torrent in the vicinity of Portovenere, a former fishing village, now a fashionable resort commanding a superb view of the island of Palmaria and the cliffs of E.M.'s Cinque Terre. According to legend it was at Portovenere (the ancient *Portus Veneris*) that St. Peter disembarked on first reaching Italy. The temple of Venus that once stood there reportedly sank when the apostle celebrated Mass. To this site "at the sources," where pagan and Christian mingle and the ancient sea god Triton survives in the torrent that bears his name, the adult city-man returns to visit and perhaps renew himself. There habitual certainties (the "firm / outlines, plausible looks, possessions" of *"What I ask, my life . . ."*) fall away, to be succeeded by doubt, uncertainty, indecision. Elsewhere in E.M.'s poetry these traits are often presented as corrosive or paralyzing; here instead they are positive and restorative. Thus it is a childlike uncertainty *(dubbiezza)* and absence of self-regard that guide the visitor back to innocence, ignorance, silence, the sources from which, for E.M., all honest speech (i.e., poetry), all true individuality spring. (For variants on the idea see particularly *"What you knew of me . . .,"* *"The children's farandole . . .,"* *"Your hand was trying . . .,"* the sea-teachings of "Mediterranean" and notes thereon.) Here at the sources "every future hour is old"; only by reimmersing oneself in innocence and ignorance can one hope to become a true individual. For E.M. the possession of a human face always means that identity has been won and true individual features have replaced the mask (see note on "Sarcophagi" and "To my Mother" in *The Storm and Other Things*). The social "one" becomes a person, an undeniable *this.* But the child is father to the man; individuality requires one to leave the child's paradisal world and return to the here-and-now, the adult life of decision, will, speech, and reason. Whether the "you" of this poem will later resume his masked life depends on what is made of that ambiguous "assume" *(assumere)* in the last line. A face, like responsibilities, may be honorably "assumed"; it may also be assumed, i.e., "put on," like a mask. The ironies of Eliot's Prufrock ("time / to prepare a face to meet the faces that you meet") are likely to dispose most Anglo-American readers to take "assume" in the second, deprecatory sense; the Italian word, however, leaves matters open. The ambiguity is characteristically Montalean.

I know that moment . . . (undated)

Lyric of negative *varco*. Instead of breaking through to "the miraculous moment," the poem centers on the hurt and anguish concealed beneath the stolidity and "plausible features" of the individual's social face or mask. In either case, the result is impasse: the radical inability of poetry to express the inexpressible. Shared grief (as in *"Your hand was trying . . ."*) may create a reciprocal understanding; solitary pain, as in this poem, immures and isolates. For variations on E.M.'s poetics (or antipoetics) of silence, see notes to *"There Triton surges . . .,"* *"Your hand was trying . . .,"* *"Happiness won . . .,"* *"Maybe one morning . . .,"* and elsewhere.

Splendor of noon outspread . . . (1924?)

E.M., in a letter to Angelo Barile (August 12, 1924):

> . . . besides the twenty *Ossi [brevi]*, the book will also contain fifteen lyrics, not at all brief—anything but!—and extremely varied; some of them, from the period of "Seacoasts," are more "singable" and pleasing; the image of me that will emerge from the book will seem less coherent to you but larger and more complex; and yours truly *[il sottoscritto]* will be revealed as more of a "troubador" than a sophist and workshop-poet. . . . In September *Opere e i giorni* will publish . . . an *osso*—my best yet, indeed the only one that really pleases me: *"Splendor of noon outspread . . ."*

Once again (as in *"To laze at noon . . ."*) the blinding glory of a Mediterranean high noon (*l' ora del meriggio*) with its stunned silence and burning desolation provides still another of those liminal occasions when consciousness dissolves and everyday objects are shorn of solidity, even shadow, blurring into a formless "tawny shimmer." Universal torpor afflicts land and sea; the poet too, at this "high noon" of his life ("My day, then, is not done . . ."), appears to relish the prospect of fading into "the loveliest hour," the white blank that lies "beyond the closure." Both tone and sense—the anticipation of Nirvana-like negative transcendence in a "whitewashed sunset"—seem designed to recall the reflections prompted by the sunflower a few poems earlier:

> Dark things are drawn to brighter,
> bodies languish in a flowing
> of colors, colors in music. To vanish,
> then, is the venture of ventures.

The arid noon of the first stanza is beautiful, a glorious sterility whose effect is the sapped wistfulness of the death-wish in the second stanza. This bleakness of tone then spills over into the third: "Drought all around." A colon follows, as though the desolation were about to be gathered into in a comprehensive general image or statement. But instead, the poem veers to a "sign" of faint but still audible affirmation. This unpredictable semantic "swerve," profoundly Montalean, is generated not by a penchant for rhetorical surprises but by the revulsion of repudiated life itself against such desolation. The noonday drought of the first two stanzas is so intolerable that a "relic / of life" stirs in the poet, signaling its presence in a "sign": the blue flash of a kingfisher hovering over some other "relic" still alive in the waste below—a glance at the reliquary-crucible of *"In limine."* Whether the "sign" causes, or is caused by, the affirmation, is irrelevant. In E.M.'s poetics of immanence, signs rarely function metaphorically, but rather metonymically, stating or suggesting the identity of object and subject, "you" and "I," and later, poem and triggering "occasion." In short, the last two lines transform the kingfisher into a sign of hope. However tenuous or illusory, that hope is a necessity. Men who inhabit a wasteland, whether Eliot's ("If only there were water amongst the rock . . .") or E.M.'s, live only in the prospect of rain, physical and/or spiritual; but what to E.M. matters more than rain is the relished expectation of it. "My genre," E.M. wrote *a propos* of his "turnkey" poem, *"In limine,"* "is entirely *a waiting for the miracle"* [E.M.'s emphasis].

Happiness won . . . (undated)

Poetry and poems about writing poetry are in E.M. almost always statements about living. Writing poetry is painfully frustrating because, despite the poet's best efforts, he is denied "absolute expression"; the veil of language cuts him off from "definitive *quid*" (see note on *"Maybe one morning . . ."*), from what Pavese once called "the word that translates everything." Now and then the miracle occurs; the veil parts for one brief instant as poem and poet seem to "break through," but then closes, leaving the poet with the disillusion inherent in even the finest work. All effort is somehow undone (see "The moment that spoils months of labor is here," in *"Haul your paper boats . . ."*), or the provoking vision is withdrawn (as in the last lines of *"The windlass creaks . . ."*). The inexpressible is to poetry what happiness is to life: no matter how close one comes to it, it slips away: fragile, precarious, elusive. The breakthrough thus ends in the banality of ordinary existence, the ordinariness made drearier by the intoxicating dream of *varco,* while the poet's hope of sustaining a poem at peak intensity dissolves into prosiness, into "literature":

> *But moldy dictionary words*
> *are all I have, and that voice of mystery*
> *dictated by love grows faint,*
> *turns literary, elegiac.*
>
> ["If I could only force . . ." in "Mediterranean"]

Poetry, like happiness, lies wholly in the pursuit, in the risky effort to get closer to what eludes one: to *see, feel, touch,* and *possess* it. Even if possible, possession is brief and ruinous: the memory confers only pain, the tedium of ordinary days tormented by the contrastingly dreamlike memory of what one has lost—a child's ball vanishing between the buildings.

Again the canebrake . . . (undated)

The poem provides a revealing example of the way in which, stanza by stanza, E.M. develops and modulates his themes. The first stanza creates a sense of incipient *varco* as the canebrake pokes fresh shoots into (an early spring?) sky that offers no impediment (*non si ragna*—literally, "not webbed by wispy streaks of cloud")—and the fruit trees probe their way beyond constricting walls. But with the stanza's final comma-weighted words, *all' afa stagna,* imminent breakthrough is blunted by the muggy staleness *(stagna)* of gathering haze. This oppressive heat spills over into the second strophe, bringing a sense of failed *varco* and blockade in the final line. Then, briefly, the sultriness arouses hope of rain. But the "expectation" (for E.M.'s poetics of "waiting for the miracle," see note to *"Splendor of noon outspread . . ."*) is abruptly voided by that emphatic *vacua* that closes the first line and anticipates the despair of the fourth. Still, such is the nature of expectation that the hope of rain persists, "encouraged" by the darkening sea and the thunderheads piling up, before collapsing into ashes. The word "ashes" enables the otherwise inexplicable transition to the apostrophe invoking the absent-present beloved (an anticipation of the Clizia figure of *The Occasions* and *The Storm*), which occupies the whole third stanza. Like the drought-born hope of rain, desire for the absent beloved lives on, burning in the ashes of "charred souls." (For E.M.'s imagery of fire and ashes, see notes to "Sarcophagi," *"Don't take shelter in the shade . . .," "Squander, if you want . . .,"* and "Arsenio.") Just as the sunflower aspires to the sun from which it draws its life, so the lover's longing pursues the beloved into the void that contains her, even though this may mean that the lover himself merges with, becomes the void, a hazy nothingness (see the "wan sunset" of *"Splendor of noon outspread . . ."*) into which his world on "this shore," the world-as-representation, vanishes.

Maybe one morning . . . (1923)

E.M.'s influence on the mind, imagination, and experience of modern Italy has been, without the slightest exaggeration, immense and radical. Not since Leopardi has any poet so profoundly affected the thought, language, and culture of his contemporaries. The poems, memorized by two generations of school children, continue even now to haunt the Italian mind, providing a point of reference, a model and touchstone by which experience is meditated and organized. In a 1949 essay, *"Tornare nella strada,"* E.M. would comment on the general failure to acknowledge the persistent subterranean influence of this "second life of art, its obscure pilgrimage through the consciousness and memory of men, its massive flowing back to the life from which art itself drew its first nourishment." One of the most revealing examples of this "second life" is the analysis of *"Maybe one morning . . ."* provided by Italo Calvino on the occasion of E.M.'s eightieth birthday. Calvino's discussion provides not only a penetrating (and appropriately philosophical) reading of E.M.'s poem, but also an extremely suggestive account of the way in which a poem memorized in youth is shaped by, and in turn later shapes, the rememberer. Adapted first by memory, it is subsequently deformed, then vetted and revetted by experience until it becomes indistinguishable from that experience itself—until it becomes, in short, a "life-text." But let Calvino speak for himself:

> A poem imposes itself on our memory (first demanding to be memorized, then remembered), and metrical peculiarities play a decisive role. Montale's use of rhythm has always fascinated me: paroxytone and proparoxytone, slant rhymes, rhymes in unusual positions. . . . Montale is one of those rare poets who know the secret of rhyme as a device for lowering, not heightening, the tone, with unmistakable effects on the meaning. In our poem, the *miracolo* (miracle) which closes the second line is informed by the rhyme with *ubriaco* (drunkard) two lines later, and the entire quatrain is left as it were in uneasy suspension.
>
> The "miracle" is the prime, never-contradicted Montalean theme of the "break in the meshes of the net" (see *"In limine,"* fourth stanza), "the link that doesn't hold" ("The Lemon Trees"); but our poem is one of the few occasions when the *other* truth presented by the poet beyond the continuing wall of the world is revealed in a definable experience. This truth, we might say, is neither more nor less than that of the world's unreality, if this definition doesn't run the risk of generically blurring something reported to us in precise terms. The unreality of the world is the basis of religion, philosophy, and literature, primarily Oriental, but this poem moves in a different epistemological horizon, all clarity and transparency, as in a mental "air of dry / glass."

Valmorbia . . . (undated)

One of the few poems related to E.M.'s experiences as an infantry officer on the Austrian front during the final years of World War I. In 1917, after an officers' training course at Parma, E.M. was dispatched to Vallarsa in the Trentino and put in command of a forward post above the Leno river, near the village of Valmorbia. Because he loathed violence and honored life in all its forms, he was extremely reticent about his military experience. "If I had to charge an enemy with fixed bayonet," he told a friend, "I'd have been dead right away; even in those days I wasn't very quick. Besides, I didn't hate the enemy, and I couldn't have killed either man or beast. . . ." His attitude, he felt, was later confirmed by events. One rainy night he was dispatched with his patrol to scout enemy positions; on every side he could hear shells exploding. Toward morning the patrol surprised three Austrian soldiers who surrendered without a shot. Later, in the pocket of one of his three prisoners, E.M. found a small volume of Rilke's poetry. For E.M.'s own poetic memory of the event, see "L'eroismo" ("Heroism") in *Quaderno di quattro anni.*

Like "Almost a Fantasia" earlier, the poem transforms the hellish shell-pocked slopes of the Vallarsa sector into a scene of idyllic Alpine beauty. The signal flares, like flowers, sprout on their stems; a trench—or rather a foxhole—becomes a cave or grotto; the night, whitened by flares and explosions, is a protracted dawn. The entire poem, in short, reveals the power of memory to produce timeless "oblivion / of the world," a perpetual "half-light" which, like all paradises, can create either an Eden (as here) or the paralyzed torpor of life-in-death (as in "Wind and Banners").

The poem's densely worked texture, above all the way in which E.M. here and elsewhere uses the phonic associations of proper names to create subliminally effective meaning, is sensitively registered by Almansi and Merry (37–38).

Your hand was trying . . . (1924)

In manuscript, this poem was inscribed "to P." [Paola Nicoli], to whom "The Lemon Trees" was, "with brotherly good wishes" *[con un augurio fraterno],* first dedicated.

The young lady—not the poet's beloved but a friend (E.M. pointedly uses the polite *vostra* instead of the intimate *tu*—persists in trying *[tentava]* to sight-read an unfamiliar score. She is a skilled pianist ("the language most your own"), but unspecified sorrow causes her to stumble, striking out chords that express the "notationless" grief she feels. The poem's "I" is of course E.M., the poet who consistently distrusted poetry as evasion of life and an emotional artifice. Like the woman, he too is unable to find words which express his real feelings (cf. "The real tale belongs to men of silence" in *"I know that moment . . .").* Frustration produces "blockade," a silence. But the silence is *shared:* at first with the woman, then with the scene framed in and beyond the window, which opens out *(varco!)* onto a vista of the wordless natural world—sea, sun, leaves, butterflies dancing in the light. Everything, man and woman included, merges in a music of silence, a *simpatia* that *precedes* words and which would be deformed by any language but this eloquent miracle of quietly shared ignorance. The breakthrough, like every such *varco* beyond the "fallen" world of language, lasts only an instant before being annulled by "ordinary reality" and deformed by notations—words, notes, images—fashioned in the hope of seizing the unseizable. But it is precisely these "flashes" that illuminate the world and on which memory therefore so needily fastens. Life provides what poetry at its best can only hope to hint at and revive. But that revival first demands the poet's candid confession of the inadequacy of poetry and an effort to strip himself of anything that might impede recovery of that pure-hearted "ignorance" that is the (Socratic) condition of any knowledge worth possessing. This at least seems to be the implication of E.M.'s famous eulogy of his dead friend, Sergio Fadin:

Always to be among the first, and to *know,* this is what matters, even if the *why* of the performance escapes us. The man who has had from you this high teaching of *daily decency* (the hardest of the virtues) can wait patiently for the book of your relics. Your word was not perhaps of the written kind.

["Visit to Fadin," *The Storm and Other Things*]

The children's farandole . . . (undated)

E.M.'s familiar paradoxical *motif;* life emerges from death (where else can it come from?), the timeless moment from time, joy from sorrow, the divine from the human. The poem celebrates the seasonal miracle of rebirth, life exploding from drought. The farandole (Ital., *farandola*) is a dance deriving from the Auvergne and Provence; hands linked, the dancers wind along the streets or through an open space, in this case the "crucible" of the Ligurian shore. Once again E.M.'s human beings reveal their oneness with the natural world by assuming the semblance of plants (see "Chrysalis," "Shoot stretching from the wall . . .," etc.). But as soon as the identity is asserted, and the language expresses the thought, then alienation, the sense of being "far from his ancient roots," slices down like a knife, and the momentary Edenic miracle (when "even names, even clothes, were sin") vanishes, leaving merely another relic, another "cuttlefish bone," on the beach.

Far from his ancient roots. A glance at Dante's Earthly Paradise (*Purg.* xxviii, 142): "Here the human root *[l' umana radice]* was innocent."

Faint wind-borne sistrum . . . (undated)

The disconsolate return to blockade after the preceding paradisal vision of children dancing is intensified in one of the bleakest poems E.M. ever wrote. The first stanza sets out the image of the cicada's dying music, a glancing metaphor (as in "The Shade of the Magnolia" in *The Storm*) for the poetic voice, solo and fading. The metallic, cicadalike chirr of the sistrum—the musically acute E.M. chooses precisely the right instrument—attenuates in the brown air (twilight? Dantesque limbo-light?) of a universal torpor. But, as the second stanza reveals, that same weak voice began as a surging spring, a "source" that branched out (see *"There Triton surges . . ."*), its network sustaining a feeble world incapable, it seems, of standing on its own. Such, once, was the magical power of poetry— a power capable (see "Almost a Fantasia") of invigorating, almost of creating, the world. But poetry, like the world it once sustained, has "fallen"; blockade is everywhere. Gesture, whether action or words, is wasted effort; it fills the darkening air of the third stanza with a quivering of vestiges, the relics of a life so spent that even the "void" (in the Greek sense of "chaos" as the primal matrix, the womb of miracle—see *"Maybe one morning . . ."*) cannot absorb them. The end is silence, as the vital energy that once surged into voice and action returns, stripped and bleak, to the source from which it came.

The windlass creaks . . . (undated)

The subject is once again lost love remembered, but also, more pertinently, the deformation of loving memory itself in the image of the beloved's once laughing face, now contorted and creased with age as the pail sinks into the black oblivion of the well. If the image of windlass and pail renews the past, it also intensifies the pain of separation and loss. As Dante's Francesca observes, *"Nessun maggior dolore / che ricordarsi del tempo felice / nella miseria"* ["No greater pain than to remember, in wretchedness, the happy time" (*Inf.* v, 121–22)]. It is added ironic pain that the image of the beloved is transformed as the years would have done, into "someone else," her features aged by the wrinkling water into which she sinks. With great deftness E.M. explores the modalities of memory. The rasping creak *[cigola]* of the windlass as it hauls up the brimming promise of the bucket, and then, with a screech *[stride],* lowers it back to the depths, recreates the shock of memory suddenly surfacing and then abruptly vanishing, at the same time that the tenuousness of the image, the wavering features and evanescent lips, suggest the beloved's unseizability *[inafferrabilità]*. The idea, reminiscent of Dante's frustrated efforts to embrace a shade that, like smoke, evades his grasp, appears, never exactly repeated, throughout E.M.'s poetry. See, for instance, "Pool"; or in *The Occasions,* the image of the cable car in the motet, *"Flower on the cliff's edge . . . ";* or in *The Storm,* the escalator image of "A Metropolitan Christmas" and the ghostly visitation of Clizia in "Voice That Came with the Coots."

Haul your paper boats . . . (1924)

E.M., writing to Giulio Einaudi (Feb. 16, 1942):

If the drafts of the ornery *Ossi* are still within reach, I'd like to request a correction . . . that is, in the twentieth of that series of "true and proper" "Cuttlefish Bones"—the one beginning *"Haul your paper boats . . ." [Arremba su la strinata proda . . .].* In the last line the word *amarra* [draw on shore, i.e., to beach], which I changed to *ammara,* should (if possible) revert to the original word, *amarra.* The line should be corrected as follows:

Amarra la tua flotta tra le siepi.

[Beach your fleet, secure it in the brush.]

In fact, *ammarare* means "to moor" and in 1925 I was certainly influenced by the Ligurian *amurrà* which means "to beach," exactly what I wanted to say. Consulting the dictionary misled me. . . .

E.M., in a letter to Gianfranco Contini (Oct. 31, 1945):

By *padrone* [*"fanciulleto padrone"* in line 3] I meant the person who deals in small trading without being certified captain; so if you find something like "my little sea-wolf, my four-penny commodore," you'll be more on target. However, *padrone* [master] is a legally recognized title. . . .

This scrupulous attention to minute detail, so characteristic of E.M., is anything but finicky. Meaning lies in nuanced detail. A *beached* boat is drawn ashore; launched at the propitious moment, it is ready to confront the sea: a *moored* boat is fastened to manmade ballards or wharf-cleats. As always, E.M. chooses the interstitial point in both time and space for the frail craft of poetry and the precarious works of man: sheltered from the evil spirits at sea, but safe too from the perilous moment that threatens "months of toil" and the landward dangers from the walled orchard. Neither nature nor culture; neither-and-both.

Hoopoe, merry bird . . . (1924–25?)

The common European hoopoe (*Upupa epops*—derived onomatopoetically from its call, "a low, far-carrying *poo-poo-poo*") is a thrush-sized bird with barred black-and-white wings and tail. Its most conspicuous feature is its great semicircular erectile crest, bordered with white and tipped with black, resembling a medieval jester's cap. The crest is normally depressed but, when erect, opens and shuts like a fan, repeatedly. An early March visitor to Italy, he is regarded, like the cuckoo in England, as a "herald of spring." The hoopoe was first "slandered" (that is, represented as an avine clown) in Aristophanes' *Birds* (which in turn plays on Sophocles' representation of Tereus as a hoopoe in the lost tragedy, *Tereus*); but E.M. is probably referring to Parini, Boito, and Foscolo, in whose writings the hoopoe appears in an ominous, even sinister light.

Above the graffiti-covered wall . . . (undated)

Finale of the suite, this bleak little poem closes on a note of bemused resignation: *varco*, a passage seaward past the confining wall is apparently impossible (or possible only to those boats anchored in the bay). Impasse, it seems, is a permanent condition. The reprise of earlier images and motifs (wall, shards, vault or dome of the sky, waking mornings, etc.) is sustained by the familiar counterpointing of polarities: land/sea; blockade/liberation; finite/infinite; transient/timeless; necessity/miracle; workaday limbo/paradisal.

The poem's setting is anything but idyllic: an urban or resort waterfront consisting of wharves, anchorage, marina, a street with a large wall (a *muro* that becomes a *muraglia* in the third stanza) shading (at sunset?) a couple of benches. The wall itself is covered with graffiti, an image of human transience that is also intended (as E.M. once observed) to convey a sense of the city, of the "blockade" of everyday life. In pointed contrast, the phrase *l' arco del cielo* ("the vault of heaven") is a literary locution whose purpose is to evoke the grand celestial architecture, Ptolemaic and Dantesque, which it once designated. That ancient cosmos, as the stanza's final, one-word line *finito* so emphatically declares, is not only "finite" (limited) but is now "finished," "gone," "done for."

The second stanza extends the emphasis by cosmologizing the "blockade." What was once a vital flame (see note on "Sarcophagi") surging through the "veins" of a sentient universe is now nothing but shards: cold, lifeless abstractions (cf. "the bright air" in *"Don't take shelter in the shade . . .,"* where these ideal forms could still be glimpsed behind phenomena, and which are here irreparably broken and scattered).

The third stanza "comes to terms" with this reality. No sudden breakthrough into *varco*, merely a tonelessly patient acceptance of *noia*, the tedium of ordinary existence lived without expectation of "miracle." An ordinary new day opens onto a prospect of stale sights and all-too-familiar objects—wharves, wall, road—their banality conveyed by a long string of flat -a's: "banchine / e la muraglia e l'usata strada," etc. Hope of escape, if any, is very glancingly and negatively hinted by the sight of boats riding at anchor—that is, temporarily confined for now but capable of, and indeed built for, *varco* seaward. They are thus analogous to the faint but unkillable hope anchored in the heart of the observer—a hope that will be unexpectedly liberated by the joyous apparition or "sign" of the two blue jays diving seaward in the first poem of the great suite of "Mediterranean" that follows.

Mediterranean (1924)

Joseph Cary (259–60):

"Mediterranean" . . . is a genuine suite of nine parts which, as the name indicates, faces away from the baked and stony land towards the sea. "I am a tree burnt out by sirocco," Montale wrote to Svevo in 1926, apropos of the life expressed in the pages of his recently published book, and this is an image which in its desolation and suggestion of helpless capitulation to "superior" powers certainly corresponds to a major portion of the experience given by the poems. . . . [Elsewhere] Montale uses a different gathering metaphor: "In *Ossi di seppia*, everything was drawn and absorbed by the fermenting sea. . . ."

The sea indeed is the other aspect of riviera, experienced not only as "distance" or barrier but as Thalean *source,* a power in and through which change into something rich and strange is conceivable, *varco* and/or transfiguration a possibility. In the early [poem "Seacoasts"], for example, the sea is hailed as a Dionysian force bearing the individual beyond himself into some renovative communion with all Nature. In "Falsetto" the sea is Esterina's divine lover, reinvigorating and purifying the creature who dares its protean arms, though a mocking menace to the race of those who remain on earth. Doubtless part of what makes Portovenere a place of "origins" is its intimate involvement with the sea. But "Mediterranean" is Montale's major poem based on this dispensation.

Noons and Shadows

End of Childhood (1924)
Almansi and Merry (46–47):

The first of the three parts in ["Noons and Shadows"] opens with ["End of Childhood"], . . . the longest poem in *Ossi di seppia* and also the poem most deeply rooted in the author's past. [A. Seroni has] pointed out how it presents us with "a frankly stated ideal topography" of Montale's discovery of the world. First of all he sees a closed centre, "hospitable, defended from the outside, isolated and static in the face of the elements." Here the child takes up a position of ecstatic contemplation, his soul still unconscious of the "male di vivere" [evil of living]. Next the boy moves into a ["game with the outside world"]: Montale says . . . [that] "things became clothed with names, / and our world acquired a centre." This stage of "game with the outside world" . . . is a period when the horror of visions, the threat of a *procelloso evento* [stormy happening], is suspected but as yet not understood. Finally, the whole of nature is explored and grasped as the permanent beckoning image of return to a place of peace and quiet typical of childhood.

Agave on the Cliff (1922)
A lyric suite like "Sarcophagi," consisting of three movements, each devoted to a different wind and linked by the agave with which (or whom) the poet in the first poem identifies himself. (For the important and persistent motif in E.M. of "the human plant," see *"Suddenly, at times . . ."*—In this flower I tremble toward the sea"—but also *"The children's farandole . . ."* and "Arsenio.") Physically, the setting is a Ligurian cliffside fronting the sea. Existentially, it is the liminal outpost of an undecided self whose conflicting spiritual impulses—confinement and immobility (expressed as earth-rootedness) on the one hand, and boundless free movement (sea, sky, birds) on the other—are set against each other in revealing dialectical tension. In this context the three winds represent the environing world, changing aspects of that "weather of reality" to which the conflicted self-as-agave responds and, by progressing from bud to blossom, defines itself.

Scirocco: oppressively hot, moisture-laden, southerly wind whose relentless blowing is both nerve-racking and debilitating. Here it functions as a dissolvent of reality, creating a chaos ("that seething / of every essence"): objects, events, and light, even time itself, become a jittery, unintelligible confusion in which will, identity, and purpose all disappear. The agave-as-poet responds with an ambivalence born of his nature and place. Earth-rooted and immobile, it flinches from the convulsive flurry of the sky and the gaping jaws of the sea, while at the same time it wants *not* to resist, craves to repudiate its roots and dissolve sympathetically with everything else in that chaotic *unisono* of nature which prevents the tightly budded agave from blooming and the torn "I" from winning an identity.

681

Tramontana: powerful, bitingly cold northerly wind—the antecedent of E.M.'s later metaphysical storm-wind, *la bufera* (see, for instance, the second and third sections of "Bellosguardo Times" in *The Occasions*). Unlike the dissolvent *scirocco,* the *tramontana* is "a will of iron," an alien force of different nature ("how alien they seem, these ghosts / that flash past") to which the slender agave must in order to survive resist with all the strength of its earth-hugging roots. (For thematic anticipation see the last two lines of "Falsetto"; for reprise, see the image of Arsenio as "a reed dragging its roots, all slime, / never torn up, quivering with life.")

Mistral: strong, cold, dry wind from the north—milder in Liguria than in the Rhône valley—always accompanied by brilliant sunlight and cloudless skies. In such favorable weather the poet-agave bursts at last into bloom, fully realized. But only momentarily. The expansive calm of sea and land prevailing in the first three (untranslatably rhymed and intricately assonant) stanzas is not shared by the agave, whose ambivalent nature—earth-rooted but sea-leaning and sky-aspiring—is metaphysically restless *(mia vita turbata),* discontented with its own rootedness when challenged by the seabirds soaring past with their migratory, transcendental injunction: "Farther!"

Pool (1923)

The Italian critic d'A. S. Avalle has argued that the chief theme of this dense little lyric is that of a defeated or blockaded memory.* Fraught with the promise of meaning, the memory attempts to surface to the mind of the rememberer; failing, it recedes, stillborn, to the depths below. This theme and its associated images link it, according to Avalle, to "*The windlass creaks . . .*" earlier, and to its full, final expression in "The Earrings" in *The Storm and Other Things.* Despite its interpretative richness and subtlety, Avalle's analysis is not, I think, wholly convincing. The argument, as Luperini has observed,† is vitiated by being based upon the 1926 version of the poem rather than the definitively revised 1942 version (from which E.M. cut fifteen lines or more than half the original poem). The result is two very different poems, which it would be critically improper, as well as misleading, to conflate.

If we stay with the text as revised in 1942 and refuse to allow the earlier version to influence our reading, then the theme of the poem can only be, as Luperini maintains, failed or defeated identity. The poem means what it seems to say: an unformed embryo of incipient life struggles vainly to emerge and "become," to acquire an individual name, then fails and sinks back, drowning into the undifferentiated life below. Such a theme obviously links the poem intimately to other instances of unrealized life or failed birth: to "Scirocco" with its "buds clenched tight / incapable of breaking into bloom," and to the "strangled life" *(vita strozzata)* of "Arsenio"; to the "drowned presence" *(O sommersa!)* of "Encounter"; or the "failed miracle" of the female figure in "Chrysalis"; and even to the agonizingly frustrated coast-haunting spirits of "The Dead," struggling to return to life.

But the poem says more, or says it more interestingly, than Luperini allows. The first two lines, for instance, are mediated by an (oddly undetected) allusion to Dante, and, through this allusion, they confirm and deepen the paradisal motif so tellingly sounded in "End of Childhood" and again in "Eclogue" and "Slope." If we read naturalistically, the setting of the poem seems distinctly strange: a man-made pool, suggestively formal, but improbably edged by flowering belladonna (from Ital. *bella donna*), better known

---

* *Tre saggi su Montale* (Turin, 1970), 32, 79, 82.

† *Montale e l'identità negata* (Naples, 1984), 69ff. See also Luperini's *Storia di Montale* (Bari, 1986), 46–47.

as deadly nightshade, hardly the ornament of choice. Behind this odd and obviously contrived setting, we—that is, educated readers of Italian—are surely meant to catch a glimpse of Dante's Earthly Paradise (*Purg.* xxviii) and the springlike apparition of Matelda, her arms full of freshly gathered flowers. There by the water of Lethe, Dante addresses her: *"Deh, bella donna."* She approaches, smiling from the other side of the stream *(Ella ridea dall' altra riva dritta).* Later, to Dante's surprise, she is still smiling "in this place chosen / for the nest of the human race." In sum, all the elements—*bella donna,* flowers, water, smile—item for item, of E.M.'s idyllic setting, in which paradisal felicity and timelessness are suggested by the smile that brushes the tremulous, miraculous *now* of heaven-reflecting water. Then, as in "End of Childhood," the paradisal "instant of forever" is abruptly shattered: in "End of Childhood" by the "expectation of a storm," a wind kicking up; in "Pool" by a tossed pebble that cracks the glassy film of the water. In both poems the illusion of happy enclosure is suddenly and irreversibly revealed for what it is. Like the opaque forms in *"Above the graffiti-covered wall . . . ,"* the heavenly apparitions glimpsed in the pool are dispersed, and the wrinkled water becomes the image of time and history *(il tempo fatto acqua)* as in "News from Amiata" *(The Occasions)* and *"The windlass creaks . . ."* Fallen from Being into Becoming, the embryonic "I" flinches in shame from the Beatrice-like observer of his defeated struggle, though she has almost certainly been at his side from the beginning, smiling at him as Matelda smiled at Dante.

Eclogue (1923)

An important poem, too often dismissed as a simple "farewell to youth." Ostensibly a poetic contrast of *then* and *now,* it engages and inflects E.M.'s familiar polarities. Thus the child's "eternal instant" is set against the "fallen" world of adult time; silence is opposed to sound, the miracle to necessity, *varco* to "blockade." Thematically the poem looks back to "End of Childhood," "Almost a Fantasia" and *"There Triton surges . . . ,"* but it also glancingly anticipates the final poems, with their saving apparitions of female figures— "Chrysalis," "Delta," and "Encounter," and, still later, the great poems of *The Occasions* and *The Storm and Other Things* with their supreme angelic *donna,* Clizia.

The first stanza evokes the stunned world so vividly limned in "End of Childhood": a paradisal Ligurian noon, alive with tremulous olive trees, birdsong, and freshets. Like any Eden, this world and the childhood inseparably linked to it are doomed to pass: too good, too perfect, to last. Its air, as the pivotal last line tersely informs us, is "too still."

The second stanza accordingly begins with gradual dissolution of the idyll. As afternoon advances, the magical iridescence of "watered blue" (see note on "Moiré") fades into a grisaille of haze. Time now threatens, the illusion of permanence disappears: "all around / a lost hour sheds its chains." In "End of Childhood" the timeless "instant of forever" was dissipated by the expectation of a storm; here, the paradisal silence is shattered by a succession of discrete, everyday sounds: a train, a shot cracking "the glassy air," a flock of startled birds. The instant vanishes, burned away *(bruciata;* cf. "I know it well: burning— / this, and only this, is my meaning," from final poem of "Mediterranean"), leaving as its ashen residue the bitter memory of paradise lost.

But in E.M.'s world life survives in such residues. Hope in particular persists, a smoldering in the ashes of memory. And it is hope that quickens ("Soon the idyll can be reborn") in the third stanza. But the haze deepens, and the miracle fails to take place, expiring in the thickening blur of heat. For one tantalizing instant, however, a woman's figure flickers faintly in the scrub. But she is not the maenad or Bacchante who might have been expected to appear "in these Saturnalias of heat." Who is she then? We cannot of course be sure, but the shy or elided female epiphanies in such poems as "Delta" and "Encounter" suggest that her apparition belongs, not to the childhood world of undifferentiated (Dionysiac) being, but to the visionary world of adult self-making. In more literary terms, she belongs, like the savior-*donna* of *"In limine"* and later poems, to a (modified) Dantesque, not D'Annunzian, order of things, a presage of things-to-come: an evanescent "presence" and bearer of a very different "miracle."

It is her abortive apparition that explains, I think, the tone of disillusioned or deeply bemused detachment audible in the words of the "I" in the fourth stanza. Like the boy he once was, the remembering man returns to the moonlit thorn-brake *(tra i vepri)* to hear the prodigy: the whistling hares. Once he had returned home from daylong vagabondage in riotous union with Nature; but, sensing that the miracle has somehow vanished, he sets out to rediscover it in the wild scrub. Like the boy, the adult man also returns to his *paese* but, because he has changed, finds himself estranged, unable to recover the old ecstasy. What he seeks in the moon-lit scrub is not the boy's prodigious hares but the vision of the woman briefly glimpsed in the afternoon haze—an apparition (like that of *"In limine"*) that summons him to "advance," to emerge and *live*. If the poem is a "farewell to childhood," it is that of a man who stands, diffidently conflicted, at the threshold of a *vita nuova*. Behind him, potent in memory, is the idyllic world to which he can no longer return; before him is the world to which his future calls him and which he regards with desire but also apprehension, feeling perhaps unequal to its ardors and that his failure may (as in "Pool") cause the vision to be withdrawn.

Flux (1924)

Like "Eclogue," a contrast of then and now, past and present, lived life and remembered life. Structurally, the poem is divided into two parts, two perspectives, each capped by a differently bleak judgment of existence. The first is based upon a succession of unrelated items or "instants": trickling brook, trembling elders, droning of bees, flotilla of paper boats, an arrow impaling a post. Elsewhere, in a different context, these instants might have coalesced into anticipatory "signs" of "the miracle"; here they are simply items in a random, indifferent "now," incapable of cohering into meaning. Life, in short, as detritus: a desultory profusion of merely banal objects and events: "more futile than / cruel." Continuity is provided by the boys who return "every minute, every season." In the second part the perspective of the returning boys is set against that of the adult man making his return to the same events, the "vivid shards" of a past indelibly limned in memory (just as in "End of Childhood" the sight of a man on a mule "was stamped forever on that laundered / blue—and etched in memory too"). But, like the hoped-for "miracle," the past is irrecoverable. Disillusioned and estranged, the man glimpses a world of total flux, full vision of which he sympathetically transfers to the greater experience and ruthless candor of the venerable statue of goddess Summer (a glance perhaps at the statue of the snub-nosed Seasons—*Le Stagioni camuse*—in the garden of Guido Gozzano's "Signorina Felicitá"). Herself a vandalized (i.e., enduring but destructible) image of time *sub specie humanitatis,* not *aeternitatis,* knowing that she is ultimately as doomed as everything else, the goddess shrinks into the encircling ivy as though shielding herself from the injury of absolute time, the (Heraclitean) flux or cyclical torrent of Life ("more cruel than futile")—a torrent that overpowers everything in a "chaos of debris," statues and paper boats alike, and plunges for that abyss which Dante calls *lo gran mar de l' essere* ("the great sea of Being").

Very different interpretation, however, is provided by Silvio Ramat in *Montale* (Florence, 1965), 65–66:

"Flux" (or "Flowings") is of an artistic quality quite different [from that of "Eclogue"]. It too is linked, rather more closely, to "End of Childhood" and to other poems as well. Once again (for the third time) we see boys intent on launching paper boats (the same words used in the "Epigram" for Camillo Sbarbaro), while the theme, rather more severe, recalls *"Haul your paper boats . . ."* But generally we can say that in all the poems of "Noons and Shadows" encountered up this point, we are involved with poetry of generous, perhaps benevolent memory. Even in a composition like "Flux," which has its moment of apparent agitation (in the flux of all things in "the great descent" which causes the foundering of "the little schooners . . . / in riptides of lather"), the feeling is one of tranquil vision, a feeling strong enough to reverse the meaning intended by Montale's own conclusion ("and life is more cruel than futile"), and leaving us with the more vivid impression of life as defined at the close of the first section ("this squandered waste / of everyday events, more futile / than cruel").

Slope (1924–26?)

In a note to P. Gadda Contini, E.M. set forth his motifs. Chief among them was the Ligurian countryside, which he described as being both "extremely universal" and "at times hallucinated but often naturalistic." Few of E.M.'s landscapes are more hallucinatedly universal than that of "Slope." A few physical details (eroding cliff, sea, sunlight, a possible cicada) support a bleak metaphysical geography and the darkening of an existential day. "My life," E.M. had said in "Mediterranean" V, "is this dry slope *[clivo].*" The focus in "Slope," however, has been widened to include a vision of man's life as dissolution and declivity from youth to age, strength to weakness, boundless hope to defeated acceptance. The day dawns with a fanfare of trumpets expressive of the brash vigor of the early light and youthful hope undimmed by memory. The geography is elemental: transient earth confronts eternal sea. At their mutual frontier, the cliff, these two overlapping but incompatible "orders" meet and collide. Like the storm-lashed agave earlier, the cliff stubbornly resists the onslaught of the sea, here too the daimonic manifestation of an infinite, timeless order. The "word" that plunges from cliff to gorge is the voice of the eroding cliff, the very sound of earth dissolving—transience enacted—on the breakers. The challenge that it trumpets to the sea is possible, however, only to the vaulting confidence of youth, a fact forgotten or unimaginable in the bright morning world, memoryless in the overpowering promise of the day.

In the blazing heat of the dangerous hour of noon, hope and confidence, like the imagined world itself, shrink ("the end is certain now"). A shrilling cicada (the timelessly undying voice; see "Eclogue": "only the grave cicadas can endure / in these Saturnalias of heat") scrapes away "at the chain" whose links presumably "bind us" to the causal structures of ordinary time and reality. In the second strophe, the landslide is universalized. Certainties dissolve, individual forms, identities, objects crumble, almost it seems with a relief of defeat. Rooted things dig in. Paths on the cliff collapse as hands grope for purchase. But struggle is futile. As the day wanes and darkens, a different "order"—the undifferentiated world—descends. And just as in "Flux" an ordinary summer stream is swallowed up in the seasonless "great descent" of Heraclitean flux *(panta rhei),* so here the undifferentiated eternity of the background (night, sea death) swallows up the transient foreground (earth, day, life). The effect is the total shattering of the chains filed by the rasping cicada in the first strophe. Freed of "limits"—liberated, that is, from individual forms and identities—the persons and things of the visible world sink resignedly, almost with the relief of defeat it seems, into the dark blank of the abyss, where they become one with the night, the crumbled cliff, and the sea.

Throughout the *Ossi* the temptation to immerse oneself or drown in an underwater nirvana persists. But never until now has the pull of negative transcendence on a life-weary world been rendered more apocalyptically, with a deeper sense of absolute defeat, than here. Simply compare, for instance, the ecstatically reverent hymn, all balance and good health, of contentedly differentiated morning-man addressed to the sea, the great undifferentiated "other" of "Mediterranean" III. There too the cliff with its boulders confronts the sea: "Hard matter intuited / the approaching gorge and quivered, / and the tufts of the reeds, eagerly / swaying, spoke assent / to the unseen waters. / O immensity, it was you, redeeming / even the stones in their suffering: / in your jubilation the fixity / of finite things was justified." In contrast, "Slope" ends, not with trumpets but a dissonant animal *ululo* (squalling, howling), the keening horns of defeated life. The world *cielo* (sky, heaven), as Cambon has without exaggeration observed, "touches off the *Götterdämmerung* of *sfacelo* [undoing, ruin]." This word closes the poem. Accented on the antepenult, it pointedly refuses closure and produces an aposiopesis in which the poem, like the cliff it describes, crumbles away, disintegrating into the abyss and whatever, if anything, lies there or beyond it. It is into this abyss that Arsenio, a man drowning in the tenuous hope of living, if only in the life of another, now makes his descent.

Arsenio (1927)

E.M.:

The oldest poem in the book—"*To laze at noon . . .*" etc.—belongs to 1916; the most recent—"Arsenio," to 1927. The arrangement of the lyrics is more or less chronological only in certain groups, but the various groups should be regarded as parallel. . . .

* * *

I didn't think [at the time of *The Occasions*] of pure lyric in the sense it later had amongst us [in Italy] too, of a play of sonorities; but rather of an end-result which had to contain its themes without revealing them, or rather without flatly declaring them. Granting that in art there is a balance between external and internal, between the occasion and the work-as-object, it was necessary to express the object and mute the provoking occasion. A new non-Parnassian way of immersing the reader in *medias res,* a total absorption of intentions in objective results. In this also I was driven by instinct, not by theory (I don't believe that Eliot's theory of the "objective correlative" existed in 1928 when my "Arsenio" was published in *The Criterion* [in an English translation by Mario Praz]).* In substance, it doesn't seem to me that the new book *[The Occasions]* contradicted the results of the first *[Cuttlefish Bones]*: it eliminated some of its impurities and tried to attack that barrier between internal and external which seemed to me insubstantial even from the epistemological point of view.

—"Imaginary Interview" (*Sulla poesia,* 566–67)

---

* [*Stanley Burnshaw provides a useful history for this charged phrase:* " 'The phrase was formulated by a half-forgotten classicist, Washington Allston,' says Harry Levin, *Context of Criticism,* Cambridge, Harvard University Press, 1957, p. 259. 'Eliot himself was surprised when he learned about the origin of the phrase . . . But the actual phrase comes from the lectures on art, posthumously edited by R. H. Dana and published—as I remember—around 1850' (p. 16). —Personal letter to me. See also Bruce R. McElderry, Jr., 'Santayana's and Eliot's "Objective Correlative," ' *Boston University Studies in English,* III, 1957, pp. 179–181." Stanley Burnshaw, *The Seamless Web* (New York Braziller, 1970, 75). —R.W.]

The poem, rightly regarded as one of E.M.'s most sustained and powerful, even in its extraordinary bleakness, has produced extensive critical exegesis. See Almansi and Merry (49–52).

Chrysalis (1924)
The most searching account in English of this powerful poem is that of Cary (268–72).

Moiré (1925)
Etymologically derived from *mare* (sea), the Italian title-word *marezzo* means "marbling" or "watering," a marblelike or wavelike effect produced by means of irregularly striated colors or markings on a neutral background; also an iridescent ripple-pattern in fabrics, i.e., moiré or shot silk. E.M.'s method in this sea-drenched book is to energize the etymon.

"Moiré" is an intricate *tour de force,* as thematically dense as it is formally elaborate, which harkens back to two *Ossi brevi,* "*Don't take shelter in the shade* . . ." and "*Splendor of noon outspread* . . . ," and, in its own "Noons and Shadows" section, to "Arsenio" and the final stanzas of "Chrysalis." Thematic conversation, as well as variations are maintained through the familiar contrast of land/sea, transience/eternity, dark/light, mobility/immobility, the world below *(quaggiù)*/the world above *(lassù).* Thus, in *"Don't take shelter* . . ." the poem's kestrellike *tu* is urged not to seek shelter in the thicket of the canebrake ("stricken as though with sleep") and instead to risk the Dantesque heights, soaring upward toward the "one certainty," the blazing light of an absolute Noon. To these contrasting terms "Moiré" adds a contrast implicit in their very polarity—that of equilibrium, of balance won and balance lost. Thus the poem's first line—"You bail, the boat already lists" *(Aggotti, e già la barca si sbiliancia)*—suggests a doubly threatening balance: the boat lists, and the bat-haunted grotto is disturbingly dark. So dark that it requires a corrective light. The rower accordingly "adjusts," his companion bailing while he heads out toward open water and the light. The sequence, the reader will already have noted, involves a reprise of E.M.'s most persistent motifs: a barrier or blockade (the cramping walls of the cave) and *evasione* or *varco* (breakthrough from darkness to light).

Outside it is noon, full *meriggio,* the sun directly overhead. And now a new imbalance is felt. "Too much light," as in *"Splendor of noon outspread* . . . ," confounds by dissipating all shadow, inducing a physical torpor but also a transcendental rapture. The oars of the boat lie slack in the oarlocks while memory and desire, vectors of individual identity, are adjured not to disturb the spell of this timeless noontide. Later, in the eleventh stanza, the rower's (presumably hesitant or reluctant) *tu* is urged to let her name "splash, sink / like ballast in water," i.e., to jettison that individuality that for E.M. is conveyed by the possession of a face and a name (see the last line of "Pool" and note thereon). By so doing, the individual or differentiated self vanishes, melting into the Undifferentiated, the world of pure, sheeted Being represented by the absolute *meriggio* of this and other poems. In this world everything—forms, objects, shadows—dissolves into an iridescence of powdered light: "a shimmer of dust, / mother-of-pearl" in *"Don't take shelter* . . ." and in *"Splendor of noon* . . ." a light that turns everything into "a tawny shimmer." Thus, in Schopenhauer (an important and neglected influence in E.M.'s earlier work) the shattering of the "principle of individuation" (likened to a frail boat in a heavy sea) gives immediate access to the world of the Will that lies behind the illusory veil created by the World-as-Representation.

In any case, for E.M. the effect of the absolute Noon on those susceptible to its spell is attenuation or even dissolution of personal identity, which yields in turn to transcenden-

687

tal rapture or ecstasy. In the stillness of this sunstricken ecstasy (compare Arsenio's "too familiar / ecstasy . . . of inertia"), enfolded by "swarms and soarings," purpose, resolution, and "thoughts too lonely" (i.e., too individual) disappear into what E.M. in the crucial eleventh stanza of the poem calls an *astrale delirio* (astral delirium). If *astrale* here is taken in a Dantesque sense, as I think it should be—i.e., as a reference not to the stars generally but rather to *the* star, the sun, then *astrale delirio* will mean "passion for the sun" or "solar frenzy" (a phrase that recalls E.M.'s transcendental sunflower "crazed with light" and the closing lines of *"Don't take shelter . . ."* To this rapture the poem's speaker— a transparently Montalean persona—is all too susceptible. Indeed, the very lability of his persona is evident in his failure throughout the poem to make use of the pronoun "I," as though, like a man in love, his identity had already vanished, or were struggling to vanish, into the greater reality / identity of "you" and "we." In any case, what we know of him is largely conveyed by the way in which he courts his companion's complicity, urging her to share his ardor and rapture. But again and again his words betray a sense that this paradisal *varco* is as elusive as its bliss is brief. Thus in the seventh stanza, as though trying to sustain his *delirio* by the thought of its opposite, he somberly reflects, "Everything will roughen soon, / the waves darken with whiter stripes." Try as he will, he cannot erase the awareness of time *(il sentimento del tempo)* that persistently erodes his rapture. "Let your brimming heart dissolve," he urges his *tu*, "in these waves yawning wider," as though her "brimming heart" could somehow quell the roughening water. Only for the child (see "End of Childhood") is the miraculous "instant of forever" *(quella / eternità d'istante,* as E.M. will later call it), safe from the menace of time, and even then it is troubled by a vague awareness of things changing—a wind kicking up, a slope crumbling, a sudden darkness or void. For the grown man the miracle—whether in love, thought, or poetry— is as rare as it is precious, requiring of its seeker not so much luck as the possession of a second, adult innocence born of patience, endurance, and a knack for coping honestly with one's lived contradictions.

The evidence for this is not only the poetry but E.M.'s own words. "For me," he remarked in an interview, "the miracle was as manifest as reality. Immanence and transcendence aren't separable, and to make a state of mind out of the perennial mediation of the two terms, as modern historians propose, doesn't resolve the problem, or resolves it with an optimistic wave. We need to live our contradictions without evasions, but also without enjoying it too much. . . ." Immanence is lived *quaggiù,* "down here" in the everyday world of transience and change; transcendence is the life of *lassù,* lived "up there" in the solar radiance of the eternities. In human existence these polarities mingle without fusing, making a moiré or marbled pattern whose veins darken or lighten according to the time and weather of experience (e.g., "Everything will roughen soon, / the waves whiten with darker stripes").

Man himself is a moiré or *marezzo* variously veined dark and light by the contradictions—above all, that of immanence and transcendence—woven wavelike in his nature. At most times in most men and women these contradictions, though differently weighted, are dialectically linked: mutually, dramatically, reactive, and suddenly changing their patterns with unpredictable kaleidoscopic effect. Thus in the eleventh stanza the speaker's "solar frenzy mounts" but in the next line the ecstasy is recognized for what it is—*un male calmo e lucente* ("a malaise, quietly shining")—a strange ecstasy that combining both rapture and awareness of the cost of such rapture—a subtle complexity of feeling only possible to a (Montalean) veteran of transcendence. But the point is essential both to the poem and the book as a whole. The ecstasy of what E.M. has elsewhere called "the transcendental I" is not only risky but destructive, a light that in E.M.'s words, "carries us toward a non-individual, and therefore non-human condition." The triumph of either polar extreme—immanence or transcendence, dark or light, evil and good—would mean obliteration of that moiré that makes us both individual and human.

The final stanzas of the poem return the poet and his companion, saddened but still dazed by the afterglow of their "solar frenzy," to the world of time and immanence. The spell is broken; they feel the sudden weight of their own bodies; their very voices sound strange. But even while acknowledging that they are unchanged, i.e., not what they hoped to be (*non siamo diversi,* "we're no different"), the poet (transcendentally) urges his beloved to share his "ecstasy of inertia" and to sink down with him into a nether oblivion, the thickening sea-blue stasis or Nirvana of the abyss.

For a compelling but somewhat different reading of the poem and an extremely valuable account of the complex and powerful theme of *mer-riggio,* see Nicolas J. Perella, *Midday in Italian Literature* (Princeton, 1979), especially pages 240–62. The extraordinary lexical and syntactical richness of E.M.'s poetic style, as exemplified by the first two stanzas of "Moiré," has been closely and persuasively analyzed by the Italian critic Pier Vincenzo Mengaldo in his brilliant study, *La tradizione del novecento* (Milan, 1975), 92.

House by the Sea (1925)

See Almansi and Merry (56–59).

W.A.: *does spiny Corsica or Capraia loom, / through islands of migratory air.* "According to legend, the promontory of Portofino is thought to be the farthest frontier of the living, from which can be seen, floating in the distance of the sea, the Island of the Blessed. This may be a rationalized reference to Corsica, which on very clear days can be seen rising from the sea." *Guida all' Italia leggendaria* (Milan, 1971), 311.

The Dead (1926)

The dead, as the final *si sommergono* indicates, are "drowned" or "submerged" existences. Metaphors of immersion and/or submersion occur frequently in preceding poems, but there are marked sea-inflected differences. In "Falsetto," for instance, Esterina, like a Ligurian Venus Anadyomene, surfaces, invigorated by immersion in her natural element, the breakers. In "Pool" a stillborn "life" struggles in vain to emerge as an individual from the undifferentiated depths of the pool. Arsenio—Montale is "a reed dragging its roots," a "descending" man swallowed by "an ancient wave." The *tu* of "Moiré" is adjured to let her heart "dissolve / in these waves" and her name sink "like ballast" in the water. In "Encounter" the numinous female figure is apostrophized *("O sommersa!")* as though she were in fact dead, a drowned presence. And in the following poem, "Delta," the poem's *tu* is a "stifled presence" *(presenza soffocata)* both in the poet's life and in the torrent of time, which has absorbed her individual/personal "time."

According to the *sommerso* who narrates the poem, the dead yearn to return to the land of the living—represented as a Dantesque "opposing / shore"—where they were buried, presumably one of those Ligurian cemeteries situated, like Valéry's *cimetière marin,* on a patch of high ground fronting the sea. In E.M.'s poetic eschatology, these dead share the defining passions of the species, itself conceived as a consortium that includes not only the living and the dead but variant forms of the "strangled life"—i.e., the living dead, the timid or defeated Limbo shades, existences unlived or unrealized—whose individual differences are all annulled in the community of universal "shipwreck." Like the living, these dead *sommersi* know the bitter frustration of "blockade" and lifelong imprisonment behind a "sheer wall" (see *"In limine"*), in their case the barrier of the opposing shore and that "icy stasis" that holds them, like the seabird tangled in the net, "motionless, migratory." No less than the living, they long for *varco*, liberation from limit and their present condition. Indeed, in E.M.'s thought, the craving for *varco* appears to be instinct in the species at all times and in whatever condition, a restless metaphysical discontent as innate and unkillable as the habit of (tenuous Montalean) hope.

What motivates this craving is the inextinguishable blaze of life itself ("I know it well: burning— / this, and only this, is my meaning"), smoldering on in the "lives" of the dead. The very nature of life is change and transmutation; it seeks to "go beyond," obedient to "the cycle that controls our life," in search of a fulfillment beyond the trammels of a given existential phase. It is life as an invincible, transcendental passion, by nature revolting against seaweedlike passivity, which seethes in the restlessly thrashing dead:

> ... whatever in us
> was resigned to limit, by one day stilled,
> now seethes; between the strands weaving
> branch to branch, the heart thrashes
> like the gallinule
> trapped in the meshes
> where an icy stasis holds us,
> motionless, migratory.

For these (apparently recent) dead, *varco* means passage back to the warm embrace of human memory and the life once theirs. But the mesh of their condition tightens around them (cf. *"In limine"*), and the desired *varco* eludes them. Everywhere barriers and meshes—the wall of the opposing shore against which the sea crashes; nets drying in the late, cold light; even the cloud-stripes (?) of the storm-lashed *(flagellato)* horizon—confront and frustrate them. Then, their struggling flights baffled, they too—like Arsenio ("Descend . . . Descend . . ."), the landsliding cliff of "Slope" ("from the sky / plunging to the shore"), and the stream of "Flux"—join the "great descent" to the abyss. Even here, however, they are confronted by still another mesh, the *crivello / del mare* (sieve of the sea). Most commentators maintain that this final mesh represents the ultimate defeat of the dead, through which no *varco* is possible. On this view the poem is of course not only funereal but apocalyptically so. Alternatively, the sea's sieving action may be seen as purgatorial and to that degree positive, permitting at least partial or selective *varco*. In "Mediterranean," for instance, the sea appears as an eternal scavenger, the agent of universal process, tirelessly sifting the transient phenomenal world and casting up on the land the debris of existence: "every foulness," flotsam, trash, cuttlefish bones, "sea-wrack starfish cork, all / the waste of your abyss." This detritus is rejected, but whatever energies contribute to "the cycle that controls our lives," presumably pass through the meshes of the sieve. The reliquary, as in *"In limine,"* becomes a crucible.

Thus, for the dead, passage through the sieve may represent *varco* to a new condition, a transcendental metamorphosis which E.M., in a later poem, will term a *nuovo balzo* (new leap) to a new condition. The *Ossi* and later books suggest the operation in E.M.'s poetry of a pre-Socratic or Ovidian–Dantesque sense of Life: continual eclosion, metamorphosis, transhumanization. In this process no quantum of vital (burning) energy is ever lost. What is lost is the lifeless excrescence trapped by the sieve—husk, coating, sheath, sloughed skin, bony residue, powderings, everything that has temporarily enclosed a completed developmental phase of life. This, at any rate, is the apparent implication of poems in *The Occasions* and *The Storm and Other Things* (see "Voice That Came with the Coots" and my note thereon). That the *varco* of "The Dead" is also, though less explicitly, based upon such a notion of process is, I believe, confirmed by the final aposiopesis—those three dots trailing away after *si sommergono*—here and elsewhere E.M.'s way of expressing the continuity of ongoing life-process, which it is beyond the power of poet or poem to complete. Transhumanization *(transumanar)*, as Dante observed *(Par.* i, 70), "may not be expressed in words." Closure is neither possible nor desirable.

Delta (1926)

This intensely, almost impossibly concentrated lyric appears to be at once a meditation on memory-as-vision and on the nature of a life (the poet's but also ours) not so much unlived as parasitic upon, i.e., lived with and within, the life of another. (Cf. "You are my prey: you offer me / one brief hour of trembling human life" in "Chrysalis.") The "other" is the poem's *tu*, a *donna* of miraculous, memorial apparition, endowed by the poet with prodigious, indeed almost angelic, power of life. An unacknowledged co-presence immersed in the great torrent of life from which she draws her formidable energies, she in turn, by means of secret transfusion, nourishes the poet's life. (These transfusions, we might translate, are those mysteriously powerful exchanges of heightened and heightening spiritual energy that link human beings inspiriting and, at times, transforming them.) But the torrent of life is inseparable from the rush of Time, and the *donna* is the memory of a presence that "descends" from some unknowably dark and presumably eternal realm—from death and beyond death, to the remembering poet at the liminal point (a threshold both spatial and temporal) of the delta or "mouth" where the torrent meets the sea. With her she brings a silted message or "sign," the memory-news of what appears elsewhere as "another orbit," i.e., a different, higher *order* of existence, which she summons her rememberer to seek and claim as his own. An apparition from the past, she is also (and perhaps therefore) a prospective savior, a guide to the future. In her are manifest then those energies of life intensified to which the poet aspires while timidly dreading the challenge she poses. She therefore (?) fails to appear or appears only as the "sign" latent in the whistle of the invisible tugboat making for port. (We should note the important fact of the urban setting here and in "Encounter.") In the opacity of this "sign" and setting the poem closes, its wan hope to some degree confirmed by the memory of "the sloop of salvation" in "Chrysalis" and the failed appearance of the expected savior in "Encounter."

Encounter (1926)

Alternative titles were: (1) *"La foce"* (Mouth [of a river or torrent], i.e., the place where the torrent "encounters" the sea); and (2) "Arletta," the name of a girl, a childhood friend of E.M. who died young and whose wraithlike presence recurs throughout E.M.'s poetry, early and late. "A genius / of pure nonexistence," as E.M. will call her in a late poem, she dominates "Chrysalis," "House by the Sea," and "Delta," as well as "Encounter."

For discussion of the Arletta or Annetta figure, see Jared Becker, *Eugenio Montale* (Boston, 1986), 41–45. "Encounter," as Becker observes,

> portrays Arletta as a disembodied soul floating in an eerie, almost hallucinatory landscape that could well have been lifted from Dante's *Inferno.* The narrator finds himself confined to this underworld, feels himself encircled by *"impalidite vite tramontati"* and *"visi emunti, / mani scarne"* ("pale, darkening lives" and "sunken faces, / emaciated hands.") With the kind of helpless desperation that afflicts one in a nightmare, he struggles to locate the woman, trying to assure himself that she always hovers nearby to comfort him. But she never incontrovertibly materializes, until in a strange epiphany he convinces himself that she lurks in spirit form within a pathetic little plant growing on the doorstep of an inn. He stretches a hand toward her, and Daphne-like, she fluctuates for an instant between human and vegetative shape. Then, abruptly, she vanishes again.

See also Cary (273–74).

W.A.: *the other sea that straddles this.* Commentators have generally interpreted "the other sea" as the sea of life, perhaps synonymous with Dante's *"gran mar de l' essere."* But it is important to distinguish between sea and torrent, here and elsewhere employed as an image of ordinary time (see note on "Flux")—time that sweeps away the detritus of human acts, residues of lived life, to its mouth where it meets the sea, i.e., encounters eternity. "Great rivers are the image of time," E.M. will write in "The Arno at Rovezzano" in *Satura.* Just as the Ligurian landscape is here both physical and metaphysical, so torrent and sea, in the basically Idealist landscape of E.M.'s poetry, possess the same duality.

in the violet air (nell'aria persa). The key word here is *persa,* which as past participle of *perdere* means "lost," an apt epithet for the infernal air. As an adjective, *persa* (from *persiano,* "Persian") is of Dantesque provenance (see *Inf.* vii, 89: *"Visitando vai per l' aer perso"*), and is used to indicate the color of Persian cloth, ranging from reddish brown to purplish black to gray verging on indigo. My rendering "violet" leans upon T. S. Eliot's hallucinatedly hellish rendering of this Dantesque word in "The Waste Land" ("And bats with baby faces in the violet light . . .").

Seacoasts (1920)

Unusually accessible, this lovely poem, one of E.M.'s earliest, requires little or no commentary. Thematically, with its repertory of the book's dominant images and ideas (blockade and breakthrough, living-as-burning, arrowing birds, sunflower, torrent, dissolution, even cuttlefish bones), it reads as though it were a recapitulative coda expressly composed to unify the work. Its apparent structural motive is to provide a positive, dramatic resolution to the overpowering sense of impasse and apocalyptic "descent" created by the poems of the preceding section. And, for the most part, critics have tended to fault, not the poem itself, but rather the poet's strategy in employing an early work to resolve later poems of greater complexity, power, and moral import, manifestly resistant to comfortingly "upbeat" conclusions. Despite its undeniable beauty, the buoyant affirmations of "Seacoasts," and the fervent injunction to "a soul no longer divided" to "change elegy to hymn" and "make yourself new," have seemed radically out of place after the great dirge of "Encounter," the spectral vision of "The Dead," and the nightmarish Ligurian resort-world of "Arsenio." Admittedly, E.M.'s negatives, as in "The Dead," contain (usually very tenuous or modest) positive charges, and the poet's principle is obviously one that applies to overall structure as well as individual poems. Certainly there can be no doubt that the poet's purpose in rounding off the book with "Seacoasts" is to suggest a dialectical link between its exuberant optimism and the desperate *inabissamento* or "bottoming out" of the final poems of the "Noons and Shadows" sequence. But the contrasts are too great and the enjambment too sudden, the synthesis too much a papering-over of the problems, for the poet's strategy to effect belief. This, at any rate, appears to have been E.M.'s own view of the matter, who in "Imaginary Interview" remarked that the *Ossi* contained poems that "departed from my intentions . . . and lyrics (like "Seacoasts") that constituted too premature a synthesis and healing." In still another interview, he observed wryly that " 'Seacoasts,' the poem most preferred by the incompetent [critics], is the epilogue to a poetic phase that never existed. Which is why they have never managed to place it critically: in fact the *Ossi,* which it closes, don't permit such a conclusion."

Helpful discussion of the modern Italian poetics of childhood as related to "Seacoasts" is provided by Jared Becker, *Eugenio Montale,* Twayne (Boston, 1986), 45–51.

The Occasions

The Balcony (1933)

E.M.: "Actually, this poem is a part of the 'Motets.' It was published *in limine* for its dedicatory value." The poem, that is, has been taken from its original context and placed at the beginning, both as a fuller dedication to I.B. [Irma Brandeis], and as a thematic "hint," and even a further key for the reader (if he should happen to need it).

I

Old Verses (1926)

"Old," not merely because the poem was written in 1926 and uses the landscape and themes of *Cuttlefish Bones,* but because the meter is hendecasyllabics, that of much traditional Italian verse. In the words of E.M.'s French translator, Angelini (Eugenio Montale, *Poésies, II / Les Occasions* (1928–39), trans. Patrice Angelini et al.; Paris: Gallimard, 1966):

> The omnipresence of the sea, the Ligurian seascape dear to the poet of *Cuttlefish Bones* (Vernazza, Corniglia, the Tino cliff, views of the family house at Monterosso on the Eastern Riviera), the theme of childhood and, up to the pessimism of the final stanza—everything recalls the first volume. But observe the differences: the shrewdly meditated rhythm, a somewhat classicizing monotony, a certain exterior quality in the details . . . a tenderness toward family memories unknown to the poet of *Cuttlefish Bones* . . . which anticipate the poems of *The Storm and Other Things:* "To My Mother," "The Ark," "Voice That Came with the Coots," "Where the Tennis Court Used to Be . . ."—a tenderness that diminishes until the closing pessimism—all this tells us that, for the poet of *The Occasions,* the present tense evoked by *Cuttlefish Bones* has become a simple past tense.

Buffalo (1929)

—*Buffalo!*: E.M.: "Bicycle race track in Paris. We are present at a race of 'stayers' [i.e., a long-distance event]."

Joseph Cary (285–86) comments admirably on the poem itself and the general technique of the Montalean "occasion":

> Here is an occasion that clearly calls for—and gets—a stage direction. It seems that "Buffalo" is the name of the *vélodrome* or arena housing six-day bicycle events at Montrouge in the Paris suburbs. *Le Six-day,* we may know from other sources—for example, expatriate Americans' memoirs of the 1920s—ranked high in the period as the last word in fashionable imports from the U.S.A. (hence the exotic name of the arena). It had its obligatory Negro jazz band, its loudspeakers and limelights, flask parties and film stars, cacophony of hot music, cheers, imprecations and the roar of the motorcycles preceding the bicyclists (or "stayers") in order to break air resistance during their periodic tries for records. And having summarily named the occasion through this title . . . Montale plunges us into a chaotic *medias res* whose lineaments literally look like Hell. The first twelve lines are an impersonal inventory of the inferno of this *dolce vita,* the milling mobs, the shouts, the violent alternation of light and shadow, smoke arising from the "burning gulf," the bright blond wood of the track, which I take to be the gleaming arc or arch, suggesting an Acheron at the side of which the giggling and hysterical damned line up. . . .

Keepsake (1929)

E.M.: "Throughout this poem, reduced to purely nominal existence, *flatus vocis*, are characters from the following operettas: *Fanfan la Tulipe, The Geisha, Surcouf, Les Cloches de Corneville, La Cigale et la Fourmie, Fatinitza, La Mascotte, Les Brigands, Il Marchese del Grillo, Le Coquin de Printemps, La Sonnette de l'Apothicaire, Mousquetaires au Couvent, La Princesse aux Dollars, La Fille de Madame Angot, Robinson Crusoe.*"

See Cary (283–84).

Lindau (1932)

—*Lindau:* Resort town on Lake Constance in Bavaria.

Bagni di Lucca (1932)

—*Bagni di Lucca:* "Hot Springs" resort eighteen miles from Lucca, frequented by both Montaigne and the Italian poet, Alfieri.

Autumn Cellars (1931)

E.M.: "The 'white horde' constitutes 'another moon effect'; a lunar horde reappears in 'Low Tide': images of light which pass by and *broutent* ['graze']."

Another Moon Effect (1932)

—*felucca:* a very narrow, extremely swift, Mediterranean sailing ship propelled by lateen sails, or oars, or both.

Gerti's Carnival (1928)

E.M.: (in a letter to Angelo Barile, July 6, 1932):

> Gerti was, and is, a lady from Graz. Her husband was a soldier (glance at the barracks) and she saw him only on furlough. On New Year's Eve we had cast lots for a few gifts for our friends in Trieste, and for their sake we'd made use of a form of casting lots, fairly common in the North. For each person a spoonful of molten lead was dropped into a cup of cold water, and from the odd solidified shapes resulting we inferred the destiny of each. The rest (temporal regression, etc.) is clear. This poem should have remained "private"; this is the reason for its diffuseness and obscurity, unusual in me. Still, I've been told that the pathos was accessible even to "outsiders" and so was induced to publish it.

In a letter to Silvio Guarnieri (April 29, 1964) E.M. added further particulars:

> "Gerti's Carnival": "your faraway shores" could also be the shore of Trieste where Gerti used to live, but Gerti was from Graz, in Austria. It's she who is present in the second part of "Dora Markus." . . . There's even a hiatus between Dora's unexplored life and Gerti's already lived life. The fusion of the two figures isn't perfect; halfway through ["Dora Markus"] something happened, and I don't know what.

—*Carnival:* In Italy, *Carnevale* (from Latin: "farewell to the flesh") is a holiday of festive revelry traditionally celebrated just before Lent, but in many places (and perhaps in this poem) as early as December 26 or January 7, and lasting through Shrove Tuesday.

—*fading iridescence:* a reference apparently to confetti.

For excellent commentary on this important poem, see Cambon (35–53).

Toward Capua (1938)

—*Capua:* Campanian town north of Naples, not far from Caserta, on the Volturno River.

To Liuba, Leaving (1938)

E.M.: "*To Liuba.* Finale of an unwritten poem. Preceding matter *ad libitum.* It will be useful to know that Liuba—like Dora Markus—was Jewish."

Bibe at Ponte all'Asse (1937)

Bibe (second person singular imperative of the Latin word for "drink") is the nickname and motto of E.M.'s hostess. Stefano Tani informs me that the village of La Rùfina, northeast of Florence, produces a robust and unpretentious wine called, in contrast to Chianti Classico, Chianti "putto."

Dora Markus (1926–39)

E.M.: "The first section [of this poem] has remained in fragmentary state. It was published without my knowledge in 1937. At a remove of thirteen years (and the remove is felt) I provided an ending, if not a center."

In a letter to Guarnieri (April 29, 1964) E.M. wrote:

> I never knew Dora; I wrote that first part of the poem at the invitation of Bobi Bazlen [one of E.M.'s closest friends], who sent me a photograph of her legs. The "brutal faith" coincides with Gerti's withdrawal [see note on "Gerti's Carnival"] into an imaginary Carinthia. There's no condemnation of any faith, but the plain fact that for her everything is finished and she must resign herself to her destiny . . .

—*toward the invisible / shore beyond, your true fatherland:* Since Dora Markus was Jewish, she would presumably be waving in the direction of what is now Israel. But the combination of "invisible shore" with "your true fatherland" suggests at least a hint of later Montalean transcendence. In neo-Platonism and Christian mysticism the soul is persistently compared to an exile, a peregrine in the phenomenal world, who yearns to return to his transcendental home, with God or among the gods. Hence Plotinus's famous injunction: "Let us flee to our beloved fatherland."

—*Carinthia:* Southeastern Austrian province, bordering on Italy and Yugoslavia.

In the Manner of Filippo De Pisis, On Sending Him This Book (1940)

—*Filippo De Pisis:* modern Italian painter (1896–1956), whose pictorial poetics seem closely akin to the poetics of his friend E.M., himself a painter. "Rather than upon impression, sought by means of swift changes of light in order to arrest an appearance in a world destined to change, De Pisis depends upon his extremely mobile eye, which seizes on the flash of a motif in the air so as to arrest on canvas, through rapid strokes formed of color and line, the concealed life-flutter breathing in the object. It is a contact of instants: and the secret, mysterious nucleus of the image is seized and raised to visibility" (Giuseppe Mazzariol: *Pittura Italiana contemporanea,* Istituto Italiano d'arti grafiche, Bergamo: 1961, p. 71). E.M.'s image here is presumably a poetic equivalent, not a versified account, of De Pisis's pictorial poetics.

—Lapo Gianni: Florentine poet (1275–1328?), friend of Dante. ". . . l'Arno balsamo fino" (". . . the Arno, precious balm") is the second line of the *canzone* "Amor, eo chero mia donna in domino," which expresses the joys of love in the manner of the *dolcestilnovisti.*

In the Park at Caserta (1937)

E.M.: "With regard to the 'Mothers,' see Goethe's somewhat insufficient explanations."

E.M. is alluding to the famous sequence in *Faust* II, Act i (II.6173 ff.) in which Faust and Mephistopheles descend to the realm of the "Mothers," Goethe's *matrices,* in the realm of Chaos, that pullulating void from which the Mothers (not unlike Platonic Ideas) produce forms or copies for the phenomenal world. Depending on one's viewpoint, Faust *descends* (into Chaos) or *ascends* (into the heavenly void of Being). "Can you conceive of total Void?" Mephistopheles asks Faust, to which Faust replies that this void has a smell of "witch's kitchen" about it: "Did I not learn and teach vacuity?" But Mephistopheles darkly dismisses this response. The void of the Mothers is of a different order. "But in the distant eternal void [there is] *Nothing!* Your footstep falls without a sound. And there is no solid ground wherever you stop." The Goethe sequence is, as E.M. acknowledges, insufficient but probably deliberately so. "The Mothers," like the Chaos from which, in the classical mind, all forms of being spring, or the (chaotic) modern void of the Copernican universe, are a mystery toward which the mind—whether rooted in the matrix of the "unraveling" monkey-puzzle tree or the quotidian world of real mothers with real kitchen-roughened knuckles—can only grope with transcendental striving. For E.M. generally, all divinity, aspiration, and noble striving derive from the rootedness of the soul in here-and-now, flesh-and-blood reality. So it *may* be here.

The great park at Caserta, now the playground of day-tripping Italians from Naples and Rome, is noted for its magnificent Bourbon palace built in the mid-eighteenth century.

—monkey-puzzle tree: An evergreen tree (*araucaria araucana*), a native of Chile, with intricately woven branches covered with spiky leaves (making it hard for monkeys to climb). In the gentle climate of Liguria, the monkey-puzzle tree is widely used for ornamental purposes.

Local Train (1938)

In Italian "local train" is *accelerato*—a train, only relatively and nominally, fast-moving. The poem itself, a progressive narrative of a train ride homeward along the Ligurian littoral, musically expresses the acceleration of the train (and the rising emotion of the remembering poet).

—the nymph Entella: The river "Entella" flows into the Bay of Genoa near the town of Lavagna, between Sestri Levante and Chiavari. Mentioned by Dante (*Purg.,* xix, 100–102), the allusion here is characteristic of Italian baroque personifications of pastoral landscapes, and, in E.M.'s context, suggests a return to a lost paradise.

II

Motets

As a group, the "Motets" are the pivot–sequence of *The Occasions.* After them come the great "public-private" poems of the third and fourth sections. They are preceded, in the first section, by a group of poems "occasional" in the usual sense of that word; technically brilliant, often opaquely experimental, sometimes quite minor. But even minor poems like the "dedication" to De Pisis or "Bibe at Ponte all'Asse" are included because they display or allusively describe the emerging poetics of the sustained and ambitious poems of the later sections. If "Old Verses" provides a transition between the poetics and the Ligurian landscape of *Cuttlefish Bones*, it also hints at different poetics, a different subject matter confronted in a different, often more oblique but finally richer way. (For an excellent summary of the developing arc of E.M.'s work-in-transition from his first to his third books, see Claire Huffman.) In subject matter, the poet can be said to have escaped the Ligurian littoral that everywhere dominates *Cuttlefish Bones*, or to have come to terms with it in a series of self-confronting "returns." Thus in the first section of *The Occasions* the poet presents himself as essentially a traveler or even a refugee. Thus he writes of Lindau, a stopover on a trip to Vienna, of Ravenna and Carinthia, of Triestine memories, and Campania. Only in the final poem, "Local Train," does the Ligurian landscape reappear, now radically altered by the poet's voyage-ripened homecoming. The earlier love poems, like the landscapes, are dispersed: addressed to several women, often overlapping, not concentrated on one, as in the "Motets." The "Motets" aim at locating as accurately and fully as possible the emotional antecedent or stimulus, the "feeling-occasion," that seeks an object or situation in which to incarnate and reveal itself.

In his remarkable essay entitled "Imaginary Interview" (*The Second Life of Art / Selected Essays of Eugenio Montale*, translated by Jonathan Galassi, New York: Ecco Press, 1928, p. 302) E.M. described his arduous effort to create the poems apposite to his emerging poetics (or perhaps vice versa, to describe critically what he was beginning to write, though its seeds are already germinating in *Cuttlefish Bones*):

Admitted that there exists a balance in art between the external and the internal, between the occasion and the work or object, it was necessary to express the object and conceal the occasion-spur. A new means, not Parnassian, of immersing the reader *in medias res*, a total absorption of one's intentions in objective results. Even here I was moved by instinct, not by a theory (Eliot's theory of the "objective correlative" did not yet exist, I believe, in 1928, when my "Arsenio" was published in *The Criterion*). In substance, I don't feel the new book contradicted the achievements of the first: it eliminated some of its impurities and tried to attack that barrier between external and internal which seemed to be insubstantial even from the epistemological point of view. Everything is internal *and* external for contemporary man: not that the so-called world is necessarily our representation. We live with an altered sense of time and space. In *Ossi di seppia* everything was attracted and absorbed by the fermenting sea; later I saw that, for me, the sea was everywhere, and even the classic architecture of the Tuscan hills was also in itself movement and flight. And in the new book I also continued my struggle to unearth another dimension in our weighty polysyllabic language, which seemed to me to reject an experience such as mine. I repeat that the struggle wasn't programmatic. Perhaps the unwelcome translating I was forced to do helped me. I've often cursed our language, but in it and through it I came to realize I am incurably Italian; and without regret.

In the "Motets" the poet's feeling and his poetics converge in one of the most stunning sequences of love poetry E.M. (or any Italian poet since Petrarch) has written. The poems have been deliberately arranged so as to reveal their individual and sustained "wave lengths," feelings in complex intrication and constant fluctuation, rising-falling, hoping-despairing (or both simultaneously), as the beloved recedes or returns. Whether she is absent-present or present-absent, the presence is as agonizingly ecstatic as the absence is painful, blurring in memory only to return more vividly, and painfully, than before. Poetry, in short, designed to replicate if possible the rhythmical iridescence of *actual* feeling. Unlike the earlier lyrics, the feeling in these poems is utterly concentrated on the single presence of Clizia, on the "signs" that betray the presence of the poet's "angelic messenger," both "here" and yet "beyond," already beginning to emerge as the redemptive private *and* public stilnovistic *donna* of the succeeding poems. See Cary (292–95).

The epigraph ("Above the volcano, the flower") is from the *Rimas* of Gustavo Adolfo Bécquer (1836–70), one of E.M.'s favorite poets (see "Where the Tennis Court Used to Be . . ." in *The Storm and Other Things*).

R.W.: We now know, from *Lettere a Clizia*, that "Motets" 2 and 3 were partly inspired by another woman, the Peruvian Maria Rosa Solari, of whom Clizia/Irma Brandeis was jealous. See *Lettere*, xxiii.

You know: I must leave you again . . . (1934)

—*Sottoripa*: the seaside arcades of Genoa.

Many years, and one year harder still . . . (1934)

—Saint George: patron saint of Genoa (I have intruded "native" for the sake of clarity and rhythm), who tirelessly slays the Dragon of evil. Cary (292) rightly observes that E.M. would not have described Genoa in such heraldic terms if he had not intended to allude to "the miraculous struggle against evil which is the essence of Clizia's angeli-city." The vow, or rather hope, stated in the second paragraph would then indicate the poet's internalization of, and intense personal dedication to, the struggle as incarnated by Clizia.

Frost on the panes . . . (1934)

E.M.: "*Frost on the panes,* etc., contrast of life in a sanitarium ('Many years, and one year harder still . . .') and wartime life. The 'ballerina' bomb was used by our infantry in 1915 and perhaps afterward too." For Maria Rosa Solari.

Though far away, I was with you . . . (?)

E.M.: "*Though far away, I was with you* . . . etc., Cumerlotti and Anghébeni, villages in Vallarsa [in the province of Trent]." It was here, on the Trentino front, that E.M. served as an officer in World War I.

The most revealing account of this poem (as regards E.M.'s poetics, his reflections on the "obscurity" of modern verse, and his crucial relationship to "Clizia," the beloved whose presence-in-absence haunts most of the great love poems in both *The Occasions* and *The Storm and Other Things*) is E.M.'s own thinly disguised autobiographical sketch "Two Jackals on a Leash," available in the collection of his critical writings entitled *Sulla poesia* (edited by Giorgio Zampa, Milan: Mondadori, 1976), pp. 84–87 (See Galassi, 305–9):

> One summer afternoon Mirco found himself at Modena walking in the galleries. Anxious as he was, and still absorbed in his "dominating idea," it astonished him that life could present him with so many distractions, as if painted or reflected on a screen. It was too gay a day for a man who wasn't gay. And then an old man in gold-braided livery appeared to Mirco, dragging two reluctant champagne-colored puppies on a leash, two little dogs who at first glance seemed to be neither wolfhounds nor dachshunds nor Pomeranians. Mirco approached the old man and asked him, "What kind of dogs are these?" And the old man, dry and proud, answered, "They're not dogs, they're jackals." (He spoke like a true, uneducated Southerner, then turned the corner with his pair.) Clizia loved droll animals.

How amused she would have been to see them! thought Mirco. And from that day on he never read the name Modena without associating the city with his idea of Clizia and the two jackals. A strange, persistent idea. Could the two beasts have been sent by her, like an emanation? Were they an emblem, an occult signature, a *senhal*? Or were they only an hallucination, the premonitory signs of her fall, her end?

For sensitive and detailed commentary on the poem, especially on the crucial role in E.M.'s poetry of syntactical ordering (and disordering), see Huffman (51–72).

Goodbyes, whistles in the dark . . . (1939)

A poem of parting, akin to "The flower on the cliff's edge . . ." Clizia's father has died ("Though far away, I was with you . . .); now she leaves by train for the funeral. In the train's movement as it chugs from the station are fused the lover's complex feelings: the "litany" of prayer, the mingled anguish and devotion ("horrible, / faithful") of physical love, the "carioca beat" of life, here, as so often in E.M., represented as a circling dance of various national provenance.

The hope of even seeing you . . . (1937)

See commentary on "Though far away, I was with you. . . ."

The attentive reader will note here, and as the series proceeds, a clear emotional *movement*, a *sequence* of feelings, not progression but rather alternation, the seesawing of hope, anguish, loyalty, and despair as Clizia recedes, departs, seems poised for return, or (most important for the first section of *The Occasions* and *The Storm and Other Things*) confers on the poet evidence of light-in-darkness, a persistent, saving presence of a self-lessness that has "no eyes for any life / but that shimmering you alone can see," and which *returns* the light it sees to the darkened window of the poet's world.

The soaring-dipping white and black . . . (1938)

—*martins: chelidon urbica*. The house martin is the only European swallow with a pure white rump and underparts but elsewhere black. R. T. Peterson (*A Field Guide to the Birds of Britain and Europe,* Boston: Houghton Mifflin, 1954): "Its flight is less swooping, more fluttering than the swallow's, and it often flies higher." E.M., always precise in his ornithology, has chosen the house martin because of: 1) its migratory habits (it is only a *summer* visitor to Europe); 2) its fluttering flight; 3) its distinctive color. The martin, then, is an oblique image not only of the migratory Clizia but of the alternating feelings she arouses in the poet (but presumably also feels herself)—above all, hope/despair, exaltation/dejection. She is absent but present, at least in hope. The migratory bird (in the season of the flowering elder) will, if the "sign" is rightly interpreted, infallibly return.

Here's the sign . . . (1938)

The "sign" obliquely hinted at in the previous poem here ripens into reality, becomes *visible* sign, the unmistakable evidence of the angelic, light-bringing Clizia. She is *there*, but *not* there, a strange presence the poet feels, perhaps uneasily, moving in his blood, pounding at his pulses.

The green lizard if it darts . . . (1937)

The green lizard . . .: Cf. Dante, *Inferno*, xxv, 79–80: "Come 'l ramarro sotto la gran fersa / dei dì caníular, cangiando sepe, / folgore par se / la via attraversa. . . ." ["As the lizard, under the great flail / of the dog days, darting from hedge to hedge, seems a flash of lightning if it crosses the way. . . ."]

—*Something rich / and strange:* From Ariel's song in *The Tempest,* I, ii, 398–99.

Why do you delay? . . . (1937)

E.M., in a letter to Bobi Bazlen (May 10, 1939): "With me it *often* happens (and often *voluntarily*) that I'm ambiguous in this way, for example, in the motet of the woman who's on the point of leaving her cloud,

> At a puff the sluggish smoke leaps up,
> sheltering the 'point' [punto] enclosing you.

It's clear that 'the point enclosing you' [*nel punto*] has two senses: *at the moment that* and *in the place that,* both legitimate. For Landolfi this uncertainty is horrible; for me it's a richness. . . ."

The soul dispensing reels . . . (1938)

Claire Huffman (172–74) comments perceptively on this extremely complex motet.

> It is not clear whether the poet's memory and mind are arranging images or whether they arrange themselves in such a way as to confound him or, strangely, to free him from poetic silence. . . . It seems that a woman, her "spirit" [or "soul"], or a "memory of her" arranges her own folk dances at each "season" of life, at each "corner" of the street and, we may construe, even in the mind of the poet for she "feeds herself," is "fed," and then grows even in unlikely places, especially in his reluctant desire for her. This desire is "closed" . . . and perhaps "secret," in direct contrast to her lively dances. The memory and the woman are inseparable.

—*do re la sol sol . . .:* Clizia is also a singer; cf. the allusion to Delibes's "Bell Song" in *Lakmé* in the motet entitled, "Is it salt or hail that rages? . . ."

I free your forehead . . . (1940)

—*milky / heights:* The Italian (*l'alte / nebulose*) is typically ambiguous. *Nebulosa* means not only "nebula" or "star cluster" but "cloudy" in the sense of "obscure," "indistinct."

Clizia, at least in the first stanza, is the familiar angelic messenger with frowning brows; she traverses the icy remoteness of "outer space" (whether the Milky Way or North America). The remembering poet, tenderly brushing away the gathered icicles of her metaphysical, even extraterrestrial, remoteness, restores her to *this* world, where she wakens into a particular place and time (the medlar, the courtyard of the second stanza)—but then withdraws, dissolving into a ghostly presence more agonizingly present than the other shades responding to the summons of the poet's memory.

The gondola gliding . . . (1938)

E.M.: "'sly' [*subdola*] song of the first stanza might be Dappertutto's song ["Scintille, diamant"] in the second act of *The Tales of Hoffmann;* but the theme isn't mannered. From pure invention, unfortunately, I succeed in extracting nothing."

Still another ambivalent bittersweet "memorial" of Clizia, "one evening out of thousands," with its familiar mix of spiritual and physical ("tar oil and poppies," the "sly song" rising from "coiled rope"), remembered intimacy made more painful by the knowledge of exclusion, of *pastness*. Dozing, alone in the gondola he once shared with Clizia, he is startled awake to the ecstatic possibility that she may yet be recovered, when he glimpses a fisherman on the embankment angling for eels. Memory quickens *out* of the past, *into* the present or future, rising, "a blurred tangle" that converges with the eel—an image, in its quicksilver evasiveness, of the beloved (cf. "The Eel" in *The Storm and Other Things*).

Is it salt or hail that rages? . . . (1938)

E.M.: "is it salt . . .? etc. The underwater knell: very likely [Debussy's] *La cathédrale engloutie*." To Guarnieri [April 29, 1964], E.M. wrote: "'Is it salt . . .' which you aroused? Certainly it made a sound. The pianola of the underworld keeps the poem in the atmosphere of a hell which is also mechanical. Lakmé's aria was actually sung and it's a *hail* of vocal sounds."

At first light . . . (1939)

The first stanza is a remembrance of a train ride along the narrow strip of E.M.'s beloved Ligurian coast. Cf. "Local Train" and, possibly (at least for the image of imprisonment) "Goodbyes, whistles in the dark. . . ." The second stanza, with its anaphorical contrast of dawn and dusk, is set in the dark present (unlit window, the bottom station of a funicular, etc.) of the incarcerated poet (see "The Prisoner's Dream" in *The Storm and Other Things*), living on the memory or dream of Clizia whose absent-presence makes lulls in a war, truces, lightning-flash exaltations, or as here, "pauses still human."

The flower on the cliff's edge . . . (1937)

Reprise of the earlier motets, vividly characterized once again by the brightness of remembered happiness on some Alpine or Apennine plateau, and the darkened reality of the present. Physical space, mechanically represented once again, wrenches the poet from Clizia; but that separation is delicately undercut by the wistful remembrance in the last two lines of the first stanza of the *vividness* of the memory that linked them and whose very vividness hints revealingly at the hope-renewed intimacy of two individuals bonded by a shared world, a single gaiety.

First the frog . . . (1938)

Night as apocalypse. In an earlier published version of the poem the last three lines read:

> . . . *a slate sky*
> *braces for the charge of three*
> *horsemen! Greet them with me.*

Presumably that coda was abandoned because too overtly apocalyptic, perhaps too much a literary commonplace. Note that the imperative, "Greet them . . ." (*Salutali*), is in the second person singular, presumably addressed to Clizia rather than the reader (though why not the reader, if the reader is willing to be involved?).

Scissors, don't cut that face . . . (1937)

To Renzo Laurano in a detailed letter dealing with certain "untranslatable" elements in the poem, E.M. closed somewhat defensively by saying: "This correspondence of ours will show you how certain supposed obscurities arise in my work: out of excessive confidence. The source is anything but intellectual!"

Cambon's commentary (84–85) on the poem illuminates both it and E.M.'s remarkably inventive (and allusive) concentration:

> A harsh autumn settles in on the world and in the soul, and the lumberman's hatchet falling on an acacia tree arouses in the speaker's mind the echo of another blow: the mutilating loss of Clizia. Her luminous visage should never set on the horizon of his otherwise dimming consciousness, to which her image alone imparts a focus and a shape. Two chance events from the auditory sphere—the clink of scissors in a domestic interior and the thud of a hatchet outside—start an associative reaction alerting the persona to ominous implications of severance or even death; the two literal blades merge into destiny's metaphoric one to remind him of separation from Clizia and of its bleak aftermath. Hence his prayer to an Atropos figure to stop its murderous scissors, or, more simply, to Time itself, which Dante personified as a ruthless gardener "going around with his shears" (*lo tempo va dintorno con le force, Par.* xvi, 9).

The reed that softly sheds . . . (1937)

E.M.: "The reed that softly sheds. The little path runs along the ditch, the crossing [Italian *croce*] symbolizes suffering endurance; elsewhere it appears as Ezekiel's wheel [cf. "Ezekiel Saw the Wheel" in *The Storm*]."

. . . but let it be. . . . (1937)

For excellent commentary, see especially Cambon (87–89) and Cary (294 ff.).

III

Bellosguardo Times (1939)

E.M.: "I was at Bellosguardo on several occasions. The poem 'Bellosguardo Times' should have been the pendant to 'Mediterranean' [in *Cuttlefish Bones*], a sea swell, but on this occasion 'humanistic.' The surprised moment as hidden motionlessness" [*Montale commenta Montale*, edited by Lorenzo Greco, Parma, Pratiche Editrice, 1980, p. 35]. In "Intentions" (Galassi, 302), Montale elaborated: "In *Cuttlefish Bones* everything was attracted and absorbed by the fermenting sea; later I saw that, for me, the sea was everywhere, and even the classic architecture of the Tuscan hills was also in itself movement and flight [*fuga*]."

In the poem's Italian title the word *tempi* could be rendered as either "times" or "rhythms" (i.e., rhythmic *tempi*), and probably is meant to convey both.

See Cary (295–96).

Derelict on the slope . . .

The onset of the storm, *la bufera*, which—as Fascism and the atrocities of World War II—menaces the precarious peace of the human achievement represented by the Florentine landscape—the Arno, the Boboli gardens—as surveyed from the height of Bellosguardo. The image of the storm battering the magnolias is vastly expanded in "The Storm," the prefatory poem of E.M.'s next book, *La bufera e altro:*

The storm splattering the tough magnolia
leaves, with the long rolling March thunder
and hail . . .

—*the cradle falls:* As Rebecca West (48) notes, E.M. increasingly employs the word *scendere* (descend, fall, drop) in crucial contexts, usually linked to the longed-for "return" of Clizia (not unlike the "descent" of the Holy Spirit) or, as here, to the recurrent, ever-renewing movement of life itself.

—*unbending love . . . fidelity unaltering:* a glancing echo of Shakespeare's Sonnet 116:

Let me not to the marriage of true minds
Admit impediments: love is not love
Which alters when it alteration finds
Or bends with the remover to remove.

Sound of roof tiles . . .

—*the garden's / Canada poplar:* Presumably an allusion to Clizia, persistently associated with Canada. See "Rainbow" in *The Storm and Other Things.*

—*the locusts:* E.M.: "The locusts, like men, are part of this rupture, this fracture in the order of things; it's quite doubtful that they themselves are 'heavenly weavers,' but it's certain that they come from up there where the destiny of men is woven."

—*heavenly weavers:* the three Fates.

—*And tomorrow . . .:* Aposiopesis is increasingly employed in these poems. If the destiny of men (see previous entry) is woven "up there" (from which come both the storm and Clizia), then, for *now,* this hellish interregnum, there can be no resolution, merely a suspension, a waiting for what will happen—something which poetry cannot, except by dishonesty, anticipate or resolve.

IV

The Coastguard Station (1930)

E.M. in a letter to Alfonso Leone (June 19, 1971): "The coastguard station was destroyed when I was six. The girl in question could never have seen it; she left . . . to die, but I didn't know [of her death] until many years later. I stayed on, and I'm still staying. It's not clear who made the better choice. But in point of fact there was no choice."

The coastguard station—ancient, presumably of stone, built precariously on the edge of the beetling cliff—is an image, like E.M.'s rugged Ligurian coastline generally, of the fragility of human civilization founded on the tenuousness of memory fronting the elements, physical or spiritual—the relentless onslaught of the sea against the eroding cliff. Originally written in 1930, E.M. has purposely set the poem here, at the outset of the book's final section, in the darkening political context of 1938, carefully linking it to what precedes and what follows. The southwesters *(libeccio)* pick up the image of the storm-lashed magnolias of "Bellosguardo Times" but also anticipate the hellish Dantesque storm *(la bufera)* of *The Storm and Other Things.* In its pessimistic perseverance, the poem serves to resume and explore the meaning, both personal and historical, of the angelic Clizia, whose absent-presence dominates the "Motets" and who, throughout this section and almost all of *The Storm and Other Things,* stands for the possibility of redemption, of that gleam of light that in the opening poem, "The Balcony," fitfully illuminates the darkened room of the poet's world.

The geometrical image of the circle—whether as spinning compass, turning wheel, whirling weathervane, revolving doors, mill wheels, whirlpool—is present in E.M.'s poetry from the very beginning, but here takes on mostly negative aspects: meaningless repetition, recurrent despair and *noia*, an almost Nietzschean sense of *nausée*, all linked to a life grimly perceived as out of control or uncontrollable, a fatalistic mechanism, a web or trap from which one cannot break. The emphasis is clearly negative, but the negation is implicitly linked to the struggle to endure, to persist, to remain stubbornly loyal to a vision and a memory that seem to have vanished from life altogether. In the earlier poetry of *Cuttlefish Bones,* the poet's world, as in "Lazing at Noon" ("Meriggiare pallido e assorto . . ."), is perceived as enclosed by a wall or horizon, but there is always the bare possibility or hope of escape, the glimpse of a *varco* or passage, either into the sea before one or beyond the mountains at one's back. In the darker world of *The Occasions* the imagery of enclosure is grimmer, constantly adjusted to, and at times annexing, the circles *(cerchi)* of Dante's *Inferno.* To those damned to the meaningless repetitious *round* of tormented "existence" in this hell, Clizia brings the purgatorial hope of a circle-that-ascends, the spiraling upward movement of the *Purgatorio* (or Diotima's laddering Eros in the *Symposium*). The circle, like the images of merely horizontal drifting ("Boats on the Marne") on the current of life, looks ultimately to the anguished hope of a *varco*, a break in the meshes of the net, a sudden, lightninglike salvation; but it is one whose exhilaration, once the "instant of forever" passes, leaves only the sickening sense of being ever more hopelessly immured. The result is that fatalistic passivity or metaphysical ineptitude so vivid in "Arsenio" or a glimpse (as in the third stanza of "Stanzas") of the great gears of a mechanistic universe into which one is suddenly pulled as soon as the heavens open and escape seems possible. These are E.M.'s own pitiless "gyres"—all the more pitiless if one takes his stand, like the poet, in the ruins of the coastguard station, looking toward the sea where the "angel-savior" has vanished, trying to remember someone who, we are three times bitterly told, does not remember.

Low Tide (1932)

Clearly linked thematically to "The Coastguard Station," the poem also alludes to the imagery of the drowned man and his tangle of memories—the cemetery that turns out to be a reliquary but to which spring (as in the "unblossoming springs" that close "Gerti's Carnival") makes no return. Compare, for instance, the positive note on which *Cuttlefish Bones* ("In Limine") begins:

> Rejoice: this breeze entering the orchard
> brings back the sea swell of life:
> here, where a dead tangle
> of memories sifts down,
> no garden was, only a reliquary.

Stanzas (1927–29)

See Cary (298–99).

As so often in E.M., "point" [*punto*] is both spatial and temporal. Clizia's origins are, in short, otherworldly; she comes from a different continuum: she's a transcendental creature, it is lymph, not blood, that beats at her pulses and governs her complexion. That continuum is, I think, unmistakably Dantesque; in this case the context is directly centered on that key Montalean word, "circles" [*cerchi*], here manifestly paradisal. In the final cantos of the *Paradiso* Dante saw reflected in the orbs [*cerchi*] of Beatrice's eyes, the downward spiralings of the angelic spheres from that point of "light eternal," the "Love that moves the sun and the other stars:"

> un punto vidi che raggiava lume
> acuto sì che'l viso, ch'elli affoca,
> chiuder conviensi per lo forte acume . . .
>
> distante intorno al punto un cerchio d'igne
> si girava sì ratto, ch'avria vinto
> quel moto che più tosto il mondo cigne;
>
> e questo era d'un altro circumcinto,
> e quell dal terzo, e'l terzo poi dal quarto,
> dal quinto il quarto, e poi dal sesto il quinto.
>
> Sopra seguiva il settimo . . .
> [*Par.* xxviii, 16–31]

[*a point* I saw which rayed forth light / so keen needs must the vision that it flameth on / be closed because of its strong poignancy . . . / at such interval around the *point* there wheeled a circle of fire / so rapidly it had surpassed / the motion which doth swiftest gird the universe; / and this was by a second girt around / that by a third, and the third by a fourth, / by a fifth the fourth, then by a sixth the fifth. / Thereafter followed the seventh . . .]

And Beatrice continues on to the ninth circle, explaining how, as the circles approach their unifying center, "the pure spark" [*la favilla pura*], their light increases. "From that point" [*Da quel* punto], she says:

> dipende il cielo, e tutta la natura.
> [ibid., xxviii, 41]

[depends the heaven, and all of nature.]

Montale's context is Dantesque, but his situation is different. A Dantesque poet in a non-Dantesque time, no longer governed by the great light of Reason (*luce intellettual, piena d'amore*), he searches in vain for the divine source of the Love that animates Clizia and makes her a bloodless but saving presence "in this rotting swamp of foundered star." "And yet," he reminds himself, her nerves remember *something* of their origin in another, no less radiant—but immanent and carnal—divinity: Aphrodite (from Greek *aphros*, "foam") or Venus Anadyomene whose presence Clizia's closed eyes, when opened, reveal: "a blaze / concealed by a surge of angry foam." For another hint of this same Venus, see the final lines of the second stanza of "Low Tide."

In the Rain (1933)

E.M.: "Por amor de la fiebre . . ." Words of St. Teresa.

—*the whirlpool of my fate:* E.M.'s characteristic modulation of image. The well-known tango ("Adiós muchachos . . .") is transformed into the image of a man caught up in the *whirlpool* of eddying movement of Fate conceived of as the dance of life, praying, as it were, for that convulsive leap up (or out) of the circle from which the transcendental Clizia, her courage and migratory freedom conveyed by the image of the stork stroking for Capetown, has pointed the way. Memory here, as Huffman (103) astutely observes, is not opposed to time, but "a by-product, a remnant, a scrap, a brief consolation 'left' by the 'eddy' [*mulinello*]; it does not oppose fate but drives consciousness of it away, at least temporarily. . . . Thus, the poet can predict fate, and both pray to it and seek to oppose it by praying for, as it were, an 'accident,' a temporary grace."

Cape Mesco (1933)

Another of E.M.'s memory-haunted Ligurian landscapes, Cape Mesco is a promontory deeply pitted with huge marble quarries, where the marble barges and pile drivers are constantly at work and the seaside quiet is shattered by the sound of blasting. By juxtaposing and conflating past and present, myth and history, dream and reason (the poet's childhood and Clizia's), pastoral-idyllic and industrial (quarry-partridges, pile drivers-naiads, stonecutters-figureheads), the poem becomes itself an act, a *gesture* designed to *engage* memory and attached to the present and real, it may compel the return of the absent Clizia, so interwoven with the place, and, by so doing, realize and release its *shared* meaning. Just as the previous poem attempts a kind of prayer, so this poem aims at magically incorporating the absent Clizia by forcibly fusing her past with the poet's in a single comprehensive landscape.

Costa San Giorgio (1933)

E.M.: "A walk for a couple along the well-known Florentine hillside, and a little farther up, it could therefore have the title of 'The Walk.' Maritornes is the Maritornes of *Don Quixote*, or someone like her. It's well known that El Dorado was the myth of the golden *man* before becoming the myth of the golden *land*. Here the poor fetish is now in the hands of men and has nothing to do with the 'silent enemy' that works within. . . . The poem's been left half finished: but perhaps further development may be inconceivable. . . ."

E.M.: (In a letter to Gianfranco Contini, December 2, 1935): "Read this poetic effort of mine. . . . But think of the whole genuine background that's in it. You know the *leyenda* it refers to? It's the oldest (personal) form of that hallucination: here *doublée* with other meanings. Maybe too many. Still, it's a (desperate) religious love poem [*carme d'amore*]."

"Religious" may be putting matters too strongly or tendentiously. But the solemnity and certainly anti-Christian despair of the poem are, for all its obscurity, unmistakable. The Idol is Christ, whose "grave presence" is diffused everywhere, blotting out the light, obliterating hope, immuring the poet in his fatal prison, dooming him to a hopeless love for a Clizia whose eyes, turned exclusively heavenward, no longer illuminate the darkened room of the "puppet / felled." But it is out of this private sense of desolation and desperation that Clizia, as emblematic savior, is, Christ-like, reborn, the angelic messenger of the (Dantesque) Love with which she has merged (cf., "Rainbow" in *The Storm and Other Things*).

Summer (1935)

Still another passionately negative poem, almost Schopenhauerian in its sense of the tragic bounty of wasted nature—the "greening bushes" grazed by that strange and ominous shadow—the crossed shadow of the kestrel overhead—a glancing ornithological omen of the predatory (Christian) shadow that blights life and requires such squandering surrender of individual existence, such needless extinction of vitality.

Eastbourne (1933 and 1935)

E.M.: "Eastbourne: in Sussex. August Bank Holiday is the English *ferragosto*," the Italian August holiday season, when all Italians seem literally to vanish to the seashore or the mountains, and the cities seem abandoned to cats, tourists, and those who thrive on tourists.

In a letter to Guarnieri (May 22, 1964): "*Bank Holiday* [ll. 11 and 43]. The subject is *that ferragosto*. The long 'inching sea tide' is *that* rising water that follows low tide. 'Good on the rise' [l. 13] as my life in those years (1933), good but vulnerable. 'My country' is my fatherland, the anthem ['My country, 'tis of thee . . .']. The 'day is too thick' [l. 30] with objects and memories. The 'voice' [ll. 20 and 22] is the customary message of the absent-present one. The 'holiday is pitiless' [ll. 34–35] because it doesn't annul the emptiness, the grief, etc. 'On the [burning] sand' [l. 40], in *that* sunset. The evening falls . . ."

At Eastbourne, one would have expected to hear "God Save the King . . .," but E.M. instead, thinking of the American Clizia, transposes the words accordingly.

Correspondences (1936)

"Correspondences," as in "Cape Mesco," and as the title indicates, link the natural and man-made world, the pastoral and industrial, in a network of "announcements" of "a new thing." *Something* is to happen, something *will* happen, but what? The correspondences seem, like concurrent *senhals*, to pose the question—to which Clizia, a presence like that of life returning, but her gaze turned transcendentally to those "flights diverging over the pass" (i.e., beyond the vividness of here-and-now), makes no answer. The opposites fold into each other, yet there is no transformation, no *Authebung* at a higher level—merely the concurrence of contraries whose brief, magical intersection seems so promising, but which make, to the expectant poet, nothing but the announcement of their own transient concord. What begins as *something* apparently emerging from "a mirage of vapors" peters out in the smoke of "the train crawling down the smoky coast."

—*bell-note (squilla):* this "corresponds" to the bell attached to the lead ram of the flock. (l. 10) and the bell of the distant train (l. 19).

—*Bassareus:* cult title of Dionysus, whose Maenads (or Bassarids), in a lost play by Aeschylus, tore Orpheus to pieces. Bassareus' "chariot" has its modern counterpart in the distant train, just as the "mirage of vapors" of the first line is linked to the smoke of the train "crawling down the smoky coast."

Boats on the Marne (1933 and 1937)

In its lyrical *détente* and pastoral evocation of a gentler European civility, the work is a tonal and thematic pendant to "Bellosguardo Times"; each poem in its own way is troubled by a sense of imminent danger, even disaster—in one, the onset of the storm of passion and war; in the other the anxious sense of fatalistic drift exacerbated by the coming of twilight and the gathering rush of the river. Each is set in the shuddering slack of the present, the uneasy temporal interim between an ominous future and a past to which one cannot return except in fantasy and nostalgia but which persists, in its evidence of human greatness and a humane order, as the measure by which the future must be assessed. This is the "dream" against which the actual or breaking nightmare takes on a feeling of relentless fatality. So here the sense of drifting pleasantly, oars shipped, along the nineteenth-century Seine of the great Impressionist painters (those "bridges upside down," the picnic-life of a bourgeois Sunday summer outing) takes on, as the day's splendor wanes, the anxiety of frightening momentum, helplessness in the rush of a dark current now racing headlong toward that mouth where it enters the unknown ocean under the constellation of the Great Bear—the outward image of the inward void "that invades us." "Here"—and the poem suddenly breaks off in images that fail to cohere—the starling's spurt of "poison metal," the gray of the mouse (or perhaps rat) among the rushes. The continuity of the conversation fails—"what were you saying?"—as the unknown void (separation, diverging destinies, the loss of the old dream, the disappearing landmarks) suddenly confronts the two lovers. (For a remarkably parallel situation see "Two in Twilight" in *The Storm and Other Things*.)

Elegy of Pico Farnese (1939)

In a series of letters to his friend Bobi Bazlen, along with various drafts, E.M. commented closely on this poem, his own intentions, hesitations, revisions, etc. (with the request that his comments be passed along to his German translator, Leifhelm). The entire correspondence is contained in an appendix to Luciano Rebay's "I diàspori di Montale" (33–53) and also in E.M., *Sulla poesia* (93–97). What follows is an abridged translation of the more pertinent and revealing parts of that correspondence:

> Between the ingestion and digestion of a plate of *tortellini* washed down with Chianti, I wrote "The Elegy of Pico [Farnese]" with great speed, which I enclose for you. Get Tom [Landolfi—at whose house in Pico Farnese, in the province of Frosinone, the poem was written] to read it. Write me immediately what you think of the Elegy. It may be more suited to a German public than "News [from Amiata]". . . [April 29, 1939]
>
> Thanks. I feared worse. But, as usual, when one goes into details, the *objective* value of those details escapes me (especially with you). I don't know *how far* the differing perception of certain nuances stems from my objective shortcomings or to your physiologically different ear. Do I make myself clear? I don't know how far we feel the same way about the actual value of my verbal *impasto;* I don't know up to what point you feel that what's there is necessary and what is arbitrary. Apart from this, other difficulties in which the fault can be wholly mine, and of which I'll give you an example. In the distich "Love . . . imperious messenger" [ll. 36–37—this in E.M.'s *first* draft, not his final] (which for me would be the center of the poem, the highest tonal elevation) there are elements which, subjectively, were most vital and incapable of neo-classical interpretation. . . . "Imperious" strikes me as unbeatable, ditto with "messenger." . . . In the copy I've sent you I've indicated the more apparent caesuras. Forgive me, I know you don't need them. I beg you to send them back to me with whatever query and marginal comment. I'll see to changing where I can. Note the verses that are too prosy or too classicizing. But it's my impression that the first twelve verses are perfect and only apparently descriptive. . . . [May 1, 1939]
>
> I've touched up the Elegy considerably, and not in cold blood. Now I'd like to ask you for the *exequatur*. Don't think of this or that verse which may have gained or lost. The revisions have helped the whole of the poem. First there was that series of ultimatum or categorical imperatives that finished with the shoot . . . and a number of paddings. Now the rhythm passes more gradually from a statically descriptive beginning to a narrative and lyric movement. . . . Give [Leifhelm] this copy and not the others which I beg you to destroy. As you'll see, the *prilla* [l. 57] is also engaged for *brilla* [shines]. . . . The *balena* [blazes] and the *cruccio* [wrath] somehow link up with the *incudine* [anvil] and the *calor bianco* [white heat] (ll. 35–36). [May 5, 1939]
>
> . . . *il teatro dell'infanzia* [theater of childhood, l. 51] is certainly ambiguous; it has

both the meanings that you've uncovered. But only someone who's been at Pico can be certain that the theater is a real theater where plays are put on; those who've not been there will in any case have the suspicion, the uncertainty, the suggestion of the real theater; since theater in the sense of *milieu* (the theater of crime) would be extremely banal and with difficulty attributable to Eusebius [as E.M. called himself and was called by his friends].

So I'll leave the passage as it stands. With me it *often* happens (and often *voluntarily*) that I'm ambiguous in this way, for example, in the motet of the woman who's on the point of leaving her cloud ["Why do you delay? . . .],

> *A un soffio il pigro fumo . . .*
> *si difende nel punto che ti chiude . . .*

it's clear that *nel punto* ["the point enclosing you"] has two senses: *at the moment that* and *in the place that,* both legitimate. For Landolfi this uncertainty is horrible; for me it's a richness. Obviously, in this case the ambiguity is unconscious, spontaneous; in the case of *theater* it's a bit *recherché.* [May 10, 1939]

Elegy. If you press (or swell), etc. the fruits of the persimmon, etc. or destroy the improbable tale (in the sense of *tall stories*), etc., your splendor is *revealed* [ll. 38–50]. The icy foyer *that has been a theater* (in the two senses possible), etc. [l. 51]. The balconies *surrounded* by ivy, etc. [l. 54]. *If* [your soundless / succour] *appears:* "and here *even though* your succour appears inaudible, there's still the disk that whirls and which is in any case a worthy key to the day, the only one worthy of you." *Key* here stands for the picklock . . . as instrument for opening; but maybe (now I think of it) also a musical key would go (key of F, of G) in like sense, and even *diapason* in the sense of the small instrument that permits unison, etc. [ll. 56–58]; ignorant of his transformation? [ll. 61–62] perhaps ignorant of the celestial puff of air that makes even him a participant in the miracle.

As for the little strophes [in smaller type], it's impossible for me to provide a prose paraphrase. They are extremely generic, but not obscure. You should rewrite the same words in prose order. Lift (you) the sudarium, count (you as pilgrim) (or you who watch) the sudarium (I don't know what it is, perhaps the veil of Maya). The ships are *ex voto,* the islands cargo ports [ll. 15–19]. In the third [strophe] there are the sweets sold in sanctuary sacristies, a glance at the vulva–cleft mountain near Gaeta, glances at candles, etc. [ll. 42–49]

In the grottoes (of the islands mentioned above), there is the sign of the Fish [ll. 28–29], which I believe is one of the most ancient Christian symbols; in any case the doubt is expressed that Christian symbology (the green forest) cuts life in two and that Christ needs to be continued perhaps despite himself. If you can, even by changing everything, make a little syncretic lyric where god and phallus appear ambiguously blended; it's the sense of the Italian South. But a sense that the Poet (*sic*) approves only with many reservations [ll. 27–31]. [June 9, 1939]

—*the boy Anacletus:* According to Angelini, E.M.'s French translator, this young boy was a valet in the house of Tommaso Landolfi, where the poem was written. He was the "occasion" of this coda. But the name is symbolic as well, expressed by its double etymology. Anacletus was the name of one of the first popes of the Christian church—a fittingly unconscious presence in this poem so saturated with Christian references. The name is derived from the Greek for "called to service" and therefore may be a hint at the rebirth of Fascist militarism implied in the act of reloading the guns, so suited to the political situation in the Italy of 1939.

New Stanzas (1939)

E.M., writing to Gianfranco Contini (May 15, 1939): ". . . fallen into a trancelike state (something that rarely happens to me, since I usually write in conditions of cynical self-control), I've followed up my earlier 'Stanzas' which so delighted Gargiulo. 'Followed up,' loosely speaking. These 'Stanzas,' which might be given the title 'Love, Chess, and War-time Vigil,' will be developed in a second version, and that's all, are somewhat different. They're more Florentine, more embellished, harsher, but they look good to me and I hope they seem so to you, above all on a second rereading. The 'Martinella,' as you know, is the bell in the Palazzo Vecchio; according to Palazzeschi, it rings only to indicate 'disgrace,' *Inter nos* I've also heard it on certain occasions that you recognize. . . ."

In a letter to Guarnieri (May 22, 1964): ". . . 'another army' [l. 13], the gathering war. Clizia's last days in Florence. 'At your door' [l. 19] is extremely generic. But she was Jewish. The 'thick / curtains' [ll. 22–23] which chance can ruffle so that the worst is invisible. The 'burning-glass' [l. 30], the war, evil, etc."

See Cary (299–300).

The Return (1940)

The "occasion" here is a sentimental—or perhaps "memorial"—return to E.M.'s Ligurian landscape, the coastline of Lunigiana, where the river Magra enters the sea. As Cambon (195–96) observes, the poem is intensely private, a driving narrative of a secret tryst in a place known only to two and haunted by memories attached to objects and site. The lady—Clizia surely—puts a record on the phonograph—Mozart's "Der Hölle Rache" [*The Magic Flute*, II], according to E.M.'s note—music which "could not of itself justify the final squall." But song and storm coincide in the lady's "tarantula bite"—at once the tormenting bite of physical love and the even more painful bite of lost physical love remembered. The bite also has the benefit of telling the poet that he is still alive, not drowned or moldering in memory; hence his readiness. Love, as often in E.M., is acutely painful; its anguish corresponds to its joys. In the images of both spider and the storm the poem clearly recalls "Old Verses," and the boy's nightmarish emergence from childhood into the adult world of death, time, love, and loss. The storm image further expands the sense of political turmoil in this section as a hell in which the memory of past private happiness seems, in the perspective of present and future—almost unbearable.

Palio (1939)

The "occasion" of this poem is the ancient and famous *festa del Palio*, the great Sienese horse race held in the concave Campo every July and August. The various districts (*contrade*) of the city, each with its emblematic banners and insignia ("Unicorn and Tortoise," "Goose and Giraffe") compete for the prize—a cloth of velvet or silk. The poem looks back to the hellish *vélodrome* of "Buffalo," where the very word "Buffalo" functions as the charm that delivers the poet from his trance among the onlookers to a more solidly participant reality than that of his vision. Here, pointedly, the charm is replaced by the angelic intervention of Clizia, who brings with her the sense of redemption and knowledge of a transcendental finish line *set by her*. The poet loses his earthly love, though not his earthly passions, and salutes the miracle which (here, as in "Elegy of Pico Farnese") only Clizia can accomplish and reveal to him—her solitary devotee. In a brutal and bestial time, she becomes an emblem of the courage and aspiration (however bitter the cost to him who loves her) which enable him to resist, persist, and, humanly perhaps, exist, even while as a man he despairs.

News from Amiata (1938)

E.M., writing to Guarnieri (May 22, 1964):

"News from Amiata": Any one of three or four villages in that area. Villages of a Romanesque-Christian savor, not Renaissance. Hence bestiary images or images of ancient religious feeling (the icon). Floorboards, wooden beams. The cages [l. 12], may be empty, indeed are certainly empty, but bird cages. The life that fables you, the life that makes you the subject of a fable. *Schiude la tua icona* [l. 17], the subject is the icon [not the luminous background].

The ravine, small stream of water. The books of hours, symbols of old things. Light effects from the peak [l. 42] undefined but almost artificial. The wrangle [l. 47] of body and soul. . . . A more or less perpetual state of affairs.

See Cary (301).

—*Come back, north wind:* "Ironic reminiscence," not, I think, of Shelley's cosmic optimism in the "Ode to the West Wind," as Cary suggests, but of Beatrice's zephyrlike words to Dante when she reveals her dazzling vision of the angelic cosmos (*Par.* xxviii, 79 ff.). The heaven which he sees reflected first in her eyes is then reported by her words: an infinity of sparkling lights, circle on circle, sphere on sphere, all issuing from a source ("From that point hangs heaven and all Nature . . ."; cf. note on "Stanzas") at whose center blazes the divine Truth. The film of worldliness that until now had darkened Dante's eyes is dissolved by her words, just as a cloudy sky turns clear under the breath of the (milder) north wind. Indeed, being divine, her words *are* the divine vision they describe—sparks flying up from molten iron, the angelic emanations of the Light of the World. If Dante cannot *see* the Truth except as reflected in Beatrice's eyes, he can at least *hear*, in and through her words, the music of the angelic spheres (*cerchi*) hymning the Light, the "fixed point" from which they issue. This is the passage in question:

> Come rimane splendido e sereno
> l'emisperio dell'aer, quando soffia
> Borea da quella guancia ond' è più leno,
>
> per chi si purga e risolve la roffia
> che pria turbava, sì che il ciel ne ride
> con le bellezze d'ogni sua paroffia;
>
> così fec'io, poi che mi provide
> la donna mia del suo risponder chiaro,
> e, come stella in cielo, il ver si vide.
>
> E poi che le parole sue restaro,
> non altrimenti ferro disfavilla
> che bolle, come i cerchi sfavillaro.
>
> L' incendio suo seguiva ogne scintilla;
> ed eran tante, che'l numero loro
> più che'l doppiar de li scacchi s'inmila.
>
> Io sentiva osannar di coro in coro
> al punto fisso . . .

[Just as the hemisphere of air remains shining and serene when Boreas blows from his milder cheek / whereby the film that until now disturbed it is dissolved, so that the heaven laughs with the beauties of its every region; / so did I when my lady made provision to me [i.e., "saw before me"] of her clear-shining answer, and like a star in the sky, the truth was seen. / And when her words remained [i.e., "took effect"], not otherwise than boiling iron shoots out sparks, did the circles sparkle. / And every spark followed their blazing, and they were so many that their number ran to thousands beyond the duplications of chess. / From choir to choir I heard them singing Hosanna . . .]

Boreas (l. 79), god of the north wind, is usually depicted as blowing with two or more cheeks. From the "milder cheek" comes the "mistral" (Italian *maestrale*), a mild sky-clearing wind out of the northwest. When Boreas blows from the other cheek, however, the wind is the dreaded *tramontana* [i.e., "over the mountains"] or Adriatic *bora* (i.e., Boreas) whose violent blasts bear down on Italy from the northeast. (For E.M.'s own poetic representation of these two northerly winds, see the sections entitled respectively "Tramontana" and "Mistral" in the poem "Agave on the Rocks" in *Cuttlefish Bones*.) In "Bellosguardo Times" it is the *tramontana* that batters the magnolias and poplars, that gusts throughout *La bufera* (see, for instance, "The Storm" and "The Ark"), and which Dante seems to have had in mind in the terrible gale (*la bufera infernale*) that lashes sinners in Hell.

Here the "north wind" has been invoked: 1) personally, as scourging the passions (in this case, despairing of fulfillment); 2) culturally and politically, as an image of apparently inevitable historical forces, the freezing stormwind assaulting Italy from the Nazi north (combining, no doubt, with local Fascist squalls) and destroying all tradition and civilized values; and 3) cosmologically, as the apparition of a terrible fatality at the heart of things. The element common to all three cases is the feeling of doomed "blockade." On the personal level, it is the self-imprisonment of a man no longer capable of breaking through to others, above all to *the* other; historically, it is the plight of a deeply civilized man condemned to passively watching while the new barbarians destroy everything he cherishes; humanly, it is the frustrated helplessness of being trapped in the toils of nature and necessity. Such a life is a living death. Its freedom is so constricted, its possibility of meaning and fulfillment so slight, that its possessor yearns for death. Or, if not for death, at least for the oblivion that would release him from the anguish of memory and hope. That being so, why then, *ruat caelum!* Paraphrased, the invocation to the north wind might go something like this: "Come, fatal and destructive wind, seal me forever in my solitary cell! Make me despair, compel me to recognize the impossibility of ever escaping my condition! Give me oblivion and spare me the pain of ever remembering or hoping again!"

But to desire oblivion and extinction of hope requires an agent who still remembers, still hopes. So long as desire and want exist, even if what is desired is an end to desiring itself, life exists. A "living death" is only *like* death; the death is qualified by being lived. Death, as Bakhtin observed, is pregnant with life. That this "life-death logic" is E.M.'s also is not, for any reader familiar with the poetry, a matter for argument. If pessimism pervades much of E.M.'s poetry, that pessimism is never, not even in the bleak world of "Arsenio" (*Cuttlefish Bones*), quite fatalistic. The bleakness (but also the miraculous moment) is always qualified. The qualification may be expressed by a judiciously placed "perhaps"; by the presence of contrary indications or "signs"; or by the insistent choice of metaphors (embers, ashes, brands, mud, swamp, glimmers, bubbles, etc.) which suggest latent life persisting, "toughing it out," biding its time. The poem "Hitler Spring," itself strikingly reminiscent of "News from Amiata," provides an excellent example of E.M.'s death-life logic. The "occasion" of the poem is a meeting in Florence between Hitler and Mussolini on a bitterly cold, indeed wintry, spring day. Death is everywhere. Suddenly, toward the end of the poem, as though so much death could not be endured, the poet exclaims, "O this wounded / Spring is still a day of feasting, if only its frost could kill / this death at last!" The thought of this life-in-death—his and everyone's—is immediately and revealingly followed by an appeal to Clizia, his redemptive angel and last resort. This in turn leads directly to the cautious hope, introduced by a characteristic "perhaps," that out of this "Hellish Halloween," may come "the breathing of a dawn that will shine / tomorrow for us all, / white light but without the wings / of terror, on the burnt-out wadis of the south." Out of death, life; out of despair, hope; the "logic" involved is at least as old as Dante.

But where, the reader might well object, are the latent affirmations in "News from Amiata"? Surely in the very fact that the north wind is so desperately desired. Why? Precisely because the "spores of the possible" are *not* sealed; because the prisoner in his cell does *not yet* love his chains; because the hermit-poet of a barbarous age cannot endure watching the daily destruction of everything he loves any more than he can endure his solitude and the endless jarring of memory and hope. So he invokes death and oblivion, hoping "beyond hope" that, once the *tramontana* has done its destructive work, the mistral—the other, milder north wind—will freshen, driving away the lightning, storm clouds, and flooding rains of the Italian winter. What the mistral meant to E.M. simply as the zephyr that succeeds weeks of Mediterranean bad weather, we know from stanzas of an earlier poem:

> Now the calm returns, the air
> is still; the waves chatter with the reefs.
> In gardens along the quiet coast, palm-leaves
> barely quiver.
>
> A caress skims
> the line of the sea, ruffling it
> an instant, a soft puff that breaks off, then
> slides away.

["Mistral" from "Agave on the Rocks," *Cuttlefish Bones*]

If, to this "natural" account of the mistral are added the metaphorical connotations of the passage from Dante, the poem begins to resonate, not only with the "ironic reminiscence" of better, happier days, but with the hope that stirs in both E.M. and Dante at the very moment when everything seems hopelessly lost. The poet despairs, or rather all but despairs, since the very act of writing a poem presupposes that communication is possible, that the "other," the *tu* to whom this news from Amiata is addressed, really exists. (Throughout his career, in both poetry and critical prose, E.M. will repeatedly ask himself and his reader whether poetry is indeed possible—a question that turns every poem into an act of faith.) But inside the need provoking the poem, there must be at least a flicker of anticipation, a hope that the poem will spark a response rooted in the need and/or compassion of the other. The "news" conveyed by this poem is cast in the form of a letter smuggled out of the death row (personal, historical, human) of the prisoner's "honeycomb cell" (one more positive "sign"). Its contents, ostensibly a meditation on his condition, are actually a veiled appeal, or rather two discrete appeals, each addressed to a different manifestation of the north wind: *tramontana* and *mistral*. The appeal to the *tramontana* is dominant; the appeal to the mistral is implicit, depending upon the sequential logic of the seasons (as in "Hitler Spring" or Shelley's "If Winter comes, can Spring be far behind?"). Though faint almost to the point of being inaudible, the hope that suffuses the second appeal is that Clizia, like Beatrice and her mistral-like words, will at last dispel the storm and speak her "clear-shining answer." As the final lines of the poem delicately suggest, even porcupines seek, and get, *pietà*.

The allusion, I suggest, is not explicit because it is encoded in the poet's appeal. That appeal, the reader should know, is addressed to a woman (the I.B. of the dedication), herself a distinguished Dante scholar, who would instantly have grasped the Dantesquely encoded message. Indeed, the poet's hope of being understood and answered is greatly enhanced if the message, like this poem, is written to the lady in "the language most her own." Beyond the bounds of the private language of the poem, we should not peer; insofar as the reader can detect the gist of the message, what is said is accessible and the privacy unprivileged.

The "reading" offered here is, I believe, consistent with the book as a whole, above all the "Motets" and the later poems, to which it provides a summative coda. E.M. himself later described *The Occasions* as lacking in the quality of "pedal, of deep music and contemplation." And it seems to me that the book might well be viewed as the poet's quest for that missing pedal—a quest successfully completed in the concluding poems. Unlike the lyrics of the first section, or even the "Motets," the final poems, and above all "News from Amiata," move simultaneously on the three levels noted earlier in relation to the north wind: personal, socio-historical, and universal (e.g., "the honeycomb cell / of a globe launched in space"). The storm that figures so prominently in the first poem, "Old Verses," is by comparison a fairly simple though highly suggestive intuition of the apocalyptic *bufera* to come. The violent cosmic dimensions of the later storm are not fully comprehended in the earlier one but, rather, hinted at in the child's anxiety over transience, death, and entry into the adult world. Or, in Montalean terms, the first poem functions as an anticipatory "sign" of the last poem, in which the storm is transformed into a metaphysical nightmare, a life-asserting death wish. In much the same way, metaphorical motifs and details of the earlier poems have been fused in the last poem into a dramatic revelation of the light-in-darkness imagery of the *envoi,* "The Balcony."

If the reader is additionally willing to admit the allusion to the *Paradiso* at least marginally into his experience of the poem, the concentration of image and theme become even more impressive. Thus the asses' hooves that strike sparks from the cobbles (themselves anticipated by the sparking hooves of apocalyptic horses in the motet, "First the frog . . ." and the fitful "magnesium flare" of lightning from the peak of Amiata combine into Montalean "signs," infernal "glintings" that correspond to Beatrice's divine words rising sparklike from the molten iron. And the image of Clizia, "our lady of the chessboard" whose shining gaze "blinds the pawns" in "New Stanzas," becomes even more vivid when linked to Beatrice's verbal shower of angelic sparks "beyond the multiplications of chess." Juxtapose the cloud-covered, lightning-lit peak of Amiata's extinct volcano with the contents of the talismanic shell of the final motet ("where the evening star is reflected / a painted volcano happily smokes") and what at first sight looks like merely "ironic reminiscence" of happier days is in fact only the negative aspect of the working of a complex poetic spell. The poem, I am suggesting, is a sustained charm, a *carmen,* intended, by jogging memories of shared happiness interspersed with echoes from a shared text, to compel the beloved to return, or at the very least, to respond compassionately. If the writer were not on the brink of desperation, there would be no need for a spell—no need, that is, for a poet, the ancient maker of spells from the beginning, to write poetry at all.

I realize that I may be pushing the interpretative point past tolerable limits, but it seems worth bearing in mind that E.M. himself vehemently declared these poems to be "Dantesque, Dantesque!" If this is so, then surely the conscientious reader, *Commedia* and *Vita Nuova* in hand, should make the imaginative effort to read them as they must have been read by the reader to whom most of them, and certainly the greatest, were addressed: Clizia.

The Storm and Other Things

This, the reader should be aware, is a not wholly accurate rendering of the Italian title, *La bufera e altro*. Accuracy is, in fact, impossible. The problem is the word *altro*. It does *not* specifically mean (as it has sometimes been rendered) "other poems" (*altre poesie*). It *can* mean "other things"; one can, for instance, buy *carne, pane, e altro* (meat, bread, and other things). But it can also mean—and, given E.M.'s relish for overtones that enlarge his poetry, I suggest that it probably does mean—"more" or "something *else*." It would be an intrusion on E.M.'s evident desire for open generic suggestiveness to define what that "something else" might be. The suggestiveness is intended to alert the reader to something *there*, on the fringes as it were, something not contained within the context of the agonizing personal and cosmic war conveyed by *la bufera*. Something not unlike the buried spark amid the drought and desolation of "The Eel"; or the "signs" of Clizia's persistently redemptive presence illuminating the infernal ditch of actual existence; or the transcendent "flights" of wings; the upward spiraling of music or small creatures caught in the world's web; or the informing otherness of some divine *Altrui* (see notes to "Rainbow"); or even that ineradicable craving for "something else" (*ti allo*) that Socrates in the *Phaedrus* attributes to Eros and the restless human longing to recover its lost or nearly forgotten origins among the gods.

Finisterre

This section was originally intended by the poet to form an apocalyptic pendant (tentatively titled *Poems, 1940–42*) to his second book, *The Occasions* (1939). "If someday," he wrote, "*Finisterre* should end up as the nucleus of my third collection, so much the better for me (or worse only for the reader)." Worse, I suppose, because the figure of Clizia, so central to *Finisterre* and *La bufera* generally, is mediated and to some degree explained by the "angel-woman" of the later poems of *The Occasions;* and the reader who lacks knowledge of her presentation in those poems is to that extent handicapped in approaching *La bufera e altro*.

To the first edition of *La bufera* E.M. appended this note: "This book contains a selection of the poems I have written since *The Occasions [Le occasioni]*. The first section is a reprinting of *Finisterre (Poems, 1940–42)* as that book appeared (1943) in the series 'Collana di Lugano,' edited by Pino Bernasconi. A later edition of that book, published in Florence and edited by Giorgio Zampa, contained in addition the two prose pieces 'Visit to Fadin' and 'Where the Tennis Court Used to Be' and three poems to be found in the second and third sections of the present volume."

For the meaning attached by E.M. to the place called "Finisterre," see notes to "On an Unwritten Letter."

The Storm (1941)

E.M., writing to Silvio Guarnieri (Nov. 29, 1965): "'The Storm' (the initial poem) is the war, in particular *that* war after *that* dictatorship (see the epigraph); but it is also cosmic war, the perpetual war of all . . . The 'tinkle of crystal': hail. The place can't be specified, but it's remote from me. 'Marble manna and destruction' are the components of a character: if you explain it, you kill the poem. 'More than love' (l. 14) is NOT reductive. The 'cracking,' etc.: images of war. 'As when': separation, as for instance in 'New Stanzas' (in *The Occasions*). 'Clearing from your forehead': realistic memory. 'The darkness' is so many things: distance separation, even the doubt that she's still alive. The 'you' is for Clizia."

Epigraph: "The princes have no eyes to see these great wonders, their hands serve only to persecute us."

The poem is clearly meant to "frame" the book, above all the *Finisterre* section. It introduces the controlling metaphorical terms, indicating the Dantesque, as well as Petrarchan and stilnovistic, echoes that link the present, but also contrast it, with the past, and, in general, establishes the double apocalypse (the real war, the cosmic war) that is one of the major themes of the book as a whole. The theme of this double war, both particular and universal, is carefully interwoven with the erotic theme of the beloved (both a real woman and something more-than-woman) in her tormenting presence-in-absence. The mediating term for both is the explicitly Dantesque word, *bufera*—at once the "storm" or better "tempest" of war, but also the terrible "storm of passion," the infernal wind that in Dante (*Inf.* v, 28 ff.) *whirls* and *batters* those stricken by carnal passion. The careful reader will need the text present to his mind throughout:

> *Io venni in loco* d'ogne luce muto,
>   *che* mugghia, *come fa mar per tempesta,*
>   *se da contrari venti è combattuto.*

> *La* bufera infernal, *che mai non resta,*
>   *mena li spiriti con la sua rapina;*
>   *voltando e* percotendo *li molesta.*

[I came into a place *mute of all light*, / which *bellows* like the sea in tempest, / when it is combated by warring winds. / The *hellish storm,* which never rests, / leads the spirits with its rapine; / *whirling* and *battering,* it vexes them.]

Out of this Dantesque passage and the hellish locale, E.M.'s governing terms are generated by allusion, expansion, transmutation, or opposition. Evil is everywhere associated with the Dantesque darkness—feverish sleep, lingering night, deepening gloom, the ominous gathering of groaning voices, shattered light. The world is perceived as a Dantesque ditch: fosse, mire, bog, slimy marsh, sewer, morass, even magma—"the great bog teeming with its human / tadpoles opens to the furrowing night." Acoustically, this human hell is cacophony: thunder, sistrums, cracking sounds, shattering crystal, tambourines, shots, the airplane roar of giant wing-casings buzzing. And, whirled by the great *bufera*, is the dance—fandango, jig, sardana, saraband—of dervish circularity, meaninglessness turning on itself. The human beings themselves are: the stillborn, the skeletons; the imploring hands of victims reaching up out of the marsh; the shattered wings of what was once a tremulously flying thing, a fallen bird.

Against this Hell, E.M. sets the equally Dantesque *donna* with her stilnovistic and Petrarchan attributes—the "lightning of her lashes," her lambent radiance, her jewels of jade and coral, the iridescence that reveals her as the angel of the covenant, the harbinger of dawn, etc. It is *she* who intermittently but persistently manifests her presence—a *spiritual* presence made more painfully but blessedly real by her *physical* absence—illuminating the poet's darkness, the photographic "flash" of memory and hope that suddenly, with anguishing brevity, startles his dreams and despair, *waking* him. Being both real and ideal, she is temporal but also timeless, like the war (hostile Fascism; the implacable hostility of reality generally whose hopelessness and pain her epiphany mitigates).

from the mahoganies. As Arshi Pipa (89) has pointed out, this is an echo of "Bibliothèque Nationale" in Rilke's *Notebooks of Malte Laurids Brigge*; "Perhaps their faded letters and the loosened leaves of their diaries . . . are lying in a compartment of his mahogany desk."

the thieving ditch. Fossa fuia in Italian, a Dantesque word, employed by D'Annunzio in "La Nave," to designate the prison incarcerating the enemies of the Venetian tribune Marcus Graticus. Cf. the "den of thieves" in the Bible, applied by E.M. to the "gang of thieves"—the Fascists—who govern Italy.

Lungomare (1940)

Lungomare = ocean-front promenade.

E.M. to Guarnieri: "Clizia isn't in it; it's wholly realistic, the fence and the rest. A little madrigal of secondary importance."

Arshi Pipa (83) points out the stilnovistic quality of E.M.'s last two lines here, reminiscent of the image of the lady's "fulminating eye" in Guido Guinizelli's famous sonnet beginning *Voglio del ver della mia donna dire.*

On an Unwritten Letter (1940)

E.M. to Guarnieri: "Poem of absence, of distance. I see no obscurity in it. Many particulars are real. There's a background of war. . . . The 'you' is far away, maybe not there and that's why the letter is unwritten. Clizia's there but it's not necessary to give her that name. 'Swarming,' etc. All images of a life reduced to rare apparitions; these don't have here the value of a *senhal*, like the two jackals [in the 'Motet' 'La speranza di pure rivederti' in *The Occasions*]."

Arshi Pipa (86–88) comments:

In the beginning love and war are sharply contrasted by the poet, who feels almost ashamed of indulging in memories of love at a time of national and universal distress: "Oh, never to hear / of you again, to escape the lightning of your lashes! There's more on earth than this!" Immediately after, however, he confesses his usual uncertainty and vacillation. . . . Since Finisterre is the westernmost point in Europe and in a sense the nearest one to North America where the poet's beloved one is living, his emphasis on the geographical theme expresses indirectly his longing to communicate with her. The poem seems to be a sequel to "La casa dei doganieri." . . . Here the poet is seen desperately clinging to a rock waiting for a message ("the bottle") from beyond. . . . But "Finisterre" is to Montale the end of the world, the world of culture threatened by totalitarianism. Thus, through the name of a wild cliff in Spain, Franco's Spain, the poet is able to evoke the medieval atmosphere created by military dictatorship and clerical fanaticism. But Finisterre, which is Europe nearest point to North America, is at the same time the farthest point from the old continent's center of civilization. By moving the stage of his poetry from the Mediterranean Sea, the cradle of Western civilization, to a wild site facing the ocean from which a message is expected, the poet suggests his misgivings about the fate of that civilization, while hinting at a hope of salvation to come from the new continent. Salvation, being political in the first place, is no longer limited to the poet alone; the personal message of love extends a promise of freedom and peace to the rest of mankind.

the bottle from the ocean. One of E.M.'s favorite figures. See, for instance, the important essay "Style and Tradition" (1925): "If it has been said that genius is one long patience, we should like to add that it is also conscience and honesty. A work born with these characteristics does not need much more to reach to the most distant of ages, like Vigny's *bouteille à la mer.*" In this sense, E.M.'s poetry is the "unwritten letter" committed to the bottle.

In Sleep (1940)
E.M.. to Guarnieri: "A poem of war and memory. The 'adversary' (l. 10) is the silent enemy of 'Costa San Giorgio' [in *The Occasions*]; he can be evil or man's destiny. Various sounds and colors in the memory of the sleeper . . ."
The sound of a savage jig / stings. Cf. Dante, *Par.* xiv, 118.

Indian Serenade (1940)
E.M. to Guarnieri: "I fear that the title is Shelley's 'The Indian Serenade.' The octopus might be the spirals of the waves at the twilight hour or even the unknowable, the negative future. It's not for Clizia. Versilia landscape. It's not for the same person as in 'On an Unwritten Letter.'
For the "octopus" (technically a *polipo*—"polyp") cf. the figure in the poem by Theognis (whom E.M. may never have read—he was an autodidact and notably diffident about his "small Latin and less Greek"):

> Soul, be complex in all your dealings with your friends;
>   and assume another's mood.
> Be like the coiling octopus
>   who seems to be the rock to which he clings . . .

The Earrings (1940)
E.M. to Guarnieri: "The 'wing-casings' (*èlitre*) are warplanes perceived as deadly insects. 'Two lives,' yours and mine, but in general the fates of single individuals. 'Medusas,' shadows in the mirror, realistic. The character is so absent as to seem dead. She emerges from the mirror and still wears her coral earrings. Not at all linked to the north. She 'will rise from below,' from the blackness of the unknowable. The 'soaring' is *yours.* Whose could it be? the sponge, a symbol of what erases, but also a realistic detail."
The sonnet form, as well as the elaborate Renaissance conceits of the "divine" lady and her jewels, clearly link the poem to Petrarch and even Shakespeare, several of whose sonnets E.M. translated, but also to E.M.'s own "Motets" and what he called the "stylistic adventure" of *The Occasions* and the *Finisterre* poems. *The Occasions*, he observed in "Intentions," was "an orange, or rather a lemon, in which a segment was missing, but in the sense of the *pedale*, of deep music and contemplation. I completed my work with the *Finisterre* poems, which represent my Petrarchan experience as it were. I projected the Selvaggia, the Mandetta, or the Delia* (call her what you will) of the 'Motets' onto

---

* These names are *senhals* or emblems taken from the poetry of the writers of the *dolcestilnovisti*, which include Cino da Pistoia, Guido Cavalcanti, Guido Guinizelli, and Dante himself.

the background of a cosmic and terrestrial war without purpose or reason, and I committed myself to her, woman or cloud, angel or petrel. . . . *Finisterre* groups together a few poems born in the nightmare years 1940-42. . . . The rapport with the central theme of *The Occasions* was apparent, I thought. Perhaps it would have been better understood if I had orchestrated and diluted my theme. But I do not go in *quest* of poetry, I wait to be visited."

But the Petrarchanism is engaged, it should be noted, in the service of a poetry that has larger ends in view, that seeks, precisely, a *pedale*. So here we begin with the apparent oblivion of private memory, erased by the overpowering public disaster of the war, represented by the droning wings and the universal funeral that reduces the life of the individual to nothing. Oblivion of memory is the "lamp-black" of the mirror, enclosed by the golden "halo" of the frame, from which even the gilt is flaking away. The black void contains not even the shadow of the old rapture, those "soarings" of erotic transcendence that once gave life its meaning, its intimation of momentary divinity. Slowly, out of this void, as the remembering mind searches for the traces of the beloved's corals—the old incandescence, the lightnings or *lampi* that, as *senhals*, betoken her presence, even in absence—a dim shape begins to emerge, as though from underwater (compare the octopus of "Indian Serenade"), the milky shadow of the medusa or jellyfish, whose inkish iridescence, floating softly *upward*, is transformed into an epiphany of the goddess herself, her ascending divinity indicated by the upturned imploring hands of those below, the world's wretched, clutching at the divine insignia of her corals. Those upturned hands, E.M. confided to D'Arco Silvio Avalle (whose "*Gli orecchini*" *di Montale* is one of the finest studies of this poem and of Montale's imagery generally), could be regarded as protruding—one thinks of Signorelli's *Last Judgment* in Orvieto—from the tombs of those who had been gassed or massacred. ("Jews, like the phantasm . . .") For additional comment, see Cary (311–12) and Huffman (194 ff.).

Worth noting is the implied affinity with Dante (to whom E.M. insisted that he owed both Clizia and the Vixen—"they are Dantesque, Dantesque!"). The lady's absolute dictatorial power (contrasted with that of the vulgar secular "dictator of the day") is indicated by the word *imperio* (which should not be undertranslated—hence my "imperium"). The obviously relevant text is Dante, *Purg.* xxiv, 49 ff., where Dante says to Bonagiunta:

> *Io mi son un che, quando*
> *Amor mi spira, noto, ed a quell modo*
> *che* ditta *dentro, vo significando.*

[I am one who, when love inspires me, take note, and go setting it forth after the fashion which he *dictates* within me.]

To which Bonagiunta replies:

> *Io veggio bene come le vostre penne*
> *di retro al* dittator *sen vanno strette . . .*

[Truly I see how your pens follow closely after your *dictator* . . .]

Finally, the reader who peruses the Italian text closely will observe how intricately sense and music have been brocaded by assonance and slant-rhymes. E.g., *serba ombra . . . spera; coralli/desideri; fuggo/struggono; folle/molli; contano/tornano; squallide/coralli;* and of course the ironically harsh full rhyme of *traccia/scaccia*. West (87) also notes the emergence in these poems of double *l* words in relation to the beloved (*scintilla, gioielli, sorella, anguilla, coralli, capelli,* etc.), a process that culminates in the pyrotechnical synesthetic language of "The Eel."

The Bangs (1941)

Another poem in E.M.'s "stylistic adventure," manifestly Petrarchan in its governing conceit; but, as in the preceding poem, the conceit is engaged in the permanent "cosmic war" between light and darkness, good and evil, of which the immediate war is the present desperate instance.

Profoundly committed to the civilities, not the Mandarin elitism and classicizing pretensions of traditional culture, E.M. views the cosmic war as the everlasting conflict between the forces of good, represented by divine light, and of darkness, i.e., of Ahriman (the term is E.M.'s own). Civilization and liberal—i.e., *free*—culture had always, in his conviction, to be protected from any effort, whether from Left or Right, to subordinate them to merely political or economic ends, that is, from Evil. In 1975, accepting the Nobel Prize, E.M. declared: "I am perhaps a late follower of Zoroaster, and I believe that the struggle between the opposed powers of good and evil lies at the basis of life. I believe that all poets have always fought on behalf of the good even when they seemed to be extolling *les fleurs du mal.*" Poetry, in E.M.'s view, is therefore identified with good; its practice involves a spiritual commitment, a moral *impegno*. Poetry and love are, if not quite one, inseparable. Thus the lady of this poem and others is a real woman, a woman loved under the emblematic name of Clizia (or the Vixen, etc.); but she is also the Muse herself, the divine light who kindles the poet's own "spark"—his hunger for the light that lies beyond his own individuality—and elicits his commitment in desperately dark circumstances to a truly human culture. It is as such that she is invoked here. Writing out of his darkness the poet prays for her apparition, for the dawning light, the hope of a horizon, announced or intimated in sleep and dreams by the blaze of her jewels, her brow, her bangs ("fringe of hair" means "bangs" in Italian), the radiance that might "marble" his darkness in a tolerably human chiaroscuro.

Window in Fiesole (1941)

E.M. to Guarnieri: "Wartime landscape. At Fiesole, where I was awaiting the arrival of the 'liberating troops.'"

E.M. is more than usually cryptic; this is a delicately visionary poem, resistant to coarsely interpretive schemes. Nonetheless, the reader should bear in mind E.M.'s statement that the poems of *Finisterre* project the image of the (Petrarchan) beloved "onto the background of cosmic and terrestrial war." The emphasis is at least as cosmic as it is terrestrial or physical. Note, for instance, the force of the initial word, "Here," and the explicit, though elliptical contrast with "Another light," "other blazings" at the close. The two sentences of which the poem is composed present E.M.'s familiar oxymoronic structure, in which the contrasts are linked by the reader's grasp of what has been elliptically suppressed and to that degree *expressed*. Physically, we have a contrast between a darkly ominous present and the bright anticipation of "liberation"; metaphysically, in Dantesque terms, between the sadness of perishing temporality ("the insidious cricket," the moths "that turn to powder") of *this* world *here (qui)*, and the transcendentally radiant eternity of another world *there (al di là)*. Against the "trapped sun," the comparative darkness of this world, are set the "other blazings" of the divine Clizia whose remembered presence-in-absence mediates the contrast and informs the ellipsis on which the poem is constructed.

E.M. characteristically uses the titles of his poems as a hermetic—punning or concealed—device for reinforcing, or suggesting, meaning. So here the title, "Finestra fiesolana," may—or just as well may not be—a pun on *fiesole sole* (i.e., "weak sun"). For E.M.'s sense of the window as a darkened enclosure opening onto a larger, divinely sun-lit life, cf. "Balcony," the poem that "opens onto" *The Occasions*.

the small bird spirals / up the elm. An image of animal life trapped in the darkness of this world and its wars, seeking what it, like Dante's Sordello (*Purg.* vii, 26) has lost—the hope *di vider l'alto Sol che tu desideri* ("of seeing the high Sun whom you desire"). The spiral is another of E.M.'s innumerable (Dantesque) images of life as circular or cyclical process, but upward-tending, i.e., transcendent. In the *Paradiso*, comments Mazzeo (*Structure and Thought in the Paradiso*, Ithaca, 1958, p. 17), "The circularity is now a spiral: more light, more love which demands still more light, and so from sky to sky, from sphere to sphere, to the infinite Eternal light."

The Red Lily (1942)

E.M. to Guarnieri: "The red lily, symbol of Florence. Opposition between a youth spent in Florence and adulthood spent in the north (see 'Rainbow'), I see no other difficulties. Cf. also 'New Stanzas' [in *The Occasions*] and 'Hitler Spring.'"

In "Intenzioni" E.M. wrote: "The Sphinx of 'New Stanzas,' who had left the East *(Oriente)* to illuminate the ice and fog of the north [i.e., Clizia's Canadian 'Ontario'—see 'Rainbow'], returns to us as the continuator and symbol of the eternal Christian sacrifice. She pays for us all, she atones for us all."

the red lily . . . sacrificed to the mistletoe. Which is to say, the Florentine lily forsaken for the Canadian mistletoe; the sensuous and ephemeral blood-red flower of the here-and-now abandoned for the mystical mistletoe of the eternal "beyond"—the color red that links Clizia's corals in "The Earrings" to the "scarlet ivies" of "Window in Fiesole" and the red lily here.

The Fan (1942)

E.M. to Guarnieri: "Images of war seen or dreamed synthetically (the telescope). Out of the depths the fan emerges, as did the earrings earlier. Whoever has known you cannot really die (l. 14); or not even death has meaning for whoever has known you."

Ut picture poeisis. "As with painting, so with poetry"—Horace's celebrated formula in the *Ars poetica*.

See Cary (312–14).

Personae Separatae (1940)

E.M. to Guarnieri: "Background of war. The 'scale' is a falling star. 'In the eyes of others' [l. 5]: seen objectively by someone who views everything *sub specie aeternitatis*, we are little more than an ephemeral spark, transient. 'Ditch' [l. 20, *riano*], a dialect term for gulley, ditch. 'Lunigiana landscape,' no better defined. The war background, here and elsewhere, not to be taken too literally. The war perceived above all as metaphysical otherness, an almost permanent state of the dark forces which conspire against us. An ontological state of fact as it were: in more vulgar terms, the forces of evil . . ."

hollow stumps / where the ants nest. Typically deft echo of Dante's retelling of Ovid's account (*Met.* vii, 523 ff.) of the island of Aegina. Depopulated by plague, it was repeopled by ants, subsequently transformed into men, i.e., "ant-men" or "Myrmidons." (See Dante, *Inf.* xxix, 58 ff.: "I do not think it was a greater sorrow / to see the people in Aegina all ill, / when the air was so malignant / that every animal, down to the smallest worm / dropped

721

down, and then the ancient peoples, / as the poets held for certain, / were restored from the seed of ants.")

What looks like ornamental detail is in fact the crucial fact, elliptically contained in the Dantesque allusion: from pestilential war, life is reborn. Death, as Bahktin observed, is "pregnant with life."

The human forest. A glance at Dante's "dark wood" *(selva oscura)* in the *Inferno*, which is transformed, at the end of the *Purgatorio*, into "The divine forest dense and alive" *(la divina foresta spessa e viva)*.

Lunigiana. Roughly, the coastal region of Liguria between Viareggio and La Spezia, lying at the foot of the precipitous Apuan Alps—hence the "snowy peak." There is probably also a link—*nomen omen*—between "new moons" *(noviluni)* at l. 6 and *Luni*giana.

The Ark (1943)

E.M. to Guarnieri: "The 'golden fleece' is any shroud [Italian *sudario*, i.e., 'sudarium,' cf. 'Rainbow.' l. 6] which, spreading overhead, shelters memories. The magnolia [l. 18] is a simple tree and the 'howling' [l. 21] is the dog's, but also of course the poet's. 'Blood and lime' [l. 14], images of war seen as a permanent fact, almost an institution. Magnolia, dog, nannies, etc., all real memories."

Day and Night (1943)

E.M. to Glauco Cambon in *Aut-Aut* 67 (Jan. 1962, pp. 44–45 republished in *Sulla poesia*, pp. 91–92). The whole letter—markedly different in tone from the punctilious but laconic comments to Guarnieri—is of the most intense interest:

> In your very intelligent gloss on "Day and Night" . . . you've extracted from the poem what in musical terms would be the harmonics, its complements; and it doesn't matter if the issue here is more of psychological values than those of sound and timbre. But there is the possibility of a very mundane solution, which I propose to you, and which doesn't contradict yours. The poem is part of a cycle—*Finisterre*—which carries the date 1940–42. . . . The background of the whole cycle is the war, as experienced at Florence (I've lived in Milan only since 1948). It would be difficult to see poplars from a porch in Milan; perhaps it's not possible even in Florence. But at Florence nature invades the city, which doesn't happen in Milan, where I couldn't imagine little squares with knife-grinders and parrots. Granted that in the whole brief cycle the turmoil of the war (understood as cosmic fact) is present, the plants and cries on the veranda, no less than the shot that reddens the throat of the "parlous harbinger," become fully comprehensible as part of the "basso continuo." But who is *she*? Certainly, at the outset, a real woman but here and elsewhere, indeed everywhere, a *visiting angel* [in English in text], little or not at all material. It's not necessary to ascribe to her the "feather in flight," as though it were detached in advance from her wings (although it's not impossible). The feather, the glittering of the mirror and other signs (in other poems) are only enigmatic presages of the event that's about to take place: the "privileged instant" (Contini), often the visitation. And why does the visitor presage the dawn? What dawn? Perhaps the dawn of a possible redemption, which could equally well be peace or metaphysical liberation. In herself the visitor cannot return to flesh and blood, for some time she's ceased to exist in that form. Perhaps she died some time ago, perhaps she'll die somewhere else at that instant. Her mission of unconscious Christ-bearer [*Cristòfora*] permits her no other triumph than her failure here below: distance, grief, vague ghostly reappearances (see "Rainbow"), that degree of presence that is a memento, an admonition, to its recipient. Her face is always stern, proud; her fatigue is mortal, her courage indomitable: if she's an angel, she

preserves all the earthly attributes, she hasn't yet succeeded in disincarnating herself (see "Voice That Came with the Coots," written some years later). Once even she was inside (see "New Stanzas," in *The Occasions*), but then she departed (see "Hitler Spring") to fulfill her mission.

So if the reader sees in her a nightingale—and why not a robin, who has a red breast and sings at dawn?—I find no difficulty in that; the important thing is that the metaphorical passage from real to symbolic or vice versa always happens unconsciously in me. I always begin with the real, I can't invent anything; but when I start writing (rapidly and with few revisions) the poetic nucleus in me has had a long period of incubation: long and dark. *Après coup*, once it's done, I recognize my own intentions.

The realistic datum, however, is always present, always factual. In the case of "Day and Night," barracks, hospitals, and blaring of trumpets (reveille, mess call, free time) belong to the image of a militarized city. Nothing prevents our seeing in this the outline of a perpetual earthly Hell.

Your Flight (1943)

E.M. to Guarnieri: "The 'two lights' [l. 4] are perhaps those of the fire and the amulets. Hellish human landscape visited by the usual harbinger-awakener. The details here are less realistic than symbolic ('human tadpoles'). A somewhat oneiric, but not incomprehensible poem. 'Selvage' (l. 12) in the sense of 'verge' (of the 'ditch,' l. 5)."

sparkle back. Italian *rifavillano* from favilla, "spark." E.M. has daringly coined the word from the (unusual) word *favillare*, in order to suggest the reflected glory that she, in turn, *reflects* upon the world. To Contini, E.M. wrote: "If the verb *favillare* is defensible, then let *rifavillano* stand."

selvage. Italian *vivagno*. This word, like so many other words having to do with the marshy topography of E.M.'s "human hell," is Dantesque.

hair / ash blond. The invariable sign of Clizia (see "The Bangs"), blond as the dawning light she announces and, as "Christ-Bringer" carries with her. The Italian for "ash blond" is here *cinerei i capelli* (literally "ashen-haired," in order to indicate her affinity with those who had been physically incinerated by the war, gassed or massacred, and her own spiritual passage through Dante's purgatorial "refining flame" *[il fuoco che gl'affina]*. Of this world, she is no longer in it, but beyond, in the realm of that "other" light, the *alto Sol* or "high sun," which blazes in her jewels and amulets as a saving "sign" to those mired in the darkness below, as in the closing lines of "The Eel."

To My Mother (1942)

"Communion, and community, is possible only among individuals and not in a regime of social homogenizing. The thisness of human existence is opposed as essential form to the formless 'infinity,' or rather endlessness, of the muddy sea Montale identifies [in 'Coast at Versilia' and elsewhere] with industrialized society. Here a secularized Christian speaks, one who has lost all certainties but this and who, nevertheless, cannot bring himself to exclude a metaphysical dimension from life, since he is envisioning the possibility of a perfecting of human individuality after death, just as in his penultimate book (*Quaderno di quattro anni*, Notebook of Four Years), he 'refuses to believe in death.'" (Cambon, 97–98)

Afterward

Written, presumably, *after* the liberation of Florence by allied troops in 1944.

Florentine Madrigals (1943–44)

In the notes to the Mondadori edition, E.M. wrote: "'Florentine Madrigals.' A Bedlington (terrier), hence a dog, not an airplane as was supposed, showed up by a pier of the Santa Trinità bridge at dawn in one of those days. The 'gong' echoes what it was telling the family: 'Dinner is served.' (But the family's no longer there.)"

To Guarnieri E.M. wrote: "Herma was an Austrian model, a friend of Vittorini, 'Mustache Bugger' [*baffo buco*] is Hitler, with allusion to pederasty. Paradise [second madrigal] imagined as a hospital. My sister [second madrigal, last line] had died many years ago, and she was a nun."

The hope . . . now reveals itself / vain. To E.M., the liberation of Italy by the Allies and subsequent political arrangements proved a bitter disappointment. See "Botta e risposta I" (in *Satura*), especially the closing lines: "He was never to be seen / Yet the rabble kept expecting him . . . / Who expected him / now? What sense made that new / mire? And the breathing of more and the same / stench? and the dizzy whirling of rafts / of dung? and was the sun that brown-yellow / drainpipe crust on the chimneys, / were those men perhaps, / real living men, / the huge ants landing?"

Santissima Trinità. The words are in English in the Italian text, no doubt to emphasize the cultural sacrilege involved in the bombing by Allied planes of the most beautiful bridge in Florence.

From a Tower (1945)

E.M., in *Sulla poesia*, pp. 80–81:

A blackbird, and even a dog dead for years, can perhaps return, since for us ourselves they matter more as "species" than as individuals. But it is very difficult to rediscover a destroyed town or to bring "a blood-red lip" back to life. In Liguria we mean by "water-dipper" what Giacomo Leopardi and the ornithologists call the "solitary thrush" [*passero solitario—monticola solitarius*—the title of one of Leopardi's most beautiful and most lonely poems]. (Many professors, deceived by *te solingo augellin,* suppose it to be a sparrow, that is, a bird extremely remote from the solitude and austerity of this melodious slate-colored bird.) As for Perrito [sic in typescript], which means a small dog, the Spanish name and the glance at the long ears make us suppose it's a cocker spaniel that's indicated. But who knows.

To which explanation—cryptically succinct as usual—the editors of *Il Politecnico,* the journal in which Montale's comment appeared, helpfully added their own:

The water-dipper flying from the tower and the small dog bounding up the stairs bring back to mind what we have seen before. So it is as though they had returned to life; this is why he speaks of having *seen* the dog "leap from the tomb"? But the final four lines speak of what can never return; from the tower's mullioned windows, in the stained glass, the town is glimpsed, destroyed: "a world of skeletons"? And a person, a face, a mouth, a lip that was once alive—"blood-red"!—is something ever lost and silent. Thus, in harmonious simplicity, but only apparently—note the intrication of the rhymes (*gruppetto/tetto, orgoglioso/festoso, tomba/tromba, conosciuto/orecchiuto/muto; colori/fiori*) with those two dark words ("skeleton," "silent")—the twelve lines close—the same twelve lines that began with the bird's "gliding pride," with his few notes ("the trilling of the flute") and the small dog's joyful bounding.

Piquillo. E.M. initially wrote "Perrito," then altered it to "Piquillo": the scapegrace rogue, charmer, friend of lovers, and thief extraordinary, who disappears up the chimney in Dumas's comic opera of the same name.

Ballad Written in a Clinic (1945)

In 1945, E.M.'s wife, Mosca, was hospitalized with an extremely serious bone malady. The poem was written at the time and entitled, for obvious reasons, "Ballata scritta in una clinica, per scaramanzie," i.e., "Ballad Written in a Clinic—Knocking on Wood." The journal that published the poem found the final phrase of the title frivolous and arbitrarily removed it.

To Guarnieri E.M. wrote: "In the wake . . . During and after the emergency. It was in August. Mosca was in a clinic. The 'bull' [l. 20] represents brute force, the war; Aries [l. 23] courage and salvation. At least according to my astrological opinions at the time. The 'wooden dog' stood on the bedside stand. The 'other Emergency,' the 'beyond' *[al di là].*"

the other *Emergency.* The word *emergenza* in Italian means both "emergency" and "emergence"—i.e., "epiphany." Compare Donne's famous sermon "On an Emergent Occasion":

> If we understand aright the dignity of this bell that tolls for our evening prayer, we would be glad to make it ours by rising early, in that application, that it might be ours as well as his whose indeed it is. . . . And therefore never send to know for whom the bell tolls; it tolls for thee.

Intermezzo

Two in Twilight (1943)

Published with this note attached: "In the old notebook where, two years ago, I rediscovered 'Dora Markus,' I also found these jottings dated September 5, 1926. I recopied them, added a rather Browningesque title ('Two in the Campagna'), and inserted a few words where there were blanks or deletions. I also removed two pointless lines. In short, I finished the job I should have done earlier, if at the time I had thought the draft would still interest me years later." (E.M.)

The remarks of West (67) are particularly perceptive. Commenting on E.M.'s predilection for nonassertive statement and his tendency to situate himself between implied resolutions of hesitant assertions, she remarks:

> Perhaps one way of stating this preference . . . is to say that Montale typically does not even know what he does not know; thus even unequivocal negative knowledge is denied. . . . In "Two in Twilight" the poet presents two people in a place surrounded by hills and infused with a soft, watery light. This twilight atmosphere is especially appropriate as a frame for the emotional and spiritual atmosphere, for a vague sense of bewilderment fills the speaker. The adjectives that describe the landscape, objects and action in the poem are equally applicable to the speaker himself (a process typical of Montalian objective correlation). . . . Although the poem is quite descriptive, it in fact paints an indescribable state that might best be called *trasognato*, a waking dream state in which nothing is clear or seizable, nothing is knowable. The *tu* to whom the poet directs his words is like a dream character: different, unrecognizable, alien. When he writes "I don't know /

whether I know you," we are at the heart of the poem; this unknowability is beautifully emphasized by the enjambement, which lengthens to infinity the not knowing, making of it the central image of the entire poem.

Where the Tennis Court Used to Be . . . (1944)

A prose "intermezzo" presumably modeled on the older Italian musical practice of interposing a lighter piece between more serious sections of a work. But the lightness here is apparent only, and, despite the ostensible détente of the prose, the piece has all the density of the poems to which it is thematically linked.

The poem's immediate subject is the poet's actual memories of his own landscape ("so impossible to eradicate") of the Cinque Terre and its equally real, though more transient, inhabitants. The "eccentric relative with his magnesium flashbulbs" was, E.M. tells us in a note, his cousin. The South Americans are former Italian emigrants who, having made their fortunes, returned to Italy where they built vulgar villas of grandiose proportions and pretensions. In "Donna Juanita," one of the most seriously playful sketches of E.M.'s *La farfalla di Dinard*, these *Americani* are identified: Donna Juanita and her two daughters (those "two white butterflies") and her husband Don Pedro. They inhabit a huge "cream-colored villa constructed out of dynamite and money." Don Pedro, obsessed with memorializing himself, wants to build a huge family vault of the finest Carrara marble; and he hires a sculptor to design the "great Neptune and other sea deities on whose shoulders the enormous oysterlike terrace rested." Later, the sons-in-law made havoc of the place, smashing everything they couldn't sell. The newcomers are naturally viewed as upstarts by the older residents, including E.M.'s family. His father, we are informed by the poet's biographer, Guilio Nascimbeni (*Montale*, Milan, 1975, pp. 24–25), "was stern, a man of few words, rigid. . . . He imposed an exact time-schedule on the household; in the evening they dined, without fail, at six. He adored habits. Only a torrential downpour could keep him from strolling around the terrace after dinner, wearing a shawl [see "Voice That Came with the Coots"] and repeating to himself, with a chantlike murmur: 'Il fait bien froid, il fait bien froid.' . . . Every evening Eugenio, as the youngest, had to go down to the tobacconist's to buy three Cavour cigars." All these memories belong, as the reference to "the Tripoli hymn" of 1912 makes clear, to the idyllic or paradisal (the poem's metaphor) period preceding the outbreak of the First World War—a world of apparently enduring stability and progress, nostalgically observed from the darkened perspective of the poet's postlapsarian position.

But in all these realistic memories E.M. seeks what might be called the "metaphysical moment," that timelessness against whose background the human transience of the foreground earns its meaning. The social differences between the South Americans and the Italians fade, as do all distinctions of condition, in the temporal perspective brought to bear on them. The poet's father, muttering, "Il fait bien froid" in the teeth of the oncoming "freeze," becomes one with the inhabitants of the paradisal villa whose degenerate heirs waste "all that bounty of God." And both imperceptibly merge with the figure of the poet who, in the first poem of the book, watches the storm of Fascism battering at the magnolia tree sheltering his memories. Behind the scrim of realistic detail in the foreground lies "another order"; it is the existence of this order that gives all the human figures a generic identity. Just as the poet seeks the "flashes" of Clizia's redemptive epiphany, the divine lightnings that intermittently illuminate his darkness, so the eccentric cousin seeks the "once-in-a-lifetime" bloom of the century plant, and the South Americans seek to immortalize themselves with statues of the gods and the fragile Eden of their grandiose villas. What that order represents to those who seek it, even though unaware of what they seek, is constantly suggested. To those trapped in "the circle" of time, or the ceremonial of a stately saraband, or an unfinished tennis match, it is some glimmer of a world lying "beyond"—beyond the horizon of the Corone, or seaward perhaps in the night-lamps of the trawlers. Or freedom—the freedom of the rabbits in the deserted villa grounds, or the freedom hinted at in "Liberty" style and Cavour cigars (see notes below). Or the cyclical renewal of life delicately suggested in the blooming of a desert cactus, in the procreative rot "of these deserted places," or the South American descendant who was not degenerate, who "reappeared and worked miracles." Or the search for meaning—the question raised parenthetically but centrally—"the how and why of the interrupted game"—and left, where E.M. leaves it, dangling, neither hopeless nor hopeful, but somewhere in between, straddling the opposites.

sciacchetrà. A dessert wine produced in the Cinque Terre. (E.M.)

Del salón en el ángulo oscuro . . . The first line from the *Rimas* of the Spanish poet, Adolfo Bécquer, of whose poetry E.M. was extremely fond. Since it clearly bears upon E.M.'s theme of light-from-darkness and life-from-death, it deserves to be cited in its entirety:

> *Del salón en el ángulo oscuro,*
> *de su duena tal vez olvidada,*
> *silenciosa y cubierta de polvo,*
> *veíase el arpa.*
>
> *¡Cuánta nota dormía en sus cuerdas*
> *como el pájaro duerme en las ramas,*
> *esperando la mano de nieve*
> *que sabe arrancarias!*
>
> *¡Ay! pensé; cuántas veces el génio*
> *así duerme en el fondo del alma*
> *y una voz como Lázaro espera*
> *que le diga "¡Levántate y anda!"*

[In the dark corner of the salon / Forgotten perhaps by its owner, / Silent and covered with dust / The harp was seen. // What a note slept in its cords, / Just as the bird sleeps in the branches / Waiting for a snowy hand / To pluck it! // Ah, think: how many times does genius / Slumber like this in the depths of the soul, / And awaits, like Lazarus, a voice / That says, "Arise and walk!"]

this ex-paradise of "Liberty." Adapted from the name of Arthur Lazenby Liberty, one of the chief developers of what is more widely known as Art Deco or Art Nouveau. His shop produced work of such individual distinction that a recognizable "Liberty style" emerged. In Italy Art Nouveau is generally known as *Stile Liberty*. I have translated it literally rather than as "Art Nouveau" because E.M. is intent upon suggesting what lies behind the immediate realistic term.

seven-centime Cavour cigar. "Cavour" is the brand name of a real cigar. It is also the name of one of the great architects of Italian freedom—the Risorgimento statesman, Camillo Benso di Cavour (1810–61).

Visit to Fadin (1943)

Fadin was a minor poet whose *Elegie* were published after his death in 1943. "Carlina," E.M. wrote to Guarnieri, "was his wife; she later remarried and must have died shortly thereafter. She used to play the instrument of Benozzo Gozzolli's angels, perhaps the lute."

Commentary would seem superfluous, beyond observing that this poem should be read with no less attention and respect than the poem that precedes it and to which it is thematically linked. The details are unobtrusive but designed to make the reader look beyond the scrim, to note the setting, "on *past* Madonna dell'Orto" (*orto*="garden"); the spectacle of the terminal cases "taking the sun on the balcony" overlooking the "empty sea"; the eyes that had "melted into a deeper halo"; the "book of your relics"—all designed to support and inform the theological speculations at the close of the fourth paragraph, and its suspended question.

Might even that divinity have need of us? See the prose essay "The Wish": "Thus in us and through us a divinity is brought into being, earthly at first, and perhaps celestial and incomprehensible to our senses, which without us could not develop or become cognizant of itself."

Flashes and Dedications

In the Italian text the word "flashes" appears in English. Instead of "flashes," earlier editions had *lampi* (lightnings). E.M. chose "flashes" on the ground that it was "in this case more restrictive"—a decision to emphasize the "camera flash" of photographic memory (the "jack-in-the-box" camera of "Toward Siena") rather than the incandescent lightning flash of the beloved's eyes and jewels, though that too is unmistakably present. In a note to an earlier edition E.M. wrote: "The magnesium flashes and the dedications belong to the years 1948–54"; in another note, he tells us that the woman of *Flashes and Dedications* is not Clizia. She is, in fact, the woman (and poet) dubbed by both E.M. and his commentators as the Vixen *(la Volpe)*. Again and again, as though to convey her animal vitality and carnality—a carnality quite compatible with a radiance of divinity but clearly of a very different sort from that of the transcendentally winged Clizia—she is associated with, or directly represented as, a personal totemic animal: vixen, trout, dove, zebu, okapi, etc. The difference in the respective natures of the two chief women of the book produces the markedly different tonal quality of the different sections. The poems devoted to the Vixen, for instance, are manifestly lighter, wittier, more gay and sensuous, but no less dense, than the rapturously nympholeptic poems dedicated to the unattainable but always present Clizia, especially as she appears in the *Silvae* section.

Toward Siena (1943)

The irrepressible "instant of forever"—the lightning-look that kindles love even in the resisting lover ("the rebel")—triggered by the magic of memory and associated feelings within the context of an ordinary and seemingly unrelated context: a herd of piglets scattering in startled terror as the car bounces across the Ambretta ford on a moonlit night in May. For "my God" we should understand "my lady"; for the governing Nestorian or perhaps Albigensian "theology," see the closing lines of "Toward Finistère."

On the Greve (1950)

The Greve is a small stream in the Chianti country between Siena and Florence. The poem is one of the most directly sensuous E.M. ever wrote. The erotic theology of the preceding poem is here sustained in the carnal communion—bread and wine—shared by the two metaphorically fusing lovers, and, like a physical miracle of Cana, the water turning into wine.

"Glissade" is my attempt to render E.M.'s untranslatable Italian coinage, *glissato*. The musical term *glissando* is of course not Italian at all, but an "Italianate" term formed from French *glisser*—"to slide," i.e., to slide one's fingers over the strings or keys in such a way that every tone and semitone is heard, no matter how swift the sliding movement. E.M. has created still another, even more Italianate term, *glissato*, formed by analogy with such legitimately Italian terms as *rubato* and *vibrato*. Since *glissato* would mean nothing to anyone but a musicologist, I have borrowed the term *glissade* from the technical language of ballet, a synesthetic solution from a different esthetic domain.

The Black Trout (1948)

On a photocopy of the manuscript, in E.M.'s handwriting, are the following pertinent jottings: "Reading, 1948. Caversham Bridge. No trouts [sic] in this river!" The dedication (many of the poems in this section were originally privately dedicated) reads: "To Donald Gordon, this private poem of Eugenio Montale." In the period 1948–50, as editor and foreign correspondent of the Milanese newspaper, *Corriere della Sera*, E.M. visited England and Scotland frequently.

Graduates in Economics, / Doctors of Divinity, i.e., the learned graduates and professors of Reading University, disdainfully rejected by the "black trout" (the Vixen), to whose intimacy only the poet is admitted.

catacombs. The earthy topography—underground or underwater—linked with the Vixen (cf. the "underground" of "A Metropolitan Christmas" or the "sewer" of "Wind on the Crescent," or, most pertinently, the "memorial stones" and "this unsoaring grave" of "Leaving a 'Dove'").

office. As "catacombs" suggests, the word "office" is here used in its ecclesiastical sense of "service" or "office"—e.g., "divine office," the "Office for the Dead."

A Metropolitan Christmas (1948)

The scene is London. "Metropolitan" means of course both metropolis and the "underground" or "subway" *(metro)*. The downward movement of the escalator indicates the path of the earthy Vixen, going homeward, down to her "den" (see the "dark cave" of "From a Swiss Lake") while the lumbering, but fatally wingéd, pigeon is the poet at a moment of typically indecisive decision ("at a crosswalk"), fluttering at the entrance to the "underground."

Leaving a "Dove" (1948)

"The Dove was a type of tourist airplane built in those days (1948)." (E.M.) It is also an allusion to the "angelic" ash-blond Clizia who, having forsaken or "dropped" the poet for "Another" (i.e., *Altrui,* Dante's Almighty "other"), is here abandoned by the poet for the brunette, the animal intensity (that "brooding fire") and defiant vitality of the Vixen. The "unsoaring grave" may be still another ironic glance at the poet's torpid corpulence (see the third stanza of "Voice That Came with the Coots" and the poet's lumbering flight in "The Capercaillie") as well as the Vixen's death-defying gaze.

Argyll Tour (1948)

"A boat trip in the Glasgow area." (E.M., 1948)

piddocks. The Italian word is *datteri,* i.e., dates—the meaning preferred by commentators and translators generally. But *datteri* also means "piddocks," bivalve mollusks called *datteri* because of their resemblance to dates. Since I could find no persuasive reason why Glasgow waters should smell of boatloads of dates, I have translated accordingly.

Wind on the Crescent (1948)

The poem derives from the same nucleus as E.M.'s brief prose sketch, "Viaggiatore solitario" in *Fuori di casa,* a collection of E.M.'s travel writings and, entitled "Sosta a Edinburgo," in *La farfalla di Dinard.* This is the relevant passage:

> In Edinburgh, a city where the main squares have the shape and name of "crescents," that is, a crescent moon, rises a church with a polygonal perimeter with a legend running all around it, longer than all those that, until two years ago [i.e., until the fall of the Fascists], dominated the walls of our villages. This interminable inscription . . . celebrates no earthly Captain nor any glory of our perishing world. Proceeding by means of wise exclusions and negations, the encircling spiral tells the stupid passerby where the Celestial Captain is not found, where there is no point in looking for Him . . . *God is not where*—and the reader must move a few steps forward and face another of the walls of the polygon: *God is not where . . .*—and *all the places where life seems easy, pleasant, and human and where God might be found or looked for* [my emphasis] are listed in long series following that recurrent reminder: God is not here, nor here, nor here. . . .
>
> One summer day I happened to be walking around that dense skein, continually turning back and asking myself with anguish at heart and a whirling head: But where after all is God, where is He?
>
> Perhaps I pronounced this question out loud, because a distinguished gentleman who was crossing the "crescent" . . . stopped close to me and flatly denied that the solution of the problem could be found within those Presbyterian walls, whether inside or outside, written or unwritten.
>
> "God is not here, sir," he said with a seriously informed air; and out of his pocket drawing a small Bible, he began to read me several verses in a loud voice. Other people stopped and formed a circle around the reader . . . one of the onlookers drew another Bible from his pocket and started reading on his own, showing that he wanted to contradict flatly the thesis of the previous speaker. Before long there were three or four groups, and in each one a referee, a provisional arbiter who granted or withdrew the right to speak, summarized the various points of view, attempted reconciliations and mediations perhaps impossible. . . . Bewildered at having unintentionally aroused that hornets' nest, I withdrew, turning toward Princes' Street . . . *God is not where* . . . Where was He? Had they then found Him? I felt great anxiety and chided myself, after so many years in my own country, for having to put the question in these precise terms.

As the first stanza indicates, the Vixen is not to be found in some distant or celestial *beyond* (linked by "the great bridge" to *this* world); she can only be approached by going underground or underwater, that is, via the route of the physically "given," here and now. But the Vixen's sheer animal spirits leave the poet—like the "whirring pigeon" of "A Metropolitan Christmas"—trailing behind, hardly able to follow, his strength failing where he stood (in the last light of Clizia's presence?) at the veranda window.

So the poet—Albigensian or Nestorian—*knows* where God is to be sought and found ("all the places where life seems easy, pleasant, and human"), while the orthodox Christian "preaching in the Crescent" is, in punishment for his blasphemy, whirled away to the "pitch-black sky" by the poet's angry God—the God whose presence is mediated by the Vixen's "sea-green / eyes" in "Toward Finistère."

On the Highest Column (1948)

The experiential nucleus here is again provided by one of E.M.'s travel sketches, "Sulla strada di Damasco" in *Fuori di casa*. Accompanied by two Christian students whom he met in Damascus, E.M. visits the Great Mosque. "Ravished into another world," he writes, "we remained for a long time contemplating the three minarets, on one of which (the one looking eastward) tradition asserts that Jesus will alight in person, in order to combat the Antichrist, just before the Last Judgment."

The tense of the first stanza is pointedly future and the tone therefore dubious, skeptical. *If* and *when* Christ comes, then all the world's antinomies (black and white, the Vixen and Clizia, nettles and sunflowers) will fuse in reverent genuflection before the Judgment that resolves their contradictions. But *until* then, so long as we live *here and now,* the Lady or Nestorian *donna* (whether Vixen or Clizia hardly matters, though the Vixen is clearly indicated) rules the world like a radiant divinity, *in loco Christi,* shedding her light on mortal darkness and pain ("the black crow-nets of the thorns" that signify *her* Passion).

Toward Finistère (1950?)

your sea-green / eyes look at me, for Him. In E.M.'s theology, the divine, the divinity *in* things, can only be glimpsed through another human being. Clizia and the Volpe are in this sense transparent, the human scrim through which the celestial is seen or not at all. The theology is essentially pagan: human beings, at peak behavior, shine with the divinity made visible by that behavior. A singer can, by the beauty and power of his singing make the god of singing, Apollo, manifest; the divinity is, as it were, an epithet of the activity.

On the Llobregat (1954)

"The Llobregat is a river lying along the road between Barcelona and Montserrat." (E.M.)

Another photographic "flash," stimulated by the sharp fragrance of the evergreen camphor tree whose relative eternity (that "undecaying green") informs the transience of the two human figures in the foreground. The contrasting of those two figures is the heart of the poem. The poet—amateur ornithologist and professional music critic—is pedantically and professionally involved in *naming* his world, differentiating it; whereas the woman, at one with the world and nature, is all *being;* her abrupt gesture of stepping on the accelerator suggests both her capricious vitality and her impatience with her laggard and pedantic poet. We should note the antinomies—the "poetic" camphor tree and the "prosaic" accelerator—so characteristic of these poems. Also worthy of note is the poet's growing doubts about the capacity of poetry to keep pace with life. Here, as in "A Metropolitan Christmas," the poet is "left behind" by the woman he loves, either because he is lazy and sluggishly prosaic, or because his poetics have become parasitic, feeding on the energies of the life it craves but fears it no longer possesses. For E.M.'s persistent diffidence about the meaningfulness or validity of the *act* of poetry, see West, passim.

The cuckoo, not the owl. There may well be a private allusion here. "Cuckoo" *(cucco)* in Italian means, as it does in English, "cuckold"; the Italian word for "owl" *(civetta)* also means "flirt."

From the Train (1951–52)

Deliberately, and with obvious dramatic effect, E.M. juxtaposes several ordinary "events"—something glimpsed from a train window, the prosaic newspaper account of the sighting of a rare migratory bird—with the Petrarchan conceit of the lady's necklace. The bird I take to be the collared dove *(streptopelia decoacta)*, whose breast is marked by a vinous-pink flush, or perhaps even the rufous-collared laughing dove. The poetic point is the transfiguration of the quotidian event into the metaphysical "sign" of another order, as the reddish or magenta collar of the bird (like the magenta tip of a safety match) is metaphorically transformed into, and then outblazed by, the blinding flash of the lady's (coral?) necklace.

Syria (1951–52)

In the final poems (roughly from "Toward Finistère" to "Incantation") of the *Flashes and Dedications* section, the transcendental element in the poet's passion for the Vixen becomes more and more pronounced. So here where, thanks to the Vixen, the poet literally recovers his personal poetic voice—that transcendental voice by which the lover moves up the Platonic ladder of Being, from the world of the senses to the same world transfigured in the life of the spirit. The voice, in short, in which poetry, fusing with life, becomes incarnate spirit, language ablaze with something like divinity. These related opposites—descent/ascent, death/life, ashes/fresh blazing—clearly at the poem's center, are reconciled at a higher level; such is the dynamism of the (Hegelian) dialectical process. Sense and spirit, Becoming and Being (as goats and clouds, moon and sun) all coalesce in the single undivided body of life itself—but *only* after the Faustian motor has gone dead and the arrow of blood—pain and sacrifice—points toward reincarnation in the East of the spirit. The self is, as it were, dissolved, literally dying (along with the old poetic voice, the stale inadequate voice), to be renewed and reborn.

Winter Light (1951–52)

An exceptionally dense poem, stamped with a privacy both personal and professional, it requires interpretive caution. Certain points seem clear: first, the link to the preceding poem and the death/rebirth theme of man and poet; second, the replacement of the West-East directionality there by the descent/ascent movement here; and third, the connection between the phoenix image of the last two lines and the famous closing lines of the *Mediterraneo* section of E.M.'s first book, *Cuttlefish Bones (Ossi di seppia):*

> *Non sono*
> *che favilla d'un tirso. Bene lo so: bruciare,*
> *questo, non altro, è il mio significato.*

[I am / only a spark of a thyrsus (the Dionysiac "wand," whose vine-leaved tip spurts into flame in Euripides' *Bacchae*). I know it well: burning, / this, nothing else, is my meaning.]

The phoenix revival of the finale would, on this view, be the man's—E.M.'s—regeneration, in the wake perhaps of Clizia's "inhuman dawns" and the subsequent death-in-life of icy museums stuffed with mummies and scarabs, but a death that, like them, contains the scarablike seeds of rebirth. But it also hints at the rebirth of the poet who, thanks to the spiritual vitality of the Vixen, has rediscovered his voice; whose faith in the validity of the poetic art has suddenly been rekindled, phoenixlike, from the ashes of his own erotic self-immolation.

For a "Homage to Rimbaud" (1950)

Written, it would seem, on the occasion of an academic conference in honor of Rimbaud ("the exile poet of Charleville"), involving lectures and readings. The Vixen, a poet herself (for her identity, see the note on "From a Swiss Lake"), deeply influenced by Rimbaud, is adjured not to follow the *poète maudit* on his violently erratic flight (and exile?), and then ecstatically adjured to fulfill her own poetic destiny—to accomplish her own aspiring passage *(varco!)* toward the sunlight to which (or rather to Whom) she brings, as poet, an almost Clizia-like capacity for transcendence.

Incantation (1948–54)

One of the most delicately moving of E.M.'s short love-lyrics, an ecstatic spell, as the title tells us, designed to preserve the paradisal movement from all alteration of time and feeling. The moment is one of intense privacy ("islands of your thought and mine"); two private worlds merging in the single refining flame that binds lover to beloved, as once a bound and enchanted Socrates to the divine Diotima (etymologically, "god-honored" or "god-honoring")—the seer who initiated him into the great mysteries of Eros. The Vixen teaches what Diotima taught: transcendental dynamic that elevates lover and beloved, in a crisscrossing of mutual adoration and heightened expectation, toward the upper limits—that is, the potential divinity—of their human natures. As the lovers climb the ladder to God, so divinity takes on human flesh and form. By the same process by which the senses become ensouled, the soul takes on flesh, making of their meeting place an incarnation, a heaven-on-earth.

the amorous cicada. That is, the poet who, filled with love, becomes pure song, a human shell, all voice. The metaphor, to be used again, more darkly, in "The Shade of the Magnolia" is, like Diotima, of unmistakable Platonic provenance. "Legend has it," says Socrates (*Phaedrus* 259 b-c),

> that once upon a time these cicadas were men—men of an age before there were any Muses—and that when the latter came into the world, and music made its appearance, some of the people of those days were so thrilled with pleasure that they went on singing, and quite forgot to eat and drink until they actually died without being aware of it. From them in due course sprang the race of the cicada, to which the Muses have granted the boon of needing no sustenance right from their birth, but of singing from the very first, without food or drink, until the day of their death.

Through love, the poet—"amorous cicada"—is rapt away from himself, sublimed into pure song, and so reborn.

There is an interesting parallel in Basho's famous *haiku* on the cicada. "It is our human consciousness," observes Daisetz Suzuki (*Zen and Japanese Culture*, New York, 1959, p. 64), "whereby the idea of transitoriness is introduced and asserted against the cicada as if he were not thoughtful of his approaching destiny. As far as the cicada itself is concerned, it knows no human worries, it is not vexed with its short life, which may end at any moment as the days grow colder. As long as it can sing it is alive, and while alive here is an eternal life, and what is the point of worrying about transitoriness?"

Silvae

The poems in this section (excepting "Rainbow," written in 1944) were composed between 1946 and 1950.

The word *silvae* in Latin poetry designates a specific literary genre whose best known practitioner was the poet Statius, author of the *Silvarum liber*. The Italian Renaissance poet Politian, himself the author of four long *silvae* in Latin, wrote as follows:

> The book is entitled *Silvarum liber* because *selva* is the term employed by the philosophers for undifferentiated matter, which the Greeks called *hylen*. . . . From this it takes the name of that literary genre which Quintilian, in Book X of his *Institutes*, describes as follows: "A different sort of defect is that possessed by those who want, as it were, to run through their subject with extreme rapidity and write extemporaneously, following the fire and impulse of inspiration. This genre they call *selva*. They then take up their work again and revise what they have thrown off; but their polishing is done in the words and the rhythm, while the subject matter remains, just as it was improvised, confusedly jumbled together."

A compositional mode, in short, perfectly in accord with E.M.'s professed writing habits—lines, phrases, even whole poems hurriedly jotted down on the backs of envelopes, restaurant bills, bus tickets, cigarette packages, and then stuffed into the pocket, rolled up, or littered about. Not because, as E.M. explained, his poems were inspirational, but because the incubation period required had already made the "improvisation" merely apparent. So these poems may in one sense be regarded as the songs of the "amorous cicada" singing in the trees of his sacred wood, his own *divina foresta* (or *silvae*, in its commonest sense of "woods"). Certainly the word *silvae* seems appropriate to a poet whose work might be called that of a Dantesque pastoralist—a poet who, always remembering and therefore always eager to recover the earthly paradise, lived most of his life as a curious, passionately accurate observer of the world's flora and fauna, but above all, its birds, among the divine intermittences of the human *selva oscura*.

Rainbow (1945)

In the various editions of the poem, E.M. added different notes by way of explanation of what is probably the most elusive and difficult poem of the book.

In the Mondadori editions: "*Silvae. Iris:* this character is identical with the woman in 'Red Lily' and the whole *Finisterre* sequence. She recurs in 'Hitler Spring,' in various *Silvae* (also under the name of Clizia) and in 'Little Testament.' She was already present in many poems in *The Occasions,* for instance, in the 'Motets' and 'New Stanzas.' *Iris* [i.e., 'Rainbow'] is a poem which I dreamt and then translated from a non-existent language; I am perhaps more its 'medium' than its author. The figure in 'Ballad Written in a Clinic' is quite different; the woman in *Flashes and Dedications* is still another woman."

In "Imaginary Interview" he wrote: "The little book *Finisterre*, with the epigraph of D'Aubigné that scourges the bloodthirsty princes, was unpublishable in the Italy of 1943. So it was printed in Switzerland and issued a few days before July twenty-fifth. Its recent edition contains some 'digressive' poems. In key, terribly in key, with the added poems, is 'Rainbow,' in which the Sphinx of 'New Stanzas,' who had left the East in order to illuminate the sun and fog of the North, returns to us as a continuator and symbol of the eternal Christian sacrifice. She pays for us all, she atones for all. He who recognizes her is the Nestorian, the man who best knows the affinity that binds God to incarnate creatures, not the silly spiritualist or the rigid and abstract Monophysite. I dreamt twice and then transcribed this poem: how could I make it more clear by correcting it and arbitrarily interpreting it myself? It seems to me the only one which deserves the label of obscurity recently attached to me by Sinisgalli. But even if it is obscure, it doesn't seem to me that it should be thrown away."

734

Rainbow . . . In Italian *Iride*. Which means variously and, for E.M., collectively: (1) a woman's name; (2) rainbow; (3) the iris of the eye; (4) a prismatic or iridescent halo; (5) the flower, iris. If the translator simply transcribes the woman's name, he loses the more crucial sense of "rainbow," accessible in English only via the unsatisfactory medium of Greek mythology, but also the sense of the divinely iridescent halo implicit and explicit in E.M.'s conception of Clizia as the light-bringing "angelic messenger" and the manifest emblem of the divine covenant ("Iris of Canaan") linking heaven and earth, God and man. But Clizia's eyes are *ablaze* with the light that in Graeco-Roman myth affines her to Apollo. "Clizia" is simply Italian for the Roman Clytie, the nymph who, in Ovid's version (*Met.* iv, 234 ff.), falls hopelessly in love with the solar Apollo and is transformed into a heliotrope or sunflower. The pagan passion for the sunlight, translated into Christian terms, is the love of God's light; hence Clizia's "Christ-bearing" function in E.M.'s poetry generally. Thus in "Hitler Spring" her attribute is "the blind sunlight you bear within you"; in "The Garden" her "crystal-hard" gaze pierces the darkness below. And, in the closing lines of "The Eel," eye and rainbow converge in a single incandescent image: "brief rainbow, . . . by which your virtue blazes out, unsullied, among the sons of men floundering in your mud . . ." Iris, in sum, is simply one of the many evocative epithets or, to use the troubadour term, *senhals*, signs, of the woman, both real and ideal, who appears variously as Clizia, "angelic messenger," "goddess," "harbinger of dawn," etc.

It would be presumption on the translator's part to interpret a poem that E.M. himself described as a dream and refused to revise or explain. The interested reader will find exceptionally acute commentary in Cambon (117 ff.). Also helpful are West (87 ff.) and Cary (316 ff.).

Saint Martin. The Italian equivalent of our "Indian Summer" is "St. Martin's Summer," that is, a day in late autumn (St. Martin's Day falls on November first) when summerlike weather returns. E.M.'s "dream" begins with a "seasonal sign," the unexpectedly vivid, memory-stimulated, autumnal revival of the summer's apparently spent heat and passion—the Dantesque "signs of an old flame" recognized.

Ontario. That is, Canada or North America, where "Clizia" now lives. Clizia, it should be added, is like Dora Markus in *The Occasions*, Jewish. The point is poetically important, paradoxically qualifying her role here and elsewhere as "Christ-bearer" (since Christianity derived from Judaism) and explaining her persistent relation to the East ("oriental sapphire"; but see also the closing lines of "Hitler Spring") and the Levant, as well as her North American exile from "the land that's yours / and which you have not seen."

bloodied Face on the shroud. St. Veronica's napkin.

sapphires of heavenly blue. See Dante, *Purg.* i, 13.

lost Nestorian's. Nestorius, patriarch of Constantinople, was banished to the Arabian desert for heresy. His heresy was his insistence that God has two persons as opposed to the orthodox view of a single person. "Christ," Nestorius declares, "has two natures: one is that which clothes in flesh, another that which is clothed." So for the Nestorian heretic E.M., Christ was a man who "carries God within him," just as Clizia is a "Christ-bearer" garbed in the vestments of God's angels.

Another's heart. A glancing allusion to Dante who, in several passages, refers to God as *Altrui*—the *other, another*.

In the Greenhouse (1946)

Formally and thematically this and the poem immediately following, "In the Park," are paired. Both written in off-rhymed quatrains, each with its crucial one-line extrametrical coda, they mutually inform each other. Through formal correspondence but thematic contrast, the antiphonal structure is designed to reveal a rhythm of changing feeling on the part of the poetic "I" toward the absent-present Clizia. The precipitant of this altered rhythm is again *memory* that, variously inflected by remembered ecstasy or loss, reveals the poet's typical oxymoron of feeling: sweet/bitter; freedom/constriction; self-completion in the love of another/total loss of selfhood in love, the sense of being possessed and absorbed, even devoured, by the "other."

The Italian word for "greenhouse" is *serra*. Etymologically (*serrare*=to shut, enclose, surround, clench, tighten), it originally meant an enclosed trench, i.e., a forcing-bed or compost trench; only later a glassed enclosure or hothouse of the modern variety. E.M. here glances, I believe, at the older sense, in order to stress the thematic idea of *earthy* transcendence—earth volatilizing from the manure of its origins in its organic passage toward the divine (which, in turn, becomes *immanent* in the lemons). Poetry, Montale observed, deals necessarily with both the sewer and with God. This poem manifestly deals with both, and the dynamic, even dialectical, relationship between them.

E.M. typically begins with the divine irradiation of the everyday object. The sickle glistening with its "rosary / of cautious waterbeads" is an ordinary sickle; its divinity is *immanent* aspiration, a fact that it reveals, not a quality with which it is graciously endowed from "on high." "Filling the lemon tree, / a skittering of mole paws . . .": the creature-world of the underground, inhabiting the manure of the *serra*, ascends, transcending itself, into the world above, rising into the trees, just as the sickle declares its divinity. In the second stanza, the same point is pursued, but from a different perspective, chromatically. A vivid red dot of the cochineal insect suddenly bursts into flame against the yellow-green quinces, much as Clizia's lightnings blaze in the darkness. Imaged transcendence is then transferred to a pony whinnying, rearing, *up* (Italian *inalberarsi*) in *spirited* protest against the material currycomb—"and the dream took over." The lover's aspiration enacts E.M.'s poetics. Words themselves are caged and imprisoned until the poet releases them, lets them reach out and up on their own, freely. So too the poem aims at releasing the animal from its cage, letting it freely reveal its spiritual affinities. "Rapt, buoyant"—now the poet rises, drenched like the sickle in the first stanza, with *you*—the beloved "other" whose love lifts the lover into another dimension of reality—and the two merge in the immanent divinity of the "one" they jointly become. Spirit-intoxicated matter merges with matter-loving spirit: "your face [heavenly Clizia] fusing with mine" [earthly but aspiring lover], and the miraculous incarnation occurs, signified by the descent of "the dark idea of God" and the heavenly yearning of the earth-born lemons. That "dark idea of God" is borrowed from the neo-Platonic language of the medieval mystics. The result is achieved heaven-on-earth, the "moment of forever": "sounds of heaven / all around, cherubic drummings, / globes of lightning hovering // over me, over you, over the lemons . . ."

In the Park (1946)

Verso to the *recto* of the preceding poem. "In the Greenhouse" presents a moment of metaphysical balance, precarious but nonetheless real. In Wallace Stevens's phrase, "Not moments that we achieve, but moments that happen / As when a man and women meet and love forthwith." For an instant, in an ecstatic dream, "here" and "there" are fused in the lightning (*lampi*) immanent in the terrestrial lemons.

In contrast, "In the Park" stresses constriction, imbalance, and increasing distance—as the tree of memory shrinks and its shadow becomes distorted—between the poet and Clizia, actual and transcendent. Here as elsewhere the shade of the great tree—magnolia, willow, wild pine, eucalyptus, or fig—is the power that shelters what is precious and permanent in human memory. But now the shade is thinned or stunted, either because the season has changed from summer to fall (as in "The Shade of the Magnolia") or because time and distance have distorted memory. Distortion of memory means distortion of relation: the balanced dream of "In the Greenhouse" is distorted toward obsession. The "I" is no longer certain that it exists except in the memory of the "other." The leaves of the memorial tree are riffled by a hand, the "I" is startled by the sound of a laugh that isn't "mine," shaken to its depths ("a trilling . . . pricks my veins"), and then fuses with the other ("I laugh with you on the warped / wheel of the shade"), lying "full length / dissolved of self"). Stung by memory, the "I" feebly tries to assert itself, to make contact with the memory that so overwhelms it: "and I prick // your face with wisps of straw . . ." But the "I" is by now almost extinguished, nearly absorbed by the "you," and the precariously balanced "you and I" of the preceding poem turns out to be "only" a dream, a no longer recoverable felicity.

The Garden (1946)

medlar / orchard. The word translated as "orchard" is in Italian *chiuso* ("close," "enclosure"). Given E.M.'s lifelong preoccupation with thresholds and limits (see West's persuasive study of E.M. as the poet of "marginality"), the sense here of an enclosure (as in the opening line of "Incantation") is thematically central. I think, for instance, of the famous verse in the *Song of Solomon*: "A garden enclosed *is* my sister, *my* spouse; a spring shut up, a fountain sealed."

a sail / cutting that diadem. Still another allusion to the Dantesque "cutter" (see note on "a white-winged sloop" in "Coast at Versilia"). As in "Two in Twilight," the darkening daylight conveys the poet's sustained uncertainty ("I do not know . . .") as to whether the sail is angelically white or hellishly black. Only at the close is the uncertainty resolved, but typically, in still another oxymoron:" . . . in rages / of demons made flesh, in angel brows / swooping downward."

the Mesco's bristled peak. The Mesco is a mountainous promontory just north of E.M.'s summer home at Monterosso in the Cinque Terre. (See "Cape Mesco" in *The Occasions*.) In E.M.'s own words ("Le Cinque Terre" in *Fuori di casa*): "The hypothetical and poetic beachcomber who, some fine morning when a gentle mistral is blowing . . . wants to tack with his cutter along the thread of horizon joining Point Monesteroli with Cape Mesco, can see, within an enchanting arc of sky and rocks, all five of the Cinque Terre. . . ."

the record already cut . . . *would show a single groove*. A persistent Montalean metaphor. See for instance, in "The Microgroove": "History is always the voice of the present, which is why historians will never agree. And the hypothesis that the past contains its own future would be demonstrable only if we agreed to the idea that life is a tape or a record which has been recorded once and for all. We who exist in the moment in which I write are a mere millimeter of a microgroove on this record: the rest has already been played, another part is yet to play, but we know that it exists, even if we are unaware of the dominant themes." (trans. Galassi)

Coast at Versilia (1946)

Versilia, the rocky coastal strip of Liguria, dominated by the Apuan Alps, which stretches roughly from Sestri Levante and La Spezia and includes the Cinque Terre and E.M.'s summer home at Monterosso where he spent the first thirty summers of his life. In *The Butterfly of Dinard*, E.M. describes the nearby town of Verdaccio, very similar to his own Monterosso: "Verdaccio—a tiny seaport sheltered by tall cliffs, in the heart of a semicircle of old houses huddled together or merely separated by narrow passages and winding alleys. . . . No trains stopped there, nor was it accessible by any usable road. If a stranger happened by chance to land there and ventured out in those lanes, he was certain to have full chamber pots emptied on his head from the upper floors, without even the fatal warning *'Vitta ch'er beattu!'* (Look out, I'm throwing!)—a shout reserved only for persons of consequence."

a white-wingèd / sloop sets them on the sand. An echo of Dante, *Purg.* ii, 41–42: ". . . the divine bird [angel] . . . came on to the shore with a sloop so swift and light *[un vasello snelletto e leggiero]* that the waters in no way swallowed it." The angelic sloop that E.M. describes as a "goshawk from heaven" *(astore celestiale)* has been fused with one of Dante's celestial goshawks *(gli astor celestiali)* who, in *Purg.* viii, 104 ff., drive off the threatening serpent. The effect, by dint of contrast with Dante's vigorously affirmative language, is to attenuate and darken, almost to deny, purgatorial hope.

stargazer. In Italian *pesce prete* (literally, "priest-fish"); *flying gurnard* in Italian is *pesce rondine* ("swallow-fish"). Fish, in sum, of transcendental name and nature, as opposed to the kindly but vulpine lobster.

Alice. Lewis Carroll's Alice, I assume, or some Italian cousin of hers. But, more importantly, *E.M.'s* Alice, his first confused childhood love, admired from afar (he seems never to have known her last name).

the homey mice / on their flying trapeze. "The villa at Monterosso had two palms out front . . . and the Montales often dined under the green bridge woven by the branches. Overhead the mice went skittering through the leaves to eat the wild dates." (Nascimbeni, 34)

Ezekiel Saw the Wheel (1946)

The present title was originally the poem's epigraph, an allusion, as Sergio Baldi has pointed out, to the spiritual, "Ezekiel saw de wheel way up in de middle o' de air." E.M. fuses the Biblical version of Ezekiel's version (*Ezekiel* 1:4–14 and also *Revelation* 4:6–9) with Dante's (*Purg.* xxix, 100 ff.: *Ma leggi Ezechiel . . .*) into his own personal apocalyptic vision of Clizia. Despite the desperate effort to "bury" her memory and forget the death-like knowledge of her absence ("the grinning / skull interposed between us"), the vision returns, renewing the old covenant, and reviving its ambivalent burden of ecstasy and torment, beauty and pain ("peach petals / turned to blood").

Hitler Spring (1939–46)

"Hitler and Mussolini in Florence. Gala evening at the Teatro Comunale. On the Arno, a snowfall of white butterflies." (E.M.)

The epigraph is from the sonnet to Giovanni Quirini, attributed to Dante:

> *Nè quella ch'a veder lo sol si gira*
> *e'l non mutato amor mutato serba,*
> *ebbe quant' io già mai fortuna acerba.*

[Nor did she who turns to see the sun / and, changed, preserves unchanged love, ever have such bitter fortune as I.]

The woman metaphorically identified with the sunflower in the sonnet is in this poem identified by E.M. with the woman emblematically called Clizia (for the meaning of her name see notes to "Rainbow"). The image of the sunflower is already developed in "Portami il girasole" ("Fetch . . . me the sunflower"), one of E.M.'s earlier and most deservedly famous poems.

Maiano. Near Fiesole, on the hillside above Florence.

Hellmouth. The Italian is *golfo mistico,* a technical term for the pit that in the theater separates stage from audience, obviously appropriate to the obscene theatricality of this particular occasion. But E.M. is also, I believe, using the word in its literal sense—i.e., a "religious abyss" or metaphorical Inferno, a meaning confirmed by the "demon angel" *(un messo infernale)* of the previous line. My rendering, "Hellmouth," is intended to register the ambiguity of the Italian term. E.M., as translator of Marlowe's *Doctor Faustus,* would have been familiar with the Hellmouth of the Elizabethan stage, the trap beneath the stage from which the devils appear to tear Faustus to pieces.

muzzles of slaughtered goats with berries and flowers. Mussolini and Hitler met in spring, on the feast day of San Giovanni, patron saint of Florence, a day normally celebrated with displays of fireworks and the wreathing of slaughtered goats (*capretti,* "kids") with flowers and berries. The meeting of the two dictators is presented by E.M. as an obscene apocalyptic perversion of the holiday, complete with demonic assassins, hooked crosses (the swastika as a perversion of the Christian cross), real howitzers in place of toys, and the Teutonically systematic slaughter of the innocent. On the parapets and mudbanks of the Arno, a thick shroud of shattered angel wings—the death of human hope and aspiration; degradation; despair.

a loathsome shindy of shattered wings. The image of the shattered wings is, like many of E.M.'s images, drawn from the Plato of the *Symposium* and the *Phaedrus.* See, for instance, the famous passage in the *Phaedrus* (248b) in which Socrates describes the chariot of the soul with its two horses, one black and one white, when the rational element can no longer control the contrary directions of its steeds: "Confusion ensues, and conflict and grievous sweat. Whereupon with their charioteers powerless, many are lamed, and many have their wings all shattered, and for their toiling they are balked, every one, of the full vision of Being, and departing therefore, they feed on the food of Seeming."

Tobias's angels. Allusion to the *Book of Tobit* in the *Apocrypha.* Tobias, son of Tobit, is accompanied and guarded by Raphael and the angels on his perilous journey to a faraway land, the consummation of a happy marriage, and a safe return trip home.

burnt-out wadis. The Italian is *greti arsi* (literally, "burnt river beds"). E.M. is obliquely alluding to the fact that the great Western religions were all born in the south, in the parched landscapes and dry river beds (arroyos) of the Middle East. Out of apparent death comes the impulse to life. Cf. the language of "The Eel": ". . . green soul seeking / life where there's nothing but stinging / drought, desolation; / spark that says / everything begins when everything seems / dead ashes." "Wadis" seemed the appropriate word; indeed, it is employed by E.M. himself in describing the desolate landscape of the Antilebanon: "You enter a waving sea of mold-colored clay and limestone cliffs: the peasants live in huts of mud, the water oozes in trickles through a few *wadis . . .*" ("Sulla strada di Damasco" in *Fuori di casa*)

Voice That Came with the Coots (1947)

An extremely powerful and complex poem, perhaps the most thematically comprehensive of the book, too difficult to be unpacked in a few notes. For sensitive and detailed reading of the poem (though exegesis of the last stanza strikes me as unconvincing), see Cambon (98–118).

The original title was "Voice That Reached Us with the Coots." The change was presumably dictated by the poet's desire to extend the meaning of "voice"; to indicate, first, the voice of the dead or the absent that returned to him with the coming of the coots; second, the poetic voice, his own *individual* voice, that he recovered in his confrontation with the individual voices of *others,* his dead father and the unobtainable woman he loves. The Italian coot is a partial migrant: most individuals of the species leave their northern European range for the south, Italy included, in winter. Hence the reappearance of the coots can be applied to the returning "voice" of the North American Clizia or to the larval return of E.M.'s dead father from some "other" world. Except for his white frontal shield and bill, the coot *(fulica atra)* is slate-black, his appearance and migratory habits are suited to his function in the poem as an avine "shade" whose voice in the dead of winter stirs the poet's memory and revives the voices of his own human "shades." With the returning coot come two voices from "beyond"—from the world of the grave and the transcendental Beyond *(aldilà)* of Clizia. As man and poet, E.M. recognizes what he shares with the other shades, that he is, like them, a shade; and further, that each shade has a voice only insofar as it has perfected its own individuality and to that degree possesses spiritual substance. An individual shade has a voice because it has something to say—a voice it has earned by *becoming.* The epigraph to the poem, potent but pointedly absent, can only be that purgatorial recognition that occurs when Dante's Virgil says to Statius as the latter tries to embrace him:

> *Frate,*
> *non far, chè tu se' ombra, ed ombra vedi.*

[Do not do so, brother, for you are a shade, and you see a shade.]

But although E.M. draws profoundly upon Dante, and the poem is unmistakably purgatorial, it is ultimately not a Dantesque vision that controls the poem.

A poetic conversation, in sum, between two shades, mediated by the poet, an acknowledged shade-to-be. On one side, the bodied voice of the dead father, bound to this world, its faces and places, and the hope of enduring in the memory of his sons; on the other, the spiritually disembodied voice of Clizia, burning with love of "Him who moved her" (that is, Dante's Aristotelian Prime Mover, "the Love that moves the sun and the other stars"). In between, interrogated by him and interrogating them, stands the poet, for whom the poem as a whole, by force of the ghostly conversation that is his *vision,* becomes a purgatorial ascent toward *otherness*—the otherness of others, but also the otherness at the heart of things, whether God or the void—that leads him toward his own unknown destination, his own "new upward leap."

the road already traveled. The setting is typically both realistic and metaphysical. A road to a Ligurian cemetery, that narrows into a goat-path as it climbs; but at the same time a Dantesque journey, up the purgatorial hill, along a pathway, the familiar *cammin di nostra vita.* At the top is the cemetery where we "melt like wax," dissolving into shades.

where we'll melt like wax. The image derives from Dante (who takes it from Ovid). "Wax" is for Dante the raw material or "matter" of mortal nature, before it is stamped or imprinted by the seal of Nature or emanations from the Divine Light. Individual differences in "mortal wax" are to be traced to imperfections in Nature herself, compared (*Par.* xiii, 67 ff.) to an artist whose hand trembles. (See also *Purg.* xviii, 37–39, xxxiii, 79–81, and *Par.* i, 37 ff.)

without shawl. See "Where the Tennis Court Used to Be . . ." in which E.M.'s father wears his habitual shawl against the cold. Here the physical process of dissolution, dis-embodiment, and detachment from the things of this world that must precede his "new upward leap" has begun.

miners' barges. Realistic allusion to the barges that carry the marble quarried along the Ligurian littoral. But also perhaps a glance back at the Dantesque sloops that in "Coast at Versilia" disembark their returning shades on the shore. The point in any case is that the tremor *announced (annunciava)* the barges and presumably no longer does. Memory is caught in the act of seizing upon what it hungers for; the former tremor is now the vibration of a different reality.

The shade who goes beside me. Realistic details of Clizia's physical appearance: her sternly proud mien; her wayward hair (see "The Bangs"), the intensity of her gaze.

the sensitive / mimosa. That is, the "sensitive plant," *mimosa pudica,* whose leaf-lets fold in, flinching when touched. Clizia is so thoroughly disembodied that even the mimosa doesn't flinch when it "grazes her ghost."

The faithful shade. Italian *L'ombra fidata.* Clizia is *faithful* because her guidance, like that of Virgil with Dante, can be unfailingly relied upon; but she also carries with her the sense of Christian *fides,* "the substance of things hoped for, the evidence of things unseen."

the mute one. E.M.'s father who, because dead, cannot speak to his living son, but communicates only with the disembodied spirit of Clizia. Though mute, he has a voice and converses; it is his son who is numbed and presumably silent at the grave's *edge,* where the dreaded ditch opens.

(dispirited years for me). The Italian is *(anni per me pesante:* "years for me heavy"). Translation is tricky; the years have lain heavy on the poet, but the poet is himself *pesante,* fleshy or corpulent (in marked contrast to the spiritualized Clizia and the by now unfleshed father). "Dispirited" seemed, if pressed, to convey the double meaning.

new upward leap. "Upward" is my effort to suggest the transcendental quantum jump implied by the simple *nuovo balzo* ("new leap") of the text. E.M.'s father is still stubbornly attached to this world; his hope of immortality is that of living on in the memory of his sons. Only when he is prepared to take the path that leads to fulfillment—E.M. tacitly insists that there is a fulfillment beyond death—will he be able to take the "leap" that transforms him, toward which, by returning now, he has taken the first insecure, dis-couraged step. See Clizia's words in the next stanza: "Now you return to the unbounded heaven that transmutes all." Like the poet himself, persistently seeking enclosures and shelters, hesitant to force a passage *(varco)* to the open sea and the unbounded horizon, the paternal ghost trembles *at the edge.* Not, like the poet, trembling at the grave's edge, but at the edge of what lies beyond the grave, the void on the other side of death, the void growing inside us. Cf. the new element into which the poet, like a mullet, hurls himself in the closing line of "The Shade of the Magnolia."

I have thought for you, I have remembered / for all. Clizia, all selfhood surrendered and to that degree disincarnate, is capable of taking compassionate thought for each indi-vidual and remembering for all because she has literally dissolved into the Other (the *Altri* or *Altrui* of "Rainbow"). She is Love *en acte,* her individual and perhaps generic destiny fulfilled in pure otherness; she has sacrificed herself for all. Hence she stresses the activity of memory because it is memory that she had to overcome in herself to become what she is. She too remembers her coasts, even though she has come to remove another person from what he loves toward a larger and more inclusive "landscape" that he can only enter by accepting the necessity of his "new leap." It is important that we understand Clizia's words here as addressed to a *tu* that includes both the poet's father and the poet

himself. As E.M. observed in another context, "My critics assert . . . that my *tu* is an insti-
tute . . . in me the many are a one even if they appear / multiplied by the mirrors." No less
than his father, the poet is addicted to the paradisal retrogression of memory, to lingering
"at the edge," taking shelter under his childhood trees, or, worst of all, to the imprison-
ment of remembered love. If the father hopes to survive in the loving memory of his chil-
dren, so the poet, the prisoner of his own memories, has centered his life around a love
fixed forever, unchanging, in the past. "Memory," he says, "is no sin, as long as it serves
some purpose." Thereafter it becomes a fatal impediment, a carnal torpor, "degradation
/ moldering on itself." Clizia has indeed taken thought for all, remembered for all. And
the "new upward leap" that terrifies the father is even more clearly a challenge to the son.

In the wind of day. The two individual shades dissolve into a single twilit figure that
resists the poet's embrace as firmly as Virgil rejects Statiu's reaching arms. The poet is
left alone to cope with his vision and the fulfillment it has imposed upon him—there at
the edge of "the grave ditch *[fossa]* / around the sudden start [or "click" or "snap" as of a
camera shutter] of memory."

the uninhabited void. To his French translator E.M. explained this phrase as follows:
"The uninhabited void is that which is formed in us just before we *are* or before we say Yes
to life: the void that forms in the pendulum a second before the hour strikes." This vision
of the void is manifestly purgatorial, but it is obviously not Dante's and it is not Clizia
who is speaking here. It is a third voice, a voice with its own individual vision of the inex-
pressible *X* that precedes "images and words," the *X* from which we come and into which
we vanish. We remember it darkly only when we cease remembering; then, if at all, we
sense it growing inside us, a fate that depends on us (as God depends upon his believers,
like Clizia) to confront and freely define. The ancient Greeks would have called that void
Chaos (meaning simply "gaping void"), not so much anarchic disorder as the matrix of
the possible, the undifferentiated "ditch" of things.

The Shade of the Magnolia (1947)

When first published, this parenthetical subtitle was appended to the poem: *(Another
Unwritten Letter).* Its recipient is once again the Jewish-American woman and Christian
convert called Clizia.

"Il fait bien froid . . ." E.M.'s father had kept muttering in "Where the Tennis Court
Used to Be . . . ," consciously or unconsciously anticipating the desuetude and eventual
extinction of his modestly paradisal world, its habits and values, in the autumnal chill,
the changes settling over things. In "The Shade of the Magnolia" the Big Freeze has come:
the postwar disillusionment of factional, often brutal ideologies, industrialization and
industrialized values, mass culture, the erosion of that liberal civility to which E.M., like
the philosopher Croce whom he so much admired, had made a lifelong commitment.
The evergreen magnolia, E.M.'s "great-rooted blossomer," whose shade once sheltered his
dearest memories and hopes, has lost its iridescent peacock-blue flowers: an image of
attenuating confidence, diminishing life. The cicada (i.e., the poet; see note on "Incanta-
tion") sings, as cicadas do at summer's end, only intermittently, no longer a member of
the collective choir singing in union, but a lonely uncertain voice. The imagery is once
again Platonic, intended to recall the paradisal summer setting of the *Phaedrus*, with its
great plane tree filled with shrilling cicadas whom Socrates calls "the mouthpieces of the
Muses." But the Platonic setting is engaged by the contemporary situation. The generous
hopes and warm solidarity aroused by the resistance to Fascism have dissipated in the
postwar period. There is no more "singing together"; the collective energies ("the limitless
god / who devours his own believers and revives / their blood") of what seemed a national

resurgence have given way to the politics of Left and Right, the inhuman ideologies of clerical black and Communist red (see "Little Testament"). The euphoria of resistance ("Exertion was easier") feeds on the clarity of a clean struggle between Good and Evil. (Cf. "The Capercaillie": "Living was sweeter . . .") The confusion and complexity, the moral compromises and accommodations required by the postwar world make such energy of conviction impossible. Summer is over.

The only absolute in sight is Clizia's faith, a certainty in which all antinomies are dissolved in a burning unity that obviates the necessity of living out one's human contradictions in an age requiring constant daily temporizing. In her perspective everything is subsumed in the blur of the Absolute: points of the compass, constellations, seasons. In God all particulars dissolve, making the believer indifferent to worldly contingencies, immune (even in North America) to the pervasive chill of approaching winter, exempt from the moral indignity of temporal compromise. "Others fall back, / droop," while she, like a fieldfare, flies.

For E.M., as for the others, change is real, transience certain. Hence the glancing allusion to the famous passage of *Ecclesiastes*:

> Remember now thy Creator in the days of thy youth, while the evil days come not, nor the years draw nigh, when thou shalt say, I have no pleasure in them . . . in the day when the keepers of the house shall tremble . . . and the grinders cease because they are few, and those that look out of the windows be darkened . . . when the sound of the grinding is low, and he shall rise up at the sound of the bird, and all the daughters of music shall be brought low . . . and when they shall be afraid of that which is high, and fears shall be in the way . . . and the grasshopper shall be a burden, and the desire shall fail: because man goeth to his long home.

But for Clizia there is certainty, eternal life. She is still, as she is elsewhere, *the* sign. In a world attuned to G-flat, she sounds the note of A. She has absolute pitch. The poet hears the note and honors it; he yearns to follow it by a transcendent leap *(salto)* into her world, into the "beyond." But he is earth-bounded, a body that resists the aspiration of the spirit—an aspiration that nonetheless projects him into a new element where he cannot, any more than the mullet floundering on dry land, survive. But *there* he is, whether dying or dying-into-a-new-life, he knows no more than we. Neither in the world nor out of it, and therefore *alone*, as that final *Addio* ("To God") tells us.

The Capercaillie (1949)

E.M., a passionate lifelong observer of birds (and their human *semblables*, himself included), writes of them with loving taxonomic and behavioral precision. Urban Americans and Europeans, unlikely to be familiar with the appearance and habits of this increasingly rare game bird, are to that degree impeded from entering the poem and understanding E.M.'s totemic affinity.

The capercaillie (kăp' ər kāl'yē), also "capercailzie" or "capercally" *(Tetrao urogallus)* is the largest European grouse; the adult male reaches thirty-four inches in length and weighs as much as twelve pounds. In Western Europe it is found only in northern Scotland, the Spanish Pyrenees, and Austrian forests; its range is determined by its winter forage, provided by mountain pines. Prized for its succulent flesh, its numbers have been drastically reduced; the dramatic display of the mating male makes it extremely vulnerable to hunters. Commonly known as "the mountain cock" or "cock of the woods," the male's color and regal size fully merit E.M.'s epithet, "Jove." Generally gray, its breast is a brilliant metallic blue-green (hence its Italian name, *gallo cedrone* or "citron cock"). At mating time he perches on the topmost branch of a tree, challenging all rivals with "a guttural retching cry" (R. T. Peterson), while the hens below await the results. Nests are laid on the ground and contain seven to nine marbled eggs. The bird's flight is brief and noisy, in short, the heavy, lumbering flight with which the heavyset E.M. felt psychic and physical affinity.

Structurally, and to an instructive degree thematically, the poem with its four quatrains is intended to recall Baudelaire's identically structured "L'albatros," with its regal but clumsy bird *(ce voyageur ailé, comme il est gauche et veule!)* and its poet, an avine *prince des nuées* whose *ailes de géant* impede his earthly movement. But there the resemblance ends, presumably so that the reader can observe how differently E.M. has shaped his own material and stamped it with his personal vision. The true subject of E.M.'s poem I take to be an ontogeny of the *man,* the emergence, through pain and suffering, of the poet-as-lover. Not the carnal lover, but the carnal lover transmuted into the lover of the *other,* of otherness itself; the lover who has transcended himself and discovered a new self in a higher community, a solidarity achieved only by getting past the "wall" of the earlier self-sufficient "I." The "you" and "I" of the first stanza share the *simpatia* of the "ditch," but they are still two. In the next two stanzas they begin to fuse ("*your* wound in *my* breast"), then become one ("all that's left of *us*") in their soaring-mating, and finally extinguish themselves in the divinity of their act ("marbled, heavenly eggs!"), an act that contains, as eternalized *exemplum,* the destined future. A future whose destiny has been humanly achieved: an *earned* destiny.

But that future is earned only by transmuting memory, actively shaping it rather than letting it remain there in the ditch, "moldering on itself." Here, as in "The Eel," E.M. transmutes his childhood memories into the conscious myth of the grown man. In the prose sketch "House of the Two Palms" *(La Farfalla di Dinard),* E.M. tells of his sentimental journey home, thirty years afterward, in the person of "Federigo" (unmistakably E.M. himself). He finds that the place is the same, but he has changed. His problem is that of coping with the hunger of memory to remain memory, its resistance to (and *our* reluctance to accept by transforming ourselves) change. His self-recognition is elliptically conveyed by his observing "the poplar leaning toward the greenhouse where he had shot his first bird" and then, at the close, coming to terms with the memory: "Federigo got up, aimed his finger at a titmouse that had dared to follow him as far as the poplar by the greenhouse and mentally fired a shot at it." Memory has been, as in the poem, transformed by the "ditch" dividing past from present, what one is and what one was. Memory stirs in the shooting of a bird, and in the savor of the grouse-stew ("salmi of earth and heaven"). Then begin the metaphorical transformations of memory. The "salmi" turns into volcanic "magma," then becomes the warm aching of a wound, the pain of love that heralds the sprouting of wings. The memory-quickening aroma of stewed grouse simmering ("earth and heaven, simmering") anticipates the volitalization of the physical into essence ("a few feathers on the frosted holly"), and then the fusing black and white of the "marbled" eggs. But the "ditch" is here, as in "Voice That Came with the Coots," at the center of the poem—the focus of transformation. And here too it stands for the incompleteness, the "unfulfilledness" of what we are, the void of potentiality, waiting to be filled according to our ability to transform memory into destiny, to transcend the child's solipsistic "I" into the "we" of a larger community—lover and beloved, living and dead. To repeat E.M.'s words to his French translator Angelini, the "ditch" is "that which is formed in us just before we *are,* or before we say Yes to life; the hollow that forms in the pendulum a second before the hour strikes." Because it is the locus of change, it is a place of pain, an emptiness that aches. To *become* is to know the pain of changing, the suffering of a love that takes us, or points us, beyond the "wall" of the merely inchoate, the uncompleted "I"—in our "new leap," the leap of the mullet, dying to be reborn. Until then we are in the ditch, as fallen and despairing as the *fangose genti,* the "muddy people" of Dante's *Inferno* (viii, 59).

a clot of wings. An allusion to Plato's account in the *Phaedrus* (251 a-e) of the process whereby the human soul sprouts the wings of Eros. For Plato, as for T. S. Eliot and E.M., Love *hurts;* becoming is painful. (For Dante's transformation of the Platonic metaphor, cf. *Purg.* xxvii, 121 ff.)

Living was sweeter. For "living" we should understand "being." It is easier to "be," to "sway in the wind" than to "become." For the same idea, cf. "The Shade of the Magnolia": "Exertion / was easier, to die at the wing's / first flutter . . ." To sink into the mud may mean death or falling; but death is the precondition of spiritual rebirth. As Heraclitus said, "The way up, the way down."

marbled. See the final sentence of "The Bangs"; also "marbled manna" in "The Storm."

budded gem. The Italian is *gemma,* which means either (and here both; see E.M.'s own translation of the poem below) "gem" or "bud," an ambiguity that links the poem with "the young shoots, the graveyard's blood" of "Voice That Came with the Coots" and the jewellike virtue of the lady's eyes in "The Eel."

Jove is underground. The Italian for this is *Giove è sotterrato.* Despite E.M.'s own translation of this as "Jupiter is buried" (see below), I stick to my guns. The usual Italian word for "buried" would be *sepolto; sotterrato* might *imply* burial, but not necessarily the *finality* of death. The image of the grub, suggestive of cyclical and perennial life, is to my mind decisive.

In a letter to the critic Gianfranco Contini, E.M. sent a copy of his own English translation of his poem—a version that reveals a good deal about E.M.'s meaning as well as his somewhat wobbly English. This is his rendering:

> Where you after the brief shot lower
> (your voice seethes, black-red
> salmis of sky and earth at slow heat)
> also I shelter, I too burn in the gutter.
>
> Your sigh asks for help. 'Twas sweeter
> to live than to sink into this jelly,
> easier in the wind to undo than
> here in the slime, crusted on the flame.
>
> I feel in my chest your sore, beneath
> the clot of a wing; my burdened flight
> probes a wall and of us only some feathers
> upon the hoary ilex remain.
>
> Grapples of rostrums, loves, nests of eggs
> marbled, divine! Now the jemmy sprout
> of the perennial plants, like the grub
> sparkles in the gloom, Jupiter is buried.

The Eel (1948)

The poem is rightly regarded as one of the peaks, perhaps *the* peak, of Italian lyric poetry in the twentieth century. Technically, it is literally breathtaking: thirty lines of nonstop, passionately driving verse culminating in an astonishing epiphany. A single musical sentence that in the last line poses a simple rhetorical question, utterly unexpected, whose answer lies in the twenty-nine preceding lines. Form and content fuse. Syntax, diction, prosody, the edgy off-assonances—all express the stubborn, purposive, persistent progress of the eel as it thrusts upstream, squirming through narrowing perforations of slimy stone to reach its goal, those "Edens of generation," into which it explodes in orgasmic climax—the three half-rhyming hammer-beats of *tórcia, frústa, / fréccia d'Amore* ("torchlight, lash, / arrow of Love on earth")—into the desert waste of burning desolation, without whose aridity of death it cannot spawn new life. The "spark" that stirs in the "dead ashes" is miraculously transmuted into the divine iridescence of the Montalean *donna*, Clizia or Iris, whose covenant, linking heaven to earth, shimmers over men still immersed in the mud from which her ascent began. And then the *volta* of the final question, at once exhortation, reproach, and challenge, asking whether she recognizes her generic affinity with the world she has triumphantly transcended. We *hear* that affinity in the revealing assonances and rhymes that crowd into the coda, linking *anguilla* (eel) to *scintilla* (spark) to *gemella* (twin) to *sorella* (sister), and binding *cigli* (Clizia's lambent *eyelashes*) to *figli* (the *sons* of men floundering in the eel's mud). Sound and meaning converge, declaring the affinity that links heaven to earth, life to death, spirit to matter, transcendence to immanence.

Several interpretive points. First, the reader without Italian should be wary of viewing the eel's progress as essentially phallic. "Eel" in Italian is feminine *(anguilla)*, and E.M. emphasizes the fact by putting *sirena* (siren) in apposition with it, and, in the poem's last word, *sorella* (sister). Obviously the eel's thrusting passage is phallic; but the point is to look beyond, to recognize that both sexes are united in the eel, that the poet's point is the undifferentiated "life force" incarnate in it. A force represented by sexuality but not equivalent to it. There is no reason for denying Bergson's influence on the poet, or that the eel is an emblem, at least in part, of Bergson's *élan vital*. Early on, wrote E.M. (in the important essay "Intentions"), "I was under the influence of the French philosophy of contingency, especially that of Boutroux, whom I understood better than Bergson. Miracles were for me no less evident than necessity. Immanence and transcendence are not separable." The eel's progress might be called a Bergsonian miracle performed in the teeth of necessity; both transcendence and immanence are in it, and indeed at the heart of the poem. According to Bergson, there are two great cosmic realities or forces: matter and spirit. *Conscience* and *esprit*, like fire and air in the ancient cosmologies, tend always to rise; but they can only do so by struggling against the downward-tending force of matter (water and earth). The ascent of spirit is accomplished by its capacity for adapting to, or inwardly encapsulating, matter. It adapts itself to the "lay of the land," to what the Greeks called "the necessity of the earth," and we might call the gravitational fact of the "given." In E.M. that material "given" is expressed as an obstruction: a wall, a hedge, a cliffside, an enclosing horizon. The naturally aspiring spirit hungers to find a passage (or *varco*) into the world that lies beyond the wall, even into the ultimate beyond (the aldilà), a horizon that keeps receding. Bergson's commonest metaphor for the movement of the spirit is a stream that carves its way through rocks, but is inevitably shaped by the rock in turn. It *con*forms in order to *in*form; matter and spirit mutually mold each other. E.M.'s eel can only make its way upstream by going *under* (that is, adapting to what resists it in order to overcome the resistance), not *against*, the full force of the opposing current.

What spirit has overcome is in turn brought to bear upon the matter that opposed it. In Bergson's words: "Spirit borrows from matter the perceptions on which it feeds and returns them to matter in the form of movements which it has stamped with its own freedom." The eel escapes the imprisonment of matter by struggling against it; its freedom bears the imprint of what it has struggled against, just as the poet bears the imprint of the Ligurian landscape that once, before he made his way beyond it, defined him, and, in part, still does. See "Where the Tennis Court Used to Be . . ." ("it's odd to think that each of us . . .")

"The Eel," then, should be viewed as a cosmic love-poem, an account of the phylogeny of the human spirit as well as a dithyramb to the woman who inspired it. That woman is again the Cliza celebrated in this section(though E.M. later told Silvio Ramat that "she could also be that other woman" [i.e., the Vixen of "Private Madrigals"]). E.M., however, both as man and poet, obviously identified himself with the eel, observing that "I love the age in which I was born because I prefer to live in the stream rather than vegetate in the marsh [see note to the *uninhabited void* in "Voice That Came with the Coots"] of an age without time." All his life he was an eel-watcher. In one of the loveliest early poems, "The Lemon Trees," he is the child-in-the-poet shunning the formal gardens of traditional poetry for the dirt roads that lead to "half-dried pools where boys scoop up a few skinny eels." In one of the love-lyrics of "Motets," he feels himself "one with the man on the bank / intently angling for eels"—i.e., the erotically religious fisherman of "The Black Trout" and "For Album," always angling for that elusive, jewellike flash of the beloved who is one with life itself, spirit incarnated in a silvery shimmer of flesh, never to be caught or, if caught, not kept. A love-poem then, both individual and cosmic; an ontogeny as well as a phylogeny. In the eel's passion are embodied those virtues—obdurate persistence, courage, creature-humility but also creature-pride, that refusal of the ditch that lies beneath the aspiration to achieve fulfillment—the legacy bequeathed by the poet in "Little Testament":

> . . . a faith that was fought for
> a hope that burned more slowly
> than a tough log on the grate. . . .

A final point. It has been objected that E.M. has confused the eel's behavior with that of the salmon. But the confusion is deliberate. E.M. was too practiced an observer of the natural world to confuse the very different life cycles of salmon and eel. E.M.'s emblematic "creature" requires both the slime that spawns the eel and the purposive drive of the spawning salmon, much as Shakespeare's Cleopatra requires the procreative ooze of the Nile and the "immortal longings" dialectically generated by that ooze. As Nietzsche observed, "A man's sexuality reaches to the very heights of his spirit." Moreover, this eel is, unlike the real thing, an ecumenical creature. It comes from the icy Baltic and climbs to the burning heights of the Spanish Pyrenees *and* the Italian Apennines. Corporality is burnt away; the "green spirit" homes for the heights; matter is transmuted into airy spirit. Again, the eel is both masculine and feminine, etc. An ecumenical spirit, then, that, at its moment of transcendence, the moment it becomes pure "otherness," may be tempted, like Clizia, to forget its origins in the mud. Transcendence spells mortal danger, as E.M. repeatedly observed, nowhere more trenchantly than in his essay, "The Artist's Solitude":

The man who communicates is the transcendental "I" who is hidden within us and recognizes himself in others. But the transcendental "I" is a lamp that illuminates only a very narrow strip of space before us, a light that carries us toward a condition that is not individual and therefore not human.

The danger, in short, is that of becoming merely a generic construct of the species disincarnated from creature complexity: an abstract of humanity. Hence the appeal to the *donna* to remember her sister—that is, either her own flesh-and-blood individual self or her immanent "sister," the Vixen who is the subject of "Private Madrigals," which now follow.

coldwater / siren, who leaves the Baltic behind her. A possible private allusion to Clizia's northern habitat (see "Rainbow" and "Hitler Spring") hinting, in the eel's progress to Italian shores, at her eventual Love-compelled "return."

Edens of generation. In Italian, literally, "paradises of fecundation."

that other iris. See notes to "Rainbow." The trope is drawn from the conventional amorous hyperbole of the *donna* as celebrated by the poets of the *dolcestilnovisti* (Dante, Cavalcanti, Guinizelli, Cino da Pistoia, etc.) and, finally, Petrarch. The lady's jewels, already so prominent in the poems of the book's *Finisterre* section, are commonplace in the earlier poets. Beatrice's eyes, for instance, are called "emeralds"; while in Guinizelli's famous "Amore e 'l cor gentil," the love in the lady's heart is likened to "virtue in precious stone." Elsewhere the lady's eyes are compared to jasper, pearls, etc.

the sons / of men floundering in your mud. To the Biblical echo of "sons of men," E.M. adds a Dantesque allusion to the sinners in Hell, called by Dante (*Inf.* vii, 110) *fangose genti* ("the muddy people"). But there is more than a hint of E.M.'s own "ditch," that painfully hellish or purgatorial realm where the individual soul suffers "a sea-change" *en route* to fulfillment, to becoming itself. See note on *the uninhabited void* in "Voice That Came with the Coots."

Private Madrigals

These "madrigals" were written between 1948 and 1953, at the same time, that is, as most of the transcendental love-lyrics of the preceding *Silvae* section. All of them, according to E.M., are devoted to the woman known as the Vixen (who appears often in the *Flashes and Dedications* section, and who is specifically addressed as such in her secular hymn, "Anniversary").

Musically and structurally the entire section forms a progressive counterpoint, not merely a static contrast, to the Clizia poems of *Silvae*. Structural *iridescence*, the "musical intermittences of the heart": the poems, like life itself, are constantly changing, the flux of feeling revealing itself in constant transformations and reprises. The Vixen, for instance: initially earthy, a terrestrial love, she reveals, at the peak of her power, an angelic virtue and capacity for transcendence that is rooted in her very earthiness and animal vitality. *Animal spirits* are her nature, yet she persistently displays signs of Clizia's spiritual power, while Clizia herself, in the closing lines of "The Eel" is asked to recognize her affinity with her "sister," the incandescent eel.

These are clearly private poems, *very* private at times, almost excluding the reader. The greater the passion, the more private the poem. The love they celebrate is physical, but at its height it brings the lovers to the brink of achieved divinity. Hence the poems are often, sometimes impenetrably, coded in intimacies; we can hear the meanings perhaps but not the subtler inflections. For responsibly sensitive interpretations of these poems, the interested reader should consult Almansi and Merry (110 ff.) and Cambon (166–90).

I know a ray of sunlight . . . (1946)

The close correspondence between this small poem, patterned in two quatrains and centered on the image of the swallow, and "On the Greve" is worth noting. "The regenerative power of love elicits divine hyperbole as prerogative of the beloved, whose magical kiss can animate a statue; she is omnipresent, and each rendez-vous, indoors and outdoors, brings light, releases heraldic birds: a swallow, a hawk. Again, an anti-motet of sorts, to celebrate presence and consummation." (Cambon, 167)

You've given my name to a tree? (1949)

Despite its apparent simplicity, an exceptionally concentrated poem. The focus is the shared intimacy of two poets preoccupied with the loving task of naming each other and thereby naming their world. In the finale, Cambon (169) observes, "The poem achieves itself, by developing to culmination the initial icon, the tree . . . and the feminine addressee . . . 'speaks' a sheltering oak into vivid presence. . . . If, on one existential level, she communicates with the adoring speaker in creative dialectic, on another level she communes with the elemental creature, the inarticulate toad who emerges from an underworld of slime and decay without thereby becoming either monstrous or disgusting. . . . The bliss of cosmic and personal harmony is attained—an utterly rare development in Montale!— thanks to the girl, who ends up as the center of the cosmos, whose elements she controls, air having become her creative breath and fire responding to her presence." Mutually, the two lovers name each other, thereby becoming the single flame enfolding them. (Cf. "Incantation")

If they've likened you . . . (1949)

An ecstatic but beautifully controlled hymn, clearly religious in feeling, in celebration of the Vixen, first described as the world ("they") perceives her, and then as she manifests herself to the private eyes of her poet-lover, her one "true believer." Formally, the poem is an antiphonal pendant to "The Eel," E.M.'s dithyramb to Clizia. Each poem is thirty lines long; each consists of a single breathless musical period linked by intricate assonance and slant, or "buried" rhymes. "The Eel" asks a rhetorical question; "If They've Likened You . . ." is a conditional sentence whose protasis ("If . . .") conveys the splendor and range of the Vixen's animal vitality, and whose apodosis ("they did it because they were blind . . .") contains the poet's proclamation of her spiritual nature.

The protasis is a rhetorical fiction—nobody, I suppose, has actually slandered the Vixen—or hyperbolic device designed to express her many-sidedness and the sheer breathtaking beauty of her carnal nature. As in "For Album," she is not one animal but many, a composite of loping marelike grace, feral shyness, devouring passion, seductive animal cunning, and a strange predator, capable of astonishing gentleness combined with the power to deal a fatal shock. A "living oxymoron," Cambon aptly puts it. For all of her animal traits are without exception subtly interwoven with hints of transcendence: her footstep soars, her infant hand creates havoc, she possesses the apostolic power to bind and loose, she quickens the gravel underfoot, her presence overwhelms and confers life on the physical world around her. Her being is rooted, *immanent*, in a real place, her apartment in Torino near the Cottolengo, the surrounding fields and streets. Rooted but not confined, thanks to that animal energy and carnality that reaches to the very height of her spirit, conveying her into manifest divinity, from which (unlike Clizia) she returns to reanimate the phenomenal world. She is, in sum, what the Greeks might have called a *daimon*, one of those formidable powers midway between this world and the gods, possessing the attributes of both, and whose ambivalence can mean either damnation or salvation, death or bliss, for the mortals whose lives they touch.

If at first the apodosis seems simply to deny the blind world's failure to comprehend her by affirming her spiritual reality, it too is sown with the doubts and fears of the man who has "faith," whose whole life depends upon the saving grace of her presence. The spiritual world also has its dark side. It contains the blood of sacrifice, of passion transfigured into a Passion that ends in death, the agony of being torn, of losing one's life by dying into another, into the Other. The poet's furrow is *scratched*—the hard *physical* verb—into her forehead, which is marked with the "signs" of her divinity— "cross, chrism, / incantation, disaster, vow, farewell, / damnation and salvation"—a veritable catalogue of the ambiguities of the poet's private religion of Love and the "Stations of the Cross" it imposes upon him. Above all the pain of loneliness. Loneliness in a world that cannot *see* the reality that gives his life meaning; but even more painful, the loneliness of the believer who might lose the divine presence—the fear, glancingly but powerfully suggested in the final clause of the poem, that she might "turn away from the stair," abandon him "on the way up."

The poem is a good example of E.M.'s tradition-saturated (but not therefore intimidating or impenetrably erudite) allusive habits. One can read the poem successfully without bringing the echoed texts to bear; but understanding is enhanced by observing how the poet's present engages the recurrent human situation.

the loathsome / fish with his shock, the stingray. The comparison would seem at first merely deprecation: what *sign* of virtue can lurk here? The answer lies in Plato's *Meno* (80a), where Meno compares Socrates to the stingray:

> If I may be flippant, I think that . . . you are exactly like the stingray. . . . At this moment I feel you are exercising magic and witchcraft upon me and positively laying me under your spell until I am just a mass of helplessness. . . . When someone comes into contact with it, it numbs him, and that is the sort of thing you are doing to me now. My mind and my lips are literally numb.

Like the gadfly Socrates, the stingray shocks; the spiritual lover inflicts upon others, like Meno, the suffering of Becoming, of growing wings. Eros *hurts*.

they were blind, they couldn't see / the wings . . . Glancing but effective paraphrase of several verses in the gospel of John:

> In the beginning was the Word . . . in him was life; and the life was the light of men. And the light shineth in darkness; and that darkness comprehended it not. . . . He was in the world . . . and the world knew him not. [1:1 ff.]

See also the miracle of restoring sight to the blind man [9] and the words of the prophet Esaias at 12:40: "He [the Lord] hath blinded their eyes, and hardened their hearts; that they should not see with their eyes . . . and I should heal them." And Jesus' words at 12:45: "He that seeth me seeth him that sent me. I am come a light into the world, that whosoever believeth on me should not abide in darkness." The Vixen assumes the attributes of the incarnate Logos, while the poet becomes the uniquely sighted man in a blind world. The religion is private.

damnation and salvation. The Vixen holds the keys of heaven and hell. Cf. the "marble manna / and destruction" that Clizia carries "sculpted inside" her ("The Storm").

weasel or woman. Untranslatable pun on *donnola* (weasel) and *donna* (woman).

the gold I carry inside me. Still another allusion to Plato's *Phaedrus*, which closes with Socrates' famous prayer to Pan—and these words: "Grant that I may become fair within, and that such outward things as I have may not war against the spirit within me. May I count him rich who is wise, and as for gold, may I possess so much of it as only a temperate man might bear or endure."

that ember hissing within. The ember is of course alive. See the "dead ashes" that in "The Eel" contain the life-renewing spark; the phoenix flame rising from the poet's "burnt ashes" in "Winter Light," and the "faint glow catching fire" of "Little Testament."

you turn away from the stair. Allusion to the last line of "The Storm"—the disappearance of E.M.'s teacher and guide, Clizia-Beatrice. The "stairs" are manifestly Dantesque, the purgatorial staircase *(scale)* ascended by Virgil and Dante (see, for instance, *Purg.* xvii, 76–77). But *here,* I believe, the governing allusion is to the Platonic *Phaedrus* where Diotima (for the Vixen as Diotima see "Incantation") instructs Socrates on the ladder or stairway that ascends from the love of beautiful bodies to the love of spiritual Beauty itself. The Vixen's *semblable* is not Dante's transcendental Beatrice but the Platonic Diotima, for whom Eros and erotic transcendence are all rooted in the world, immanent, at least in their origin.

The Processions of 1949 (1949)

In a letter to Contini, E.M. confided: "I've written a poem against the 'pilgrim Madonna' (latest Italian guise) that I can't transcribe for you because I've no copy with me and I have to correct it." In his introduction to a Swedish translation of *La bufera e altro,* E.M. wrote: "The reflection of my historical condition, of my reality as a man is vivid in *La bufera.* Lyrics such as 'Hitler Spring,' 'The Prisoner's Dream,' 'Provisional Leave-Taking' ['Little Testament'], 'The Spring of '49' ['The Processions of '49'] are the testaments of a writer who has always rejected the clericalism of the two opposed varieties (the 'black' and the 'red') that afflict Italy."

The incident that provoked the poem was the appearance in the spring of 1949 of a miraculous Madonna who was carried in procession throughout northern Italy, everywhere producing manifestations of what seemed to E.M. lunatic religious fanaticism, and to which he characteristically responded with the same loathing he had earlier felt for Fascism and Nazism. Hence the Dantesquely hellish topography with which the poem begins: excrement, muggy heat, backwash, the pollution of the earth (literally "clods" in Italian) *consecrated* to us. In the ordinary Italian course of things, E.M. suggests, this obscene scenario would have prevailed, were it not for the furiously angelic apparition of the counter-Madonna, the Montalean *donna*—her epiphany marked by an appropriate aposiopesis—who redeems the whole vile scene, scattering the pack of fanatical pilgrims (modern Corybantes celebrating their Cybele with inhuman or subhuman fervor) by the simple imperious act of waving a delicate glove.

It is worth noting once more that it is the Vixen, not Clizia, whose divinely animal vitality is represented as the fierce angelic virtue that redeems a polluted world; and further that this virtue begins its eellike transcendence as a fishtailing swerve or whiplash gleam—*in vitro*—on the slimy surface of the familiar Montalean canal, the primal ooze from which all higher life emerges toward the light of the sun that draws it forth.

Magenta-colored clouds . . . (1949)

For sensitive and persuasive analysis of this remarkable poem, see Almansi and Merry (115 ff.).

With "On the Greve" and "Incantation," the lyric is one of E.M.'s most sensuously moving love-poems. A poem, not of nympholeptic yearning for the unattainable Clizia, but of fully consummated physical love, sensual and spiritual, real and ideal, prosaic and metaphysical ("Pump hard . . . angel!") in balanced tandem and achieved immanence, the opposites fusing in a single ecstatic "instant of forever" that shatters the boundaries between the "I" and the "not-I" in a fresh unity of being.

To his biographer Giulio Nascimbeni (*Montale: Biografia di un 'Poeta a Vita,'* Milan, 1975, p. 156) E.M. said of the Vixen: "She was a very different young woman, a quite different sort of person from Clizia. Confronted with the 'Vixen,' I compared myself to Paphnuce, the friar who [in Anatole France's *Thaïs*, based on the medieval legend of the courtesan who became a saint] goes to convert Thaïs, but is conquered by her. With her I felt myself an abstract man next to a concrete woman [see note to "On the Llobregat"]; she was alive in every pore of her skin. But I also received from her a feeling of freshness, above all the feeling of being alive."

For Album (1953)

A brilliant little poem which contains—concentrated in the apparently simple tale of the hunter-poet's quest for his prey, the Vixen herself and her real home, the place where she can be found and *held*—a lifelong pursuit of the fatal, intermittently appearing "other"—the X that, recognized by its glints and "flashes," if only it could be captured and held, would mean personal fulfillment for man and poet alike. With the "very first light" of childhood, the quest begins. First comes the feeling of love *(amo),* indicated by an untranslatable pun on *l'amo* (I love) and *lamo* (fishhook, in baby talk). The search continues all day long, from dawn till dusk: the "day" of a man's life. The quest seeks every living form, every creature, for the "she" who is glimpsed in everything, ubiquitous but elusive, an iridescent protean presence. Finally at dusk, he finds her where he least expected, in the prosaic *containers* (SAND SODA SOAP) of the kitchen, that domestic "dovecote" from which her flight began. Once found, she cannot be held; she is precisely uncontainable, *inafferrabile;* no sooner is she found than she disappears in breathtaking flight—herself a light moving toward the light of the "uncertain" horizon. But that momentary apparition in which the metaphysical blazes out of the prosaic everyday object, in which she finds incarnation, is what gives the elected lover his bliss and fulfillment it offers: "I lay down at the foot of your cherry tree, I was / already too rich to contain you, alive."

For more detailed exegesis, see Cambon (177 ff.) to which my précis is indebted.

From a Swiss Lake (1949)

Ouchy, on Lake Leman. The initial letter in each line of the Italian text is an acrostic identifying the Vixen as Maria Luisa Spaziani, a well-known poet whose published work shows unmistakable signs of E.M.'s influence.

To be noted: the familiar polarities of earth and heaven that characterize the Vixen: light shining in darkness, an animal paw shaped like a star, a black duck driving upward from the lake bottom to some transcendent conflagration in the sky (cf. the closing lines of "For a 'Homage to Rimbaud,'" etc.). But in general and particular the poem is too intensely private in its allusions, too intricately and intimately encoded, to make meaningful interpretation possible.

poète assassiné. An allusion to Guillaume Apollinaire who died in the First World War, and to whom E.M., himself a veteran on the Italian front in the Valmorbia campaign, clearly links himself: the Vixen's fatal erotic victim, a sacrifice to Love. He and she are presumably watching a fireworks display over the lake.

a black duck . . . from the lake's bottom. Ducks, like coots, feed on the grasses in the lake bottoms. And it was commonly believed that a wounded duck or coot sought shelter by diving to the bottom and hiding in the weeds.

Anniversary (probably 1949)

A birthday lyric, or rather thanksgiving hymn, to the Vixen, now exclusively the poet's own: "*My* Vixen," the poem begins, emphatically possessive. The anniversary itself is not so much the Vixen's birthday as a jointly festive occasion, for, thanks to her power as his Redeemer, it is his birthday too. He is reborn, raised by Her (the point cannot be evaded) to divinity itself, not merely godlike felicity. He has been on his knees since the day she was born: not literally, but in the more important religious sense: adoring the vouchsafed presence and even intimacy of a power for which he has been waiting—"an uninhabited void" himself, a potentiality awaiting fulfillment—ever since *he* was born. As the second stanza reveals, she was a girl or young woman ("a green stalk") at the time of the Second World War ("a flame burned and burned . . . the horror spilling over"); when he first met her he would have been in his mid- or late forties. It was then, in the lulls, that he *spied* her incipient divinity ("your plumage sprouting"), her capacity for transcendence. *Spied* because one does not, except by risking Actaeon's fate, look directly at divinity. Hence the beginning of the third stanza: "I'm still on my knees." But even while genuflecting before Her—*because* he has the sense to genuflect—he is higher than others.

As in "If They've Likened You . . . ," love of the Vixen *exalts* him, and he sees below him what he has left behind: other men, their burning passions as well as his own "sacrifice" (that "blood clotted / on the high branches"—for the image see the closing lines of "Ezekiel Saw the Wheel"). He can no longer share his *religion* (for all its hyperbole and privacy, this *is* E.M.'s religion of Eros) with others, with mortals, cannot give *his* gift (*dono* in Italian, as in English, means both "present" and "talent") to other men, that immortal intimacy with the divine that is his fulfillment, the bliss of achieved divinity. *On the fruit:* that is realized, fruited, ripened (cf. "over me, over you, over the lemons" in "In the Greenhouse"). The gift he gives the Vixen is his adoration and his poem. The gift she gives him is precisely this religious bliss of fulfillment. But the poem celebrates a "privileged moment"; the poem is set within the context of a complex book, where each poem qualifies every other, and continuing contradictions are generated by juxtaposition, shifts of feeling and mood, constantly changing angels of vision. So here. The bliss achieved is momentary; it *seems* and *is*, for the instant it lasts, that transcendence every incomplete individual craves. But an "anniversary" is a special occasion, its "sacredness," abstracted from profanely ordinary days. That divinity is of course doomed to be succeeded by the lonely pathos of the individual, now needier than ever because he *remembers* and is therefore forced to live out his contradictions, to straddle the antinomies of the everlasting interim (see "The Prisoner's Dream"). "How far can the liberty of a single man, a liberty that not every man can possess, be of interest to us?" asks E.M. (in "Dominico" in *La Farfalla di Dinard*). And he answers, "A man without any religious sense of collective life cannot but miss what is best in individual life, in the life of a man. A man is nothing in isolation."

So the Vixen's gift is ambiguous, conferring a value that exceeds the bliss it brings but also exacting a cost. The value and the cost are the subject of the characteristically provisional conclusions that now follow.

Provisional Conclusions

The emphasis falls, as Almansi and Merry rightly insist, on the word "provisional." If the two poems of this section conclude the book (as well as the "stylistic adventure" that began with *The Occasions* and ended with "The Eel" and "Anniversary"), they also implicitly suggest E.M.'s conviction of the inconclusiveness of all conclusions—an inconclusiveness inherent in both poetry and life. The mood is somber, even pessimistic, the hope of freedom and salvation much more tenuous; and the "angelic messenger," the Christ-bringer Clizia, is now a remote vision or dream of Love in an age threatened by her rival, the "dark Lucifer" descending on a prison-world where the lights have gone out. The hope of freedom has been reduced to a purely private salvation reserved to the self-chosen individual who is still, but no longer divinely, "cut off / from men."

The "conclusion," then, is the familiar Montalean impasse of obstructions, the prison walls of the unfulfilled (or the isolation of the fulfilled) self. That, or the ashes of hope, the "powdered glass, grit / underfoot" of the cicada-poet's discarded husk. But nothing in E.M. is ever final. The horizon is still, though barely, visible through the bars; the "dead ashes" still contain as in "The Eel" the power to keep others safe, to rekindle in them the endurance and courage of the poet's "story." For E.M., as for Eliot, death is dialectically linked to life; the poet, like his world, must die in order to be reborn, sink in order to rise.

Both poems, like the image of the storm *(la bufera)* in the *Finisterre* section, deal with the real political world but also the existential world. The phenomenal and temporal world, *this* world, is a scrim through which we perceive the outlines of the metaphysical, the timeless or recurrent pattern, the forms of things. E.M. himself has warned his critics (especially the Marxists who charged the poet with escapism and bourgeois passivity) that the poems are not to be read merely in a narrow political sense: "My prisoner [in "The Prisoner's Dream"] can be a political prisoner, but he can also be a prisoner of the existential condition." And while the Cold War setting of "Little Testament" is unmistakable, it is also the scene of E.M.'s old cosmological struggle between Good and Evil, light and darkness—a balance now terribly tilted toward Evil.

But stylistically the final section is conclusive. E.M.'s old distrust of poetry is palpably present. Poetry has here become an act of intense privacy, or at best a modest legacy for a lady, a keepsake of *something* not wholly meaningless. Too fragile a spiderweb to withstand the battering of the storm, but at least a *story*, the ashes of a singing voice. A *shimmer* of meaning, nothing more, but at least that. This is the *gift (dono)* he has to give in return for the lady's gift to him (see note on "Anniversary").

From 1954 until 1961 when "Botta e risposta I" ("Thrust and Parry I") was published, E.M. wrote no verse or published nothing of what he wrote. And when he resumed writing, the new poetry was, at least to admirers of the dense, allusive intricacy and lyrical power of the first three books, disconcertingly, even disappointingly different: low-keyed, colloquial, at times downright slangy or even obscene, often chatty, ironically self-deprecating, constantly parodying himself and his earlier poetry. Only rarely has a great poet broken so abruptly and drastically with his own artistic past.

Little Testament (1953)

"Little" because self-effacingly modest, the poem challenges comparison in its pessimism, irony, and sincerity with Villon's "Testament" of 1461 (not the "Petit Testament" of five years earlier). It has Villon's variety also. Thus even the pervasive pessimism is leavened by the assertion of a value that has somehow survived, and the poet's modesty is set against the closing declaration of a pride that was not (as Marxist critics had charged) erotic evasion or hermetic escapism, a humility that was not cowardice and, almost in defiance of his own poetic self-doubts, that his life had affirmed something brighter and more enduring than "the striking of a match."

The poem's temporal background is that crisis that at the time in the black trough of Cold War and the universal polarization of politics, seemed to E.M. to portend the imminent collapse of Western civilization. Against the "dark Lucifer" swooping down on the New World and Europe alike (represented by the rivers of the capital cities), he can offer only the shimmering glow of poetry. Poetry, however, saturated with traditional and aristocratic values; still committed to those liberal ideals that for a lifelong champion of humanism and individual dignity, like E.M., were threatened by the warring ideologies of Left and Right (which in Italy appear as Catholic and clerical black as opposed to Communist red). Poetry is—the word is crucial to the poem and the book as a whole—an *iride*, a rainbowlike iridescence, not simply because beautiful, but beautiful because saturated with living values, with iridescence of an individual life *en acte*, changing, seeking fulfillment. This "Iris" or "Rainbow" is manifest in the Montalean *donna* (see "Rainbow" and the *Silvae* section generally) as the covenant of Love in a dark world; and the gift (*dono*— see note to "Anniversary") she gives is the very iridescence for which she is named. In gratitude for her gift the poet now reciprocates, giving back to her (reduced for the occasion to a contemporary woman with a handbag and a compact), as poetry, the iridescence she has conferred. This *iride* becomes his will or testament (an *attested*, i.e., *witnessed* document) that testifies to her inspiriting presence, his loving legacy to the Muse who has inspired him. The poetry may be insubstantial, a mere shimmer, but it is *there*, an accomplished light in a world ruled by a "dark Lucifer." Metaphorically, we see this shimmer in the shifting lights and movement of the poem; from a feeble flicker in the poet's brain at night to a mother-of-pearl tracing of a slime, to shattered glass (see "The Storm," "The Shadow of the Magnolia," and the pulverized moth of "The Prisoner's Dream"), and finally, to face powder (for whose incandescent power see "The Bangs" or "The Fan") for a lady's compact.

An iridescent keepsake, it is no protection, no talisman capable of resisting the storm battering at human memory (individual memories of love, civilized norms, a living tradition linking dead and living), though this is what it aims at doing. Poetry is too fragile, the forces arrayed against it too gross and violent. Its power is simply as memento, the tale it tells of lived life, a glow that survives the extinction of the life, a burning that was, and is, love. The famous text bears repeating:

> *Non sono*
> *che favilla d'un tirso. Bene lo so: bruciare,*
> *questo, non altro, è il mio significato.*

[I am / only a spark of a thyrsus. I know it well: burning, / this, nothing else, is my meaning.]

Persistence may be extinction, but what enables persistence is perhaps less perishable—a gift, an *exemplum*, a residue that can be, like a tradition, handed on to others. It is the only gift that a poet like E.M. can give. He writes because he was given a redemptive sign and persisted in following it; the poetry he bequeathes is the sign of individual fulfillment, his legacy to others.

The Prisoner's Dream (1954)

Realistically viewed, the setting is the same as in the preceding poem: the Cold War of the early fifties, depicted as a medieval dungeon where the prisoner is condemned, like Kafka's Joseph K., to incarceration on unspecified charges, for an indefinite term, powerless to affect his unknown fate. He is in "solitary," a bare lantern-lit cell, so dim he can't tell whether it's day or night, whether he is sleeping and dreaming or waking. Freedom for him is the flight (Italian *volo* = "escape") of starlings he can discern through the slit of his cell window, beyond the wall. Starlings flock and forage in winter, and this is a wintry world ("a thread of arctic air"), the "freeze" of the Cold War following on the autumnal weather of "The Shade of the Magnolia." Below him, in the prison dungeons and torture chambers, he smells, hears, and imagines the agony of the victims of Nazi and Stalinist concentration camps. His ultimate degradation is that of being forced to choose between treacherously "selling out" or conforming in order to save oneself at the expense of others; of becoming, since there is no alternative, either oppressor or victim, stuffer or stuffing for the infernal forcemeat. Dazed by loneliness and hopelessness, his mind torpid, he can only dream, consoling himself with the illusory warmth of old visions of love, memories of lost or never achieved freedom, and the fragile fantasies of poetry ("rainbows on horizons of spider-webs, / petals on the trellis of my bars").

Behind the realistic scrim of the poet's historical condition lies the existential situation of a solitary man locked, like Dante's Ugolino, in the inward cell of the solipsistic ego, a spiritual darkness lit only by the "glimmer" of the metaphorical lamp and the collective liberation of the troops of starlings outside his window. Like Plato's "strange prisoner," (*Rep.* vii) he is fettered to the unreality of the phenomenal world; he is also like one of Dante's damned, but even in Hell he is condemned to solitude, cut off from other men, other sinners. Those starlings, for instance, flocking outside his window, are unmistakably Dante's crowd of carnal sinners, all driven by the blast of the hellish *bufera*:

> *E come li stornei ne portan l'ali*
> *nel freddo tempo, a schiera larga e piena,*
> *così quel fiato li spiriti mali*

> *di qua, di là, di giù, di sù li mena;*
> *nulla speranza li comforta mai,*
> *non che di posa, ma di minor pena.*

[And as their wings bear the starlings along / at the cold season, in large and crowded troop, / so does that blast carry the evil spirits // here, there, down, up, it drives them; / no hope ever comforts them, / not of rest, but of less pain.]

They at least suffer together, their misery is companioned. For the walled-in poet-prisoner there is nothing left but "signs" of the beloved who once gave meaning to his life. The signs have all been reduced to a lantern's glow, the sight of flying birds in the murky light, a kimono-colored dawn. Of the incandescent lightnings and "flashes" of Clizia's bright jewel-hard gaze, of the certainty of her presence as "angelic messenger," nothing is left—nothing but poetry, written, unwritten, still to be written. That, and the dogged persistence of the poet who cannot forget and therefore survives in his infernal or purgatorial world. Illusory or not, he intends to go on dreaming of a reality more meaningful and therefore more necessary to him than the nightmares offered by the waking world. It is an act of bravado containing the courage to persist when persistence is unbearably painful and probably futile, combined with a typically unheroic, even antiheroic decision to bear witness to the signs he has seen and to make poetry out of persistence itself. He will *wait out* the *purge*: "It's a long wait, / and my dream of you isn't over." Thus, as West rightly insists, "in the final poem of the volume, at the moment of apparent summary and closure, Montale places one of the most open-ended of his lines: words that explicitly contradict the sense of an ending and instead point to the new elaboration in poems to come of the unfinished dream."

But by 1961, with the publication of "Botta e risposta I" ("Thrust and Parry I"), E.M.'s dream of "you," the Clizia or ubiquitous *tu* of *La bufera e altro* is definitely over. This poem cannot be read except as a wryly self-deprecating, utterly disillusioned autobiographical reappraisal of the old transcendental dream in terms of the same hellish prison imagery. Clizia's "thrust" is a rebuke to the poet; it's time, she says, "to suspend suspension of all worldly disappointment," "time to spread your sails" and suspend the long parenthetical interim. "Don't tell me," she says, "that the season is dark . . . I can't go on living on memories." Better the frostbite of my North America than your "somnambulist's torpor" or late awakening. To which the poet replies, parrying with terribly candid confession:

> Barely out of adolescence
> I was thrown for half my life
> into the Augean stables.
>
> I didn't find two thousand oxen, nor
> did I ever see any animals;
> but it was hard walking in those corridors
> always more packed with dung,
> and the air was bad; but from day to day
> the human bellowing kept increasing.
> He [the "dark Lucifer"] was never to be seen.
> Yet the rabble kept expecting Him
> for the present-arms: funnels overflowing,
> forks and spits, skewers of rotten
> saltimbocca. And yet
> not even once did He hold out
> the hem of a garment or a point of His crown
> beyond the bastions of fecal ebony.
>
> Then from year to year—and who could still
> count the seasons in that darkness—some hand
> groping for unseen skylights
> pulled in its memento—one of Gerti's
> curls, a cricket in a cage, last trace
> of Liuba's journey,* the microfilm
> of a euphuisitic sonnet that slid
> from the fingers of the sleeping Clizia . . .
>   . . . until from the slits
> a fanning burst of a machine gun hurled us back,
> drooping ditch diggers caught by mistake
> by the dunghill's jailers.

And the poem proceeds to describe the "incredible"—liberation not into the longed-for future but into a new sewer, there to breathe a fresh mephitic odor, the stench of that

---

*Gerti and Liuba are the names of women whom E.M. loved or admired, celebrated in "Gerti's Carnival" and "To Liuba, Leaving" in *The Occasions*.

modern Hell inhabited by the ant-men of commercial mass society and the "filthy bait" of industrialized neocapitalism. The poem ends, an impossible distance from any dream of the old iridescence, on a note of ironic self-deprecation and the loneliness of writing to a "you," a reader or the beloved *donna*, who may no longer be listening or even hear his voice:

> (I think
> you perhaps no longer read me. But now
> you know all about me,
> about my prison and what happened after that;
> now you know that the eagle isn't fathered
> by the mouse.)

As Cary observes, we should be wary of transforming E.M., against the fact of his *persistence* in the service of what he valued in himself and others—"daily decency," for instance, in an age that made such decency an heroic act—into a poet of despair. The times make the appearance of poetic eagles unlikely; a mouse may be *something*. An amulet, for instance, as in the earlier poem dedicated, in Fascist Italy, to the Jewish woman, Dora Markus:

> How in your exhaustion you endure,
> resisting in this lake
> of indifference, which is your heart, I do not know:
> perhaps some amulet preserves you, there's something,
> some keepsake next to your lipstick,
> your powder puff, or file: a white mouse,
> of ivory, and so you exist.

Satura

Xenia I

3. At the St. James in Paris . . .
the fake Byzantium of your Venetian / hotel: the Hotel Danieli.

4. We'd worked out a whistle . . .
E.M.: "Whistle—a sign of recognition . . ."
"[That whistle] was no poetic invention. We really worked it out. Later, however, I realized it was all a big mistake. If someone's dead, there's no body. In order to whistle, you need a body." (E.M., in Nascimbeni, 73).

10. "Did she pray?" . . .
St. Hermes' cloakroom: the cloakroom belonging to actors, who are held to be under the protection of the god Hermes (or Mercury).

13. Your brother died young . . .
Rachel Jacoff, invoking Joseph Brodsky, has observed that "Xenia I, 13" plays off the scene of the meeting of the Roman poet Statius with Dante the pilgrim and Virgil in *Pur-*

gatorio, xxi. The crucial, closing lines of the canto concern the power of literary homage and the nature of spiritual love between shades. Brodsky sees in the scene an emblem for literary tradition and the key to E.M.'s poetics. See Joseph Brodsky, "In the Shadow of Dante," *Less Than One* (Farrar Straus & Giroux, 1986) 103. The passage in Dante runs:

> *Già s'inchinava ad abbraciar li piedi*
> *al mio dottor, ma el li disse: 'Frate,*
> *non far, ché tu se' ombra e ombra vedi.'*
> *Ed ei surgendo: 'Or puoi la quantitate*
> *comprender de l'amor ch'a te mi scalda,*
> *quand'io dismento nostra vanitate,*
> *trattando l'ombre come cosa salda.*

("Already he was stooping to embrace my teacher's feet; but he said to him, 'Brother, do not so, for you are a shade and a shade you see.'

And he, rising, 'Now you may comprehend the measure of the love that burns in me for you, when I forget our emptiness and treat shades as solid things.") Translation by Charles Singleton.

W.A. pointed to the meeting of Statius and Virgil in the *Purgatorio* as an "absent epigraph" for E.M.s poem "Voce giunta con le folaghe" ("Voice That Came with the Coots") in his note, p. 739. [R.W.].

Xenia II

4. Cunningly . . .
emerging from Mongibello's jaws: i.e., from the furnace of Vulcan. Cf. Dante, *Inferno*, xiv, 55–56.

The good surgeon Mangàno . . . / the billy club of the Blackshirts: Mangàno smiles because he recognizes the mischievous (but untranslatable) connection Mosca has made between his name and the club *(manganello)* with which (supplemented by doses of olive oil) the Blackshirts used to beat and mangle *(manganare, dare il mangano à qualcuno)* those who disagreed with them.

6. The wine peddlar poured . . .
Inferno: red Lombard wine from Valtellina made from the Nebbiolo grape. In Milan local wines were commonly peddled door to door by tradesmen or peasants.

8. "And Paradise? . . ."
Paradiso: sweet or semisweet dessert wine also from Valtellina, produced by the Fattoria Paradiso.

14. The flood has drowned . . .
The flood, like the storm in *La bufera*, is both personal and historical, devastating memory as it destroys the past. The objects here have been carefully chosen. It is not, for instance, Western culture that is being swept away in the discretely revealed objects—the wax seal with which Ezra Pound inscribed his copy of *Personae* to E.M., Alain's commentary on Valéry's *Charmes*, etc.—but a late phase of High Modernism. The waters of the flood are only implied in the word *alluvione*, so that "fuel oil and shit" can be specified.

The cultural destruction is wrought by industrialization, and the impact of mass society, mass culture, on an Italy unprepared and therefore terribly vulnerable.

Charles du Bos (1882–1939): French literary critic, author of *Byron et le besoin de la fatalité* (1929, 1957); *François Mauriac et le problème du romancier catholique* (1933); *Grandeur et misère de Benjamin Constant* (1946); and *Le dialogue avec André Gide* (1947), among other works, In E.M.'s Florence during the thirties, DuBos was regarded with something like religious awe.

It's as though the flood had swept away a part of the mind of Europe, above all that part which had attempted, in its own frantic way, to make a dam of literature that would contain the floodwaters. The flood trashes the literary culture of E.M.'s Florence in the thirties. Books become detritus, soiled relics. Pound's ransacking of the past, Alain's monkish efforts to pin Valéry down and thereby save the poet's texts (which he treated as though they were sacred scripture), Campana with his evocations of the Italian past, names of cities, the romanticism of the *poeta germanicus:* piling up fragments, the writers in E.M.'s list all seem, in retrospect, to have had an anticipation of the flood. Campana and Pound end up in lunatic asylums, while DuBos tried frantically to assert an identity through the force of his dedication, as though the memory bank of a decade had been wiped out, erased from history.

Note the "double-padlocked cellar": security precautions necessitated by the phenomenon which Italians in the postwar years increasingly came to feel was the product of *una società infida*, a society without trust. It is a world controlled by the fear of thieves for whom these cultural objects fetch a good price because "art" is profitable; it sells. The moral courage to resist, to hold on to an identity, is Mosca's great gift to the poet, the domestic product of a life that was *lived*, that was not merely literature: tough, warm, honest, characterized by what E.M. would later say of his friend Fadin, "daily decency, the hardest of all the virtues."

the wax seal with Ezra's beard: In a postwar piece on Pound (SP449), E.M. wrote that Ezra "used to wear his own likeness carved in the cameo of a large ring, which he used as a seal when dedicating his books." Elsewhere (SP492–93) E.M. adds: "When I made his acquaintance around 1925 . . . his poems were collected in *Personae* which he inscribed for me, stamping it in wax with the cameo of his ring, carved by Gaudier Brzeska."

Alain's Valéry: Emile Auguste Chartier Alain. French critic whose painstakingly exacting gloss on Valéry (*Commentaire à Charmes*, 1930) evidently impressed E.M. with its zealous effort to clarify and decipher Valéry's often extremely elusive meaning.

the Manuscript / of the Orphic Songs: the *Canti orfici* of the Italian poet Dino Campana (1885–1932), which E.M. possessed in the early (1914) and "extremely poor and inaccurate Marradi edition." (SP348). According to E.M. (SP251 ff.) "the idea of a poetry—'European, musical, colorful' in Campana was not only instinctive but a fact of culture, . . . an Orphic poetry not limited to the title of his book, and one which cannot be viewed as unrelated to his conviction of himself as a late Germanic rhapsode lured and blinded by the passionate lights of the Mediterranean . . . Like the early Di Chirico, Campana also suggestively evokes the ancient Italian cities; Bologna, Faenza, Florence, Genoa blaze through his poems and spark some of his loftiest moments."

Satura II

The Euphrates
Who knows what you'll have seen . . .: the "you" is Clizia.

The Arno at Rovezzano

Still another poem of musing reminiscence. In his explanation to Silvio Guarnieri, E.M. identified the "you" of the poem as a girl courted by the economist and sociologist, Achille Loria. As an abbess, her convent name was Sister Jerome, her worldly name Baroness Von Agel. See Lorenzo Greco, *Montale commenta Montale*. (Parma: Pratiche Editrice, 1980) 65. [R.W.].

"*Toi qui fais l'endormie*": sardonic serenade from Act IV of Gounod's *Faust*, presumably sung by Mephistopheles-Montale on behalf of Faust-Loria to Marguerite-Baroness Von Agel aka Sister Jerome. E.M. has slightly adapted the words of the original: "Vous qui faites l'endormie."

Ex Voto

I insist / on seeking you . . .: E.M.: "I can't give a [single woman's] name [to that 'you']. It's a figurative representation, a fantasia." For the image of woman as shoot or greening plant, see "Chrysalis" in *Cuttlefish Bones*: "These are yours, these scattered / trees, moist, joyous, / revived by April's breath. / For me in this shadow observing you, / another shoot greens again—and you *are*."

if your fate brims, overflowing mine. See "Delta" in *Cuttlefish Bones*.

I Came into the World . . .

Alma Mater was asleep. "Alma Mater," according to E.M.'s note, means "Nationalism."

Piròpo, in Conclusion

This poem is omitted from the sequence "After a Flight" in the standard edition of E.M.'s collected poems, *L'Opera in versi,* ed. Rosanna Bettarini and Gianfranco Contini (Turin: Einaudi, 1980). But the editors have included it in an appendix, along with some elucidating comments by the poet. In a letter to Luciano Rebay, E.M. explained that "*piròpos* are those gallant remarks which all men toss out at the women they meet on the street. All the women appreciate them . . ." Writing in 1978 to Rosanna Bettarini, E.M. declared the "*Piròpo*" to be a "thorny" question: "The sequence 'After a Flight' is not, strictly speaking, an erotic poem; it becomes one however essentially when the old man returns definitively to a childlike state. Perhaps it would be a good idea . . . if worst comes to worst, to place it in a note: placed where?" Writing to Rebay in 1970, E.M. had identified "*Piròpo*" as the ninth poem in the sequence: "The climax comes at the seventh, then follows the denial and finally the bitter-joking farewell. That's how it strikes me . . ."

In "Commento a se stesso" E.M. explained, "The 'suite' is the story of a last love between a young woman and an old man. The girl was subject to recurrent depressions which approached madness."

These notes are included in *L'Opera in versi,* 1035–1036. I have translated them. [R.W.].

Without Safe-Conduct

Hannah Kahn; a Jewish woman who, as an American, was apparently in no real danger. "She came to see me," said E.M., "claiming to be a friend of Clizia [Irma Brandeis]." At the time (1944), E.M. had taken refuge from the retreating German troops in a cellar in Florence. Later, he received an article written by Hannah Kahn and realized that she had escaped the gas chamber.

talked to me about you: the "you" is Clizia.

on the Scarpuccia / or the Costa San Giorgio, the place of the golden idol: Scarpuccia and Costa San Giorgio are the sites of well-known Florentine promenades along and above the steep slopes rising uphill from the Arno and Porta San Giorgio. For the mysterious "golden idol," see "Costa San Giorgio" in *The Occasions* and note thereon.

In Silence

You're underground. No point arousing you: the "you" is Mosca, in her grave at Ema. See "It's Raining."

Lights and Colors

Whenever you show up: the "you" is, once again, Mosca.

The Strasbourg cricket drilling away . . .

your tutor in Basque: the "you" is Mosca.

and Striggio, of uncertain nationality: Striggio is actually Bigio, a freelance writer (and mooch) whose name has been mischievously deformed, *more ovo*, by Mosca: Striggio appears to be a play on *strige* (owl, witch) or *striggine* (sorcerer).

The Other

The Other: that is, *Altrui*, Dante's word for God, the absolute Otherness.

Poetic Diary: 1971

To Leone Traverso

Leone Traverso (1910–1968) was a philologist, classicist, scholar of German literature, and translator, especially of Rilke and of Greek tragedy. He represents for E.M. an ideal of literary devotion to a great tradition (including the Provençal troubadours). The phrase *mestre de gay saber* is Catalan for the medieval Provençal expression meaning a master of the "gay science," the art of poetry. Nietzsche, of course, used it as the title of his book, *The Gay Science*. The Catalan poet and politician Victor Balaguer (1824–1901) was proclaimed *mestre de gay saber* in 1861. E.M. contrasts his own disenchantment to Traverso's idealism and the rich, multilingual, European culture he embodied.

Like Zaccheus

Alas, I'm no treecreeper: Zaccheus, the tax collector who climbed a sycamore tree to see Jesus pass by, and whose house Jesus elected to visit, to the shock of his disciples. Luke: 19.

El Desdichado

El Desdichado: In Spanish, "the unfortunate, the ill-starred," the title of a famous sonnet by Gérard de Nerval (1808–1855), whose second line Eliot incorporated into the end of *The Waste Land* ("*Le Prince d'Aquitaine à la tour abolie*"). Nerval, a suicide, profoundly influenced French Symbolist and, later, Surrealist poetry. E.M. called him "one of the most inspired of the French poets," and wrote: "The two coins found in his pocket, his crises of madness, thus explain Nerval's end; or was it rather his haste to regain the nameless country from which Gérard, *el desdichado*, the forsaken, felt himself exiled?" (Ricci, 75).

Where Charity Begins

Malvolio: The character of the over-reaching, ambitious, and delusional steward in Shakespeare's *Twelfth Night, or What You Will*. In E.M.'s poem, he is a mask for Pier Paolo Pasolini, who had attacked *Satura* in *Nuovi argomenti*, No. 21, 1971, pp. 17–20. Malvolio appears in one other poem of E.M.'s addressed to Pasolini: "Letter to Malvolio" in *Poetic Diary: 1971*. Many critics also see Pasolini in the figure of Benvolio in "The Horse" and "My Optimism" in *Poetic Diary: 1972*: E.M. played coy about these identifications. In one interview he said of Malvolio, "He's not a specific person, and he's even less the Shakespearian character of that name." In another interview, he said of Pasolini: "It's he who recognized himself [in Malvolio], publishing insolences in *Nuovi argomenti*. I never said so." (Ricci, 177).

The Triumph of Trash

a Chantal, suddenly blowing in from the north: A young woman named Adelaide Bellingardi to whom the elder poet became attached. Under the name of Adelheit she appears in *Poetic Diary: 1972* in "Diamantina"; in "Harmony" in *Poetic Diary: 1972*; and again in "Agile messenger here you are" in *Posthumous Diary* translated by Jonathan Galassi (New York: Turtle Point Press, 2001). In a note to "Diamantina" in *L'Opera in versi* (Torino: Einaudi, 1980), 1101, E.M. writes: "It's a variation on a theme already developed in 'The Triumph of Trash' [in *Poetic Diary: 1971*]. Only the character has changed names" (from Chantal to Adelheit).

The Imponderable

Filli: Phyllis, another one of E.M.'s mythologized women. As "Filli," she turns up in several different guises in E.M.'s prose: in "Gli occhi limpidi" in *Farfalla di Dinard* ("Miss Filli Parkinson, the restorer who breathed life back into some old crusts in the Laroche collection"), and as quite a different person in the prose sketch "Farfalla di Dinard" ("the graceful Filli," a waitress in the café in the piazza of Dinard). (Ricci, 159). Phyllis was a Thracian princess who fell in love with Demophon, son of Theseus, when he stopped in Thrace on his way back from the Trojan War. As recounted in Ovid's *Heroides* II, Demophon abandoned her, though promising to return. Despairing, Phyllis hanged herself, and in her bitterness was transformed into an almond tree. Phyllis also appears in Dante, *Paradiso* IX, 100–102, as an example of a suffering lover in the sphere of Venus. E.M.'s poem is both heavy and light: Phyllis is a conventional name for a pastoral maiden, light-hearted and erotically available (as in Virgil's Eclogue III); as the Thracian princess, she is associated with suicide by hanging. E.M. plays on both. In this poem, it is the male speaker who is heavy and who contemplates hanging himself.

Letter to Bobi

Bobi Bazlen (1902–1965) was an erudite writer and translator of German from Trieste. He was one of E.M.'s oldest and dearest friends; it was he, early on, who introduced the poet to Italo Svevo and his novels, then almost unknown. Bazlen brought the works of Freud, Kafka, and Musil into Italy, and worked as an adviser to influential publishing houses, including Bompiani, Einaudi, and Adelphi, which he helped to found. His own writings were collected and published posthumously by Roberto Calasso. In an article in the *Corriere della sera* in 1969, E.M. wrote of Bazlen: "He wouldn't have liked to be called a man of letters, a writer, an intellectual, or any other such moniker; suspicious as he was of any mysticism, he would laugh if I defined him as a mystic of anonymity. It's certain that he spent his life in the desire not to leave any tangible trace of his passage." (Ricci, 165).

Stimmung: German for mood, atmosphere. In his 1969 article on Bazlen, E.M. wrote:

"When I knew him, he insisted outright that our language, deprived of *Stimmung* and of interiority, could never produce anything worthwhile. . . ." (Ricci, 165).

Without Surprise

these Sunday transhumances: Transhumance means the seasonal moving of herds up to and down from the mountain pastures. But perhaps E.M. is allowing here an ironic and distorted echo of Dante's phrase, *trashumanar significa per verba / non si poria* from *Paradiso* I, 67–69: "to transcend the human cannot be described in words." No transcendental experience disturbs the crowds in E.M.'s poem.

Letter to Malvolio

Malvolio: As in "Where Charity Begins," a mask for Pier Paolo Pasolini. See note for "Where Charity Begins."

my taking flight: Pasolini accused E.M. of bourgeois cynicism and narcissism, and claimed E.M. had "liberated" himself from Marxism, but not from power and privilege.

But later when the stables had emptied: See "Thrust and Parry, I" in *Satura*, where E.M. describes Italy under Fascism as the Augean stables, overwhelmed with manure.

phocomele: A monstrous birth defect in which the arms and legs are so shortened that the hands and feet seem to grow directly from the body's trunk.

since you know that tomorrow will be impossible: Pasolini had stated, "Marxism believes in *time* and its literary critics believe in *times*; science [according to E.M.] shows that they are mistaken . . . ; that everything returns, or stays the same, at any rate, there's no such thing as 'progress.' Therefore if Marxism is an unsustainable illusion, E.M. liberates himself from Marxism. . . ."

p.p.c.

p.p.c.: conventional formula for a closing salutation, *per prendere congedo*, to take one's leave. E.M. elliptically takes his leave of this volume of poems, and imagines taking leave of his life.

Chiliasts: Millenarian Christians who believed that Christ would establish a Golden Age on earth for a thousand years before the End of the World.

Poetic Diary: 1972

The Odor of Heresy

miss Petrus: D. Petrus, author of *Autobiography and Life of George Tyrrell*.

the Barnabite: E.M. attended a high school in Genoa run by Barnabite priests, and was particularly influenced by his elder sister Marianna's philosophy teacher, Padre Giuseppe Trinchero (1875–1936), a freethinking Barnabite priest who visited the family on Sundays and with whom the young E.M. took long walks, plunged in philosophical and literary conversation.

The Horse

Caracalla's horse: Caracalla (186–217) was one of the most brutal of the Roman emperors. But it was the emperor Caligula (12–41) who expressed his contempt for the Roman Senate by threatening to make his horse a consul. E.M. was made senator for life in 1967.

Benvolio: Originally written "Malvolio" in manuscript versions; see *L'Opera in versi*, 1084. Benvolio is Romeo's friend and cousin in Shakespeare's *The Tragedy of Romeo and*

Juliet. Often taken as another mask for Pasolini; see notes to "Where Charity Begins" and "Letter to Malvolio." Of the double identity of Pasolini as Malvolio-Benvolio, Ricci writes that "rather than a different character, they are now different ideological aspects referring to the same figure: if not precisely to Pasolini, at least to the same image of a falsely *engagé* intellectual (according to Montale)." (Ricci, 228).

To a Great Philosopher

a Great Philosopher: Benedetto Croce (1866–1952), the major Italian philosopher of the twentieth century. Croce was an Idealist, and placed aesthetics at the center of philosophical inquiry. He was also a prominent political liberal and anti-Fascist. E.M. met Croce four times. Some of E.M.'s essential philosophical vocabulary (especially the concept of Immanence) derives from Croce; in the Imaginary Interview in 1946 the poet writes: "Later I preferred Croce's great Idealistic positivism. . . ." (Forti, 80). E.M. both chides and salutes Croce in this poem. E.M. also wrote of Croce: "There's something obscure in the margins of his thought, something resembling the Stoic faith. It's this shadow, more than anything else, that connects us to Croce and makes us feel him as still present. . . . More even than his aesthetics . . . it's his call for moral responsibility, for 'paying with one's own person,' that, beyond any political or religious conviction, makes us feel the force of his presence today." (Ricci, 272).

In an "Italian" Garden

General Pelloux: Luigi Pelloux (1839–1924), military general and politician. Chief of General Staff in the Italian Army in 1896; Minister of War in two cabinets.

Annetta

Annetta: A key figure who haunts E.M.'s poetry, early and late. Arletta, or Annetta, was a friend from childhood who died young, and represents a mythic, adolescent eroticism. In *Cuttlefish Bones* she appears in "Wind and Banners" and "Shoot stretching from the wall..." in the section *Other Verses*, in "Delta," and in "Encounter." In *The Occasions* she appears in "The Balcony" and "The Coastguard Station"; in *The Storm and Other Things* in "Two in Twilight." See note to "Encounter" in *Cuttlefish Bones*.

Opinions

Calpurnius: A Roman bucolic poet who lived in the time of Nero. He seems to be a stand-in for E.M. in his almost nihilistic mode: "But no, says Calpurnius. Life is hardly a sound . . ."

A Millenarian

A Millenarian: A Chiliast, a believer that Christ will appear and establish a reign of a thousand years of happiness on earth. That is, a believer in a fantasy of progress and achieved felicity, but also someone who looks forward fervently to the end of the world. See "p.p.c" at the end of *Poetic Diary: 1971*. In his Nobel Prize acceptance speech, E.M. reflected on the post-war feverish consumerism and debasement of culture, and declared: "It's a remarkable fact that a kind of general millenarianism accompanies an ever more widely spread 'comfort,' that well-being (where it exists, that is in limited spaces on the earth) should have the livid marks of despair." (Forti, 92).

My Optimism

Benvolio: See note to "The Horse."

Diamantina

Adelheit: An old-fashioned (medieval) woman's name in German, with overtones of nobility. E.M. thus idealized the young woman Adelaide Bellingardi whom he had met in Rome where she worked for the jeweler Bulgari; her association with gems gives rise to the conceit of this poem, the opposition of immortal, diamantine beauty and the "elusive, free" life force admired in the young woman. She appears as Chantal in "The Triumph of Trash" in *Poetic Diary: 1971*, and as Adelheit in "Harmony" in *Poetic Notebook (1974–77)* as well as in "Agile messenger here you are" in *Posthumous Diary*. See note to "The Triumph of Trash."

Sorapis, 40 Years Ago

Sorapis: A lake in the Dolomites. In her comment on this poem Ricci quotes E.M.'s article on the Engadine region in the mountains of southern Switzerland and Northern Italy from the *Corriere della sera* in 1949: ". . . here, in this lacustrine plateau at two thousand feet above sea level, in this Eden protected on all sides, barely accessible, dominated by high peaks, ideal for long mountain hikes and at the same time conducive to long, indolent inertias . . . ; here one can truly breathe life, letting every other bond fall away and forgetting even one's own historical, concrete, and predetermined mask." (Ricci, 373–74).

Tired Dancer

"The rose that lately languished now comes blooming back . . .": From Giuseppe Parini's poem "La educazione," 1764. Parini was an eminent neoclassical Italian poet (1729–1799).

To My Cricket

Gina: Gina Tiossi, E.M.'s housekeeper in his later years. She assumes the role of female guardian; see "The Swift" in *Poetic Diary: 1971*, "To My Cricket" in *Poetic Diary: 1972*, and "All Souls' Day" and "Notes" in *Poetic Notebook (1974–77)*.

the cricket was you: Once again, E.M. remembers Mosca, this time imagined not as a fly, but as a cricket.

Poetic Notebook (1974–77)

Intellectual Education

The great roof où picoraient des focs: A quotation from the last line of Paul Valéry's poem "Le cimetière marin" (The Graveyard by the Sea). "Ce toit tranquille où picoraient des focs": "This quiet roof where the jib sails pecked." Throughout the poem, Valéry has developed a complex system of metaphors of the white sails as doves pecking the surface (or roof) of the sea. E.M. incorporates Valéry's French into his Italian line, evoking one of the touchstones of classicizing Modernism. E.M.'s poem will reject this "idyllic image."

the man who kissed a drayhorse: The philosopher Friedrich Nietzsche (1844–1900), who suffered a breakdown in Turin on January 3, 1889, embracing a horse that was being whipped.

To Pio Rajna

Pio Rajna (1847–1930) was a philologist, scholar, and teacher, a member of the Accademia dei Lincei and the Accademia della Crusca. He prepared critical editions of Dante's

Vita nuova and *De vulgari eloquentia*, and was on the directorial committee of the complete works of Dante published by the Società Dantesca Italiana.

Valtellina: A valley in Lombardy, famous for wines.

Inferno: Red Lombard wine from Valtellina made from the Nebbiolo grape. See note for "Xenia II, 6."

All Souls' Day

Gina: Gina Tiossi, E.M.'s housekeeper. See note for "To My Cricket."

Life, the infinite . . .

the poet Monti: Vincenzo Monti (1754–1828), poet and scholar.

Harmony

Adelheit: yet another appearance of Adelaide Bellingardi. See notes for "The Triumph of Trash" and "Diamantina."

Transvestisms

the great Fregoli: Leopoldo Fregoli (1867–1936), a sensational actor, illusionist, and quick-change artist.

Everyday Story

"the rest is literature": A quotation from the last line of Paul Verlaine's poem "Art poétique," a Symbolist manifesto demanding a poetry of pure suggestion and condemning poetry that depended on argument and clarity as "literature," that is, official verbiage. "*Et tout le reste est littérature.*" E.M. alluded to Verlaine in his Imaginary Interview in 1946 when he described his aim in his first book of poems, *Ossi di seppia*: "I wanted to wring the neck of eloquence of our old aulic language, even at the risk of a counter-eloquence." See Introduction, p. xxiv.

Sub tegmine fagi . . .

Sub tegmine fagi: From the first line of Virgil's Eclogue I: *Tityre, tu patulae recubans sub tegmine fagi* (You, Tityrus, under the cover of a spreading beech tree . . .). The archetypal pastoral poem, which E.M. proceeds to undercut with his urban "stucco trees" and vision of doom.

Ruit hora . . .

Ruit hora: Conventional Renaissance Latin tag. The hour rushes. In the family of the *tempus fugit* topos (time flies).

Notes

ppp. A notation in musical dynamics indicating "pianissimo possible," an instruction to play with extreme softness.

Ahura Mazdah and Ahriman: The two opposing principles in Zoroastrianism, the ancient Persian religion. Ahura Mazdah, an older Persian divinity, was called "the uncreated god" by Zoroaster, who conceived of him as the sole principle of goodness in the universe. Ahura Mazdah is opposed by Ahriman, a demon also known as Angra Mainya, the principle of evil. The two are locked in cosmic combat. E.M. may have learned of Ahriman from Leopardi's lyric prose fragment "To Ahriman." Leopardi, in turn, was probably inspired by the character in Byron's *Manfred*. See also "The One Who's Listening."

Culture

Arius and Marcion. Christian heretics. E.M. took a great interest in heresies (identifying himself as one of Marcion's opponents, Nestorius, a fifth-century patriarch of the Eastern Church who believed in the fundamental humanity of Christ, and was condemned at the Council of Ephesus in 431). E.M. referred to himself as "this poor lost Nestorian" in "Rainbow" in *The Storm and Other Things,* and in the Imaginary Interview in 1946 he declared that it is the Nestorian who can recognize the eternal Christian sacrifice in the Clizia figure, the Nestorian being "the man who best understands the affinities that bind God to incarnate creatures." (Forti, 83).

Arius (250 or 256–336), presbyter of Alexandria, denied the full divinity of Christ, and his doctrine proved so popular that the emperor Constantine called the Council of Nicea to adjudicate the matter theologically. Arius was condemned and exiled, but his doctrine continued to influence believers for many years.

Marcion of Sinope (c. 85–160), exactly contrary to Arius, denied the humanity of Christ. His doctrine, extremely anti-Jewish, provoked the formation of the Biblical canon as Marcion rejected the entire Hebrew Bible.

In E.M.'s poem, the two opposed heretics Arius and Marcion (neither of whom was roasted in a brazier, though both were excommunicated) seem to exemplify the absurdity of this kind of theological dispute. Their theories mutually cancel each other out.

On the Beach

Cavalca: Domenico Cavalca (1270–1342), a Dominican priest and author active in Pisa, almost an exact contemporary of Dante. Cavalca was known as an intensely pious man who helped the poor and devoted himself to popular preaching. He translated a number of works from Latin into vernacular Italian, including a *Lives of the Fathers* that was often reprinted up to the nineteenth century. He is considered one of the outstanding authors of early Italian prose. His most enduring original book is *The Mirror of the Cross*, a work of Dominican spirituality. In E.M.'s poem, Cavalca is invoked in opposition to the modern, secular vacation crowd and its toys, the fancy new boats, "trimarans" or "catamarans (?)," the names of which the poet affects not to know.

Locuta Lutetia

E.M.'s transpostion of the Roman Catholic maxim, "Roma locuta, causa finita" (Rome has spoken, the case is closed). Lutetia is the Roman name for Paris. "Roma locuta" was used to communicate the decretals of the bishops of Rome to the church at large.

Acknowledgments

Cuttlefish Bones (1920–1927), translation copyright © 1992 by the Estate of William Arrowsmith.
Ossi di seppia, copyright © 1948, 1925 by Arnoldo Mondadori Editore S.p.A., Milano.

The Occasions, translation copyright © 1987 by William Arrowsmith.
Le occasioni, copyright © 1957 by Arnoldo Mondadori Editore S.p.A., Milano.

The Storm and Other Things, translation copyright © 1985 by William Arrowsmith.
La bufera e altro, copyright © 1957 by Arnoldo Mondadori Editore S.p.A., Milano.

Satura, 1962–1970, English text copyright © 1998 by The William Arrowsmith Estate and Rosanna Warren.
Satura, copyright © 1971 by Arnoldo Mondadori Editore S.p.A., Milano.

Poetic Diary: 1971, translation copyright © 2012 by Beth Arrowsmith, Nancy Arrowsmith, and Rosanna Warren.
Poetic Diary: 1972, translation copyright © 2012 by Beth Arrowsmith, Nancy Arrowsmith, and Rosanna Warren.
Diario del '71 e del '72, copyright © 1973 by Arnoldo Mondadori Editore S.p.A., Milano.

Poetic Notebook (1974–77), translation copyright © 2012 by Beth Arrowsmith, Nancy Arrowsmith, and Rosanna Warren.
Quaderno di quattro anni (1974–1977), copyright © 1977 by Arnoldo Mondadori Editore S.p.A., Milano.

Guido Almansi and Bruce Merry, *Eugenio Montale / The Private Language of Poetry*. Copyright © 1977 by Edinburgh University Press. Excerpts, pp. 27, 34–35, 37–38, 46, reprinted with permission of Edinburgh University Press.

Italo Calvino, on "Maybe one morning . . . ," from *Corriere della sera*, as reprinted in *Letture montaliana*, p. 40. Copyright © 1977 by Bozzi Editore, Genoa. Reprinted with permission of Arnoldo Mondadori Editore, Milan.

Glauco Cambon, *Eugenio Montale's Poetry / A Dream in Reason's Presence*. Copyright © 1982 by Princeton University Press. Excerpts, pp. 8, 30–32, 84, 97–98, reprinted with permission of Princeton University Press.

Joseph Cary, *Three Modern Italian Poets / Saba, Ungaretti, Montale*. Copyright © 1969 by

New York University Press. 2d edition, revised and enlarged, 1993, Chicago University Press. Excerpts, pp. 259–60, 285–86, reprinted with permission of New York University Press.

The Second Life of Art, Selected Essays on Eugenio Montale (edited and translated by Jonathan Galassi), translation copyright © 1982 by Jonathan Galassi. Published by the Ecco Press, 1982. Reprinted by permission of the Ecco Press.

Claire de C. L. Huffman, *Montale and the Occasions of Poetry*. Copyright © 1983 by Princeton University Press. Excerpts, pp. 76–79, 172–73, reprinted with permission of Princeton University Press.

Rebecca J. West, *Eugenio Montale / Poet on the Edge*. Copyright © 1981 by Harvard University Press. Excerpt, p. 67, reprinted with permission of Harvard University Press.

Index

Poem titles are in *italics*; first lines are in roman.